Gisela Müller-Brandeck-Bocquet

Frankreichs Europapolitik

Frankreich-Studien
Band 9

Herausgegeben von
Hans Manfred Bock
Adolf Kimmel
Henrik Uterwedde

Gisela Müller-Brandeck-Bocquet

Frankreichs Europapolitik

VS VERLAG FÜR SOZIALWISSENSCHAFTEN

VS Verlag für Sozialwissenschaften
Entstanden mit Beginn des Jahres 2004 aus den beiden Häusern
Leske+Budrich und Westdeutscher Verlag.
Die breite Basis für sozialwissenschaftliches Publizieren

Bibliografische Information Der Deutschen Bibliothek
Die Deutsche Bibliothek verzeichnet diese Publikation in der Deutschen Nationalbibliografie;
detaillierte bibliografische Daten sind im Internet über <http://dnb.ddb.de> abrufbar.

1. Auflage Dezember 2004

Alle Rechte vorbehalten
© VS Verlag für Sozialwissenschaften/GWV Fachverlage GmbH, Wiesbaden 2004

Der VS Verlag für Sozialwissenschaften ist ein Unternehmen von Springer Science+Business Media.
www.vs-verlag.de

Das Werk einschließlich aller seiner Teile ist urheberrechtlich geschützt. Jede Verwertung außerhalb der engen Grenzen des Urheberrechtsgesetzes ist ohne Zustimmung des Verlags unzulässig und strafbar. Das gilt insbesondere für Vervielfältigungen, Übersetzungen, Mikroverfilmungen und die Einspeicherung und Verarbeitung in elektronischen Systemen.

Die Wiedergabe von Gebrauchsnamen, Handelsnamen, Warenbezeichnungen usw. in diesem Werk berechtigt auch ohne besondere Kennzeichnung nicht zu der Annahme, dass solche Namen im Sinne der Warenzeichen- und Markenschutz-Gesetzgebung als frei zu betrachten wären und daher von jedermann benutzt werden dürften.

Umschlaggestaltung: KünkelLopka Medienentwicklung, Heidelberg
Druck und buchbinderische Verarbeitung: MercedesDruck, Berlin
Gedruckt auf säurefreiem und chlorfrei gebleichtem Papier
Printed in Germany

ISBN 3-8100-4094-0

Inhalt

Tabellenverzeichnis ... 9

Vorwort ... 11

Teil I: Frankreich auf dem Weg nach Europa ... 13

1. Französische Europapolitik in der Aufbauphase 1946 bis 1958 ... 13
2. Das außen- und europapolitische Entscheidungssystem der V. Republik ... 16
3. Französische Europapolitik 1958-1981 ... 23
3.1 Grundzüge der Europapolitik von Charles de Gaulle (1958-1969) ... 23
3.2 Grundzüge der Europapolitik von Georges Pompidou (1969-1974) ... 27
3.3 Grundzüge der Europapolitik unter Valéry Giscard d'Estaing (1974-1981) ... 32
3.3.1 Giscards verändertes Verfassungsverständnis ... 33
3.3.2 Giscards Europapolitik zwischen Kontinuität und Wandel ... 35
3.3.3 Europapolitische Weichenstellungen unter Giscard d'Estaing ... 37

Teil II: Die französische Europapolitik unter François Mitterrand 1981-1995 ... 41

1. Einführung: Mitterrands langer Weg ins Elysée ... 41
2. Der politische Gestaltungsspielraum François Mitterrands ... 44
2.1 Die erste Kohabitation Mitterrand-Chirac 1986-1988 ... 45
2.1.1 Die Machtverteilung zwischen Präsident und Premier ... 47
2.1.2 Die Machtverteilung in der Außen- und Europapolitik ... 49
2.2 Die zweite Kohabitation Mitterrand- Balladur 1993-1995 ... 53
3. Die Europapolitik Mitterrands 1981-1989 ... 57
3.1 Vom Saulus zum Paulus – Mitterrands europapolitische Bekehrung 1983 ... 58
3.2 Die Relance der französischen Europapolitik ... 63
3.2.1 Mitterrands Rückkehr zu privilegierten deutsch-französischen Beziehungen ... 64
3.2.1.1 In Ermangelung des französischen Partners: die Genscher-Colombo-Initiative ... 65
3.2.1.2 Überwindung der Eurosklerose ... 67
3.2.2 Sicherheitspolitische Erwägungen ... 69
3.3 Frankreichs Positionen für die EEA ... 71
3.3.1 Einführung des qualifizierten Mehrheitsentscheids ... 71
3.3.2 Stärkung des Europäischen Parlaments ... 72
3.3.3 Kompetenzerweiterungen der EG ... 74

3.3.4	Fortschritte in der EPZ?	76
3.3.5	Die EEA – ein "compromis de progrès"	78
3.4	Süderweiterung	78
3.5	Europapolitik in der ersten Kohabitation	79
3.6	Das Jahr vor der Zeitenwende: 1988-1989	81
3.6.1	Binnenmarkteuphorie und Niedergangs-Debatte	82
3.6.2	Schwerpunkte der französischen Ratspräsidentschaft 1989	84
4.	Das goldene Zeitalter der französischen E uropapolitik: 1990-1992	87
4.1	Frankreich und die Wiedervereinigung Deutschlands	87
4.1.1	Frankreichs (und Großbritanniens) anfänglicher Widerstand gegen die deutsche Einheit	88
4.1.2	Mitterrands Sorge um Europa	91
4.1.3	Der Weg zur deutschen Einheit wird frei	93
4.2	Der wiedergefundene Gleichklang: Deutsch-französische Initiativen für Maastricht	97
4.3	Mitterrand und Maastricht	100
4.3.1	Die Maastrichter Reformen in der ersten Säule	102
4.3.1.1	Die Demokratisierung der Entscheidungsverfahren	102
4.3.1.2	Beschlüsse zur WWU	104
4.3.2	Mitterrand und die GASP	107
4.3.2.1	Mitterrands Konzeption der europäischen Außenpolitik	108
4.3.2.2	Mitterrand und die sicherheits- und verteidigungspolitische Komponente der GASP	111
4.3.3	Maastricht – die unvollendete Politische Union	115
5.	Die französische Maastricht-Debatte – Ende des goldenen Zeitalters für Europa	117
5.1	Verfassungsreform und Maastricht-Referendum	118
5.2	Maastricht spaltet Frankreich	123
6.	Französische Europapolitik in der Post-Maastricht Ära (1992-1995)	126
6.1	Mitterrand- Balladur: Europapolitik als "domaine partagé"	127
6.1.1	Mitterrand wacht über sein Erbe	128
6.1.2	Balladurs Konzept der konzentrischen Kreise	130
6.2	Mitterrands letzte Weichenstellungen in der Sicherheits- und Verteidigungspolitik	133
6.2.1	Schaffung des Eurokorps	133
6.2.2	Konkretisierung der europäischen sicherheits- und verteidigungspolitischen Identität	135
7.	Mitterrand und die (Ost-) Erweiterung der EU	139
7.1	Mitterrand und die Norderweiterung	139
7.2	Mitterrrand und die Osterweiterung	141
7.2.1	Eine europäische Konföderation als Alternative zur Osterweiterung	142
7.2.2	Balladurs Stabilitätspakt	146
8.	Mitterrands persönliche Bilanz	149

Teil III: Die französische Europapolitik unter Jacques Chirac 1995-2004 153

1.	Einführung: Chiracs langer Weg ins Elysée	153
2.	Der politische Gestaltungsspielraum Jacques Chiracs	155
2.1	Der Architekt und der Maurer – Chirac und Juppé 1995-1997	156
2.2	Die dritte Kohabitation: Chirac-Jospin	158
2.2.1	La cohabitation de velours – die samtene Kohabitation	158
2.2.2	La cohabitation en armes – die bewaffnete Kohabitation	160
2.3	Chirac- Raffarin: Rückkehr zur traditionellen Hierarchie	161
3.	Volle Gestaltungsmacht: Chiracs Europapolitik in der 1. Phase (1995-1997)	164
3.1	Internationaler Kontext französischer Europapolitik am Ende des 20. Jahrhunderts	164
3.2	Schwierige Annäherung an Europa	166
3.3	Gaullistische Europapolitik: Mai 1995 bis Juni 1997	170
3.3.1	Europapolitische Konzeptionen der neuen Führung Chirac-Juppé	170
3.3.2	Deutsch-französische Positionen für Amsterdam	175
3.3.2.1	Flexibilisierung	177
3.3.2.2	Gemeinsame GASP-Positionen ?	177
3.3.3	Die Amsterdamer Ergebnisse aus französischer Sicht	180
3.4	Der Euro – Anlass für die Parlamentausflösung?	182
4.	Europapolitik in der Kohabitation 1997-2002	186
4.1	Jospins Beitrag zur französischen Europapolitik 1997-2002	186
4.1.1	Europapolitische Positionen Jospins: "L'Euro oui, mais pas comme ça"	186
4.1.2	Jospins Einfluss in Amsterdam	190
4.1.3	Das europapolitische Paradox der dritten Kohabitation	192
4.2	Chiracs Handschrift bei den zentralen europapolitischen Entscheidungen	193
4.2.1	Chiracs konfrontative Europapolitik	193
4.2.2	Innenpolitische Gründe für den harten Europakurs Chiracs	195
4.2.3	Chiracs Antwort auf Joschka Fischer	197
4.3	Frankreich in Nizza	199
4.3.1	Frankreichs Präsidentschaftsprogramm: institutioneller Pragmatismus oder Konzeptionslosigkeit?	201
4.3.2	Chiracs vorrangiges Ziel: L' Europe Puissance	203
4.3.3	Gescheiterter Versuch einer deutsch-französischen Abstimmung für Nizza	207
4.3.3.1	Das Ergebnis von Nizza	211
4.3.3.2	Die Nizzaer Bilanz aus französischer Sicht	215
4.4	Stillstand in der französischen Europapolitik ?	216
4.4.1	Die französische Europapolitik in der Kritik	217
4.4.2	Innenpolitik hat Vorrang	219

4.4.3	Jospins europapolitische Grundsatzrede vom 28.5.2001 – ein Befreiungsschlag?................224
5.	Enfin seul - Chiracs Europapolitik in der dritten Phase (ab Mai 2002)................................230
5.1	Präsidentschafts- und Parlamentswahlen 2002: Grundlagen für ein gaullistisches Quinquennat..230
5.1.1	Die Präsidentschaftswahlen..230
5.1.2	Die Parlamentswahlen vom Juni 2002..234
5.2	Was ist europapolitisch von dem "Enfin seul" zu erwarten? Frankreichs Positionen im "Konvent zur Zukunft der Europäischen Union"..237
5.3	Relance des deutsch-französischen Motors..243
5.3.1	Die Krise der deutsch-französischen Beziehungen..243
5.3.2	Die Gemeinsame Initiativenflut von 2002/2003...245
5.4	Der Irak-Konflikt als Katalysator deutsch-französischer Gemeinsamkeiten....................253
5.4.1	Das deutsche und das französische Nein zum Irak-Krieg..254
5.4.2	Der deutsch-französische Gleichklang – Spaltpilz oder Katalysator für Europas Einigung ?....259
5.4.2.1	Spaltpilz?...259
5.4.2.2	... oder Katalysator?..262
5.5	Frankreich und die europäische Verfassung: Kosten und Nutzen....................................265
6.	Französische Europapolitik – quo vadis?...268
6.1	Neue Unübersichtlichkeit in der französischen Europapolitik..269
6.2	Innenpolitischer Schattenwurf...272
6.3	Welche Rolle für Frankreich in der EU-25 ?...279
6.3.1	Eine deutsch-französische Union ?..280
6.3.2	... oder ein Direktorium zu Dritt?..281
Literaturverzeichnis...285	

Tabellenverzeichnis

Tabelle 1: Französische Präsidentschaftswahlen 1965 – 1974 19
Tabelle 2: Französische Präsidentschaftswahlen 1981 44
Tabelle 3: Französische Parlamentswahlen 1981-1993 46
Tabelle 4: Französische Präsidentschaftswahlen 1988 53
Tabelle 5: Ergebnisse der französischen Europawahlen 1984 64
Tabelle 6: Ergebnisse der französischen Europawahlen 1989 86
Tabelle 7: Staatspräsident Mitterrand und seine Premierminister 119
Tabelle 8: Ergebnisse der französischen Europawahlen 1994 149
Tabelle 9: Französische Präsidentschaftswahlen 1995 154
Tabelle 10: Wahlen zur Nationalversammlung 1997 185
Tabelle 11: Ergebnisse der französischen Europawahlen 1999 196
Tabelle 12: Französische Präsidentschaftswahlen 2002 231
Tabelle 13: Wahlen zur Nationalversammlung 2002 236
Tabelle 14: Europawahlen in Frankreich 2004 274

Vorwort

Frankreich stand von Anbeginn im Zentrum der europäischen Integrationsbestrebungen, die nach Ende des Zweiten Weltkrieges die deutsch-französische "Erbfeindschaft" überwinden und dem Kontinent Frieden, Sicherheit, Wohlstand und Einigkeit bescheren wollten. Angesichts der langjährigen außenpolitischen Zurückhaltung Deutschlands und der nur zögerlichen Hinwendung Großbritanniens zu diesem sich vereinigenden Europa spielte Frankreich im Integrationsprozess häufig die Rolle eines Initiators und Ideengebers. Dabei erwies sich Frankreichs europapolitischer Führungsanspruch nicht selten zugleich als Bremse, als Hindernis für ein zügiges Voranschreiten der Integrationsgemeinschaft. Denn die ehemalige "grande nation" versteht sich durchaus darauf, nationalstaatliche Souveränitätsrechte zu verteidigen. Der Widerspruch zwischen ehrgeizigen, ja visionären Konzeptionen für ein starkes, selbstbewusstes und autonomes Europa einerseits und den Zögerlichkeiten bei der Ausstattung dieses Europa mit den erforderlichen Machtbefugnissen und Zuständigkeiten andererseits prägen Frankreichs Europapolitik bis heute.

Vorliegender Band möchte eine knappe, überblicksartige und auf die zentralen Positionen und Entscheidungen konzentrierte Analyse von über 50 Jahren französischer Europapolitik bieten; unter "französischer Europapolitik" werden dabei ausschließlich jene Politiken verstanden, die sich auf die Einigung und Integration Europas im Rahmen von EGKS, EWG/EG und seit 1993 der Europäischen Union (EU) beziehen.

Die Untersuchung wird angeleitet von den Fragen, welchen Beitrag Frankreich zum Aufbau und zur Vertiefung der Europäischen Integration zu leisten vermochte, inwieweit seine institutionellen, d.h. in der Regel souvernatitätsschonenden Präferenzen die EWG/EG/EU prägen konnten und ob die Auswirkungen der Zeitenwende von 1989/90 Frankreich zu einem grundlegenden europapolitischen Positionswechsel veranlasste, der die traditionelle Vorliebe fürs Intergouvernementale überwindet. Auch die neue Rolle, die diese Zeitenwende Europa auf der internationalen Ebene zuweist, so wie die jüngst erfolgte Erweiterung der EU um acht Staaten Mittelosteuropas (und um Malta und Zypern) lassen eine innovative Integrationspolitik angeraten erscheinen, die eine allzu ausgeprägte Souveränitäts-wahrung hinter sich lässt. Hier wird zu prüfen sein, ob das heutige Frankreich den neuen Herausforderungen eine angemessene Antwort zu geben vermag.

Vorliegender Band versucht seiner Zielsetzung dadurch gerecht zu werden, dass er nach vergleichsweise knappen Ausführungen zu Frankreichs Europapolitik der ersten drei Jahrzehnte sich detailliert und vertieft den Entwicklungen seit Anfang der 80er Jahre zuwendet. Da französische Staatspräsidenten die Außen- und Europapolitik ihres Landes in heraussragendem Maße prägen, bietet sich für den Hauptzeitraum der Untersuchung 1981-2004 eine Unterteilung in die doppelte Amtszeit François Mitterrands sowie in die seit 1995 währende Herrschaft Jacques Chiracs an.

Da die Verfasserin sich seit vielen Jahren mit Frankreichs inneren Entwicklungen und speziell seiner Europapolitik befasst, wird auf explizte Verweise auf das zahlreiche einschlägige Schrifttum verzichtet. Lediglich die neuesten Veröffentlichungen werden angegeben, ansonsten wird auf das Literaturverzeichnis verwiesen.

Carina Lenz sei für ihre wertvolle Zuarbeit und Renate Wunram - einmal mehr - für ihre Hilfe bei der Fertigstellung des Manuskripts gedankt.

Würzburg, im Oktober 2004

Teil I: Frankreich auf dem Weg nach Europa

1. Französische Europapolitik in der Aufbauphase 1946 bis 1958

Als nach dem Ende des zweiten Weltkriegs die Neuordnung Europas anstand, war die französische Politik zunächst gänzlich vom Streben nach Sicherheit vor Deutschland geprägt. Nach der verheerenden, als äußerst demütigend empfundenen Niederlage von 1940 und der nachfolgenden Besatzung kam es zur Spaltung Frankreichs zwischen den Vichy-Getreuen um den Marschall Henri Philippe Pétain einerseits und den Anhängern des General Charles de Gaulle andererseits, der den Widerstand gegen Deutschland von seinem Londoner Exil aus leitete. Wegen all dieser Traumata lautete die Devise nach der Befreiung Frankreichs im Verlauf des Jahres 1944: "Plus jamais de Reich". Daher bestand Frankreich, das erst nachträglich in den Kreis der alliierten Siegermächte aufgenommen worden war und das somit an den grundlegenden Weichenstellungen für die europäische Nachkriegsordnung von Jalta und Potsdam nicht beteiligt war, zunächst auf einer besonders harten Behandlung Deutschlands. Dies zeigte sich nicht nur an seiner Besatzungspolitik, die im Vergleich zur amerikanischen oder britischen der deutschen Bevölkerung besondere Härten auferlegte, sondern auch an seiner Politik im Alliierten Kontrollrat. Hier widersetzte es sich hartnäckig der im Herbst 1945 in Potsdam beschlossenen Errichtung einer deutschen Zentralverwaltung[1]. Vielmehr wollten de Gaulle und nach seinem Rücktritt Anfang 1946 auch die Nachfolgeregierungen Deutschlands in eine Vielzahl von Kleinstaaten aufgeteilt sehen; diese Länder-Föderation sollte für alle Zeiten einen neuen deutschen Zentralstaat, ein "Reich" unmöglich machen. So verweigerte Frankreich seiner Besatzungszone zunächst den Beitritt zur Anfang 1947 geschaffenen Bizone. Erst die Einwilligung Washingtons, das Saargebiet aus der französischen Besatzungszone aus- und Frankreich anzugliedern sowie die Errichtung der internationalen Ruhrbehörde Ende 1948 brachten es zum Einlenken (Haftendorn 2001: 17). Vor allem aber der sich bereits ab 1947/48 abzeichnende Kalte Krieg und das nachfolgende Zusammenrücken

---

1 An der Potsdamer Konferenz, die vom 17.7. bis 2.8.1945 stattfand, hatte Frankreich noch nicht teilgenommen; es trat den Vereinbarungen erst am 7.8.1945 bei (Haftendorn 2001: 16).

des Westens gemäß der Containment Doktrin von US-Präsident Harry S. Truman machte es dem kriegsgeschädigten, verarmten, geschwächten und folglich auf die Gelder des Marshall-Plans angewiesenen Frankreich unmöglich, seinen Widerstand gegen eine neue Staatlichkeit Deutschland weiter aufrechtzuerhalten. Widerstrebend stimmte Frankreich den Londoner Beschlüssen vom Juni 1948 zur Schaffung eines westdeutschen Staates sowie der Einbindung seiner Besatzungszone in die Bizone, die damit ab April 1949 zur Trizone wurde, zu. Als die USA angesichts des Koreakriegs (1950) gar auf einen westdeutschen Verteidigungsbeitrag zu drängen begannen (Weisenfeld 1997: 72), war klar, dass Frankreich Sicherheit vor Deutschland nur mehr dadurch würde erreichen können, dass es einer Wiederaufnahme der jungen Bundesrepublik in die Staatengemeinschaft zustimmte und das deutsche Potential in möglichst dichte und vielfältige Kooperations-und Integrationsprojekte einzubinden versuchte. "Die Sicherheitsdoktrin lautete fortan nicht mehr ‚Sicherheit vor und gegen Deutschland', sondern wurde umgemünzt in ‚Sicherheit vor der Sowjetunion und Deutschland durch eine fest im Westen verankerte Bundesrepublik'" (Axt 1999: 469). Damit erhielt ein anderes deutschland- und europapolitisches Konzept Auftrieb, das zwar ebenfalls seit Kriegsende in Frankreichs Eliten zirkulierte, sich zunächst aber nicht hatte durchsetzen können: dieses Konzept setzte nicht auf die Schwächung und Zerschlagung Deutschlands, sondern auf Aussöhnung mit Deutschland und auf seine Einbindung in die europäische Staatengemeinschaft[2].

An den ab 1950 einsetzenden Bemühungen um die Integration Europas, um die Schaffung eines vereinten (West-)Europas hatte das Frankreich der IV. Republik einen ganz entscheidenden Anteil. Denn sowohl das erste Integrationsprojekt der Schaffung einer Europäischen Gemeinschaft für Kohle und Stahl (EGKS) als auch der letztendlich gescheiterte Plan einer europäischen Verteidigungsgemeinschaft (EVG) und einer Europäischen Politischen Gemeinschaft waren zunächst französische Initiativen gewesen. Sie sind mit den Namen und dem Engagement französischer Politiker wie Robert Schuman und Jean Monnet (für die EGKS) sowie René Pleven (für die EVG) verknüpft. Diesen französischen Europainitiativen lag immer die doppelte Zielsetzung zugrunde, gleichzeitig sowohl eine Einigung und damit Stärkung Europas angesichts der Dominanz der Supermächte als auch eine langfristige Einbindung der jungen Bundesrepublik zu erreichen; die Westbindung des westdeutschen Teilstaates bedeutete zugleich Kontrolle über und Sicherheit vor dem östlichen Nachbarn und lag somit im Zentrum der europapolitischen Interessen Frankreichs.

---

2 Daher spricht Dietmar Hüser von einer doppelten Deutschlandpolitik Frankreichs in den unmittelbaren Nachkriegsjahren, Hüser 1996

Während der EGKS-Vertrag von der französischen Nationalversammlung 1951 mit großer Mehrheit – allerdings gegen die Stimmen von Gaullisten und Kommunisten – ratifiziert wurde, scheiterten EVG und EPG am 30.8.1954 am negativen Votum der Assemblée Nationale; dieses war eine Folge der politischen Instabilität der IV. Republik und des veränderten internationalen Umfeldes. So stieß die Europapolitik, insbesondere das EVG-Projekt des linksliberalen Regierungschefs Pierre Mendès France in der Nationalversammlung auf den Widerstand von Kommunisten, Linkssozialisten und Gaullisten. Angesichts des im Sommer 1954 ausbrechenden Indochinakriegs war Frankreich auf die Vermittlerrolle der Sowjetunion angewiesen; daher wollte die Mehrheit der Nationalversammlung Chruschtschow nicht mit der Ratifizierung des EVG-Vertrags, der Europa ja gegen Aggressionen der UdSSR schützen sollte, provozieren. Die Lösung des Indochinaproblems genoss also eindeutig Priorität. Außerdem war es nicht gelungen, Frankreichs Pläne für den Griff nach der Atombombe mit der EVG zu vereinbaren (Schukraft 2002: 24). Das Scheitern von EVG und EPG bedeutete allerdings, dass Frankreich das Inkrafttreten des Deutschlandvertrages in der revidierten Fassung der Pariser Verträge zum 5.5.1955, den Beitritt der Bundesrepublik zur Nato sowie die deutsche Wiederbewaffnung hinnehmen musste.

Die Agonie der IV. Republik, die durch den auf breiter Front einsetzenden Entkolonialisierungsprozess in Afrika deutlich beschleunigt wurde, bewirkte, dass Frankreich bei der "Relance européenne", die Ende 1954 angestoßen wurde und zur Gründung der Europäischen Wirtschaftsgemeinschaft (EWG) führte, nicht die bisherige Initiatorenrolle einnahm. Diesen Part übernahmen der Belgier Paul-Henri Spaak und der Niederländer Johan W. Beyen. Der Anfang 1956 vorgelegte Spaak-Bericht bildete die Grundlage für die Regierungsverhandlungen zu den neuen Verträgen. Auf Wunsch Frankreichs wurde das auf eine Idee Jean Monnets zurückgehende Projekt einer Europäischen Atomgemeinschaft (Euratom) ebenfalls verwirklicht. Auch setzte sich Frankreich mit seiner Forderung durch, die überseeischen Gebiete in den zu schaffenden Gemeinsamen Markt einzubeziehen.

Das Inkrafttreten der Römischen Verträge zum 1.1.1958 überlebte die IV. Republik jedoch nur um wenige Monate. Denn im zum französischen Mutterland zählenden Algerien, in dem seit 1954 ein Befreiungskrieg tobte, kam es am 13.5.1958 zu einem Aufstand der Armee und der Siedler. In Algier rief General Jacques Massu, Anführer der Aufständischen, zur Bildung einer Notstandsregierung unter Charles de Gaulle auf. Doch de Gaulle, der sich 1953 nach Colombey-les-deux-Eglises zurückgezogen hatte, zögerte, wollte er doch nicht durch einen Aufstand an die Macht (zurück-)gelangen. Nachdem er sich jedoch am 15.5.1958 dazu bereit erklärt hatte, "in der Republik die Verantwortung zu übernehmen", wählte die Nationalversammlung den General mit 329 gegen 224 Stimmen zum letzten Ministerpräsidenten der IV. Republik. Zugleich wurde de Gaulle der Auftrag und die Vollmacht erteilt, eine neue Verfassung auszuarbeiten und damit eine neue Republik zu begründen. Die Verfassung der V. Republik wurde weitestgehend von de Gaulle selbst und seinem langjährigen engsten Vertrauten (und späteren Premierminister) Michel Debré ausgearbeitet.

Nach der Annahme des Textes durch den Ministerrat am 3.9.1958 wurde er abschließend dem Volkssouverän zum Entscheid vorgelegt. Das Referendum vom 28. 9 1958 erhielt somit den Charakter eines spontanen Plebiszits für oder gegen de Gaulle. Die Mehrzahl der politischen Parteien sprachen sich zugunsten des Verfassungsentwurfs aus: Die Rechte und die Gaullisten bedingungslos, das Zentrum mit nur gemäßigter Überzeugung, die Sozialisten und Radikalen bezogen unterschiedliche Stellungen. Wichtige Persönlichkeiten jedoch versagten de Gaulle ihre Unterstützung: Im rechten Lager blieben die Getreuen des Marschall Pétain Gegner des Generals; im linken Lager geißelten Pierre Mendès France und vor allem François Mitterrand die Rückkehr de Gaulles an die Macht als Staatsstreich. Sie befürchteten, dass de Gaulle durch die neue Verfassung eine allzu große persönliche Machtfülle erhalten würde (Mitterrand 1964). Die kommunistische Partei lehnte den Verfassungsentwurf geschlossen ab.

Bei großer Wahlbeteiligung siegte am 28.9.1958 das "Oui" unerwartet deutlich: Im französischen Mutterland stimmten fast 80 Prozent mit Ja. In Übersee war der Erfolg noch größer: In Algerien stimmten 96,5 Prozent der neuen Verfassung zu, in Schwarzafrika 94,5 Prozent. Nur Guinea stimmte auf Initiative Sekou Tourés mit Nein; damit lehnte es zugleich auch einen Beitritt zur neu geschaffenen "Communauté française" ab. Nach diesem überwältigenden Vertrauensbeweis für de Gaulle trat die Verfassung am 4.10.1958 in Kraft. Damit war die V. Republik geboren.

2. Das außen- und europapolitische Entscheidungssystem der V. Republik

De Gaulle war ein überzeugter Gegner der ersten französischen Nachkriegsverfassung, d.h. der der IV. Republik, die nach einem schwierig verlaufenden Entstehungsprozess am 27.10.1947 in Kraft getreten war. Dieser parlamentarischen Ordnung mit einer ausgeprägten Dominanz der Nationalversammlung und damit des Parteiensystems sowie der schwachen Stellung des von der Assemblée abhängigen Ministerpräsidenten (Président du Conseil des Ministres) setzte er das diametral entgegengesetzte Konzept einer starken, geschlossenen Exekutive entgegen. Diese Verfassungsalternative hatte er erstmals in seinen berühmten Reden von Bayeux am 16.6.1946 sowie von Epinal am 29.9.1946, d.h. während der Auseinandersetzungen um die Verfassung der IV. Republik dargelegt. Dabei maß er der Rolle des Staatschefs die größte Bedeutung bei. De Gaulle schwebte ein starker Staat und ein starker Staatschef vor; letzterer steht über den Parteien und kann daher nicht nur vom Parlament, sondern muss von einem umfassenderen Gremium gewählt werden. Der Staatspräsident steht also im Zentrum dieses Verfassungsentwurfs, der insgesamt der Regierung die eindeutige Dominanz über das Legislativorgan einräumt.

Als ihm, dem in der Not ins Amt des Ministerpräsidenten Gewählten, im Sommer 1958 von der Nationalversammlung die Vollmacht für eine neue Verfassungsschöpfung übertragen wurde, griff de Gaulle auf diese Konzeptionen zurück. Debré und er entwarfen eine Verfassungsordnung, die dem Staatspräsidenten eine ganz herausgehobene Rolle gerade auch in der Außen- und Sicherheitspolitik – und somit auch in der Europapolitik – einräumt.

Kernelement dieser Konzeption ist ein ursprünglich durch ein großes Wählerkollegium legitimierter Staatspräsident. Wie in der Rede von Bayeux bereits ausgeführt, wurde zunächst dieser Wahlmodus in der neuen Verfassung festgeschrieben: 1958 wurde der Präsident von einem Wahlgremium gewählt, das neben den Abgeordneten und Senatoren auch eine große Anzahl an Generalräten (Vertreter der Departements) sowie Stadt- und Gemeinderäten umfasste. Insgesamt mussten rund 80.000 Personen zusammentreten, um für sieben Jahre den Präsidenten zu wählen. Nach diesem Verfahren wurde de Gaulle am 21.12.1958 mit nahezu 80% der Stimmen zum ersten Staatspräsidenten der V. Republik gewählt.

1962 aber konnte de Gaulle die Direktwahl des Staatspräsidenten mittels eines Referendums durchsetzten. Der General rechtfertigte diese bedeutsame Reform mit der Sorge um die Legitimation seines Nachfolgers: Er selbst, so de Gaulle auf einer Pressekonferenz vom 11.4.1961, verfüge ja aufgrund der jüngeren zeitgeschichtlichen Umstände "jenseits jeglicher Wahlen" über ein "mandat populaire et national"; dies sei bei seinen Nachfolgern aber nicht mehr der Fall. Daher wolle er zu gegebener Zeit die Direktwahl des Präsidenten vorschlagen (La documentation française, Nr. 1.06, 1995: 9; Kimmel 1983: 43). Obgleich diese Verfassungsänderung via Referendum einen klaren Verfassungsbruch darstellte und daher von zahlreichen Staatsrechtlern und Parlamentariern auf schärfste kritisiert wurde[3,] ist sie zu einem Eckpunkt der

---

3   Für Verfassungsänderungen sieht der Verfassungstext den Art. 89 vor, und nicht den Art. 11, der sich auf Referenden bezieht. Allerdings kann auch im Rahmen des Art. 89 ein verfassungsänderndes Referendum abgehalten werden, wie in der Verfassungswirklichkeit mehrfach praktiziert. Dies setzt aber die Zustimmung beider Häuser des Parlaments voraus.

Ordnung der V. Republik geworden und entspricht auch in hohem Maße des Logik des von de Gaulle angestrebten Systems. Denn weil ab 1962 der Staatspräsident über die höchsten demokratischen Weihen, nämlich über die direkte Legitimation durch den Volkssouverän, verfügt, lässt sich seine herausragende Stellung im Verfassungsgefüge besser rechtfertigen. Schließlich hat die Einführung der Direktwahl des Präsidenten auch zu klaren Parlamentsmehrheiten sowie stabilen Oppositionskräften geführt. Dieser "fait majoritaire" (Mehrheitseffekt) ist für lange Jahre zum herausragenden Merkmal der V. Republik geworden, die sich hierin grundlegend von den instabilen Mehr-Parteien-Koalitionen der III. und IV. Republik unterscheidet. Erst der "fait majoritaire" hat es den ersten drei Staatspräsidenten ermöglicht, die verfassungsmäßig herausgehobene Stellung des Amtes in der politischen Realität auch voll und ganz auszufüllen. Ab Mitte der 80er Jahre jedoch hat sich der Mehrheitseffekt wieder abgeschwächt, so dass es zu bisher drei Kohabitationen kam, also zu Konstellationen, in welchen der Staatspräsident mit einer mehrheitlich nicht seinem politischen Lager angehörenden Nationalversammlung koexistieren muss, aus deren Reihen er notgedrungen den Premierminister beruft.

Artikel 5 der Verfassung weist dem Präsidenten drei zentrale Aufgaben zu: Zum ersten ist der Präsident der Garant der Verfassung, er hat für ihre Anwendung und Einhaltung Sorge zu tragen. Hier liegt ein Schwerpunkt seiner Funktion. Zweitens sorgt der Präsident durch seinen Schiedsspruch für die ordnungsgemäße Ausübung der Staatsgewalt und garantiert somit die Kontinuität des Staates. Diese Schiedsrichterfunktion soll den Präsidenten über den Parteienzwist erheben, er handelt als Präsident der ganzen Nation.

Bei der Verfassungsänderung 1962 via Referendum hingegen wurde das Parlament vollständig übergangen (Müller-Brandeck-Bocquet/Moreau 2000: 57/58).

Tabelle 1: Französische Präsidentschaftswahlen 1965 - 1974

Kandidaten	1. Wahlgang	2. Wahlgang
1965		
Charles de Gaulle (UNR)	43,70%	54,50%
F. Mitterrand (SFIO)	32,20%	45,50%
J. Lecanuet (Centre)	15,80%	
J-L. Tixier-Vignancour (Extrême-droite)	5,20%	
P. Marcilhacy (Centre droit)	1,70%	
M. Barbu (sans étiquette)	1,10%	
Wahlenthaltung	14,90%	15,40%
1969		
G. Pompidou (UDR)	43,90%	57,50%
A. Poher (Centre)	23,40%	42,40%
J. Duclos (PCF)	21,50%	
G. Deffere (SFIO)	5,00%	
M. Rocard (PSU)	3,60%	
L. Ducatel (sans étiquette)	1,20%	
A. Krivine (LCR)	1,10%	
Wahlenthaltung	21,80%	31,00%
1974		
F. Mitterrand (PS)+A56	43,30%	49,30%
V. Giscard d' Estaing (UDF)	32,90%	50,60%
J. Chaban-Delmas (UDR)	14,60%	
J. Royer (divers droite)	3,20%	
A. Laguiller (LO)	2,30%	
R. Dumont (Ecologiste)	1,30%	
J-M. Le Pen (FN)	0,70%	
E. Muller (divers gauche)	0,70%	
A. Krivine (Extrême gauche)	0,40%	
B. Renouvin (monarchiste)	0,20%	
J.C. Sebag (fédéraliste)	0,20%	
G. Héraud (fédéraliste)	0,07%	
Wahlenthaltung	15,10%	12,10%

Drittens schließlich ist der Präsident der Garant der nationalen Unabhängigkeit und der Integrität des Staatsgebiets. Er trägt dafür Sorge, dass Frankreich die von ihm eingegangenen Verträge und internationalen Abkommen einhält. Hiermit ist die nach außen gerichtete Rolle des Staatspräsidenten angesprochen: Der Staatspräsident wahrt die Interessen der Nation. Diese drei zentralen Aufgabenbereiche obliegen nur dem Präsidenten, der sie alleine, ohne jegliche Mitsprache und Beteiligung von Regierung oder Parlament entscheidet. Der französische Verfassungsrechtler Maurice Duverger spricht hier von den "pouvoirs propres" (autonomen Machtbefugnissen) des Staatspräsidenten (Duverger 1996: 268). Die Bedeutung der "pouvoirs propres" erhebt den Staatspräsidenten über alle anderen Verfassungsorgane.

Trotz der Bedeutsamkeit der präsidialen autonomen Machtbefugnisse überwiegen im Verfassungsgefüge der V. Republik die Kompetenzen, die er mit einem anderen Verfassungsorgan, in aller Regel der Regierung teilt; hier spricht man von "pouvoirs partagés" (geteilte Machtbefugnisse) (Duverger 1996: 284). Das Contreseing, das die Gegenzeichnung aller präsidentieller Entscheidungen und Akte im Bereich der geteilten Machtbefugnisse durch den Premierminister oder einen Minister zwingend vorschreibt (Art. 19), symbolisiert das verfassungsrechtlich geforderte Zusammenwirken der doppelköpfigen Exekutive. Damit gilt für die V. Republik, dass mit Ausnahme der "pouvoirs propres" nahezu alle Entscheidungen die Zustimmung sowohl des Präsidenten als auch des Premierministers erfordern. Letzterer kann sein Einverständnis jedoch dann kaum verweigern, wenn der Präsident in der Nationalversammlung über die Mehrheit verfügt. Dies war bis 1986, als es unter Mitterrand erstmals zu einer Kohabitation kam, durchgehend der Fall. Bei kongruenten Mehrheitsverhältnissen lässt sich die eindeutige Dominanz des Staatspräsidenten innerhalb der Exekutive also dadurch erklären, dass er aufgrund der Mehrheitsverhältnisse nicht nur seine autonomen Machtbefugnisse frei ausüben, sondern auch die geteilten Machtbefugnisse zu seinen Gunsten vereinnahmen, ja regelrecht usurpieren kann. Dies ist auch seit der Wiederwahl Jacques Chiracs 2002 wieder der Fall.

Auch die konkrete Ausgestaltung der Außen-, Sicherheits- und Europapolitik zählt zu den geteilten Machtbefugnissen des Staatspräsidenten[4]. Doch als Repräsentant der Nation sind hier dem Staatspräsidenten gewisse Sonderrechte eingeräumt: so handelt er gemäß Art. 52 internationale Verträge aus

---

4   Eine Ausnahme bildet hier die Entscheidungsbefugnis über den Einsatz der Atomwaffen, die gemäß eines Dekrets aus dem Jahr 1964 dem Verteidigungsrat und damit faktisch dem Präsidenten allein zusteht (Kimmel 1997: 23).

und ratifiziert sie[5], weiterhin muss er über alle internationalen Vertragsverhandlungen unterrichtet werden; außerdem akkreditiert er die eigenen und fremden Botschafter (Art. 14). Obgleich es sich bei der Außen- und Sicherheitspolitik um eine geteilte Machtbefugnis des Staatspräsidenten handelt, dominiert hier – so Maurice Duverger – der Einfluss des Staatspräsidenten (Duverger: 1996: 288). Geradezu "obskur" sei demgegenüber die Kompetenzaufteilung in der Verteidigungspolitik (Duverger 1996: 289; so auch Kessler 1999: 28), die auch zu den geteilten Machtbefugnissen zählt. Zwar ist der Präsident Chef der Streitkräfte (Artikel 15) und sitzt dem Nationalen Verteidigungsrat vor, der über die Ausgestaltung der Sicherheitspolitik beschließt. Andererseits aber verfügt die Regierung laut Artikel 20 über die Streitkräfte, und gemäß Art. 21 ist der Premierminister für die nationale Verteidigung verantwortlich.

Die Vorrangstellung des Präsidenten auch in geteilten Machtbefugnissen, insbesondere in der Außen- und Europapolitik, ist schon zu de Gaulles Amtszeit mit dem Begriff der "domaines réservés" belegt worden; dies sollte die zahlreichen Überschreitungen der verfassungsrechtlich fixierten präsidentiellen Machtbefugnisse durch den General insbesondere in derAußen- und Sicherheitspolitik rechtfertigen. Denn für de Gaulle genossen diese Politikfelder die allerhöchste Priorität; hier sah er sein privilegiertes Betätigungsfeld. So sprach Jacques Chaban-Delmas, enger Vertrauter de Gaulles und späterer Premierminister Pompidous, bereits 1959 von einem "secteur présidentiel", der die Außenpolitik umfasse, der Verfassungsrechtler Georges Videl prägte den Begriff "domaine réservé". Doch hierbei handelt es sich, so Marie-Christine Kessler, "um einen journalistischen Ausdruck, nicht um einen verfassungsrechtlichen Begriff" (Kessler 1999: 24). De facto also gibt es keine "domaines réservés". Die weitreichenden Befugnisse des Präsidenten sind entweder in der Verfassung verankert, so auch seine herausragende Stellung in der Außen- und Europapolitik; oder sie ergeben sich – wie bereits ausgeführt – dadurch, dass ein Präsident, der über die Parlamentsmehrheit verfügt, auch Teile der Kompetenzen des Premierministers ausübt. Dennoch hat der Begriff des "domaine réservé" die politische Praxis der V. Republik stark geprägt. Obwohl "alle Staatspräsidenten ihn wegen seiner Verfassungswidrigkeit zurückgewiesen haben, haben sie ihn in der Praxis für sich reklamiert" (Kessler 1999: 25).

Bezeichnenderweise haben sich de Gaulle und sein Nachfolger Georges Pompidou – hier wird Valéry Giscard d'Estaing eine bedeutsame Veränderung vornehmen – immer geweigert, den Premierminister als Chef der Regie-

---

5 Art. 53 allerdings listet all die internationalen Verträge auf, die nicht ohne Parlamentsbeteiligung ratifiziert werden können; damit ist die Reichweite des Art. 52 gravierend eingeschränkt.

rung zu bezeichnen und zu verstehen. Nach de Gaulles Auffassung konnte allein der Staatspräsident diese Aufgabe ausfüllen. Die eigenständige Funktion des Premierministers verneinte er. Es gäbe keine Dyarchie an der Staatsspitze, erklärte er in einer seiner berühmten Pressekonferenzen vom 31.1.1964 (La documentation française, Nr. 1.04, 1992: 27). Hier gab er auch seine Interpretation des Art. 8 wider; während der Präsident laut Verfassung den Premierminister nur aufgrund einer Rücktrittserklärung der gesamten Regierung entlassen kann, spricht de Gaulle davon, dass der Staatspräsident über die Macht verfüge, die Regierung auszuwechseln[6].

Was nun das Verhältnis dieser außergewöhnlich starken Exekutive zur Legislative anbelangt, so ist das "Ende der Parlamentssouveränität" (Kimmel 1983: 38), wie sie unter der III. und IV. Republik geherrscht hatte, zu konstatieren. Da der frühere Vorrang des Parlaments in Verbindung mit einem zersplitterten und polarisierten Parteiensystem zu sehr häufigen Regierungswechseln und damit zu großer politischer Instabilität geführt hatte, optierte man 1958 für einen "rationalisierten Parlamentarismus", d.h. für einen gezügelten, eingeschränkten Parlamentarismus, der der Exektuive einen deutlichen Vorrang einräumt. Das Parlament ist an der Regierungsbildung nicht beteiligt; doch selbst in seinen originären Zuständigkeitsbereichen, der Gesetzgebung und Kontrolle der Regierung, verfügt die Regierung mittels Ordonnanzen[7], der weitreichenden Verordnungsgewalt (pouvoirs réglementaire) des Premierministers sowie einiger zusätzlicher und höchst wirksamer Instrumente des rationalisierten Parlamentarismus über große Gestaltungsspielräume.

Dieser Blick auf Verfassungstext und Verfassungswirklichkeit der V. Republik hat gezeigt, dass zumindest in den Phasen kongruneter Mehrheitsverhältnisse die politische Gestaltungsmacht weitestgehend in den Händen der Staatspräsidenten liegt. Dies trifft auf die Politik im Allgemeinen, ganz besonders aber auf die Außen- und Europapolitik zu: Der Staatspräsident als "clef de voûte" (Eckstein) des Verfassungsgefüges und als Garant der nationalen Unabhängigkeit sieht hierin die nobelste und wichtigste seiner Aufga-

---

6   Als de Gaulle im April 1962 seinen Premierminister Michel Debré auswechseln wollte, reichte dieser auf des Generals Geheiß eine Rücktrittserklärung ein. Mit wenigen Ausnahmen, so im Falle Chiracs 1976, ist dies das übliche vorgehen bei Regierungswechseln geblieben – außer in Kohabitationszeiten versteht sich.

7   Erhält die Regierung vom Parlament eine entsprechenden Ermächtigung, so kann sie per Ordonnanz Belange regeln, die normalerweise dem Gesetz unterliegen. Es ist eine Besonderheit der Verfassung der V. Republik, dass die Legislativ-gewalt bisweilen von der Regierung wahrgenommen werden kann. Diese Delegation der Legislativgewalt vom Parlament an die Regierung ist in Artikel 38 geregelt (Müller-Brandeck-Bocquet/Moreau 2000: 68/69 und 76-78).

be[8]. Daher entscheidet der Präsident über die europapolitischen Positionen Frankreichs. "Der Präsident wird als einzig Verantwortlicher für die grundlegenden strategischen Orientierungen der Europapolitik betrachtet, die er gemäß seines Verständnisses von der Rolle Frankreichs und Europas in der Welt vornimmt" (Kessler 1999: 192/193). Hier darf allerdings nicht vergessen werden, dass die politischen Entscheidungen, die es zu Beginn der europäischen Integration im Bereich von EGKS und EWG zu treffen galt, tatsächlich der klassischen Außenpolitik noch recht nahe standen. Europapolitik ist erst im Verlauf des Voranschreitens des europäischen Zusammenwachsens in weiten Teilen faktisch zur Innenpolitik geworden.

3. Französische Europapolitik 1958-1981

3.1 Grundzüge der Europapolitik von Charles de Gaulle (1958-1969)

Charles de Gaulle, der Held des Widerstands gegen die deutsche Besatzung und "Befreier" Frankreichs; war weit weniger als die führenden Politiker der IV. Republik bereit, den immensen Bedeutungsverlust Frankreichs, der sich infolge des Aufstiegs der USA und UdSSR zu weltbeherrschenden Supermächten und des Verlusts des eigenen Kolonialreiches ergeben hatte, hinzunehmen. De Gaulles wichtigstes politischen Ziel war es daher, Frankreich seinen "Rang" in der Weltpolitik zu bewahren bzw. neu zu erobern und insbesondere die nationale Unabhängigkeit zu garantieren. De Gaulle stützte seinen Großmachtanspruch darauf, dass Frankreich mit dem Status einer Siegermacht aus dem 2. Weltkrieg hervorgegangen war. Durch seinen ständigen Sitz im UN-Sicherheitsrat teilt es das Prestige der "ganz Großen", auch der angestrebte Besitz von Nuklearwaffen sollte diese Großmachtrolle wirkungsvoll unterstreichen. Außerdem verstand er es, an die französischen Mythen der "grande nation" und der "mission française", die lange Zeit zur Rechtfertigung französischer Kolonialbesitzungen bemüht worden waren,

---

8 So bezogen sich im Zeitraum 1958-1981 15 von 51 Regierungserklärungen auf die Außen- und Sicherheitspolitik, während die Parlamentarier sich hier in ihrer Kontrollfunktion auffallend zurückhielten. „Die dem Staatspräsidenten ‚reser-vierte Domäne' wird von den Abgeordneten, auch unter de Gaulles Nachfolgern, weitgehend respektiert" (Kimmel 1983: 200).

anzuknüpfen, weshalb Ernst Weisenfeld ihn den "Magier im Elysée" nennt (Weisenfeld 1990).

Diese außenpolitischen Ambitionen gestalteten de Gaulles Beziehung zur eben entstehenden EWG äußerst konfliktuell. De Gaulle akzeptierte die europäische Integration nur insofern, als sie sich für sein Projekt, Frankreich als dritte Kraft zwischen den Blöcken der Supermächte zu etablieren und dem Land seinen "Rang" zurückzuerobern, instrumentalisieren ließ. Seine "Hinwendung nach Westeuropa" war somit dem Reflex geschuldet, den realen außenpolitischen Bedeutungsverlust auszugleichen. "Par compensation, la France s'est tournée vers l'Europe" (Zitat bei Schubert 1989: 547). Der General hatte allerdings sehr schnell die Bedeutung des Gemeinsamen Marktes für die notwendige Modernisierung des damals noch weitgehend agrar geprägten Frankreichs erkannt; die Marktintegration sollte dem französischen Großmachtanspruch die wirtschaftliche Basis verschaffen. Die supranationale Ausrichtung der EWG lehnte de Gaulle jedoch radikal ab, denn sie war mit seiner Auffassung von den Nationen als den alleinigen legitimen Akteuren in der internationalen Politik nicht vereinbar. De Gaulle hätte, wäre er damals schon an der Macht gewesen, die Römischen Verträge nie ausgehandelt und unterzeichnet. So trifft das Diktum des scharfsinnigen Politikwissenschaftlers und langjährigen Kommentators der französischen Politik, Raymond Aron, zu: "Die List der Vernunft war uns gnädig: der General hätte die Verträge niemals unterzeichnet, die IV. Republik wäre aller Voraussicht nach niemals fähig gewesen, sie durchzusetzen" (Aron 1983: 229).

Allerdings war auch de Gaulle von der Notwendigkeit einer europäischen Einigung überzeugt, aber dieses Europa sollte ein Europa der (kontinentalen) Staaten werden, die unter französischer Führung ein Gegengewicht zu den hegemonialen Blöcken der Supermächte bilden sollten. Europa sollte "die Plattform einer neuen Rolle Frankreichs in Europa und damit [...] in der Welt" bilden (Kolboom 1993: 30). De Gaulles Europakonzept war das eines "Europa der Staaten", die unter Beibehaltung ihrer Souveränität eine Art Staatenbund bilden sollten.[9] Vor allem aber sollte dieses Europa unter französischer Führung als dritte Kraft neben den Supermächten eine eigenständige internationale Rolle spielen, wenngleich auch als eindeutig dem Westen zuzurechnende Komponente.

Sehr deutlichen Ausdruck fand diese de Gaulle'sche Europakonzeption in den sog. Fouchet-Plänen. Im Juli 1961 hatten die sechs Staats- und Regierungschefs der EWG beschlossen, über die Marktintegration hinaus erneut die Schaffung einer politischen Union anzustreben. Insbesondere de Gaulle

---

9   Das fälschlich immer wieder de Gaulle zugeschriebene Konzept eines „Europas der Vaterländer" entsprach nicht seinen Vorstellungen; von dessen „nationalistisch-völkischen" Konnotation hat sich de Gaulle explizit distanziert, so Ingo Kolboom (1993: 30).

und Adenauer beobachteten den Machtantritt John F. Kennedys mit einem gewissen Unbehagen, befürchteten sie doch, dass Kennedy zu einer Entspannungspolitik gegenüber der UdSSR bereit sei und dass die beiden Supermächte über die Köpfe der Europäer hinweg Weltpolitik betreiben würden - seit Suez der Alptraum der Europäer. Christian Fouchet, ein hochrangiger französischer Politiker, wurde mit der Leitung einer entsprechenden Expertenkommission beauftragt. Der am 19.10.1961 unter französischer Ratspräsidentschaft den Partnern vorgelegte Fouchet-Plan-I schlug den fünf EWG-Partnern Frankreichs die Schaffung einer "unauflöslichen Union der europäischen Staaten" vor. Diese Union sollte eine gemeinsame Außen- und Verteidigungspolitik anstreben und auch in anderen Politikfeldern wie insbesondere der Wirtschaft eine enge Zusammenarbeit pflegen. Die geplanten Organe der Union, der Rat der Regierungschefs, die Politische Kommission sowie die parlamentarische Versammlung waren ganz auf zwischenstaatliche (intergouvernementale) Zusammenarbeit angelegt. Als Sitz der aus hohen Beamten der einzelstaatlichen Außenministerien bestehenden Kommission, die de facto lediglich als ein Generalsekretariat der Regierungschefs fungieren sollte, wurde Paris vorgeschlagen. Dieser "unauflöslichen Union" sollten alle Staaten des Europarates beitreten können. Hier schwingt de Gaulles Konzept von einem "Europa vom Atlantik bis zum Ural" mit, das weniger "eine neuartige geopolitische Verortung Europas" anstrebte, als vielmehr durch konsequente Entspannungspolitik das von Frankreich immer abgelehnte "System von Jalta" überwinden sollte (Axt 1999: 470).

Da der Fouchet-Plan-I die zentrale Frage nach der Beziehung zwischen dieser "unauflöslichen europäischen Union" und der NATO vollständig ausklammerte, stieß er auf große Skepsis bei den Partnern, insbesondere beim Frontstaat Bundesrepublik. Deshalb legte Frankreich bereits am 18.1.1962 den Fouchet-Plan-II vor, der allerdings noch deutlicher werden ließ, dass die von de Gaulle gewollte Union sicherheitspolitisch als Konkurrenz zur Nato und integrationspolitisch als Konkurrenz zur bestehenden EWG konzipiert war. Die sicherheitspolitischen Bedenken der Partnerstaaten waren wiederum in keiner Weise berücksichtigt worden; denn sie wollten die junge EWG und ihre gemeinsamen Institutionen nicht preisgeben. Die fünf EWG-Partner antworteten mit einem Gegenentwurf zu den Fouchet-Plänen, "der die unüberbrückbaren Differenzen zwischen Frankreich und seinen Partnern drastisch aufzeigte" (Woyke 1987: 43); so scheiterten die Verhandlungen im April 1962 endgültig. Das Ziel einer eigenständigen Sicherheitspolitik insbesondere in Abgrenzung zu den USA verfolgte de Gaulle aber weiter, indem er im Frühjahr 1966 Frankreichs Mitgliedschaft in der Militärorganisation der NATO aufkündigte.

Nach dem Scheitern der Fouchet-Pläne widmete sich de Gaulle zunächst sehr intensiv dem deutsch-französischen Verhältnis; von der mit dem Elysée-Vertrag 1963 besiegelten deutsch-französischen Freundschaft erwartete de Gaulle sich, einen privilegierten und aufgrund des deutschen Wirtschaftswunders immer unverzichtbareren Bündnispartner in seinem Kampf um ein eigenständiges, sich auch den USA gegenüber unabhängig zeigendes Europa eng an sich zu binden. Doch dieser ausgeprägte deutsch-französische Bilateralismus, der ganz de Gaulles Vorstellung von einem durch intergouvernementale Kooperation zu bauenden Europa entsprach, stieß auch in der Bundesrepublik auf Widerstand. Insbesondere die Kreise um Wirtschaftsminister Ludwig Erhard überlegten, "wie man diese deutsch-französische Bombe entschärfen könne" (Schukraft 2002: 42). So entstand die berühmte Präambel des Deutschen Bundestages zum Elysée-Vertrag. Darin bekennt sich die Bundesrepublik zu ihren multilateralen Verpflichtungen und zur Offenheit des europäischen Integrationsprozesses; explizit wird auch die enge Partnerschaft zwischen Europa und den Vereinigten Staaten von Amerika angesprochen. Damit aber hatte der Elysée-Vertrag für de Gaulle jeglichen Wert verloren. Die im Vertrag fixierten umfangreichen Konsultationsmechanismen wurden in den Folgejahren nur teilweise mit Leben gefüllt. Gleichwohl bildeten der Elysée-Vertrag und das zeitgleich initiierte deutsch-französische Jugendwerk die Grundlagen einer beispiellosen Freundschaft zwischen den zwei vormals verfeindeten Staaten.

Doch aus de Gaulles Sicht war nach dem Mißerfolg der intergouvernementalmultilateralen Fouchet-Pläne mit der Präambel zum Elysée-Vertrag auch der bilaterale Ansatz seines Europakonzept gescheitert. Daraufhin beschränkte der Staatspräsident sich in der Europapolitik seiner letzten Amtsjahre im wesentlichen auf Obstruktion. Seine "Politik des leeren Stuhls", die er zwischen Juli 1965 und Januar 1966 betrieb, beeinflusste das Funktionieren der EWG-Institutionen sehr nachhaltig. Am 6.7.1965 kündigte Außenminister Couve de Murville an, dass die französischen Vertreter den europoäischen Institutionen so lange fernbleiben würden, bis die Finanzierung der Agrarmärkte endgültig geregelt sei. Darüber hinaus aber wollte Frankreich ein weiteres Vordringen des supranationalen Prinzips in der EWG verhindern; denn laut Römischer Verträge sollte der Ministerrat zum 1.1.1966 in bestimmten Bereichen von einstimmigen Entscheidungen zu Mehrheitsentscheiden übergehen. Eine solche Beschneidung nationaler Souveränität wollte de Gaulle aber nicht hinnehmen; dies war der eigentliche Grund der "Politik des leeren Stuhls". Diese tiefe Gemeinschaftskrise konnte erst im Januar 1966 im sog Luxemburger Kompromiss gelöst werden, der jedem Mitgliedstaat bei "sehr wichtigen Interessen" ein Vetorecht zugestand; in solchen Situationen müssen die Verhandlungen fortgesetzt werden, "bis ein einvernehmliches Votum erzielt worden ist". Der Luxemburger Kompromiss hat die ursprünglich supranationale Ausrichtung der EWG nachhaltig abgeschwächt. Aufgrund der erforderlichen Einstimmigkeit bei nahezu allen Entscheidungen – denn was "sehr wichtige Interessen" sind, wurde im Kompromiss nicht näher fixiert – wurden die Mitgliedstaaten zur wichtigsten Instanz der Gemeinschaft. De Gaulles Politik des leeren Stuhls hat also das "Europa der Staaten" – Konzept quasi durch die Hintertür sehr stark befördert.

Schließlich ist noch de Gaulles kompromisslos abwehrende Haltung zu einem EWG-Beitritt Großbritanniens zu erwähnen. Großbritannien hatte bereits 1961 einen ersten, 1967 einen zweiten Beitrittsantrag gestellt, doch de Gaulle lehnte einen britischen EWG-Beitritt kategorisch ab. Hierfür führte er wirtschaftliche und politische Gründe an. Zum einen lehnte er – wie übrigens auch Adenauer – die bereits im ersten Beitrittsgesuch im Hinblick auf das Commonwealth gestellten britischen Forderungen nach Sonderregelungen ab; zum anderen – und dies war gewichtiger – befürchtete er, dass die Briten das "trojanische Pferd" der USA in Europa werden könnten. Die enge Anlehnung Großbritanniens an die USA, die "special relationship" also, würden den Einfluss der westlichen Schutzmacht auf eine um das Vereinigte Königreich erweiterte EWG deutlich verstärken. Dies widersprach seiner Europakonzeption diametral.

Marie-Christine Kessler charakterisiert de Gaulles Europakonzeption in wenigen Worten trefflich: "General de Gaulle wollte ein starkes Europa, um die Position Frankreichs zu konsolidieren und seine Wirtschaft zu fördern. Aber er verweigerte jeglichen Souveränitätsverzicht. Sein Europa ist strikt intergouvernemental, auf der Grundlage der deutsch-französischen Achse konstruiert und gegen die transatlantische Partnerschaft gerichtet. Er hat seine Nachfolger nachhaltig beeinflusst, die sich nur langsam einer föderalistischeren Europakonzeption öffneten" (Kessler 1999: 193).

3.2 Grundzüge der Europapolitik von Georges Pompidou (1969-1974)

Nach de Gaulles Rücktritt in Folge des verlorenen Referendums zur Neuordnung der territorialen Gliederung Frankreichs Anfang 1969 urde im darauffolgenden Juni der langjährige Premierminister des Generals, Georges Pompidou, zum zweiten Präsidenten der V. Republik gewählt. Im Großen und Ganzen bestand Pompidous Außenpolitik in einer Fortführung der durch seinen Vorgänger gesetzten Leitlinien. Allerdings besaß Pompidou in keiner Weise das charismatische oder auch rhetorische Format de Gaulles, so dass seine Außenpolitik nicht annähernd so markant und glanzvoll war wie die seines großen Vorgängers. Diesem zweiten Präsidenten der V. Republik, der als außenpolitisch unerfahren galt, fiel außerdem die undankbare Aufgabe zu, de Gaulles außenpolitische Überspanntheiten zurücknehmen zu müssen. Angesichts der ökonomischen Realitäten "war klar, dass nicht nur der Stil de Gaulles keine Nachahmung finden konnte, sondern dass auch die Dimension in der Außenpolitik heruntergeschraubt werden musste. Pompidou verstand Frankreich nicht als eine der ‚großen Vier', sondern für ihn war Frankreich nur noch eine ‚Weltmacht mittlerer Größe'. Die Abkehr von der Politik der Größe [...] führte zu einer nüchternen und realitätsbezogenen Außenpolitik (Woyke 1987: 64). So versuchte er insbesondere das von de Gaulle u.a. durch den französischen Rückzug aus den militärischen Strukturen der NATO stark zerrüttete Verhältnis zu den USA wieder zu verbessern und zu normalisieren.

In der Europapolitik jedoch nahm Pompidou in einigen Punkten einen Kurswechsel an der de Gaulle'schen Ausrichtung vor, der eine stärkere Hinwendung zu Europa bedeutete. Hierfür waren zum ersten die Mehrheitsverhältnisse in der 1973 neu gewählten Nationalversammlung mitursächlich; denn dort war Pompidou neben den Gaullisten (36%) auch auf die Stimmen der europäisch gesinnten Zentristen um Giscard d'Estaing (13%) angewiesen. Zweitens schlugen die stark wachsenden Handelsverflechtungen, die sich seit Errichtung des Gemeinsamen Marktes zwischen den EG-Staaten[10] entwickelt hatten, zu Buche. Der deutsch-französische Außenhandel wies einen besonders hohen Grad der Verflechtung auf: So gingen 1970 12,4% des deutschen Exports nach Frankreich, und 10,8% der französischen Ausfuhren nach Deutschland. Für die Fortführung des wirtschaftlichen Aufholprozesses, der Frankreich nach 1946 die "trente glorieuses" (dreißig glorreiche Jahre) beschert hatte, und der weiteren Modernisierung des Landes war folglich die europäische Wirtschaftsintegration zur alternativlosen Ausrichtung geworden.

Aber es waren vor allem Veränderungen im internationalen Umfeld, die Pompidou zumindest zu Beginn seiner Amtszeit eine stärkere Hinwendung zur EG angeraten erscheinen ließen. So erfüllte die nach dem Machtwechsel 1969 in Deutschland einsetzende aktive Ostpolitik der neuen sozialliberalen Regierung Pompidou mit deutlichem Unbehagen. Denn zum einen vergrößerte diese neue deutsche Ostpolitik den außenpolitischen Handlungsspielraum der Bundesrepublik beträchtlich und wertete damit die Rolle des Juniorpartners auf, die Westdeutschland in Europa bisher an Frankreichs Seite gespielt

---

10 Durch den Beschluß der Außenminister vom 8.4.1965 zur Fusion der Organe von EGKS, EWG und Euroatom wurden zum 1.7.1967 die Europäischen Gemein-schaften (EG) begründet. Der Übergang zu dem größere Einheit suggerierenden Terminus Europäische Gemeinschaft im Singular geht auf einen Beschluß des Europäischen Parlaments vom 13.3.1978 zurück.

hatte. Zum anderen reduzierte sie die Bedeutung Frankreichs als dritte Kraft zwischen den Blöcken. Dieses gaullistische Konzept, dem auch Pompidou anhing, verstand Frankreich als privilegierten Vermittler zwischen Ost und West und als wichtigsten Ansprechpartner der Sowjetunion. Pompidou sah daher in Folge der deutschen Ostpolitik seine Entspannungspolitik gefährdet, da die Bundesrepublik – nicht zuletzt aufgrund ihrer Wirtschaftsdynamik – sich anschickte, nun selbst zum privilegierten Ansprechpartner der UdSSR und des Ostblocks zu avancieren. Außerdem wurden in Frankreich Stimmen laut, die die deutsche Ostpolitik als Abschwächung der Westbindung der Bundesrepublik interpretierten und die alten französischen Ängste vor einem neuen Rapallo wieder ins Spiel brachten[11]. So kam es zwischen 1969 und 1974 zu einer tiefen Vertrauenskrise im deutsch-französischen Verhältnis, da Pompidou Brandts Ostpolitik als Infragestellung der dominanten Position Frankreichs im europäischen Integrationsprozess interpretierte (Stark 2001: 290; Leuchtweis 2002: 69 ff.). Diese beunruhigenden Entwicklungen machten aus französischer Sicht die Integration als Mittel zur dauerhaften Einbindung der stärker und unabhäniger werdenden BRD aufs Neue alternativlos.

Schließlich verwiesen auch die Ende der 60er Jahre massiv auftretenden Turbulenzen im internationalen Währungssystem Pompidou auf die EG. Als die USA im August 1971 einseitig die Konvertibilität des Dollars in Gold aufhoben und damit das 1944 geschaffene internationale Währungssystem von Bretton Woods außer Kraft setzten, mussten die Europäer dringend eine gemeinsame Antwort auf den massiven Aufwertungsdruck finden, der auf ihren Währungen lastete. Damit geriet auch der Werner-Plan zum stufenweisen Aufbau einer Wirtschafts- und Währungsunion (WWU), dessen erste Stufe Anfang 1971 begonnen hatte, unter Druck. Daher wurde im April 1972 der europäische Währungsverbund, eine Vorform des Europäischen Währungssystems (EWS) geschaffen. Diese Handlungsnotwendigkeiten zeigten Pompidou aufs Deutlichste, dass er eng mit Bonn zusammenarbeiten musste; denn die DM war zur europäischen Leitwährung avanciert. Allerdings reichte die Schaffung des EWS zur Beherrschung der Währungsturbulenzen nicht aus; Anfang 1974 trat Frankreich aus.

Pompidous konkrete europapoltische Entscheidungen trugen diesen externen Faktoren Rechnung. Nicht zuletzt um die in Folge der Ostpolitik gewachsenen außenpolitischen Kapazitäten der Bundesrepublik einzubinden, schlug Pompidou seinen EG-Partnern vor, den Gemeinsamen Markt zu vollenden und die Integration substanziell weiterzuentwickeln. Damit wollte Pompidou dem europapolitischen Ehrgeiz, den der deutsche Kanzler Brandt erkennen ließ, die Spitze nehmen. Auf dem Treffen in Den Haag Anfang

---

11 Rapallo steht seit dem gleichnamigen Vertrag aus dem Jahr 1922 für eine Ostorientierung Deutschlands.

Dezember 1969 einigten sich die Staats- und Regierungschefs auf Kooperations- und gegenseitige Konsultationsstrukturen in der Außenpolitik und begründeten somit die Europäische Politische Zusammenarbeit (EPZ). Für Pompidous europapolitischen Realitätssinn sprach, dass er bei dieser EPZ-Grundlegung auf eine Einbeziehung sicherheits- und verteidigungspolitischer Aspekte verzichtete. Obwohl das seit 1966 militärisch nicht mehr in die NATO integrierte Frankreich grundsätzlich weiterhin an dem Aufbau einer europäischen Verteidigungs-gemeinschaft interessiert war, trug ompidou den atlantischen Präferenzen seiner Partnerstaaten Rechnung und willigte in die Trennung zwischen Außen- und Sicherheitspolitik ein.

Schließlich hob Pompidou auch die französische Blockade gegen den britischen EG-Beitritt auf, so dass Großbritannien zusammen mit Irland und Dänemark zum 1.1.1973 in die Gemeinschaft aufgenommen wurde. "Bei meinem Präsidentschaftsantritt" – so Pompidou – "war Europa, wenn man es richtig betrachtet, an einem toten Punkt angelangt. Unsere europäischen Partner wollten es nicht mehr länger hinnehmen, dass England draußen bleiben sollte" (zitiert nach Grosser 1989: 295). Dies war unzweifelhaft richtig, hatte beispielsweise doch auch Bundeskanzler Willy Brandt den britischen Beitritt klar befürwortet. Aber Pompidous Kehrtwende in dieser Frage hatte noch andere Ursachen als die Furcht vor bleibender Isolation. Angesichts des deutschen Machtzuwachses, der sich durch die Ostpolitik und die wirtschaftliche Stärke der BRD ergeben hatte, wählte Pompidou den Schulterschluss mit Großbritannien, um das Gewicht des deutschen Partners ausbalancieren zu können. Die 1963 geschlossene deutsch-französische Ehe – so Grosser – entwickelte sich daher für kurze Zeit zu einer Art Dreiecksverhältnis, bei dem die durch den Elysée Vertrag aneinandergebundenen Partner sich gegenseitig beargwöhnten (Grosser 1989: 300).

Viel spricht dafür, dass Pompidou den Schulterschluss mit Großbritannien auch deshalb wählte, um die vor allen von den Deutschen geforderten institutionellen Reformen in der EG abzuwehren. Im Vorfeld des Pariser Gipfels vom Oktober 1972 hatte Brandt die Direktwahl des Europäischen Parlaments, die Anwendung des Mehrheitsprinzips im Ministerrat, die Stärkung der Kommission sowie die Errichtung eines EPZ-Sekretariats vorgeschlagen (Leuchtweis 2002: 71). Dies war für Pompidou inakzeptabel; doch konnte er auf den britischen Widerstand zählen, war doch allen bekannt, dass die Briten einer Vertiefung der Integration höchst skeptisch bis ablehnend gegenüberstanden. So einigte man sich 1972 in Paris darauf, dass angesichts der drei neuen Beitritte derzeit von Vertragsveränderungen abzusehen sei. Gleichwohl bekundeten die Staats- und Regierungschefs, den Ausbau der Gemeinschaft, die Errichtung einer WWU noch vor 1980, die Intensivierung der EPZ sowie die Verbesserung der Entscheidungsverfahren und Arbeitsweise der Organe der Gemeinschaft vorantreiben zu wollen. Kurz: Man beschloss die Bildung der Europäischen Union bis 1980, vertagte aber konkrete Entscheidungen.

Der Pariser Gipfel wurde zum Wendepunkt der Pompidou'schen Europapolitik. Nach der Rückbesinnung auf Europa im Zeitraum 1969-1972 zog Pompidou sich in seinen verbleibenden Amtsjahren wieder stärker auf gaullistische Positionen zurück. Ausschlaggebend war hier vor allem das Referendum vom 23.4.1972, in welchem die Franzosen über die drei EG-Beitritte befinden sollten. Zwar votierten gute 68% der abgegebenen Stimmen für diese Beitritte, wegen der geringen Beteiligung entsprach dies aber nur 36,4% der Wahlberechtigten. Pompidou blieb daher die "von ihm erhoffte große Legitimation versagt" (Woyke 1987: 68). Daraufhin wandte sich Pompidou in der Spätphase seiner kurzen Amtszeit – er verstarb am 2. April 1974 – vermehrt der Stärkung eigenständiger französischer Positionen zu. Er tat dies vor allem in Bezug auf die Dritte Welt. So hatte er nicht unwesentlichen Anteil daran, dass im Juli 1973 in Brüssel die Eröffnungskonferenz der Verhandlungen zwischen der EG und 46 afrikanischen, karibischen und pazifischen (AKP-) Staaten stattfinden konnte, die der Unterzeichnung des Abkommens von Lomé am 28.2.1975 den Weg ebnete. Besonders markant war Pompidous Politik im Nahen Osten, wo er in Reaktion auf den Jom-Kippur-Krieg vom Oktober 1973 und die darauffolgende Boykottpolitik der Erdöl-Lieferanten für eine Politik eintrat, die den arabischen Nah-Ost-Staaten entgegenkam und die als Kritik an der harten Haltung der Amerikaner zu verstehen war. Pompidou hatte wesentlichen Anteil daran, dass die EG-Außenminister im Rahmen der EPZ am 6.11.1973 eine Araberfreundliche Erklärung abgaben, in welcher Israel zum Rückzug aus den besetzten Gebieten aufgefordert und die Berücksichtigung der legitimen Rechte der Palästinenser gefordert wurde. Daraufhin hoben die OPEC-Staaten ihr Embargo gegen die EG auf. Auf dem nächsten Treffen der Staats- und Regierungschefs im Dezember 1973 in Kopenhagen setzte dann Willy Brandt durch, dass der israelische Anspruch auf Sicherheit ausdrücklich Erwähnung fand.

Auf dieser Konferenz wurde auf französische Initiative hin ein "Dokument über die europäische Identität" verabschiedet, in welchem die Neun ihre Entschlossenheit bekundeten, "als ein eigenständiges, unverwechselbares Ganzes aufzutreten und die Zusammenarbeit mit den Vereinigten Staaten auf der Grundlage der Gleichberechtigung weiterzuentwickeln" (Schöllgen 1999: 132). Hier ist die gaullistische Handschrift deutlich zu erkennen mit ihrem Streben nach größtmöglicher europäischer Eigenständigkeit und nach Abgrenzung von den USA. Doch gleichzeitig hielt das Dokument die Erkenntnis der EG-Nato-Mitglieder fest, "daß es gegenwärtig keine Alternative zu der Sicherheit gibt, die die Kernwaffen der Vereinigten Staaten und die Präsenz der nordamerikanischen Streitkräfte in Europa gewährleisten" (Schöllgen 1999: 133). Dieses Bekenntnis zur europäischen Abhängigkeit von Nato und USA war nun gar nicht nach Gusto Pompidous. Zwar hatte er 1972 noch einen Vorstoß Willy Brandts zu engen außenpolitischen Abstimmungen zwischen der EG und den USA abwehren können; aber das "gentleman's agreement", das man unter deutscher Ratspräsidentschaft und auf deutsche Initiative hin Ende April 1974 auf Schloß Gymnich traf (Leuchtweis 2002: 85), konnte Frankreich nicht mehr verhindern – da war Pompidou allerdings bereits tot.

Wiederum soll Marie-Christine Kessler zu Wort kommen, die Pompidous Europapolitik wie folgt charakterisiert: "Georges Pompidou zeigte den Willen zu einer europapolitischen Relance, die sich in der Ausweitung der Gemeinschaft auf Großbritannien, dem Bekenntnis zur Wirtschafts- und Währungsunion sowie zur Gemeinsamen Agrarpolitik zeigt. Aber seine Wachsamkeit gegen jegliche supranationale Abweichung war genau so groß wie die des Generals de Gaulle und zeigte sich vor allem gegen Ende seiner Präsidentschaft. Außerdem verteidigte er vehement französische Interessen, auch zu Lasten der europäischen Einigung, als er Anfang 1974 die Entscheidung traf, den Franc frei floaten zu lassen" (Kessler 1999: 193).

3.3 Grundzüge der Europapolitik unter Valéry Giscard d'Estaing (1974-1981)

Mit dem Zentristen Valéry Giscard d'Estaing wurde am 19.5.1974 erstmals in der V. Republik ein Nicht-Gaullist Staatspräsident. Sein knapper Sieg gegen den sozialistischen Kandidaten François Mitterrand war nur dadurch möglich geworden, dass sich Teile des gaullistischen Lagers, so insbesondere Jacques Chirac, im Vorfeld der Präsidentschaftswahlen gegen den UDR-Kandidaten[12] und langjährigen Premierminister Jacques Chaban-Delmas (1969-1972) wandten und d'Estaings Kandidatur unterstützten. Auf diese Desavouierung des gaullistischen Kandidaten durch das eigene Lager hin machte sofort das Wort vom "Dolchstoß in Chaban-Delmas' Rücken" die Runde (Avril 1994: 173). Da die Gaullisten mit 36% der Stimmen jedoch stärkste Fraktion in der 1973 gewählten Nationalversammlung blieben (ge-

---

12 1968 hatten sich die Gaullisten nach der Bezeichnung "Rassemblement du peuple français - RPF" (1947-1953) und "Union pour la nouvelle République - UNR" (ab 1957) den neuen Parteinamen "Union des démocrates pour la République - UDR" gegeben. Die UDR ging, nachdem J.Chirac 1976 an ihre Spitze getreten war, in die neue gaullistische Sammlungsbewegung "Rassemblement pour la République - RPR" auf (Müller-Brandeck-Bocquet/Moreau 2000: 108/109).

genüber 13% für Giscards Partei) war der politische Handlungsspielraum des neuen Staatspräsidenten von Anfang an begrenzter als der seiner Amtsvorgänger. Denn aufgrund des knappen Ergebnisses der Stichwahl gegen Mitterrand (50,81% gegen 49,19%) verzichtete Giscard auf vorgezogene Parlamentsneuwahlen, was inzwischen als "sa première vraie erreur" bezeichnet wird (Chevallier et al 2002: 232). Vielmehr ernannte Giscard Jacques Chirac, den Gaullisten Pompidou'scher Schule, der ihm zum Wahlsieg verholfen hatte, zum Premierminister (1974-1976).

3.3.1 Giscards verändertes Verfassungsverständnis

Bei der Ausübung der herausragenden Machtbefugnisse des Staatspräsidenten der V. Republik nahm Giscard d'Estaing einige nicht unwesentliche Veränderungen vor. So bezeichnete er das de facto semipräsidentielle Verfassungsssystem in einer Pressekonferenz vom 25.7.1974 als "régime présidentialiste" (Avril 1994: 182). Giscard d'Estaing schaltete sich im Vergleich zu seinen beiden Amtsvorgängern intensiver in die konkrete Regierungspolitik, vor allem Innenpolitik ein; er gab seinem ersten Premierminister Chirac strikte Arbeitspläne vor, richtete genaue Instruktionen an seine Minister und gestaltete insbesondere die Wirtschaftspolitik aktiv mit. Giscard wird der "President intervenant permanent", der permanent eingreifende Staatschef (Chevallier et al. 2002: 232). Der sog. "rationalisierte Präsidentialismus", den Giscard pflegte, ermutigte auch den direkten Kontakt zwischen dem Elysée und einzelnen Ministern. Innovationen führte Giscard auch im Verhältnis der Exekutive zur Legislative ein, indem er die Kontrollrechte der Nationalversammlung, insbesondere deren Fragerechte, deutlich stärkte und per Verfassungsänderung sowohl die Nationalversammlung als auch den Senat dazu berechtigte, den Verfassungsrat anzurufen. Die präsidentialistische Verfassungsinterpretation, die Aufwertung der einzelnen Regierungsmitglieder sowie eine gewisse Stärkung des Parlaments bewirkten in der Summe jedoch vor allem eines: Die Schwächung der Rolle des Premierministers und somit ein weiterer Bedeutungszuwachs des Staatspräsidenten in der doppelköpfigen Exekutive. Giscard d'Estaing habe eine "démocratisation de la pratique de la monarchie républicaine" vorgenommen, eine Demokratisierung der Machtausübung in der republikanischen Monarchie, meint Serge Berstein (Berstein et al. 2003).

Da Giscard aber über keine eigene, bürgerlichzentristische Parlamentsmehrheit verfügte[13], sondern sich in der Nationalversammlung auf die Gaul-

---

13 Erst im Vorfeld der Parlamentswahlen von 1978 schlossen sich alle bürgerlichzentristischen und nicht-gaullistischen (Klein-)Parteien und Gruppierungen, die 1974 die

listen stützen musste, unternahm er alles, um die Macht seines gaullistischen Premierministers zu begrenzen und ihm eine eigenständige Rolle vorzuenthalten. Damit provozierte er im August 1976 den Rücktritt von Jacques Chirac, den ersten und bislang einzigen selbstgewählten und selbstinitiierten Rücktritt eines Premierministers der V. Republik. Der Regierungschef leidet unter dem "excès du présidentialisme giscardien"; die strikten präsidentiellen Anweisungen demütigen ihn ebenso wie die Regierungsumbildung vom Januar 1976, als Giscard ohne Konsultation seines Premiers mit Raymond Barre und Jean Lecanuet zwei politische Schwergewichte in die Regierung aufnimmt, die allem Anschein nach Chirac kontrollieren sollen (Chevallier et al. 2002: 242). In einem Kommuniqué vom 25.8.1976 gibt Chirac als wichtigsten Grund für seinen Rücktritt an, dass der Präsident ihm die Mittel und Möglichkeiten verweigert habe, die er zur Ausübung seines Amts als Premierminister für unerlässlich hält (La documentation française, Nr. 1.06 2004: 54). Später wird Chirac bekennen, dass seine Koexistenz mit Giscard d'Estaing mindestens so anstrengend und aufreibend war wie die Kohabitation mit Mitterrand acht Jahre später (Allaire/Goulliaud 2002: 155). Mit Chiracs Nachfolger, dem Zentristen Raymond Barre (1976-1981) verfuhr Giscard wesentlich konzilianter, er ließ ihm 1977 sogar die Ehre zuteil werden, erstmals von einer "Regierung Barre" zu sprechen, so dass dieser sich selbst mehrfach unwidersprochen als "Chef der Regierung" bezeichnen konnte (Duverger 1996: 301).

Doch an seinem Vorrang in der Außen-, Sicherheits- und Europapolitik ließ der Staatspräsident nie einen Zweifel aufkommen. Hier ganz in der Tradition der V. Republik stehend, nahm auch Giscard d'Estaing die Rolle des höchsten Vertreters Frankreichs nach außen wahr, der die nationale Unabhängigkeit garantiert und dem Land die außenpolitische Orientierung vorgibt. "Man kann sogar sagen, dass die Außenpolitik das Handlungsfeld ist, das ihn am meisten interessiert, dem er den größten Teil seiner Zeit widmet... Die Außenpolitik ist für ihn das nobelste aller Politikfelder, das sein innenpolitisches Prestige steigert und ihn auf eine Stufe mit den Großen dieser Welt stellt" (Petitfils 1981: 137).

Kandidatur Giscard d'Estaings unterstützt hatten, zur Union pour la Démocratie française – UDF zusammen. Die UDF war keine politische Partei im eigentlichen Sinn, sondern ein Bündnis (confédération) von Parteien und Bewegungen, die trotz der Zusammenarbeit ihre völlige Eigenständigkeit bewahrten. Bei den Parlamentswahlen 1978 konnte die UDF insgesamt 23,89% der Stimmen erzielen und damit – und zum ersten und bis auf den heutigen Tag einzigen Mal - die Gaullisten (22,84%) überflügeln. Zu den jüngeren Ent-wicklungen und zum Bruch der UDF im Jahr 1998 vgl. Müller-Brandeck-Bocquet/Moreau 2000: 112-114.

3.3.2 Giscards Europapolitik zwischen Kontinuität und Wandel

Betrachtet man die grundlegenden Leitlinien der d'Estaing'schen Außen- und Europapolitik, so fällt zunächst die große Kontinuität zu seinen Amtsvorgängern auf. Wie bei diesen so steht auch für Giscard der Wille zur nationalen Unabhängigkeit im Zentrum seiner Konzeption. Obwohl die Zentristen nach Frankreichs Ausscheren aus den militärischen Strukturen der Nato 1966 mehrfach die de Gaulle'sche Unabhängigkeitspolitik scharf kritisiert und für einen versöhnlicheren Atlantizismus plädiert hatten, knüpfte Giscard hier eng an das gaullistische Erbe an. Jean-Christian Petitfils weist jedoch darauf hin, dass nicht nur Giscard, sondern alle großen französischen politischen Parteien sich inzwischen der gaullistischen Maxime der nationalen Unabhängigkeit angeschlossen hätten; diese sei zu einem nationalen Konsens avanciert (Petitfils 1981: 140).

Wenn Giscard also wie seine gaullistischen Vorgänger Frankreichs Unabhängigkeit, seine internationale Handlungsfreiheit und seinen Rang in der Weltpolitik erhalten wollte, so war er sich doch der gravierenden Veränderungen des internationalen Umfeldes seiner Zeit aufs Äußerste bewusst. Die Währungsturbulenzen von 1971, die Erdölkrise von 1973, die zunehmende Konfrontation zwischen den industrialisierten und den unterentwickelten Ländern führte ihn zu einer Analyse über Frankreichs Platz und Rolle in der Welt, die sich von der de Gaulles beträchtlich unterschied. Frankreichs "indépendance" (Unabhängigkeit) sei – so Giscard in Anlehnung an ein Diktum Edgar Faures – in der modernen Welt nurmehr in der Interdependenz denkbar. Tief beunruhigt von dem sinkenden demographischen, wirtschaftlichen und kulturellen Gewicht Frankreichs optierte Giscard für eine "mondialistische" französische Außenpolitik, die im Ost-West-Konflikt vermittelt und ihre Eigenständigkeit bewahrt, einen intensiven Nord-Süd-Dialog pflegt und sich für eine neue, die Dritt-Welt-Interessen stärker berücksichtigende Weltwirtschaftsordnung einsetzt und die sich schließlich wieder intensiver als unter Pompidou dem Aufbau Europas zuwendet (Woyke 1987: 86/87; Petitfils 1981: 142 ff.).

Giscards europapolitisches Credo lautete daher, dass der drohende Niedergang Frankreichs und der anderen europäischen Nationalstaaten in einer europäischen Konföderation aufgefangen werden müsste. Frankreich könne seinen Rang in der Welt nur mehr im Verbund mit den europäischen Nachbarn aufrechterhalten. Damit nahm Giscard deutliche Abstriche an jener Instrumentalisierung der europäischen Integration zugunsten Frankreichs vor, die für die gaullistische Europapolitik so überaus charakteristisch gewesen war. Giscard d'Estaing wandte sich an die Bundesrepublik als den privilegierten Partner. An wen sonst hätte er sich wenden können? Großbritannien mit seinem europapolitischen Schlingerkurs fiel für eine verlässliche Partnerschaft weitestgehend aus. Denn bereits kurz nach dem Beitritt wollte Labour-Premier Wilson sein Land schon wieder aus der Gemeinschaft herausführen. Dies wurde zwar durch ein Referendum, bei welchem die Briten am 5.6.1975 mehrheitlich für den Verbleib in der EG votierten, verhindert; gleichwohl blieb Großbritannien weiterhin ein äußerst europaskeptisches Land.

So kam es unter Giscard d'Estaing und Helmut Schmidt zu einer äußerst engen deutsch-französischen Partnerschaft, die dem Elysée-Vertrag neues Leben einhauchte. Eine wichtige Grundlage dafür war die exzellente menschliche, ja freundschaftliche Beziehung zwischen den beiden Staatsmännern. Helmut Schmidt bezeichnet Giscard als seinen "mit Abstand engsten französischen Freund" (Schmidt 1996: 258). Beide Staatsmänner pflegten einen äußerst regen Austausch, sie telefonierten regelmäßig und stimmten sich in nahezu allen Angelegenheiten ab. Die Gründe für die deutsch-französische Relance gehen aber tiefer. Inzwischen war es nämlich zu einer sichtbaren, wenn auch bei weitem noch nicht vollständigen Angleichung des politischen Gewichts der beiden Staaten gekommen. Auf deutscher Seite hatte sich im Vergleich zu früheren Jahren ein bedeutender Machtzuwachs ergeben. Wirtschaftlich war die Bundesrepublik zu einer der drei international führenden Volkswirtschaften herangewachsen und außenpolitisch war der Prozess der Wiedereingliederung in die Staatengemeinschaft erfolgreich abgeschlossen; zudem hatte die Ostpolitik den Handlungsspielraum der sozialliberalen Koalition deutlich erweitert. Demgegenüber war die wirtschaftliche und politische Position Frankreichs schwächer geworden.

Diese unterschiedlichen, insgesamt aber recht ausgewogenen Machtpotenziale beider Staaten führten zu einer neuen Arbeitsteilung im deutsch-französischen Bilateralismus: Während die Bundesrepublik vorrangig für die Wirtschaftspolitk zuständig war, behielt sich das international wesentlich angesehenere Frankreich das Feld der Außenpolitik vor. Diese Rollenverteilung wich deutlich von der de Gaulle'schen Konzeption ab; denn der General hatte Deutschland nur als Juniorpartner akzeptiert. Nun, Mitte der 70er Jahre, zeigte sich, dass beide Länder zunehmend aufeinander angewiesen waren.

Auf der Grundlage des so neu definierten deutsch-französischen Verhältnisses strebte das Tandem Giscard/Schmidt nun danach, Europa zu einer politischen Macht auszubauen. Denn der Klage Giscard d'Estaings über die Vakanz Europas in der Welt schloss sich auch Bundeskanzler Schmidt an. Beide Staatsmänner konnten sich diese neue, größere Rolle für Europa – noch als UDF-Präsident hatte Giscard den Begriff "Europe Puissance" verwendet, den er einem geografisch definierten "Europe d'Espace" gegenüberstellte – nur unter deutsch-französischer Führung vorstellen, Giscard hing gar der Vorstellung eines deutsch-französischen Direktoriums an, das die europäische Staatengemeinschaft führen und vertreten sollte. Unter dieser Prämisse trieben sie den europäischen Einigungsprozess –erfolgreich voran. Das Prädikat "Motor für Europa" – der Begriff wurde von Robert Picht und Wolfgang Wessels geprägt – haben sich die deutsch-französischen Beziehungen somit in der Ära Schmidt-Giscard d'Estaing erworben. Damit wird deutlich, dass ab der Präsidentschaft Giscard d'Estaings die französische Europapolitik mit der französischen Deutschlandpolitik quasi synonym und deckungsgleich ist: kein Fortschritt für Europa ohne deutsch-französische Initiative, kein deutsch-französisches Agieren ohne Auswirkungen auf Europa.

Giscard und Schmidt beanspruchten die deutsch-französische Führung in Europa zu einem Zeitpunkt, als die westliche Vormacht USA in Folge des verlorenen Vietnam-Krieges und damit verbundener wirtschaftlicher Probleme einen eindeutigen Machtverlust hinzunehmen hatte. Die Präsidentschaft Jimmy Carters (1977-1981) mit ihrem inkonsequent implementierten Fokus auf einer Menschenrechtspolitik verstärkte diesen "American decline", sodass "für einen Wimpernschlag der Geschichte" Schmidts und Giscards Außen- und Europapolitik den Eindruck erwecken konnte, "als ob das Tandem eine Weltmachtrolle spielen könnte" (Hacke 1997: 275).

3.3.3 Europapolitische Weichenstellungen unter Giscard d'Estaing

Kurz nach Amtsantritt kündigte der neue Staatspräsident für die französische Ratspräsidentschaft im zweiten Halbjahr 1974 eine europapolitische Relance an. Auf die Tagesordnung setzte er eine Neudefinition des durch den Luxemburger Kompromiss 1966 geschaffenen Vetorechts der einzelnen Mitgliedstaaten. Giscard wollte das Vetorecht auf einige wenige Bereiche begrenzt sehen. Außerdem war er der erste französische Staatspräsident, der der Forderung der integrationsfreudigeren Partnerstaaten, darunter Deutschland, nach einer Direktwahl des Europäischen Parlaments und seiner Aufwertung aufgeschlossen gegenüberstand. Im Gegenzug forderte er allerdings, die bisher unregelmäßigen Treffen der europäischen Staats- und Regierungschefs in Form des Europäischen Rats zu institutionalisieren. In der Tat hatten die Staats- und Regierungschefs sich bereits 1969 in Den Haag und 1972 in Paris zu informellen Gipfeln getroffen, und sowohl Pompidou als auch Brandt hatten regelmäßige Treffen dieser Art, zweimal jährlich oder häufiger, vorgeschlagen (Leuchtweis 2002: 73).

Auf dem Pariser Gipfel vom Dezember 1974 einigte man sich dann sowohl auf die Direktwahl des Europäischen Parlaments, die 1979 erstmals durchgeführt werden wird, als auch auf die Schaffung des Europäischen Rats. Die Bedeutung dieses Beschlusses für das politische System der EG kann nicht hoch genug veranschlagt werden. Denn der mit der geballten Autorität aller Staats- und Regierungschefs ausgestattete Europäische Rat wird von nun an im Konsens die Leitlinien der gemeinsamen Politik bestimmen, er wird die Richtung der zukünftigen Integrationsprojekte und -schwerpunkte vorgeben. Diese bedeutende Aufwertung des intergouvernementalen Elements in der Gemeinschaft geht einher mit einem ebenso klaren Bedeutungsverlust der Kommission, da grundlegende Bereiche ihrer Initiativtätigkeit de facto auf den Europäischen Rat übergehen. Der doppelte Beschluss: Direktwahl des Europäischen Parlaments und Institutionalisierung des Europäischen Rats wurde in Frankreich durchaus als ein Kompensationsgeschäft verstanden, in dem ein Mehr an Supranationalität durch die Aufwertung des Intergouvernementalen ausbalanciert wird. Letzterem aber maß man eine höhere Bedeutung zu. Dies bestätigte auch der Staatspräsident: die Schaffung des Europäischen Rats sei für Frankreichs Europakonzeption wichtiger als die weitere Verhinderung der Direktwahl des Europäischen Parlaments, so Giscards Rechtfertigung des Doppelbeschlusses (de la Serre 1985: 91).

Die von Giscard gutgeheißene Direktwahl des Europäischen Parlaments wurde das umstrittenste EG-Thema seiner Präsidentschaft. Da Teile der (Alt-)Gaullisten um Michel Debré die Direktwahl für verfassungswidrig hielten, rief der Präsident, der von seinen Gegnern als Supranationalist diffamiert wurde, den Verfassungsrat an. Dieser ließ die Direktwahl des Europäischen Parlaments letztendlich zwar als verfassungskonform passieren, unterwarf dessen Aufwertung zur Legislative jedoch verfassungsrechtlichen Restriktionen, da sonst die "République une et indivisible" gefährdet sei. Im Rahmen dieser scharfen Auseinandersetzungen zwischen den Gaullisten und der UDF, die schon ganz im Zeichen des Präsidentschaftswahlkampfes 1981 standen, bekannte Giscard sich deutlicher denn je zu einem konföderalen Europa. Europa könne nur als Konföderation organisiert werden (Weisenfeld 1997: 254). Ihm war an erster Stelle daran gelegen – das sei nochmals betont – das internationale Gewicht Frankreichs zu sichern – und dies konnte zu seiner Amtszeit nurmehr durch eine möglichst enge und effiziente Zusammenarbeit der EG- Mitgliedstaaten und eine Stärkung des Integrationsunterfangens insgesamt gewährleistet werden. Giscard d'Estaing verstand die europäische Integration folglich "als den idealen Multiplikator" der französischen außenpolitischen Ambitionen (de la Serre 1985: 40).

Giscards Amtszeit war weiterhin von einem großen währungspolitischen Handlungsdruck gekennzeichnet, der auf der Gemeinschaft lastete. Die noch zu Amtszeiten Pompidous im April 1972 geschaffene europäische "Währungsschlange" erwies sich bald als ungenügende Antwort auf die weltweiten Währungsturbulenzen, Anfang 1974 verließ Frankreich sie. Dieser embryonäre europäische Währungsverbund bestärkte jedoch die DM in ihrer Funktion als europäische Leit- und internationale Reservewährung. Giscard, der eine europäische Währungsunion anstrebte, um die wirtschaftlichen Kräfteverhältnisse zwischen Deutschland und Frankreich auszugleichen, wusste, dass dieses Projekt an erster Stelle der Unterstützung Deutschlands bedurfte. Bereits auf ihrem ersten Treffen im Juni 1974 einigten sich Schmidt und Giscard in diesen Bereichen auf gemeinsame Schritte. Kanzler Schmidt aber wollte einer künftigen Währungsunion nur unter der Voraussetzung zustimmen, dass auch die wirtschaftspolitischen Grundsatzentscheidungen und Rahmenbedingungen einander angepasst würden. Die französische Seite erbrachte dann ab September 1976 in Form des "Plan Barre" die entsprechenden Vorleistungen; Frankreich setzte deutliche Akzente in Richtung einer Annäherung an die deutsche Wirtschaftspolitik.

Auf dieser Grundlage traten Giscard und Schmidt ab dem Frühjahr 1978 in die Verhandlungen zur Schaffung des Europäischen Währungssystems (EWS) ein. Die Pläne für das EWS wurden in Geheimverhandlungen ausgearbeitet, an denen man nur zu Beginn Großbritannien beteiligte, aber keinerlei Konsultation mit den anderen Mitgliedstaaten suchte. Schmidt und Giscard war das EWS-Projekt "politisch zu wichtig, um es den Währungsexperten zu überlassen. Statt dessen planten die beiden, das EWS von ‚oben', ohne die Brüsseler und die nationalen Bürokratien einzubeziehen, auf den Weg zu bringen. Denn Schmidt und Giscard fürchteten den Widerstand aus Verwaltung und Ministerien [...] Außerdem erwarteten die zwei Staatsmänner, dass das Projekt im Sand verlaufen könnte, wenn es erst die untergeordneten EG-Ausschüsse passieren müsste. Nicht einmal die übrigen Staats- und Regierungschefs waren in die Planungen einbezogen" (Leuchtweis 2002: 99). Als die Pläne dann auf dem Kopenhagener Gipfeltreffen vom April 1978 vorgestellt wurden, fühlten sich die Partnerstaaten zu Recht übergangen und protestierten vehement gegen dieses deutsch-französische Direktoriumsgebaren. Nach äußerst kontroversen Verhandlungen konnte das EWS, das gleichwohl die Unterstützung der meisten Mitgliedstaaten und des Kommissionspräsidenten erfuhr, zum 1.1.1979 beschlossen werden. Damit hatte Frankreich seine monetaristische Position in der Währungsfrage – gemeinsame Währungspolitik bereits vor gemeinsamer Wirtschaftspolitik – durchgesetzt; Schmidt hatte die deutsche "Krönungstheorie" – eine gemeinsame Währungspolitik könne erst nach erfolgter Harmonisierung die dann gemeinsame Wirtschaftspolitik krönen – unter dem Druck der weltweiten Währungsturbulenzen hintangestellt und damit in Kontinuität zu seinen Vorgängern die deutsche Akzeptanz des französischen europapolitischen Führungsanspruchs erneut bestätigt. Paradoxerweise konnten während der 7-jährigen Amtszeit Giscard d'Estaings, dieses überzeugten Europäers, außer der Institutionalisierung des Europäischen Rats, der Direktwahl des EP und der Schaffung des EWS keine weiteren europapolitischen Innovationen eingeführt werden. Dies waren zugegebenermaßen beachtliche und auch folgenschwere Schritte auf dem Weg zur Einheit Europas; die Vertiefung der Integration und die Stärkung der internationalen Rolle der EG konnten damit aber nicht erreicht werden. In der Tat verharrte die EG in den 70er und frühen 80er Jahren in ihrer als "Eurosklerose" bezeichneten Lethargie, aus der erst das Tandem Mitterrand/Kohl sie erwecken sollte.

Somit bleibt es das Verdienst Giscard d'Estaings, Frankreich aus der Position einer "lanterne rouge de la construction européenne", des Schlusslichts im europäischen Integrationsprozess, herausgeführt und die historische Notwendigkeit der europäischen Einigung erneut entdeckt zu haben. Andererseits begrenzte Giscards gaullistische Betonung der nationalen Unabhängigkeit sein europapolitisches Engagement deutlich. Das Europa, das es seiner Auffassung nach unbedingt zu bauen galt, war nicht ein supranationales, sondern ein konföderales Europa, das eine "lebendige Gemeinschaft freier Nationen" bilden müsse, "das die Verschiedenheit seiner Komponenten zu respektieren hat" (Petitfils 1981: 139). "Valéry Giscard d'Estaing bleibt, wie seine Vorgänger, einer intergouvernementalen Vision des europäischen Projekts verpflichtet" (Kessler 1999: 194).

Auch die außerordentlich starke Fixierung Giscards auf die deutsch-französische Achse zeigt dies. In der Tat kam es ihm weniger auf die Vertiefung der europäischen Integration an, als vielmehr auf die Konstruktion eines starken deutsch-französischen Motors, der seinen weltpolitischen Ambitionen die nötige Machtbasis verschaffen könnte. Der Preis für diese allzu starke Betonung des deutsch-französischen Duos sei eine eindeutige Verschlechterung der Beziehungen Frankreichs zu den kleineren Mitgliedstaaten gewesen; Giscard habe – so der Vorwurf Alfred Grossers – Europa vernachlässigt. Doch mit und durch die Präsidentschaft Giscard d'Estaings war das bürgerlichkonservative verlässlich in Europa angekommen.

Teil II: Die französische Europapolitik unter François Mitterrand 1981-1995

1. Einführung: Mitterrands langer Weg ins Elysée

Am 10.5.1981 wurde François Mitterrand mit 51,75% der Stimmen zum vierten Staatspräsidenten der V. Republik gewählt. Damit übernahm zum ersten Mal seit 1958 ein Vertreter der vereinigten Linken die Macht im Staate. Dieser sozialistische Staatspräsident sollte – mit Ausnahme de Gaulles – wie kein anderer französischer Staatsmann seit einem halben Jahrhundert die internationale Politik Frankreichs prägen (Bozo 1995: 847).

François Mitterrands Weg zum höchsten Amt im Staate war sehr lang und keineswegs geradlinig gewesen. Wegen der geheimnisvollen Aura, die ihn, die "Sphinx", zeitlebens umgab, wegen seiner Widersprüche und seiner literarischen Neigungen wurde Mitterrand in Frankreich schon früh gerne als Romanfigur gesehen. In seinem Nachruf auf den am 6.1.1996 verstorbenen Staatspräsidenten bezeichnet Jean-Marie Colombani Mitterrands Lebensweg als "le roman d'une vie" (Le Monde, 9.1.1996). 1916 als fünftes von insgesamt acht Kindern in eine katholische, gutbürgerliche Familie in Jarnac, Charente, hineingeboren, studiert Mitterrand zwischen 1934 und 1937 in Paris Jura und Politikwissenschaft. In jenen Jahren schreibt er mehrfach Artikel für die rechte Tageszeitung "L'Echo de Paris". Nachdem er 1939 zum Kriegsdienst an der Ligne Maginot eingezogen und 1940 verwundet wurde, gerät er in deutsche Kriegsgefangenschaft. Nach zwei vergeblichen Versuchen gelingt 1941 der dritte Fluchtversuch, und Mitterrand kehrt nach Frankreich zurück, wo er sich dem Pétain-Regime anschließt. Pierre Péan schreibt 1994 in seinem für großes Aufsehen sorgenden Buch "Une jeunesse française. François Mitterrand 1934-1947", dass der künftige Chef der vereinigten Linken in den frühen vierziger Jahren ein überzeugter Anhänger Pétains war, von dem er 1942 persönlich empfangen wurde. Bis zum Erscheinen dieses Buches, das sich in den beiden letzten Lebensjahren Mitterrands als große Belastung und Gefährdung seines Ansehens erwies, hatte Mitterrand stets eine schillernde Ambiguität über jene Zeit aufrechtzuerhalten gewußt, die suggerieren sollte, er habe ein doppeltes Spiel gespielt und das Vichy-Regime im Dienste der Résistance quasi zu infiltrieren versucht. Diese Lebenslüge aber hat sich nach Péans Enthüllungen definitiv als falsch erwiesen.

Nachdem er vorübergehend in Vichys Geheimdiensten tätig war, wechselt Mitterrand in das Amt für Kriegsgefangene, das sich vor allem um geflohene Soldaten bemüht. Ab Ende 1943 engagiert er sich unter dem Decknamen Morland in der Résistance, wird von de Gaulle in London empfangen und findet nach der Befreiung an der Spitze der nationalen Vereinigung der Kriegsgefangenen und Deportierten Verwendung. 1946 bemüht sich Mitterrand vergeblich um ein Mandat für die zweite konstituierende Nationalversammlung, indem er für die "Union démocratique et socialiste de la Résistance" USDR kandidiert. Damit ist Mitterrands Hinwendung zum linken politischen Lager besiegelt: er wird prominenter Mitstreiter von René Pleven, Vater der Pläne zu einer europäischen Verteidigungsgemeinschaft EVG. Auch sein europapolitisches Engagement datiert aus jener frühen Zeit; 1948 nahm Mitterrand am Haager Kongress teil, der vom "Koordinierungsausschuss für die europäische Einheit" einberufen worden war und der zur Schaffung eines geeinten, demokratischen Europas und des Europarates aufrief. 1952 löste Mitterrand Pleven an der Spitze der USDR ab. Von nun an zählt er zur politischen Elite der instabilen IV. Republik (Nay 1984: 197), er wird das "Enfant chéri de la IVe République" (Le Monde, 12.5.1981). Im fragmentierten Parteiensystem der IV. Republik war die USDR eine für jede Mehrheitsbildung unverzichtbare Scharnierpartei (Chevallier et al. 2002: 276), so dass auch ihrem Chef eine Schlüsselposition im politischen Geschehen zukam. Tatsächlich war Mitterrand in verschiedenen Funktionen elf Mal in die kurzlebigen Regierungen Schuman, Pleven, Faure und Laniel eingebunden und übernahm 1954 in der Regierung Mendès France das Amt des Innenministers[14]. Der Regierung Guy Mollet (1956-1957) diente er als Justizminister. Mit dem Untergang der unglücklichen IV. Republik wurden zunächst auch Mitterrands Aussichten auf eine weitere steile politische Karriere zunichte gemacht.

Der weitere Weg François Mitterrands bis ins Elysée ist besser bekannt. Nachdem er 1958 an der Seite von Mendès France vehement die Rückkehr de Gaulles an die Macht bekämpft und auch die neue Verfassung als "Coup d'Etat permanent" abgelehnt hatte, muss er sich zunächst in die Reihen der Opposition gegen das neue gaullistische Regime einfügen. Er tut dies als Senator und ab 1962 wieder als Abgeordneter des Departement Nièvre in der Nationalversammlung. Vor allem aber profiliert er sich als Herausforderer de Gaulles. Mit Blick auf die Präsidentschaftswahlen vom Dezember 1965, die nach der von de Gaulle erzwungenen Verfassungsreform von 1962 erstmals als Direktwahl durchgeführt werden, baut er seine Machtbasis im linken

---

14 Als Anfang November 1954 in Algerien der Aufstand gegen Frankreich ausbricht, erklärt Innenminister Mitterrand, dass Krieg unvermeidlich sei und betont: „L'Algérie, c'est la France".

politischen Lager mit großer Beharrlichkeit und strategischem Geschick auf; nachdem er seine Hausmacht USDR 1963/64 in die "Convention des institutions républicaine" CIR umgemodelt und erweitert hat, gelingt es ihm im Vorfeld der Wahlen, die nichtkommunistischen linken Kräfte im Bündnis "Fédération de la gauche démocrate et socialiste" FGDS zu sammeln[15]. Als Kandidat der FGDS gelingt es Mitterrand im ersten Wahlgang vom 5.12.1965, de Gaulle in die Stichwahl zu zwingen, am 19.12.1965 unterliegt er ihm dann mit respektablen 45,5% gegen 54,5%.

Die Lehre, die Mitterrand aus diesen Wahlen zieht, lautet, dass angesichts der neuen Verfassungsrealität die Linke die Macht nur als geeinte Kraft erobern kann, als geschlossenes linkes Lager, das auch die Kommunisten umfasst. Nach einer ersten gemeinsamen Erklärung von FGDS und PCF vom Februar 1968 geht Mitterrand zunächst daran, das nichtkommunistische Lager zu erneuern. 1971 gelingt auf dem Parteitag von Epinay die Neugründung einer sozialistischen Partei (PS), indem die vormalige SFIO mit unterschiedlichen linken Gruppierungen und Bewegungen, darunter Parti radical und CIR, regelrecht fusioniert. Mitterrand übernimmt die Führung der neuen PS, der sich 1974 auch die unabhängigen Sozialisten um Michel Rocard (Parti socialiste unifié - PSU) anschließt. Weitere und letzte Etappe auf dem Weg zur Machteroberung war die Unterzeichnung des "Programme Commun" zwischen PS und PCF am 26.6.1972. Es handelte sich um ein gemeinsames Regierungsprogramm, das zunächst mit Blick auf die Parlamentswahlen von 1973 abgeschlossen wurde. Nachdem die FGDS bei den durch die Maiunruhen von 1968 provozierten vorgezogenen Parlamentswahlen vom Juni 1969 sehr schlecht abgeschnitten hatte – was auch Mitterrands Verzicht auf eine Kandidatur bei den durch de Gaulles Rücktritt notwendig gewordenen vorgezogenen Präsidentschaftswahlen von 1969 erklärt –, erhält die PS am 4.11.1973 20, 65% der Stimmen, die PCF 21,34%. Mitterrand ist mithin dem Ziel, die PS zur stärksten Formation im linken Parteienspektrum zu machen, einen wesentlichen Schritt näher gekommen.

Nachdem Mitterrand in der Stichwahl vom 19.5.1974 seinem Rivalen Valéry Giscard d'Estaing nur knapp mit 49,3% gegenüber 50,6% der Stimmen unterlag und auch die Parlamentswahl von 1978 nur um Haaresbreite verloren ging[16], gelingt am 10.5.1981 der Machtwechsel endlich – Mitterrand

---

15 An der FGDS waren die SFIO (Section française de l'Internationale ouvrière) als größte und wichtigste linke Formation sowie die Parti radical von P. Mendès France und Mitterrands CIR beteiligt.

16 Im ersten Wahlgang konnten PS und PCF gemeinsam mit fast 50% der Stimmen das rechte Lager überflügeln; doch beim zweiten Wahlgang klappte das „désistement" nicht gut genug. Dies ist auf den Bruch des „programme commun" nur sechs Monate vor der Wahl zurückzuführen. Désistement bedeutet, dass ein politisches Lager nur einen Kandidaten in den zweiten Wahlgang schickt, andere Kandidaten des gleichen Lagers, die im ersten

wird Staatspräsident. In den darauffolgenden vorgezogenen Parlamentswahlen vom 14. und 21.6.1981 errang die PS, gemeinsam mit dem "Mouvement des Radicaux de gauche" MRG, einen historischen Sieg. Nicht nur erhielt sie die absolute Mehrheit der Mandate, sondern sie konnte mit 37,5% die PCF, die nur auf 16,2% kam, sehr deutlich überflügeln. Mitterrands mehrschichtige Strategie mittels einer geeinten Linken, in welcher die Sozialisten die Kommunisten dominieren würden, das Elysée und die Parlamentsmehrheit zu erobern, war aufgegangen, er stand im Zenith seiner Macht.

Tabelle 2: Französische Präsidentschaftswahlen 1981

Kandidaten	1. Wahlgang	2. Wahlgang
V. Giscard d'Estaing (UDF)	28,50%	47,77%
F. Mitterrand (PS)	25,90%	52,22%
J. Chirac (RPR)	18,00%	
G. Marchais (PCF)	15,30%	
B. Lalonde (écologiste)	3,90%	
A. Laguiller (LO)	2,30%	
M. Crepeau	2,20%	
M. Debré (Divers droite)	1,70%	
M-F. Garaud (Divers droite)	1,30%	
H. Bouchardeau (PSU)	1,10%	
Wahlenthaltung	29,13%	13,56%

2. Der politische Gestaltungsspielraum François Mitterrands

Von Mai 1981 bis zu den verlorenen Parlamentswahlen von 1986 verfügte François Mitterrand über die ganze Machtfülle des Staatspräsidenten der V. französischen Republik. Er, der diese Ordnung lange Jahre als permanenten Staatsstreich gegeißelt hatte, nahm die Insignien und weitgefassten Machtbefugnisse des Amtes in vollem Umfang in Anspruch, wie schon de Gaulle wurde auch Mitterrand zum republikanischen Monarchen schlechthin. Die Linke, die 1981 angetreten war um "anders zu regieren" (gouverner autrement, so Premierminister Pierre Mauroy, Le Monde, 20.4.1982), bediente

---

Durchgang mehr als 12,5% der Stimmen erhielten und mithin zur Teilnahme am zweiten Durchgang berechtigt sind, müssen sich dann zurückziehen (se désister).

sich ohne Komplexe all jener Machtinstrumente, die sie unter den Vorgängerregierungen scharf kritisiert hatte. Während Mitterrands erster Amtsjahre erreichte die Machtkonzentration im Elysée gar ein Niveau wie kaum jemals zuvor. Dazu Mitterrand selbst: "Jedem in der Regierung ist bewusst, dass der Staatspräsident zu jedem Zeitpunkt seine Auffassung vom Gemeinwohl durchsetzen kann" (Pressekonferenz vom 2.7.1981). So konnte Michel Debré, mit de Gaulle wichtigster Schöpfer der Verfassung der V. Republik, zum eifrigen Rückgriff der neuen Regierung auf die sog. Folterinstrumente dieser Ordnung (Art. 39, 41, 49.3 etc. vgl. Müller-Brandeck-Bocquet/Moreau 2000: 75ff.) sarkastisch anmerken: "Was für wertvolle Instrumente stellt Ihnen, Herr Premierminister, diese Verfassung doch zur Verfügung! Ich sehe schon eine neue Professorengeneration entstehen, die ihren Studenten beibringen wird, dass ich diese Verfassung absichtlich für eine sozialistische Regierung und eine sozialistische Parlamentsmehrheit geschaffen habe" (zitiert nach Chevallier et al. 2002: 283).

2.1 Die erste Kohabitation Mitterrand-Chirac 1986-1988

Der Sieg des bürgerlichkonservativen Lagers bei den Parlamentswahlen 1986 und die dadurch erzwungene erste Kohabitation bedeutete daher eine tiefe Zäsur, nicht nur für die Präsidentschaft Mitterrands, sondern für das gesamte politische Leben Frankreichs. Neben wirtschafts- und finanzpolitischen Ursachen hatte auch der Skandal um die Versenkung des Greenpeace-Schiffes "Rainbow Warrior" am 10.7.1985 vor Auckland, an dem französische Geheimdienste beteiligt waren und der den Rücktritt von Verteidigungsminister Charles Hernu nach sich zog, zum Wahlsieg der Bürgerlich-Konservativen beigetragen.

Zwar hatten sich schon vor 1986 vereinzelt Politiker und Verfassungsrechtler mit dieser denkbaren Konstellation auseinandergesetzt, wobei einige, wie z.B. Edouard Balladur meinten, dass die Verfassung problemlos die Koexistenz eines linken Präsidenten und einer rechten Parlamentsmehrheit nebst rechtem Premierminister zuließe; andere, wie z.B. Raymond Barre, vertraten die gegenteilige Auffassung und argumentierten, dass der Präsident in solch einem Falle zurücktreten müsse, um eine Lähmung der Institutionen zu verhindern. Auch Mitterrand meldete sich mit einer Kampfansage zu Wort: Er werde als Kohabitationspräsident keineswegs untätig sein, und: "Die Führer einer rechten Parlamentsmehrheit würden einen schweren Fehler begehen, wenn sie dem Staatschef die Machtbefugnisse streitig machen wollten, die ihm die Verfassung zuweist. Ich werde kein halber Staatspräsident sein (Je ne serais pas un président au rabais)" (zitiert nach Chevallier et al. 2002: 329). Als das Undenkbare am 16. März 1986[17] aber dann tatsächlich eintrat, machte sich Ratlosigkeit und Unsicherheit breit. Maurice Duvergers "Bréviaire de la Cohabitation", dieser noch im selben Jahr erschienene Leitfaden für die Kohabitation, wurde ein oft konsultiertes Buch.

Tabelle 3: Französische Parlamentswahlen 1981-1993

Partei	1981		1986		1988		1993	
	%	Sitze	%	Sitze	%	Sitze	%	Sitze
RPR	21,2	88	27,0	150	19,2	126	20,4	247
PS	37,5	265	31,2	199	37,0	260	17,6	54
UDF	21,7	53	15,5	127	18,5	129	19,1	213
PCF	16,2	44	9,8	34	11,3	27	9,2	23
VERTS	1,1	0	1,2	0	0,4	0	7,6	0
FN	0,2	0	9,9	34	9,8	1	12,4	0
MRG /PRG	k.A	14	k.A	7	k.A	9	0,9	6
Andere	2,1	27	5,4	24	3,8	23	12,8	34
Total	100	491	100	575	100	575	100	577

Erklärungen:
RPR: Rassemblement pour la République
PS: Parti Socialiste
UDF: Union pour la Démocratie Française
PCF: Parti Communiste Français
VERTS: Les Verts-Ökologen
FN: Front National
MRG: Mouvement des Radiacaux de Gauche
PRG: Parti Radical de Gauche
k. A.:   keine Angaben

---

17 Bei der Parlamentswahl vom 16.3.1986 fand zum einzigen Mal in der Geschichte der V. Republik das Verhältniswahlrecht Anwendung. Mitterrand, schon immer ein Verfechter des Verhältniswahlrechts, das auch in seinen 110 Wahlkampfvorschlägen von 1981 figuriert hatte, setzte diese Reform 1985 gegen heftigen Widerstand durch und provozierte damit den Rücktritt Michel Rocards von seinem Ministeramt. Wichtigstes Ergebnis der Wahlrechtsreform war, dass am 16. März 1986 die rechtsextreme Front National 34 Sitze in der Nationalversammlung eroberte, was andernfalls unmöglich gewesen wäre. Deshalb kehrte man bei den vorgezogenen Parlamentswahlen von 1988 wieder zum romanischen Mehrheitswahlrecht zurück und blieb seither dabei.

2.1.1 Die Machtverteilung zwischen Präsident und Premier

In einer Botschaft an das Parlament vom 8.4.1986 legte Mitterrand seine Interpretation der neuen verfassungsrechtlichen Lage dar. Auf die Frage, wie die öffentliche Gewalt nun funktionieren solle, sagte er: "Auf diese Frage habe ich nur eine Antwort, die einzig mögliche, die einzig vernünftige, die einzige Antwort, die den Interessen der Nation entspricht: Die Verfassung, nichts als die Verfassung, die ganze Verfassung. [...] Ich werde mich hier nicht mit einer Aufzählung der Kompetenzen aufhalten, die Ihnen mit Sicherheit geläufig sind. Ich möchte lediglich daran erinnern, dass die Verfassung dem Staatschef Machtbefugnisse zuweist, die in keinster Weise von einer Wahl betroffen werden, die nichts mit dem Amt des Staatschefs zu tun hat." (La Documentation française, Nr.104, 1992: 29).

Damit brachte Mitterrand zum Ausdruck, was auch seine Gegner erfahren mussten, nämlich dass nichts, nicht einmal eine verlorene Parlamentswahl, einen Präsidenten, der zum Verbleib im Amt entschlossen ist, zum Rücktritt zwingen kann (Chevallier et al. 2002: 330). Auch Chirac erkannte unmittelbar nach seiner Ernennung zum Premierminister die verfassungsrechtlichen Befugnisse des Staatschefs als unumstößlich und unangreifbar an.

Zur künftigen Arbeitsteilung zwischen Präsident und Premierminister äußerte sich Mitterrand, indem er auf Artikel 5 der Verfassung hinwies, "der die Bereiche benennt, die seiner (des Präsidenten) Autorität und seinem Schiedsspruch unterworfen sind" und die Aufgabe der Regierung gemäß Artikel 20[18] erläuterte, um dann folgendermaßen zu schließen: "Präsident und Regierung müssen bei allen Angelegenheiten nach Wegen suchen, die es ihnen ermöglichen, den übergeordneten Interessen des Landes am besten und in gegenseitigem Einvernehmen zu dienen" (La Documentation française, Nr.104: 1996: 28). Damit war jedoch keineswegs geklärt, wie die notwendige Zusammenarbeit der beiden Spitzen der Exekutive konkret von statten gehen sollte; insbesondere in der Außen- und Europapolitik war mit dem Hinweis auf Artikel 5 wenig getan, zumal die Vorstellung, diese Politikfelder stellten die "Domaine réservé" des Staatspräsidenten dar, noch immer weit verbreitet war (vgl. dazu Teil I, Kap. 2).

Die Kohabitation zwischen Mitterrand und Chirac von 1986-1988 wird allgemein als konfliktuell bezeichnet. In jenen 26 Monaten des Hasses habe Mitterrand befürchtet, dass Chirac ihn demütigen wolle, wohingegen der Premierminister unterstellte, dass der Präsident ihm zu schaden beabsichtige; Chirac sei der schlimmste aller Feinde Mitterrands gewesen, schreibt der letzte Biograph Mitterrands, Jean-Marc Benamou (1997: 75). Chirac selbst

---

18 Dieser lautet: „Die Regierung beschließt und leitet die Politik der Nation".

wehrt sich gegen die Beschreibung der ersten Kohabitation als Krieg; das entspräche nicht der Wirklichkeit. Gleichwohl herrschte in diesen zwei Jahren eine konstante latente Spannung, die sich ab und an öffentlich mit großem Donnerhall entlud (Allaire/Gouillaud 2002: 154). Die Konkurrenz zwischen beiden zeigte sich bereits bei der Regierungsbildung, als Mitterrand Chiracs Vorschlag, François Léotard zum Außenminister zu ernennen – dieser würde angesichts der präsidentiellen Zuständigkeiten in der Außen- und Sicherheitspolitik zu einem engen Mitarbeiter des Staatschefs –, ablehnte. Auch Chiracs ersten Kandidaten für das Verteidigungsministerium wies Mitterrand zurück (Kimmel 1997: 28).

Zu einer ersten ernsthaften Konfrontation kam es bereits nach wenigen Monaten, als Chirac die von der rechten Parlamentsmehrheit vorrangig betriebenen Privatisierungen per Ordonnanzen zügig umsetzen wollte. Hier wird das ganze Ausmaß des verfassungsrechtlich vorgeschriebenen Zusammenwirkens der beiden Komponenten der Exekutive deutlich. Denn wenn die Verordnungsgewalt prinzipiell dem Premierminister zusteht, ist der Präsident doch vielfältig an ihr beteiligt, da er alle Ordonnanzen und Dekrete, die im Ministerrat beschlossen werden, gegenzeichnen muss. Mitterrand nutzte in der ersten Konfrontation mit Chirac die Gegenzeichnungspflicht des Präsidenten als scharfe Waffe: er verweigerte den Privatisierungsordonnanzen der Regierung sein Contreseing, so dass der Premierminister sein Projekt in Gesetzesform gießen musste. Chirac interpretierte Mitterrands Verhalten als Akt des Misstrauens und des Versuchs, seine Regierung unter präsidentielle Vormundschaft zu stellen (Le Monde, 16.7.1986). Auch aus verfassungsrechtlicher Sicht war dieses Vorgehen umstritten. Denn die Gegenzeichnungspflicht des Art. 13[19] kann als eher notarielle Funktion interpretiert werden, bei der dem Staatschef kein größerer Entscheidungsspielraum zukommt als bei der Verkündigung der Gesetze gemäß Art. 10. Wenn er wirklich Zweifel an der Rechtmäßigkeit einer Ordonnanz hat, so kann der Staatspräsident sie dem Verfassungsrat zur Prüfung vorlegen (Art. 61). Chevallier et al. hinterfragen deshalb sarkastisch, warum Mitterrand, der die Gegenzeichnung der Privatisierungsordonnanzen mit dem Grund ablehnte, sie widersprächen dem Interesse der Nation, die gleichen Regelungen in Gesetzesform dann anstandslos passieren ließ – "als ob die übergeordneten Interessen der Nation eine reine Formsache seien" (Chevallier et al. 2002: 336).

Es stellt sich daher die Frage, warum Chirac dieses verfassungsrechtlich strittige Vorgehen Mitterrands akzeptierte. Hier ist wohl auf innenpolitische Gründe zu verweisen. De facto war die parlamentarische Mehrheit des bürgerlich-konservativen Lagers recht knapp; mit 150- RPR-Mandaten und 127

---

19 Sein Wortlaut: „Der Präsident der Republik zeichnet die Ordonnanzen und Dekrete, die im Ministerrat beschlossen wurden, gegen".

UDF-Mandaten wurde die absolute Mehrheit von 287 Sitzen nicht gesichert; Chirac war bei seiner Regierungsarbeit auf das Wohlwollen der 14 Abgeordneten aus der schwer zuordenbaren Kategorie "divers droite" angewiesen. Diese prekären Mehrheitsverhältnisse ließen es Chirac nun angeraten erscheinen, keine Konflikte mit dem Präsidenten zu suchen, zumal sein größter Gegner innerhalb der Mehrheitsfraktion, Raymond Barre, ein dezidierter Gegner der Kohabitationskonstellation war und den Rücktritt des Staatspräsidenten erzwingen wollte, beispielsweise durch eine Verweigerungshaltung der Parlamentsmehrheit. Konkret fürchtete Chirac, dass bei einem Scheitern der Kohabitation Barre als Sieger dastünde (Chevallier et al. 2002: 337).

Ähnliche Gründe bewogen Chirac auch, die Einheitliche Europäische Akte (EEA), die im Dezember 1985 beschlossen worden war (vgl. Kapitel 3.6), zu akzeptieren. Hätte er, der in den 70er Jahren durchaus europakritisch aufgetreten war, die EEA abgelehnt, so hätte er die UDF gegen sich aufgebracht und das Label "präsidentiabel" verspielt.

Insgesamt wendete sich bereits einige Monate nach der Parlamentswahl vom März 1986 die Stimmung im Lande zu lasten Chiracs und seines Handlungsspielraums als erster Kohabitationspremier. Insbesondere die massiven Studentenproteste gegen Reformpläne des Erziehungsministers René Monory sowie die Streikbewegung der Eisenbahnen SNCF Ende 1986 schwächten seine Regierung. So kam es, dass Mitterrand, der sich anfangs ganz auf die Verteidigung seiner Machtbefugnisse konzentriert hatte, wieder Aufschwung erhielt und sich zunehmend zum – meist beißend ironischen – Kommentator des Premierministers und seiner Regierungsarbeit aufschwang. Er erhielt den Spitznamen "Tonton" (Onkelchen), bzw. "Dieu" (Gott), der zu allem und jedem seine Meinung abgab und vor allem den Nöten des Volkes mit der Regierung Chirac ein wohlwollendes Ohr lieh. Die damals höchst populäre Bébête-Show, die allabendlich im Fernsehen gegeben wurde, stilisierte ihn dann zum unwiderstehlichen Frosch, der sich behäbig und sarkastisch dem immer verfahrener wirkenden Premierminister entgegenstellte.

2.1.2 *Die Machtverteilung in der Außen- und Europapolitik*

In der Außen-, Sicherheits- und Europapolitik dominiert – wie an anderer Stelle bereits ausgeführt (Teil I, Kap. 2) - der Staatspräsident, der neben den mit dem Premierminister geteilten Machtbefugnissen hier noch über beachtliche autonome Entscheidungsgewalt verfügt. Exakt auf diese Sonderstellung hatte Mitterrand bereits in seiner Botschaft an das Parlament vom 8.4.1986 hingewiesen. Dabei bediente er sich nicht des Begriffs der "Domaine réservé", den er immer schon abgelehnt hatte[20]. Vielmehr stellte er klar: "Entgegen einer weitverbreiteten Idee ist es mir wichtig zu präzisieren, dass es keine ‚domaine réservé' gibt und auch nicht geben darf. Es handelt sich um einen Begriff, der für die spezifischen Umstände des Algerienkrieges verwendet wurde und der keinerlei verfassungsrechtliche Grundlage besitzt" (La Documentation française, Nr.106, 1995: 44).

Kessler weist jedoch darauf hin, dass alle bisherigen Staatschefs zwar den Begriff der "Domaine réservé" im Prinzip abgelehnt hätten, weil er nicht verfassungskonform ist, dass gleichzeitig aber alle ihn in der Praxis für sich reklamiert hätten (Kessler 1999: 25). So auch Mitterrand. Daher darf die Absage Mitterrands an den Begriff der "domaine réservé" nicht überbewertet werden, zumal er seinem Statement Worte hinzufügte, die seine Vorstellung von der Aufgabenverteilung in der Außen- und Sicherheitspolitik zu Zeiten der Kohabitation vollständig abdeckt: "Ohne Zweifel erhält der Staatspräsident von der Verfassung immer dann die Vorrangstellung zugewiesen, wenn es sich um die großen nationalen Interessen handelt, vor allem um die Verteidigung und Aussenpolitik" (La Documentation française, Nr.106, 1995: 44).

Dies erklärt, warum in diesen Politikfeldern die Vorrangstellung des Präsidenten auch in der ersten Kohabitation vergleichsweise am besten gewahrt blieb. De facto haben Präsident und Premierminister die Außenpolitik in drei Sphären aufgeteilt: In der Verteidigungs- und Rüstungs(kontroll)politik sowie den deutsch-französischen Beziehungen dominierte der Staatspräsident, in der Afrika- und der Nahost-Politik sowie bei den Wirtschafts- und Außenhandelsbeziehungen dominierte der Premierminister, während in der dritten Sphäre, die den Palästina-Konflikt und insbesondere Europa und die Gemeinschaftspolitiken umfasste, keinerlei klare Dominanz des einen oder des anderen auszumachen war (Clarke/Cohen 1990: 272). Zu dieser dritten Sphäre ist allerdings ergänzend hinzuzufügen, dass die großen Leitlinien französischer Europapolitik wie insbesondere die Entscheidungen über die institutionelle und kompetenzielle Weiterentwicklung der EG/EU immer in den Zuständigkeitsbereich des Staatspräsidenten fallen, er allein gilt als Inspirator und Ideengeber für die Zukunft des Integrationsunterfangens (Kessler 1999: 189, 192).

Für die erste Kohabitation der Ära Mitterrand muß festgehalten werden, dass Staatspräsident und Premierminister in der Regel um eine eher gemeinsame, übereinstimmende, denn einsam entschiedene Außen-, Sicherheits- und

---

20 Als im Vorfeld der Parlamentswahlen 1978 ein Sieg der Vereinten Linken greifbar nahe schien, hatte Mitterrand den amtierenden Staatspräsidenten Giscard d'Estaing davor gewarnt, sich auf die nicht verfassungskonforme Praxis der „domaine réservé" zurückzuziehen (Kimmel 1997: 27).

Europapolitik bemüht waren, was sich allerdings erst nach anfänglich häufigen Spannungen und Reibereien verwirklichen ließ. Hier hatte Chirac seine Lektionen früh zu lernen. Kurz nach seiner Ernennung setzte er nämlich seine Teilnahme – an der Seite des Staatspräsidenten – am G7-Gipfel in Tokio Anfang Mai 1986 durch. Mitterrand jedoch nutzte protokollarische und andere Finessen, um Chirac klarzumachen, dass er diesem Club rechtmäßig nicht angehöre. Auch bei den deutsch-französischen Gipfeln musste Chirac dem Willen Mitterrands, hier eindeutig als der wichtigste Repräsentant Frankreichs zu agieren, nachgeben. Um im Interesse des Landes sicher zu stellen, dass Frankreich in der Außenpolitik mit einer Stimme spricht, gestand er im Juli 1987 öffentlich zu: "Es ist üblich bei uns von einer herausgehobenen Verantwortung des Staatspräsidenten auszugehen; aber die Zustimmung der Regierung ist eine absolut geforderte Notwendigkeit" (zitiert nach Kessler 1999: 42). "Alle großen Meinungsverschiedenheiten wurden entweder durch Kompromisse oder durch unilaterale Konzessionen bereinigt. Die Kakophonie", die man wegen der Kohabitation in der Außenpolitik erwartet hatte, stellte sich nicht ein (Clarke/Cohen 1990: 269).

Nach den ersten Konflikten mit dem Staatspräsidenten beschränkte sich Premierminister Chirac darauf, die Außen- und Sicherheitspolitik des Staatspräsidenten zwar genauestens zu verfolgen, sich ansonsten aber persönlich weitestgehend zurückzuhalten (Chevallier et al. 2002: 335). Die Abstimmung mit dem Elysée übernahm vorrangig der Außenminister. Erst bei Herannahen der Präsidentschaftswahlen trat Chirac wieder aus dieser Defensive. Denn der Aspirant, der über wenig außenpolitische Erfahrung verfügte, musste sich dringend die Statur eines "Staatsmannes" verschaffen, die ihm fehlte, ohne die er sich aber kaum Erfolgschancen ausrechnen konnte (Kessler 1999: 42; Le Monde, 15/16.3.1987). Als einschlägiges Beispiel lassen sich hier die Vorkommnisse anlässlich des französisch-spanischen Gipfeltreffens im März 1987 erwähnen. Nachdem Chirac vor Journalisten die merkliche Verbesserung der bilateralen Zusammenarbeit dem Konto seiner Regierung gutgeschrieben hatte, wurde er umgehend von Mitterrand an die Vorrangstellung des Staatspräsidenten in diesem Politikfeld erinnert. "Ich hatte noch nicht genug Erfahrung", rechtfertigte sich Chirac später. "Das hat mir als Lehre gedient" (Allaire/Gouillaud 2002: 154). Auch als er es 1987 wagte, die sicherheitspolitischen Weichenstellungen Mitterrands zu kritisieren, wurde er umgehend in seine Schranken verwiesen (Kimmel 1997: 29). Denn der Staatspräsident wollte auf jeden Fall verhindern, dass Chirac sich diplomatische Erfolge erwerben und mithin seine Chancen bei der anstehenden Präsidentschaftswahl mehren könnte. Hier wird deutlich, dass die erste Kohabitation wegen ihrer kurzen Dauer schon nach wenigen Monaten unter die Vorzeichen dieses wichtigsten aller französischen Urnengänge geriet. Um das höchste Staatsamt, das er selbst anstrebte, nicht zu beschädigen, musste Chirac, der eigentlich außenpolitisches Profil dringlich benötigte, auf die präsidentiellen Befugnisse und seine Vorrangstellung in der Außen- und Sicherheitspolitik Rücksicht nehmen – eine Einschränkung seiner Wahlchancen, die später auch Balladur und Jospin hinzunehmen hatten.

Wie tief die latente Spannung, der gegenseitige Groll – manche sprechen gar von Hass – zwischen Mitterrand und Chirac waren, zeigte sich exemplarisch anlässlich einer Fernsehdebatte vom 28.4.1988 zwischen den beiden Kandidaten für das Amt des Staatspräsidenten. Als Chirac vorschlug: "Heute abend bin ich nicht der Premierminister und Sie sind nicht der Präsident. Heute Abend sind wir beide gleichberechtigte Kandidaten" antwortete ihm Mitterrand mit unnachahmlicher Ironie: "Sie haben vollkommen recht, Herr Premierminister" (Allaire/Gouillaud 2002: 154).

In ersten Umfragen zur Kohabitation zeigte sich die französische Bevölkerung mit der neuen verfassungsrechtlichen Lage zufrieden; im April 1986 befanden 60% der Befragten, dass die Kohabitation gut funktioniere, 48% meinten, dass sie eine gute Sache für Frankreich sei und 71% wünschten, dass sie bis zu den Präsidentschaftswahlen 1988 andauern solle. Diese positive Grundeinstellung erklärt auch die guten Umfrageergebnisse sowohl des Premierministers als auch des Staatspräsidenten: Während 56% der Befragten mit der Amtsführung Chiracs zufrieden waren, hat die Kohabitation auch Mitterrrands Popularität wieder ansteigen lassen. Diese hatte sich bereits seit dem Tiefstand von 1985 kontinuierlich verbessert; doch im Mai 1986 sprang sie um 10% nach oben, so dass sich 52% der Befragten mit Mitterrands Amtsführung zufrieden erklärten, ein Wert, den der Staatspräsident zuletzt im Mai 1982 erreicht hatte. In diesem Ergebnis kommt die Anerkennung der Franzosen dafür zum Ausdruck, dass Mitterrand problemlos die Wahlergebnisse vom März akzeptiert und umstandslos Chirac zum Premierminister berufen hatte. Kurz: Die Wähler zeigten sich mit der neuen Machtverteilung einverstanden, die in der Formel: "Die Regierung regiert, der Präsident präsidiert" zum Ausdruck kommt (Le Monde, 29.5.1986).

Nach seinem komfortablen Wahlsieg vom Mai 1988, in dem Mitterrand den Herausforderer Chirac mit 54% gegen 46% der Stimmen schlug, und nach dem Sieg der Linksparteien in den darauffolgenden vorgezogenen Parlamentswahlen kehrte Mitterrand interessanterweise nicht zum vorkohabitationellen Stil des republikanischen Monarchen zurück. Vielmehr räumte er fortan seinen sozialistischen Premierministern Michel Rocard, Edith Cresson und Pierre Bérégovoy einen großen Handlungsspielraum ein, er ließ die "Regierung regieren"; nur ab und an griff er direkt ein, um seine politischen Prioritäten klarzustellen. Dies muss auch mit dem raschen Fortschreiten seiner Krebserkrankung in Zusammenhang gebracht werden, von der Frankreich offiziell aber erst Ende 1992 erfuhr.

Tabelle 4: Französische Präsidentschaftswahlen 1988

F. Mitterrand (PS)	34,10%	54,00%
J. Chirac (RPR)	19,90%	46,00%
R. Barre (UDF)	16,50%	
J-M. Le Pen (FN)	14,40%	
A. Lajoinie (PC)	6,80%	
A. Waechter (Verts)	3,80%	
P. Juquin (Rénovateurs)	2,10%	
A. Laguiller (LO)	2,00%	
P. Boussel (MPPT)	0,40%	
Wahlenthaltung	18,50%	15,80%

2.2 Die zweite Kohabitation Mitterrand- Balladur 1993-1995

Wegen dieser physischen Beeinträchtigung des Staatspräsidenten und wegen der vernichtenden Niederlage, die die PS bei den turnusgemäßen Parlamentswahlen vom März 1993 hinnehmen musste, kann nicht verwundern, dass die zweite Kohabitation, die Mitterrand bis zu seinem Ausscheiden aus dem Amt des Staatspräsidenten mit den siegreichen Bürgerlich-Konservativen[21] eingehen musste, sich deutlich konfliktfreier gestaltete als die erste. So wird das Zusammenwirken von François Mitterrand mit dem RPR-Mann Edouard Balladur gemeinhin als konsensuelle Kohabitation bezeichnet. Zwar traten auch diesmal zahlreiche Spannungen auf, diese wurden jedoch weniger sichtbar, da beide Protagonisten ihre erzwungene Zusammenarbeit geschmeidiger und nachgiebiger gestalteten (Kessler 1999: 43).

Anders als 1986 wurde nicht der wahre Chef der Parlamentsmehrheit, Jacques Chirac, Premierminister; denn nachdem seine Zeit als Regierungs-

---

21 Während die PS von 37% in 1988 auf 17,6% in 1993 abstürzte, errangen RPR und UDF zwar nur geringfügig mehr Stimmen als 1988, stellten mit ihren 20,4% (RPR) und 19,1% (UDF) aber 460 Abgeordnete – von insgesamt 577. Die so eindeutig von den Bürgerlich-Konservativen dominierte Nationalversammlung wird gerne als „chambre introuvable" bezeichnet, was andeuten soll, dass diese überwältigende Mehrheit der Fraktionsdisziplin schadet und die Regierung Schwierigkeiten hat, ihre Truppen effizient hinter sich zu scharen (vgl. auch Tabelle 3).

chef sich für den ersten Kohabitationspremier in den Präsidentschaftswahlen von 1988 nicht ausgezahlt hatte, verzichtete Chirac – die Präsidentschaftswahlen von 1995 bereits fest im Blick – nun auf eine erneute Berufung nach Matignon. Dafür bot sich Edouard Balladur an, ein Zögling von Georges Pompidou und Wirtschaftsminister in der Kohabitationsregierung Chirac. Balladur war öffentlich dafür eingetreten, dass der künftige Präsidentschaftskandidat der Gaullisten – und das schien nur Chirac werden zu können – sich nicht erneut in Matignon verschleiße und diesen Opfergang lieber einem anderen übertragen sollte. Da Balladur dann wenige Monate später aber aus seiner Funktion als Kohabitationspremier heraus selbst und zunächst sehr erfolgsversprechend kandidierte, wurde ihm dies vom Lager Chiracs sehr übel angerechnet (Chevallier et al. 2002: 408).

Anders auch als 1986 erhob Mitterrand gegen keinen der von Balldur vorgeschlagenen Minister Einspruch. Der Staatspräsident und sein neuer Premierminister legten bereits am Tag vor dessen Ernennung die Arbeitsteilung zwischen ihnen beiden fest: Die Gesamtheit der Wirtschafts-, Sozial- und Innenpolitik fällt in die Verantwortlichkeit der Regierung, während im Bereich der Außen-, Sicherheits- und Verteidigungspolitik eine Machtteilung ganz im Sinne eines "Domaine partagé" vorgenommen wird. In diesen Politikfeldern, so der neue Premierminister Balladur in einer Fernsehsendung vom 2.6.1993, müssen beide Häupter der Exekutive gemeinsam entscheiden, keine wichtige Frage kann von einem alleine oder gar gegen den anderen beschieden werden. Man verabredete, dass bei wichtigen Beratungen im Elysée Regierungsvertreter hinzugezogen und dass umgekehrt auch Mitarbeiter des Präsidenten an entsprechenden Aktivitäten in Matignon beteiligt werden. "Ich bin ganz besessen von der Idee, so Balladur damals, "dass die Kohabitation, die eine schwierige Angelegenheit ist, sich nicht zu Lasten Frankreichs auswirken darf". Alles müsse vermieden werden, das "das Bild Frankreichs im Ausland trüben könnte" (La Documentation française, Nr.106, 1995: 45).

Gemäß diesen Absprachen beschließen die beiden Häupter der Exekutive am 4.7.1993 gemeinsam, das seit einem Jahr gültige Moratorium über die französischen Atomversuche zu verlängern; dies war ein ausgemachter Affront gegen die RPR und Chirac persönlich, die das Moratorium als Verrat am gaullistischen Erbe interpretierten. Chirac und seine Umgebung forderten den Premierminister mehrfach auf, die Tests umgehend wieder aufzunehmen. Doch Mitterrand setzte darauf, dass Balladur, für den die Tests bzw. das Moratorium keine Glaubensfrage darstellten, deswegen keinen ernsthaften Konflikt mit ihm riskieren würde – und er behielt Recht (Benamou 2002: 43). Auch der von Mitterrand öffentlich vertretenen zurückhaltenden Balkanpolitik stimmt Balladur explizit zu. Ansonsten aber hält er sich in der Außen- und

Sicherheitspolitik weitgehend zurück, überlässt Mitterrand die internationale Bühne und nimmt nur an den EU-Gipfeln teil (Chevallier et al. 2002: 414). Diese Diskretion seines Premiers kommentiert Mitterrand zufrieden: "Wenigstens begeht Balladur nicht die selben Fehler wie Chirac" (Benamou 1996: 42). So konnte der Eindruck entstehen, Mitterrand und Balladur hätten eine Kompetenzteilung praktiziert, die die Außen-, Sicherheits- und Europapolitik als "domaine réservé" des Staatspräsidenten behandele; dies ist jedoch falsch. Wenn Mitterrand seinem ersten Kohabitationspremier Chirac gegenüber sehr vehement auf der verfassungsrechtlichen Vorrangstellung des Staatspräsidenten bestanden hatte, so war dies angesichts des zurückhaltenden Temperaments Balladurs nicht notwendig. Inhaltlich war der Kohabitationspremier aber an der Gestaltung der Außen-, Sicherheits- und Europapolitik maßgeblich beteiligt und brachte insbesondere in der Europapolitik eigene Initiativen und Zielsetzungen ein (vgl. Kap. 6.1), so dass diese Politikfelder in der Praxis als "domaine partagé" gehandhabt wurden. So konnte Balldur auf einer Pariser Botschafterkonferenz am 2.9.1994 unwidersprochen erklären: "Seit nun gut einem Jahr gestaltet *meine* Regierung in Einvernehmen mit dem Präsidenten der Republik die Außenpolitik Frankreichs" (zitiert nach Kessler 1999: 43).

Zur konsensuellen zweiten Kohabitation trug in nicht unerheblichem Ausmaß die langjährige schwere Krankheit des Staatspräsidenten bei, die der französischen Öffentlichkeit zwar bis 1992 verborgen blieb, die gleichwohl aber die Kräfte Mitterrands zunehmend minderte. Ja, der todkranke Präsident konnte seine zweite Amtszeit letztlich nur deshalb zu Ende führen, weil eine geschmeidige Kohabitation herrschte. Mitterrand war nämlich nur mehr sehr beschränkt arbeitsfähig, er konnte täglich allenfalls drei oder vier Termine wahrnehmen. Ansonsten regelte Hubert Védrine, Generalsekretär im Elysée und späterer Außenminister, die präsidentiellen Geschäfte. "Es gibt eine deutliche Verlangsamung der Verwaltungstätigkeiten", so ein Mitterrand-Vertrauter, "aber die strategischen Entscheidungen werden rechtzeitig gefällt. Was den Rest anbelangt, so ist die Kohabitation günstig für uns. Matignon zeigt viel guten Willen. Für Balladur und seine Mannschaft wäre es ein Leichtes, uns zu umgehen, uns kalt zu stellen. Aber seltsamerweise verhalten sie sich korrekt" (Benamou 1997: 57).

Dieses solidarische Wohlverhalten des Premierministers und seiner Umgebung ist darauf zurückzuführen, dass Mitterrand und sein Premierminister das gleiche Ziel hatten, nämlich den ungeduldigen Chirac und seine nervösen Truppen im bereits einsetzenden Kampf um die nächste Präsidentschaft zu bremsen. Mitterrand wusste, dass er seine zweite Amtszeit nur dann würdig beenden und seiner Partei Aussichten auf seine Nachfolge eröffnen konnte, wenn er das gegnerische Lager spaltete, indem er Balladurs präsidentielle

Ambitionen unterstützte. Bei Balladurs Ernennung zum Premierminister sei ein heimlicher, aber solider Pakt zwischen den beiden geschlossen worden, schreibt Benamou. Der Präsident verzichtete auf jegliche Schärfe im Umgang mit Balladur, würde ihm gar helfen und ihn schützen; im Gegenzug verpflichtete sich der Premierminister dazu, die "domaine réservé" zumindest dem Anschein nach zu respektieren – de facto wurde es als "domaine partagé" gehandhabt –, das Amt des Staatspräsidenten zu achten und ansonsten Geduld zu haben. "Dieser Pakt hat lange gehalten" (Benamou 1997: 41). Die explizite Unterstützung, die Mitterrand seinem Premierminister lange Zeit zu Teil kommen ließ, führte dazu, dass bis zum Herbst 1994 Balladur als der bei weitem aussichtreichste Kandidat des bürgerlich–konservativen Lagers galt, Chirac schien weit abgeschlagen zu sein (Benamou 1997: 45). Die UDF, insbesondere Simone Veil und François Léotard, gab zu verstehen, dass sie auf einen eigenen Kandidaten verzichten und stattdessen den RPR-Mann Balladur unterstützen werden. Aber auch in der RPR schlossen sich viele Balladur an, nur wenige, wie insbesondere Alain Juppé, standen weiterhin in Treue fest zu Chirac, der nun öffentlich gar als "l'éternel loser", als ewiger Verlierer verunglimpft wurde (Chevallier et al. 2002: 417, 421).

In dieser Situation, als Balladur bereits als der nächste Staatspräsident gehandelt wird, den allenfalls noch Jacques Delors schlagen könnte – der aber will nicht kandidieren –, greift Mitterrand, der große Stratege, noch einmal folgenreich in die französische Politik ein; denn Balladur, der zur eigenen Profilierung dringend die Ära eines Staatsmannes erwerben, sprich sich in der Außenpolitik hervortun muss, übertreibt, bricht den stillschweigenden Pakt mit Mitterrand, unternimmt Auslandsreisen nach China und Saudi-Arabien, gibt bereits den Staatspräsidenten. Dies provoziert Mitterrand: Hochgradig über Balladurs immer zahlreichere einschlägige Aktivitäten irritiert, macht er sich über Balladurs außenpolitischen Profilierungstrip lustig: "Haben Sie Balladur gesehen", mokiert er sich gegenüber seinem letzten Biographen Georges-Marc Benamou, "er macht sich in seiner Außenpolitik konstant lächerlich [...] Die Reise nach China, die Reise nach Saudi-Arabien – immer kommt er ohne etwas in der Tasche zurück. Er möchte den Staatschef spielen". Als Balladur die Afrikapolitik Mitterrands als eine "politique étrangère de la honte" (eine Außenpolitik der Schande) bezeichnet, ist der Präsident aufs Äußerste empört und lässt den ungeduldigen Amtsanwärter fallen (Benamou 1997: 52, 41/42). Als konkreten Vorwand nutzte er die Enthüllungen über die "affaires" der RPR[22]. Mitterrand geht mit der Unter-

---

22 Seit Februar 1994 verdichteten sich die Gerüchte um einen Finanzierungsskandal in der RPR; ein junger Untersuchungsrichter, Halphen, nahm Ermittlungen wegen Bestechung im Falle von Sozialwohnungsbauten in Paris und Umgebung auf. Daraufhin versuchte die RPR, den unbequemen Juristen von dem Fall abziehen zu lassen. Mitterrand, der wegen

stützung, die er von nun an Chirac zukommen läßt, ein großes Risiko ein; denn nun läuft er Gefahr, dass seine PS und das gesamte linke Lager ihn des Verrats bezichtigen könnten, dass die alten häßlichen Karrikaturen des Manipulators Mitterrand, der Sphinx, die die Linke betrügt und bestiehlt, wieder aufleben könnten – und dies zu einem Zeitpunkt, wo der todgeweihte Präsident nurmehr auf einen würdigen Abgang fixiert war.

Nach der Abwendung Mitterrands von Balladur wendet sich das Blatt recht schnell zugunsten Chiracs. Im ersten Wahlgang der Präsidentschaftswahlen 1995 kann er den Rivalen aus der eigenen Partei mit 20,4% gegenüber 18,5% der Stimmen übertrumpfen und somit in die Stichwahl gegen Lionel Jospin (23,5% der Stimmen im ersten Wahlgang) einziehen (vgl. Tabelle 9 in Teil III, Kap. 1). Ein wesentlicher Vorteil Chiracs, so schreiben Chevallier et al, sei dabei gewesen, dass er quasi zur Inneneinrichtung der V. Republik gehörte; im Vergleich dazu war Balladur den Franzosen zu wenig bekannt. Der Weg zur Macht sei in der V. Republik wesentlich länger als beispielsweise in den USA, in Großbritannien oder Deutschland, weil die Franzosen nur solche Männer zum Staatspräsidenten wählen, deren Stärken und Schwächen sie gut kennen. Damit wollten sie sich gegen Überraschungen – auch gute – schützen (Chevallier et al. 2002: 421).

Für die zweite Kohabitation hatte all dies allerdings keine Auswirkungen mehr, sie ging als konsensuell in die Annalen des V. Republik ein. Mitterrand als der Staatspräsident, der erstmals und gleich zweifach mit dem Phänomen der Kohabitation konfrontiert war, hat letztlich die Tatsache anerkannt, dass in einer solchen Konstellation der Premierminister der starke Mann der Exekutive wird, wohingegen der Präsident sich mit einer deutlich reduzierten Rolle zufrieden geben muss. Dies bekannte er offen in einer Pressekonferenz vom 6.1.1995, die als "adieux à la France" inszeniert war: Er sei nicht 14, sondern lediglich 10 Jahre lang an der Macht gewesen (Benamou 1997: 110).

3. Die Europapolitik Mitterrands 1981-1989

Während Mitterrands doppelter Präsidentschaft hat sich das europapolitische Engagement Frankreichs im Vergleich zu den Jahrzehnten zuvor deutlich vertieft. Vom schwierigen, oft bremsenden Partner ist Frankreich unter Mitterrands Führung zu einem sehr aktiven und verlässlichen EG- bzw. EU-

---

ebenfalls unappetitlicher Finan-zierungspraktiken der PS in den Monaten zuvor unter den Attacken der RPR zu leiden gehabt hatte, nutzte die Chance zur Rache und befasste die oberste Justizbehörde (Conseil supérieur de la magistrature) mit dem Fall, was Balladur deutlich schadete. Es sind übrigens diese Skandale, die 2004 zur Verurteilung von Alain Juppé führten.

Mitglied geworden, das vor allem in Zusammenarbeit mit der Bundesrepublik Deutschland der europäischen Integration immer wieder neue Impulse verlieh. "Unter der Präsidentschaft François Mitterrands und weitestgehend dank ihm konnte sich in Frankreich langsam ein Konsens über die europäischen Werte und über die Idee herausbilden, dass für unser Land keine Alternative zur Einigung Europas besteht [...] Nur Frankreich – davon war sein Präsident überzeugt – konnte eine Führungsrolle im politischen und sicherheitspolitischen Bereich ausüben. Indem er die bilaterale Beziehung zu Deutschland, die den Anker und Ausgangspunkt seiner gesamten Außenpolitik darstellte, weiter ausbaute, hat François Mitterrand zumindest während seines ersten Septennats wesentliches zum Ausbau der europäischen Integration beigetragen" urteilt Dominique Moisi nach dem Ableben der vierten Staatspräsidenten der V. Republik (Moisi 1995/96: 851).

3.1 Vom Saulus zum Paulus – Mitterrands europapolitische Bekehrung 1983

Mitterrands politische Nachkriegsbiographie ist Garantin seiner europapolitischen Grundüberzeugungen: Als Teilnehmer an der Haager Konferenz von 1948, als "enfant chéri" der europafreundlichen IV. Republik, als Politiker, der in mehreren der kurzlebigen Regierungen jener Republik in hohen Ämtern Verwendung fand, war er von Anfang an ein überzeugter Befürworter der europäischen Einigung. "Robert Schuman, zu dessen Regierung er gehörte, prägte sein europapolitisches Bild" (Guérin-Sendelbach 1993: 21). Er hatte sowohl die EGKS- als auch die Römischen Verträge mitgetragen – den EVG-Vertrag allerdings, der selbst in der Regierung Mendès France umstritten war (Grosser 1989: 133), lehnte er ab[23]. Schließlich hat erst Mitterrand die "Synthese zwischen der Linken und Europa" bewerkstelligt (Cohen-Tanugi 1995/96: 858). Allerdings blieb die französische Linke auch danach noch von einem gewissen Widerspruch zwischen nationalem Unabhängigkeitsstreben und Integrationsneigung geprägt (Rémond 1982: 37/38).

---

23 Der EVG-Vertrag selbst wurde am 30.8.1954 gar nicht zur Abstimmung gestellt, da zuvor die Mehrheit der Abgeordneten einem Antrag auf Nichtbehandlung zugestimmt hatten (319 gegen 264). Mitterrand jedoch hatte nicht zuletzt wegen seines Verhaltens in Sache EVG den Ruf, oft mit doppelter Zunge zu sprechen. „De la méfiance, François Mitterrand en inspirera beaucoup autour le lui" (Mitterrand hat vielen Mißtrauen eingeflößt), bemerkt Nay (1984: 241). Sie beschreibt im Detail, wie Mitterrand öffentlich zwar die EVG verteidigte, de facto aber wie die Gegner des Projektes Debré, Chaban-Delmas etc. dachte. Als der Antrag auf Nichtbehandlung angenommen wurde, war Mitterrand zufrieden; die EVG dürfe nicht den Sturz einer Regierung provozieren, die noch soviel zu tun habe (Nay 1984: 245).

Angesichts dieser seiner prinzipiell und grundlegend europafreundlichen Haltung muss daher erstaunen, warum Mitterrands Europapolitik in den ersten Jahren nach seinem Amtsantritt so wenig greifbar, so schlecht lesbar, so folgenlos blieb, warum seine wahre Hinwendung zu Europa allenthalben erst auf das Jahr 1983 datiert wird. In der Tat hat François Mitterrand, der 1988 – gemeinsam mit Helmut Kohl - mit dem Internationalen Aachener Karlspreis für seine Verdienste um Europa ausgezeichnet wurde, sich erst im Laufe seiner ersten Amtszeit zu dem großen Europäer entwickelt, als der er in die Geschichtsbücher eingegangen ist. Daher ist Mitterrands europapolitische Zurückhaltung, ja Abwesenheit in der Zeit von 1981 bis 1983 erklärungsbedürftig.

Es lassen sich drei wesentliche Gründe für dieses Phänomen finden. Erstens wirkte sich der Anspruch der 1981 ins Amt gekommenen Regierung aus, alle parteipolitischen Komponenten der neuen präsidentiellen Mehrheit einzubinden. Dies bedeutete, dass den Vorbehalten des linken Rands der PS und der Kommunisten der arkt- bzw. neoliberalen EG gegenüber Rechnung getragen werden musste. Zwar war Mitterrand und sein Premierminister Mauroy in der Nationalversammlung nicht auf die Stimmen der Kommunisten angewiesen, da die PS gemeinsam mit den Sozialdemokraten des MRG (Mouvement des Radicaux de gauche) über die absolute Mehrheit der Parlamentssitze verfügte; an der Wahl Mitterrands zum Staatspräsidenten jedoch hatten die Kommunisten gleichwohl einen Anteil, hatte PCF-Chef Georges Marchais vor der Stichwahl gegen d'Estaing seine Anhänger doch aufgerufen, für Mitterrand zu stimmen. Um seine ehrgeizige, auf die Innenpolitik konzentrierte Reformagenda möglichst breit abzufedern und um die Einheit der Linken – trotz des Bruchs des "programme commun" 1977 – zu demonstrieren, wurden vier Kommunisten in die Regierung berufen. Zwar spiegelt die Koalititonsvereinbarung die Dominanz der PS wieder, dennoch musste auf PCF-Positionen Rücksicht genommen werden; und die Kommunisten waren dezidierte Europa-Skeptiker, wie sich schon bei den Verhandlungen zum "programme commun" gezeigt hatte, als die Sozialisten hier deutliche Abstriche an ihrer Europaprogrammatik vornehmen mussten. Im gesamten Westen wurde die kommunistische Regierungsbeteiligung als Linksrutsch Mitterrands gewertet, wie insbesondere besorgte Kommentare aus dem US-State-Department verrieten (Grosser 1989: 362).

Zweitens versuchte der neue Staatspräsident, sich von der Europapolitik seines Vorgängers Giscard d'Estaing abzugrenzen, der die deutsch-französischen Beziehungen ins Zentrum seiner Europolitik gestellt hatte. Hierzu wollte François Mitterrand auf Distanz gehen. Weil Helmut Schmidt der privilegierte Partner d'Estaings gewesen war und weil der deutsche Kanzler Mitterrands Nähe zu den Kommunisten in Rahmen des "Programme commun" mehrfach kritisiert hatte, muss davon ausgegangen werden, dass zwischen beiden Politikern auch eine persönliche Distanz bzw. gegenseitiges Misstrauen herrschte. "Eine gewisse Zurückhaltung gegenüber einem deutsch-französischen Sonderbündnis prägte [...] Mitterrands Deutschlandbild" (Guérin-Sendelbach 1993: 21). Jedenfalls erklärte Mitterrands Außenminister Claude Cheysson im Mai 1981: "Il n'y aura pas d'axe Paris-Bonn" (Es wird keine Achse Paris-Bonn geben). Dementsprechend suchte Mitterrand zunächst, die bilateralen Beziehungen insbesondere zu Großbritannien und Italien auszubauen.

Drittens schließlich galten die politischen Prioritäten der neuen Regierungsmannschaft eindeutig der Innen-, Sozial- und Wirtschaftspolitik. Auf diese Politikfelder konzentrierten sich die Erwartungen der sozialistischen und kommunistischen Wählerschaft, hier hatte das sozialistische Wahlprogramm, die "110 propositions pour la France", substantielle Reformen versprochen. Diese Agenda ging die Regierung umgehend an. Von bleibender Bedeutung hat sich die bereits 1982 in Angriff genommene Dezentralisierungsreform erwiesen, die bald zur "grande affaire" des ersten Septennats Mitterrands erklärt wurde. Auch die Stärkung der Arbeitnehmerrechte im Rahmen der Auroux-Gesetze zählte zum Kern der Reformagenda. Demgegenüber sind die massiven Verstaatlichungen, die nach 1981 vorgenommen wurden, ab 1986 wieder weitestgehend rückgängig gemacht worden (zur französischen Innen-, Sozial- und Wirtschaftspolitik der ersten Mitterrand-Jahre vgl. Becker 1985).

In ihrem Zusammenwirken führten diese drei Faktoren zu der angesprochenen anfänglichen europapolitischen Karenz Mitterrands. Dabei legten die neuen französischen Machthaber bereits am 13. Oktober 1981 ein europapolitisches Memorandum vor. Doch die darin entfalteten Überlegungen und Vorschläge standen in einem derart krassen Widerspruch zur europäischen Orthodoxie jener Zeit, die ganz auf (neoliberaler) Marktschaffung ausgerichtet war, dass sie keine Wirkung entfalten konnten. Ohne für die real existierende EG konkrete Reformvorschläge etwa im institutionellen Bereich zu unterbreiten, regte Mitterrands Europaminister André Chandernagor[24] an, im Rahmen der bestehenden Verträge neue gemeinsame Politikfelder zu eröffnen. Sozialist, der er war, brachte Mitterrand erstmals das Projekt der Schaffung eines europäischen Sozialraums ein, das er hartnäckig über all die Jahre bis zu den Maastrichter Verträgen verfechten wird. Weiterhin versuchte Mitterrand, die

---

24 Mit der Berufung eines Europaministers knüpfte Mitterrand als erster Präsident der V. Republik an die Tradition der Vorgängerrepublik wieder an, die auch Europaminister gekannt hatte. Chandernagor war alledings nur „ministre délégué", also Staatssekretär im Außenministerium. Mit dieser Ernennung wollte Mitterrand eine Dynamisierung der französischen Europapolitik anstoßen (Kessler 1999: 198).

EG zu einer gemeinsamen Energie-, Technologie- und Industriepolitik anzuregen. All diese Vorschläge liefen mithin auf eine Mischung aus eindeutig sozialistischen und aus klassisch französischen Projekten hinaus (Moreau Defarges 1985: 359). Außerdem wurde eine stärkere Hinwendung der EG zur Dritten Welt, insbesondere zu den Staaten Mittelamerikas, vorgeschlagen.

Das Memorandum orientierte sich spürbar an Mitterrands früherem Diktum: "L'europe sera socialiste ou elle ne sera pas" (Europa wird sozialistisch sein oder es wird überhaupt nicht sein). Mitterrand vertrat damals "eine fast mystische Vision Europas, eines sozialistischen Europas als Gegenstück zum Kapitalismus der Multinationalen" (Guérin-Sendelbach 1993: 37). Mitterrands "tiersmondisme", sein ausgeprägtes Engagement für die Länder der Dritten Welt also, wurde vom seinerzeitigen Außenminister Claude Cheysson angetrieben, der für seinen entwicklungspolitischen Idealismus bekannt war. Doch angesichts der deutlich divergierenden, ja konträren politischen Ausrichtung der wichtigsten EG-Partnerstaaten – in Großbritannien regierte die stramm konservative, europaskeptische Margaret Thatcher, in der Bundesrepublik neigte sich die sozialliberale Koalition ihrem Ende zu – stieß das französische Memorandum mit seinem sozialistischen und kapitalismuskritischen Impetus auf wenig Gehör, geschweige denn Gegenliebe. In der EG recht isoliert, verzichteten die neuen französischen Machthaber daher zunächst auf weitere europapolitische Initiativen – allerdings, so ist der Fairness halber hinzuzufügen, standen in der damals von einer Art Sklerose befallenen EG auch keine großen Reformen bzw. Kompetenzausweitungen zur Debatte.

Ist dieses Europa – so muss mit Blick auf die Anfänge der französischen sozialistischen Ära mit Henri Ménudier gefragt werden – "das so mühsam geschaffen werden muß, überhaupt das Europa der Sozialisten?" (Ménudier 1984: 350). In der Tat artikulierte Staatsminister Chandernagor immer wieder Kritik am "Wirtschaftsliberalismus" der Gemeinschaft, "der allzu oft von den meisten der in den Mitgliedstaaten amtierenden Regierungen zum Dogma erhoben wird, zu einem Dogma, das übrigens meistens nur als Schirm für kurzfristige nationale Interessen dient". Chandernagor sah die Gefahr, dass die Gemeinschaft "zu einer einfachen Freihandelszone ohne Grenzen, ohne gemeinsame Politiken degradiert" werde und dass Europa seinen Zusammenhalt und seine Identität verliere (zitiert nach Ménudier 1984: 350/351).

Bald zeigte sich jedoch, dass die sozial- und wirtschaftspolitischen innenpolitischen Reformmaßnahmen der sozialistischen Regierung in ein haushaltspolitisches Desaster führten. Die keynesianisch inspirierten Maßnahmen zur Konjunkturbelebung zogen hohe Importe und eine gewaltige Kapitalflucht nach sich, so dass der innere Aufschwung ausblieb. Das Scheitern dieses "französischen Experiments" wurde durch zwei Franc-Abwertungen und den Übergang zu einem rigorosen Sparkurs, der "politique de riguer", am

23.6.1983 besiegelt. Zuvor war es jedoch zu dramatischen Debatten über den künftigen wirtschafts- und währungspolitischen Kurs der Regierung gekommen. Die einen – wie Jean-Pierre Chevènement, die späteren Premierminister Laurent Fabius und Pierre Bérégovoy, sowie der Kommunist Charles Fitermann – wollten am bisherigen, deutlich linksorientierten Kurs festhalten und plädierten für den Austritt Frankreichs aus dem Europäisches Währungssystem (EWS) und damit für eine Abkehr von der bisherigen französischen Integrationspolitik. Die anderen – wie Premierminister Pierre Mauroy und die Minister Jacques Delors und Michel Rocard – traten für einen Verbleib im EWS sowie eine stärkere Hinwendung zu den angebotsseitigen, neoliberalen Wirtschaftspolitiken der anderen Mitgliedstaaten, d.h. für die Abkehr vom bisherigen nachfrageseitigen Wirtschaftskurs ein. Anfänglich, so scheint es, neigte Präsident Mitterrand dem ersten Lager zu; doch letztlich setzte sich das gemäßigte, sozialdemokratisch orientierte Lager durch. Im Ergebnis stimmte Mitterrand einer dritten Abwertung des Francs, dem Verbleib im EWS und mithin der europapolitischen Kontinuität zu. Gleichzeitig wurde die Politik des "starken Franc" und der "désinflation compétitive" eingeleitet, die auf einem festen Wechselkurs zur DM beruhte (Guérot 1997: 226); damit wurden die Leitlinien der deutschen Geldpolitik und das Credo der Bundesbank zumindest ansatzweise übernommen. Hätte Mitterrand sich anders entschieden, hätte dies bedeutet, dass Frankreich sich aus der europäischen und damit teilweise auch internationalen Politikgestaltung selbst ausschlösse – undenkbar. Daher optierte Mitterrand für Europa, um als vollwertiges und gleichberechtigtes Mitglied der Gemeinschaft weiterhin Einfluß ausüben zu können. Mitterrand war sich bewusst, dass die wirtschaftspolitischen Restriktionen, die er mit dieser Option zugunsten des EWS einging, "ihn noch teuer zu stehen kommen würden" (Joffrin 1992: 145).

Der März 1983 muss daher als das entscheidende Datum der europapolitischen Neuausrichtung Mitterrands gelten. "Vom Saulus zum Paulus" kommentierte damals die FAZ den jähen europapolitischen Wandel Mitterrands. Picht bezeichnet die wirtschaftspolitische Wende des Jahres 1983 als "Abschied vom Sozialismus ‚à la française' und irreversible wirtschaftliche Einbindung in den europäischen, also vor allem deutsch-französischen Verbund". Dies sei die "historisch wohl folgenreichste Entscheidung der Ära Mitterrand" gewesen (Picht 1991: 19). Von nun an wird die Europapolitik einen ganz herausgehobenen, zentralen Stellenwert in Mitterrands politischem Handeln einnehmen. Das war verständlich und konsequent: Denn Frankreichs Staatspräsident hatte die sehr engen wirtschafts-, finanz- und währungspolitischen Handlungsspielräume erfahren müssen, die dem einzelnen Nationalstaat in der zwischenzeitlich hochgradig verflochtenen europäischen Wirtschaft gesetzt waren. Mitterrand zog daraus die Konsequenz, akzeptierte – wenn auch nie kritiklos – die wirtschaftsliberale, monetaristische Ausrichtung Europas (Cohen-Tanugi 1995/96: 858) und suchte fortan die europäische Politik so weit und aktiv wie möglich mitzugestalten, um die eigenen Prioritäten und Konzepte wirksam vertreten zu können.

3.2 Die Relance der französischen Europapolitik

Während der französischen Ratspräsidentschaft im ersten Halbjahr 1984 "erwirbt sich François Mitterrand das Image eines großen Europäers. So hat sich die Intensität der französischen Beteiligung am europäischen Projekt im Zeitraum 1981-1985 sehr tiefgreifend gewandelt", urteilt Moreau Defarge (1995: 359). Das neue Engagement Mitterrands trat erstmals anlässlich seiner vielbeachteten Rede vor dem Europäischen Parlament (EP) am 24.5.1984 in Straßburg deutlich zu Tage; hier plädierte Mitterrand für einen "neuen Vertrag, der die alten Verträge selbstredend nicht ersetzen und verdrängen würde, der sie aber um solche Politikbereiche erweitern könnte, die ihnen heute noch nicht zugänglich sind [...] Wir müssen unseren Blick über die Grenzen des Gemeinsamen Marktes hinaus richten".

Mitterrand plädierte folglich für eine Ausweitung der Zuständigkeiten der EG. Wie schon sein Europaminister Roland Dumas[25] in einer europapolitischen Grundsatzrede vom 20.2.1984 hatte anklingen lassen (abgedruckt in Becker 1985: 245/246) schlug Frankreich die Initiierung einer gemeinsamen Forschungs-, Entwicklungs- und Technologiepolitik, einer gemeinsamen Außen- und Sicherheitspolitik sowie die Schaffung eines "Europäischen Sozialraums" vor. Damit griff Mitterrand Teile des EG-Memorandums von 1981 wieder auf, die er in den nun anstehenden Reformprozess der EG einbrachte. Die Verhandlungen zur ersten großen Vertragsreform, die im Dezember 1985 zur Verabschiedung der Einheitlichen Europäischen Akte (EEA) führten, wurden von Frankreich sehr aktiv mitgestaltet; nach der wirtschafts- und währungspolitischen Wende des Jahres 1983 vermochte es Mitterrand folglich, sein europapolitisches Engagement an geeigneter Stelle und mit den geeigneten Mitteln einzubringen. Dies alles signalisierte, dass nun auch das sozialistische Frankreich auf den traditionellen französischen Gestaltungsanspruch innerhalb der EG pochte, jedoch in einem integrationsgeneigteren Sinne als das gaullistisch-konservative Frankreich der Jahre zuvor.

---

25 Im Dezember 1983 hatte Roland Dumas, ein engster Vertrauter des Staatspräsidenten, den Staatsminister für europäische Angelegenheiten im Außenministerium, André Chandernagor, abgelöst. Dumas wurde zum vollwertigen Minister (ministre en plein exercice) ernannt, ein Zeichen dafür, dass man sich intensiv auf die bevorstehende französische Ratspräsidentschaft vorbereitete.

Tabelle 5: Ergebnisse der französischen Europawahlen 1984

	Stimmenanzahl	Stimmen in %	Sitze	Sitze in %
RPR-UDF	8 683 596	43,02	41	50,62
PS	4 188 875	20,75	20	24,69
PCF	2 261 312	11,20	10	12,35
FN	2 210 334	10,95	10	12,34
Les verts	680 080	3,36	0	0
Alliance écologiste radical	670 474	3,32	0	0
Lutte Ouvrière	417 702	2,06	0	0
Europe succès	382 404	1,89	0	0
PCI	182 320	0,90	0	0
PSU-CDU	146 238	0,72	0	0
UTILE	138 220	0,68	0	0
Initiative 84	123 642	0,61	0	0
Liste pour les Etats Unis d'Europe	78 234	0,38	0	0

Erfolgreiche Listen
RPR -UDF: Gemeinsame Liste des Rassemblement pour la République und der Union pour la Démocratie Française
PS : Parti Socialiste
PCF : Parti Communiste Français
FN: Front National

3.2.1 Mitterrands Rückkehr zu privilegierten deutsch-französischen Beziehungen

Mitterrands europapolitische Neubesinnung war bezeichnender- und notwendigerweise mit einer Rückkehr zu privilegierten deutsch-französischen Beziehungen verknüpft. Denn spätestens seitdem das Tandem Giscard d'Estaing/Schmidt der europäischen Integration neue Impulse verliehen hatte, war für jeden offensichtlich, dass europäische Fortschritte auf den deutsch-französischen Motor angewiesen waren – wer sonst hätte der Gemeinschaft die nötige Dynamik und Ambition verleihen können – das damals instabile und von der "partitocrazia" geprägte Italien etwa oder gar das unter Thatcher besonders europaskeptische Großbritannien? Mitterrand war keineswegs antideutsch eingestellt. Sein europapolitisches Grundverständnis war von Robert Schuman geprägt worden und implizierte somit auch die deutsch-französische Aussöhnung als Voraussetzung für die Einigung Europas. Allerdings hatte Mitterrand gegen den Elysée-Vertrag gestimmt, weil nach seiner Auffassung exklusive deutsch-französischen Beziehungen dem Integrationsprozess abträglich werden könnten. Nach seinem Amtsantritt hielt sich Mitterrand zwar an den dichten Rhythmus der deutsch-französischen Treffen, wie sie im Elysée-Vertrag festgelegt worden waren; er wahrte aber eine gewisse Distanz zur Bundesrepublik, was – wie schon angedeutet – sich zumindest teilweise aus seinem leicht angespannten Verhältnis zu Helmut Schmidt erklärt. Außerdem hatte der deutsche Kanzler 1981 deutlich zu verstehen gegeben, dass er auf die Wiederwahl Giscards setzte. Aus all diesen Gründen lehnte Mitterrand anfangs eine privilegierte Beziehung zur Bundesrepublik ab (Guérin-Sendelbach 1993: 21/22).

3.2.1.1 In Ermangelung des französischen Partners: die Genscher-Colombo-Initiative

Die vorübergehende Isolation Frankreichs in Europa und die Distanzierung im deutsch-französischen Verhältnis hatte sich Anfang der 80er Jahre insofern bemerkbar gemacht, als die Bundesrepublik – in Ermangelung des traditionellen linksrheinischen Partners – sich an Italien wandte, um angesichts der seit den Ölkrisen und damit einhergehender Wirtschaftskrise virulenten Eurosklerose der EG neue Perspektiven zu eröffnen. Der seit Oktober 1982 amtierende deutsche Bundeskanzler Kohl wollte "neue Wege zur Einigung Europas" eröffnen. Kohls Ziel war die Schaffung einer Politischen Union, die seit Beginn der Wirtschaftsintegration zwar schon mehrfach angedacht, nie aber verwirklicht werden konnte. Dazu musste – nicht zuletzt auch wegen der inzwischen angestiegenen Mitgliederzahl – die Handlungsfähigkeit der europäischen Institutionen verbessert werden; dies verlangte insbesondere nach der Rückkehr zu den in den Verträgen ursprünglich vorgesehenen, durch den Luxemburger Kompromiss von 1966 aber ausgehebelten Mehrheitsentscheidungen. Auf Kohls Reformagenda stand auch die Stärkung des seit 1979 direkt gewählten, gleichwohl weitgehend machtlosen Europäischen Parlaments. Als Grundlage dieser aus Kohls Sicht notwendigen Weiterentwicklung der Gemeinschaft sollte ein deutsch-italienischer Vorschlag für eine Europäische Akte dienen, die sog. Genscher-Colombo-Initiative (Keßler 2002: 119).

Am 13.10.1981, noch zu Amtszeiten von Kanzler Schmidt, hatte der deutsche Außenminister Hans-Dietrich Genscher zusammen mit seinem italienischen Kollegen Emilio Colombo einen gemeinsamen Plan zur Schaffung der Europäischen Union und zur Stärkung der EPZ vorgelegt. Diese sog. Genscher-Colombo-Initiative enthielt einen regelrechten Vertragsentwurf zur Gründung der Politischen Union. Wichtigstes Ziel der Initiative war, die EG und die seit 1969 außervertraglich praktizierte EPZ unter dem Dach des Europäischen Rates zusammenzuführen und somit die wirtschaftliche Integration um eine politische und außenpolitische Dimension zu ergänzen, um Europa zu einem kohärenten internationalen Akteur zu machen. Daher wurde vorgeschlagen, der EPZ ein ständiges Sekretariat beizufügen – diese Idee war erstmals von Willy Brandt vorgebracht worden –, das die gemeinsame Außenpolitik institutionell verfestigen sollte. Darüber hinaus wollte der Genscher-Colombo-Plan die Entscheidungsfähigkeit des Rats durch vermehrte Mehrheitsentscheide, eine Begründungspflicht des einzelstaatlichen Vetorechts sowie die Möglichkeit der Stimmenthaltung stärken.

Angesichts der erneuten Verschärfung des Ost-West-Konflikts durch den Einmarsch der roten Armee in Afghanistan im Dezember 1979 und die sowjetische Aufrüstung, der der Westen mit dem Nato-Doppelbeschluss begegnete, erachtete Genscher die Forcierung der politischen, sprich außen- und sicherheitspolitischen Einigung Europas für unerlässlich. Da Frankreich unter seiner neuen Führung zunächst für solch eine ambitionierte Initiative ausfiel, hatte er sich an Italien gewandt. Dies musste Frankreich beunruhigen, da damit der traditionelle Anspruch auf europäische Führerschaft, die in der Vergangenheit allenfalls mit der Bundesrepublik geteilt worden war, gefährdet wurde – doch erst nach 1983 nahm Mitterrand diese Herausforderung an.

Die Genscher-Colombo-Initiative floss auf zweierlei Weisen in die weitere Entwicklung der Integrationsgemeinschaft ein. Zum einen wurde sie im sog. Spinelli-Entwurf aufgegriffen und vom Institutionellen Ausschuss des EP in den "Entwurf eines Vertrags zur Gründung der europäischen Union" aus dem Jahre 1984 eingearbeitet, ein Dokument, das zwar nie Realität wurde, aber dennoch die Debatten inhaltlich bereicherte. Zum anderen diente sie als Verhandlungsgrundlage der "Feierlichen Deklaration zur Europäischen Union", die der Europäische Rat von Stuttgart im Juni 1983 abgab. Allerdings wurden erhebliche Abstriche an dem ursprünglichen Genscher-Colombo-Plan vorgenommen. In der "Feierlichen Erklärung" bekannte der Europäische Rat sich zur Stärkung der EPZ mit Blick auf die Schaffung der politischen Union, zur Reformnotwendigkeit des institutionellen Gefüges und zur Beschleunigung der wirtschaftlichen Integration. Außerdem konnte in Stuttgart ein Verhandlungsmandat über die nötigen Reformbedarfe wie beispielsweise in der Agrarpolitik sowie bei den Eigenmitteln beschlossen werden. "Damit war zwar kein Problem gelöst, aber immerhin ein Konsens über die Inhalte der künftigen Verhandlungsmasse erzielt worden". Der Bundesregierung kam dabei der Verdienst zu, "die Rückschritt-Bewegung" jener Jahre gebremst, den Rahmen für die Reformdebatte der folgenden Jahre abgesteckt und Zielvorgaben formuliert zu haben (Keßler 2002: 121 und 122).

Mitterrand, der nur wenige Wochen zuvor in der Europapolitik vom Saulus zum Paulus mutiert war, trug nun diese Wiederbelebungsversuche der EG mit – allerdings nur verhalten; gemeinsam mit Großbritannien, Irland, Dänemark und Griechenland äußerte er zunächst noch Vorbehalte gegen die Einführung des Mehrheitsentscheids.

3.2.1.2 Überwindung der Eurosklerose

Bis zur Einsetzung einer Regierungskonferenz, die konkrete Schritte aus der Eurosklerose weisen und die nötigen Reformbeschlüsse treffen könnte, war aber noch ein weiter Weg. Auf Frankreich als der im ersten Halbjahr 1984 amtierenden Ratspräsidentschaft kam die Aufgabe zu, einige lästige und schwierige Dossiers im Bereich der Gemeinsamen Agrarpolitik, des Strukturfonds, der EG-Eigenmittel etc. zu klären. Insbesondere stand die Lösung des britischen Beitragsproblems an. Wie erinnerlich erwarb sich Margaret Thatcher ihren Beinamen "Eiserne Lady" vor allem dadurch, dass sie mit großer Hartnäckigkeit für eine spürbare Senkung des britischen EG-Beitrags kämpfte[26]. Dieser Streit hatte die EG über Jahre hinweg nahezu handlungsunfähig gemacht und jeglichen Integrationsfortschritt verhindert. Es ist ohne jeden Zweifel der europapolitischen Neuausrichtung Mitterrands und seiner damit verknüpften Hinwendung zu Deutschland zu verdanken, dass dieser jahrelange Zankapfel der EG aus dem Weg geräumt werden konnte. 1984 muss als das Jahr gelten, da Mitterrand sich für eine enge deutsch-französische Kooperation um europäischer Fortschritte willen zu bemühen begann. Wie schon erwähnt, nutzte Mitterrand die französische Ratspräsidentschaft im ersten Halbjahr 1984, um seine neuen europapolitischen Ambitionen klarzumachen und die Rückkehr zu privilegierten deutsch-französischen Beziehungen zu zelebrieren.

In der Tat war es Mitterrand und dem seit Oktober 1982 amtierenden Bundeskanzler Helmut Kohl gelungen, eine äußerst enge und vertrauensvolle, an Freundschaftlichkeit dem Verhältnis Schmidt/ Giscard in Nichts nachstehende Beziehung aufzubauen. Die Grundalgen für die Freundschaft zwischen diesen beiden von politischer Herkunft, Temperament und Stil so gegensätzlichen Staatsmännern war bereits anlässlich der Feiern zum 20. Jah-

---

26 Thatchers „I want my money back" war deshalb berechtigt, weil Großbritannien nur über geringe landwirtschaftliche Produktionskapazitäten verfügt, der Rückfluss der EG-Gelder an die Mitgliedstaaten aber weitestgehend – damals in noch viel stärkerem Maße als heute – über Agrarsubventionen erfolgte.

restag des Elysée-Vertrages gelegt worden, den man im Januar 1983 mit Glanz begangen hatte und die von informellen Treffen zwischen Mitterrand und Kohl sowie von zwei deutsch-französischen Gipfeltreffen begleitet wurden. In der Folgezeit avancierten beide Staatsmänner zum deutsch-französischen Tandem, zum "couple franco-allemand" schlechthin. Kein anderes Bild kann diese Nähe zwischen Mitterrand und Kohl besser symbolisieren als jenes vom 22.9.1984, als sie Hand in Hand in Verdun der französischen und der deutschen Gefallenen des Ersten Weltkriegs gedachten. Hubert Védrine erinnert auch an die Tränen, die Helmut Kohl bei der Totenmesse vom 11.1.1996 in Notre Dame für seinen verstorbenen Freund vergoss (Védrine 2003: 67).

Auf der Grundlage dieser neu geknüpften, vertieften freundschaftlichen Bande zwischen Frankreich und Deutschland werden Mitterrand und Kohl in Zukunft mehrfach den Weg für den schwierigen innergemeinschaftlichen Ausgleich ebnen. Die faktisch bestehenden zahlreichen Interessensdivergenzen konnten sie dadurch überbrücken, dass sie Verhandlungspakete schnürten, die es erlaubten, gemeinsam europäische Fortschritte zu erzielen. (Guérin-Sendelbach 1993: 14/15). Denn "die deutsch-französischen Interessenspositionen sind in vielen Sachpolitiken [...] häufig mit den Eckpolen des europäischen Interessenspektrums identisch. Der Ausgleich ihrer Gegensätze ist somit gleichzeitig eine stellvertretende Konfliktbereinigung für die gesamte Gesellschaft" (Kohler-Koch 1998: 301). Weil Mitterrand und Kohl bei ihren Absprachen ganz gezielt diese "clearing-Funktion" für die Gemeinschaft akzeptierten, konnten sie gemeinsam die europäische Integration in noch nie dagewesenem Ausmaß vorantreiben.

Diese neue deutsch-französische Nähe schlug sich auch in Mitterrands Europapolitik nieder. In seiner bereits erwähnten Grundsatzrede vor dem EP am 24.5.1984 bekannte sich der französische Staatspräsident nun überraschenderweise zur Stuttgarter Erklärung und zum Spinelli-Entwurf, den die französischen sozialistischen EP-Abgeordneten nur wenige Monate zuvor noch abgelehnt hatten (Ménudier 1985: 353). Mitterrands Vorschläge zu den institutionellen Reformen der EG lassen erkennen, dass er jetzt eine weitgehende Einschränkung des Vetorechts der Mitgliedstaaten im Ministerrat befürwortete und die außenpolitische Zusammenarbeit des Europäischen Rats im Rahmen der EPZ durch die Einrichtung eines ständigen Sekretariats befürwortete; ein Jahr zuvor, während des Stuttgarter Gipfels, hatte er dies noch abgelehnt. Von einer Aufwertung des Europäischen Parlaments wie sie insbesondere von der BRD gewünscht wurde, distanzierte er sich aber weitgehend. Schließlich brachte er auch das Konzept eines Europas der "géométrie variable", bzw. eines Europas der verschiedenen Geschwindigkeiten – "à plusieures vitesses" – zur Sprache, das eine Antwort auf die Herausforderungen mangelnder Integrationsbereitschaft einiger oder mangelnder Integrationsfähigkeit anderer sein könnte.

Tatsächlich konnte nun unter französischer Ratspräsidentschaft in Fontainebleau im Juni 1984 u.a. das leidige britische Beitragsproblem gelöst werden. Zum Abschluss der französischen Ratspräsidentschaft erklärte Mitterrand: "Im Kreise der EG gibt es keine Streitigkeiten mehr. Neue werden entstehen: so ist das Leben. Aber von den mir seit 1981 bekannten Streitigkeiten, die ich angetroffen habe oder die seither aufgekommen sind, besteht keine einzige mehr. 1984 kann Europa nunmehr zu neuen Horizonten in der Welt aufbrechen" (zitiert nach Ménudier 1985: 354). Doch waren äußerst intensive, zum Teil auch geheime Absprachen zwischen Bonn und Paris die Vorbedingung für diesen Erfolg. Dies erkannte François Mitterrand explizit an: der Durchbruch von Fontainebleau sei v.a. aufgrund "der soliden deutsch-französischen Verständigung" ermöglicht worden (Favier/Martin-Roland 1988: 207). In Fontainebleau sind Mitterrand und Kohl eine "alliance opérationelle" eingegangen, die sich im Lauf der Jahre sehr häufig zu Gunsten Europas auswirkte (Vedrine 2003: 68).

Innenpolitisch hatte sich die Lage inzwischen derart zugespitzt, dass Mitterrand einen europapolitischen Erfolg dringend brauchte. Der Plan zur Reform der Privatschulen hatte zu Massendemonstrationen im ganzen Land geführt, bei den Europawahlen im Juni 1984 mussten Sozialisten und Kommunisten eine schwere Niederlage hinnehmen[27] und die Popularitätswerte von Präsident und Premier fielen auf ein bisher in der V. Republik unbekanntes Niveau ab. In dieser prekären Lage berief Mitterrand im Juli 1984 Laurent Fabius zum Premierminister. Die vier kommunistischen Minister verließen die Regierung, so dass Mitterrand nun in mancherlei Hinsicht freiere Hand hatte.

3.2.2 Sicherheitspolitische Erwägungen

Die Rückkehr zu privilegierten deutsch-französischen Beziehungen entsprach ohne jeden Zweifel den übergeordneten außen- und sicherheitspolitischen Interessen Frankreichs. Deshalb war Mitterrand auf gute Beziehungen zu und Einfluss auf Bonn angewiesen. Denn angesichts der massiven bundesrepublikanischen Friedensbewegung, die als Folge des Nato-Doppelbeschlusses Anfang der 80er Jahre entstand, fürchtete Paris, dass dieser virulente west-

---

27 Die Sozialisten erreichten nur 20,7% der Stimmen (nach 23,5% in 1979), die Kommunisten fielen von 20,5% der Stimmen 1979 auf nunmehr lediglich 11,2% zurück. Damit lagen sie nur geringfügig über der rechtsextremen Front National, die auf 10,9% und 10 Mandate im EP kam.

deutsche Pazifismus die Bundesrepublik in die Neutralität treiben könnte, die für Frankreichs Sicherheit höchst bedenklich wäre. Daher reiste er anlässlich des 20. Jahrestages des Elysée-Vertrags nach Bonn und plädierte am 20.1.1983 vor dem deutschen Bundestag vehement für den Nachrüstungsteil des Doppelbeschlusses, d.h. für die Stationierung von Cruise Missiles und Pershing II-Raketen auf westdeutschem Boden (Die Rede ist abgedruckt in Kimmel/Jardin 2002: 432-436). Er warnte die BRD auch explizit vor den Gefahren einer Abkoppelung von den USA, neben "neutral-pazifistischen" meinte er auch antiamerikanische Tendenzen in Deutschland erkennen zu können (Guérin-Sendelbach 1993: 88). "Mit seiner famosen Formel ‚Les pacifistes sont à l'Ouest mais les missiles sont à l'Est' (die Pazifisten sind im Westen, aber die Raketen sind im Osten) erwies er Helmut Kohl einen großen Dienst und ermutigte gleichzeitig die Europäer, sich nicht einschüchtern zu lassen" (Toulemon 1999: 575).

In der Tat stützte Mitterrand mit seiner Rede die Position Helmut Kohls, der sich bei seinem Amtsantritt gegen massivsten Widerstand in SPD und Teilen der Bevölkerung zur Durchsetzung der Nachrüstung verpflichtet hatte. Anders als sein Vorgänger Giscard d'Estaing, der wegen Rücksichten auf Moskau in dieser Frage immer recht zurückhaltend gewesen war, bekannte sich Mitterrand mithin eindeutig zum Nato-Doppelbeschluß und erkannte grundsätzlich die Bedeutung der Allianz für Europas Verteidigung an. Gleichzeitig plädierte er für ein sicherheitspolitisches Bündnis im Bündnis, trat also für eine stärkere deutsch-französische Zusammenarbeit in der Sicherheitspolitik ein. Nachdem bereits mit Kanzler Schmidt anlässlich des binationalen Gipfels vom Februar 1982 eine Aktivierung jener Passagen des Elysée-Vertrags zur Entwicklung einer gemeinsamen Verteidigungspolitik, die seit der Enttäuschung de Gaulles über die Präambel des Deutschen Bundestags ungenutzt geblieben waren, eingeleitet worden war, trieben Mitterrand und Kohl ab Oktober 1982 deren Institutionalisierung weiter voran. Diese wurde allerdings dann erst Anfang 1988 vollendet, als zur Zelebrierung des 25. Jahrestages des Elysée-Vertrags der 1982 geschaffene Ausschuss für Sicherheits- und Verteidigungsfragen in den Rat für Verteidigung und Sicherheit überführt und die deutsch-französische Brigade aufgestellt wurde (Guérin-Sendelbach 1993: 90; Kimmel/Jardin 2002: 238-247; 279-281). Mit diesen Schritten wurde eine neue Ära der sicherheitspolitischen Zusammenarbeit eröffnet, die alsbald zum Eurokorps und weiteren multinationalen Verbänden führte. Deutschland war die Bereitschaft zum Bündnis im Bündnis dadurch erleichtert worden, dass Mitterrand ihm 1987 versichert hatte, die französischen Atomwaffen niemals auf deutschem Boden einzusetzen (Védrine 2003: 71).

3.3 Frankreichs Positionen für die EEA

Nachdem Mitterrands Frankreich neue europapolitische Ambitionen entwickelt und mithin an der Überwindung der Eurosklerose, an Reform der EG und an einer weiteren Vertiefung der Integration Interesse gezeigt hatte, konnte die Einigung Europas wieder vorangetrieben werden, zumal mit der Lösung des britischen Beitragsproblems und der Wiederaufnahme privilegierter deutsch-französischer Beziehungen zwei weitere wichtige Voraussetzungen nun erfüllt waren. So konnte der Europäische Rat Mailand vom 28./29.6.1985 die Einsetzung einer Regierungskonferenz zur Änderung der Römischen Verträge beschließen. Allerdings geschah dies gegen die Stimmen Großbritanniens, Dänemarks und Griechenlands, die nicht bereit waren, über den bisherigen Integrationsstand hinauszzugehen. Zu Recht weist Keßler darauf hin, dass diese Kampfabstimmung "eine nicht zu überschätzende Hypothek für die folgenden Verhandlungen zur EEA" bedeuteten (Keßler 2002: 125), sollten die überstimmten Staaten doch vielfach als Blockierer auftreten und somit die Fortschritte, die in der EEA erzielt werden konnten, insgesamt deutlich begrenzen.

3.3.1 Einführung des qualifizierten Mehrheitsentscheids

Der wichtigste Fortschritt der EEA war zweifellos die breite Einführung des Mehrheitsprinzips als Entscheidungsregel im Ministerrat. Bereits in dem die institutionellen Reformen der EG vorbereitenden Dooge-Ausschuss war deutlich geworden, dass sich an dieser für die Handlungs- und Funktionsfähigkeit der EG zentralen Frage die Geister schieden. Höchste Brisanz hatte diese Frage zusätzlich dadurch erhalten, dass die EG-Kommission unter ihrem neuen, äußerst dynamischen Präsidenten Jacques Delors[28], früherer Wirtschafts-, Finanz- und Haushaltsminister Mitterrands, am 14.6.1985 ihr berühmtes Weißbuch zur Vollendung des Binnenmarktes vorgelegt hatte. Angesichts der noch immer unzulänglichen Verwirklichung der vier Grundfreiheiten des Gemeinsamen Marktes (freier Personen-, Waren-, Finanz- und Dienstleistungsverkehr) schlug die Kommission vor, nun endlich zum qualifizierten Mehrheits-entscheid im Rat überzugehen. Um ihr Ziel, bis zum 1.1.1993 den Binnenmarkt zu verwirklichen, erreichen zu können, müssten noch rund 300 Rechtsakte harmonisiert werden, was termingerecht nur dann zu bewerkstelligen sei, wenn die Mitgliedstaaten ihr seit dem Luxemburger

---

28 Allein schon die Entsendung seines Superministers Jacques Delors nach Brüssel 1984 – das Amt des Kommissionspräsidenten tritt Delors Anfang 1985 an - muß als Beleg für Mitterrands europapolitische Ambitionen gewertet werden.

Kompromiss von 1966 exzessiv angewandtes Vetorecht aufzugeben und zum qualifizierten Mehrheitsentscheid überzugehen bereit wären.

In dieser zentralen Frage spalteten sich nun die Mitgliedstaaten in zwei Lager: Großbritannien, Griechenland und Dänemark wollten keine institutionellen Veränderungen an der EG vornehmen, sprich den qualifizierten Mehrheitsentscheid nicht einführen. Demgegenüber strebten Deutschland, Italien und die Beneluxländer das Ziel an, durch die Generalisierung des Mehrheitsprinzips sowie durch eine substantielle Aufwertung des EPs der Gemeinschaft zu mehr Handlungsfähigkeit und demokratischer Legitimation zu verhelfen. In der Frage des Mehrheitsentscheids nun "wechselt Frankreich das Lager; Begründerin des 'Europas der Staaten' und des Einstimmigkeitsprinzips, schließt Frankreich sich nun den Verfechtern des Mehrheitsprinzips an" (Moreau Defarges 1985: 371). In dieser für die Handlungsfähigkeit der EG so wichtigen Frage hat sich unter Mitterrand also ein beachtlicher Wandel vollzogen, der sich nur durch Mitterrands neuen europapolitischen Gestaltungswillen erklären läßt, so wie er ihn in seiner Straßburger Rede vom 24.5.1984 artikuliert hatte. Wenn die Integration nicht zuletzt mit Blick auf Absatzmärkte und Arbeitsplätze vertieft werden soll, dann müssen ihr auch die entsprechenden Instrumente und Entscheidungsregeln an die Hand gegeben werden – und dazu gehörte zuvörderst der qualifizierte Mehrheitsentscheid. Dieser konnte also in der EEA zur beschleunigten "Angleichung der Rechts- und Verwaltungsvorschriften der Mitgliedstaaten" (so der Wortlaut des einschlägigen Art. 100a EEA) eingeführt werden, die wohl bedeutsamste Neuerung dieser ersten Vertragsreform. Mit seinem Einlenken hat Mitterrand den hohen Stellenwert betont, den er der Verwirklichung des Binnenmarktes zum 1.1.1993 einräumte.

Doch zeigte sich im Verlauf der langwierigen und äußerst schwierigen Verhandlungen der Regierungskonferenz, dass Frankreich trotz des Positionswechsels in Sache Mehrheitsentscheid keineswegs ins Lager der Supranationalisten übergelaufen war; vielmehr verteidigte es seine traditionell dem Intergouvernementalismus geltende Vorliebe bei anderen Fragen sehr hartnäckig, so bei der vor allem von der BRD angestrebten Aufwertung des EP sowie bei der Stärkung der EPZ.

3.3.2 Stärkung des Europäischen Parlaments

Mit der Bundesrepublik hatten sich auch Italien und die Beneluxländer für eine substantielle Aufwertung des EP eingesetzt. Dem EP waren seit den Römischen Verträgen – trotz Direktwahl ab 1979 – primärrechtlich keine neuen Kompetenzen übertragen worden. Zwar konnte es durch sog. interinstitutionelle Absprachen mit Rat und Kommission seine Position insbesonre im Haushaltsverfahren etwas verbessern, seine legislativen Kompetenzen aber blieben auf rein konsultative, also beratende Befugnisse beschränkt. Dem seinerzeit viel diskutierten Demokratiedefizit in der EG suchten nun einige Mitgliedstaaten vor allem dadurch Abhilfe zu schaffen, dass sie sich für eine Stärkung des EP einsetzten. Dieses Ansinnen ließ sich durch die Einfügung des sog. Verfahrens der Zusammenarbeit in die EEA zumindest ansatzweise erreichen. Die wesentliche Neuerung dieses neuen Beteiligungsverfahrens bestand in der Einführung einer zweiten Lesung im EP, die es erstmals ermöglichte, dass die Abgeordneten an den Positionen des Rats Änderungen durchsetzen konnten, allerdings nur dann, wenn die Kommission die Änderungswünsche des Parlaments mittrug. Somit waren die in der EEA dem EP konzedierten Rechte noch keine echten Entscheidungsrechte, da ihr Gewicht und ihre Durchsetzungskraft weitgehend von der Vormundrolle der Kommission abhängig waren. Im Vergleich zum vorherigen Zustand, als dem EP ausschließlich sog. Konsultativrechte zustanden, stellte das Verfahren der Zusammenarbeit gleichwohl einen substantiellen Fortschritt dar.

Frankreich nun, das traditionell das nationale Parlament als Hort der Volkssouveränität hochhält[29] und dementsprechend auf eine Beschränkung der Kompetenzen des EP besteht, hatte hier durchaus bremsend gewirkt; man wollte verhindern, dass das EP zu einer vollwertigen, die Legitimität des europäischen Politikprozesses verkörpernden Legislative heranwuchs und somit den nationalstaatlichen Parlamenten zur Konkurrenz würde. Außerdem wollte man keinesfalls das Gewicht der einzelstaatlichen Regierungen im Ministerrat durch ein gleichberechtigtes EP zur Disposition stellen. Insofern bestand auch zwischen Mitterrands Ja zum qualifizierten Mehrheitsentscheid und seiner sehr zögerlichen Haltung in der Frage der Parlamentsaufwertung durchaus eine gewisse Logik – zumindest kein offener Widerspruch. Er wollte den europäischen Integrationsprozess beschleunigen und vertiefen; dazu bedurfte es des effizienzsteigernden qualifizierten Mehrheitsentscheids, der durch die Gewichtung der Stimmen das relative Gewicht Frankreichs aber dennoch wahrte. Das EP jedoch sollte weder dem Ministerrat als Vertretung der einzelstaatlichen Regierungen noch den einzelstaatlichen Parlamenten als Verkörperung der nationalen Souveränität den Rang ablaufen. Frankreich unter Mitterrand strebte folglich möglichst viel Integration bei möglichst geringem Souveräntiätsverzicht an.

---

29 Dies kontrastiert auf kuriose Weise mit der vergleichsweise geringen Kompetenzausstattung des Parlaments der V. Republik, die mittels des sog. „rationalisierten Parlamentarismus" die Exzesse der IV. Republik vermeiden wollte (vgl. Müller-Brandeck-Bocquet//Moreau 2000: 70ff).

3.3.3 Kompetenzerweiterungen der EG

Die EEA war in der Tat eine bedeutende Reform der Integrationsgemeinschaft; denn neben dem massiven Einstieg in den qualifizierten Mehrheitsentscheid brachte sie auch einen bedeutenden Kompetenzzuwachs für die EG mit sich. Die Gemeinschaft, die bislang weitestgehend als Wirtschaftsgemeinschaft mit dem Ziel der Binnenmarktverwirklichung aufgetreten war, erhielt nun – parallel zu den Mitgliedstaaten wahrzunehmende – Zuständigkeiten in den Bereichen Sozial-, Forschungs- und Technologie- sowie Umweltpolitik zugewiesen. Dem neuen Vertrag wird auch ein Kapitel über die Zusammenarbeit in der Wirtschafts- und Währungspolitik eingefügt.

Damit reagierten die EG-Mitgliedstaaten auf die Herausforderungen der damaligen Zeit. In der Bundesrepublik erlangte die Umweltpolitik in den 80er Jahren, angetrieben von Anti-Atomprotesten, Waldsterben und verschiedenen umweltrelevanten Großunfällen, einen hohen Stellenwert, so dass sich die Bundesregierung vehement für europäische Kompetenzen einsetzte, die die ökologische Modernisierung nicht nur europaweit beschleunigen, sondern auch mit dem Binnenmarkt kompatibel machen sollten (Müller-Brandeck-Bocquet 1996). Demgegenüber drang Frankreich vorrangig auf sozialpolitische Kompetenzen der Gemeinschaft, um zu verhindern, dass die zunehmende Marktintegration sich zu Lasten der Arbeitnehmer auswirke, etwa indem sie einzelstaatliche Errungenschaften und Schutzmechanismen zur Disposition stellte. Wie erwähnt verfolgte Mitterrand die Zielsetzung der Schaffung einer Sozial-Union bereits seit 1981.

Der konkrete Einstieg in eine gemeinsame Sozialpolitik fiel allerdings sehr bescheiden aus. Ein gemeinsamer, europaweit gültiger Erlass von sozialpolitisch relevanten Vorschriften war nicht einmal angedacht. Hier war Mitterrand viel ehrgeiziger gewesen, konnte sich gegen den Wirtschaftsliberalismus, der v.a. von England und Deutschland verfochten wurde, und den die französischen Sozialisten immer wieder beklagten, aber nicht durchsetzen. Einen zweiten inhaltlichen Schwerpunkt hatte Frankreich auf den Ausbau eines Europas der Industrie und Forschung gelegt. Diese Zielsetzung, die teilweise an die in Frankreich seit de Gaulles Zeiten betriebene staatlich gelenkte Industriepolitik anknüpfte, wurde nicht nur innenpolitisch, sondern auch auf europäischer Ebene konsequent verfolgt. Dies machte Frankreich mit dem 1983 vorgelegten zweiten Europamemorandum "Eine neue Etappe in Europa, ein Gemeinschaftsraum für Industrie und Forschung" deutlich. Nach französischer Analyse musste der sich öffnenden technologischen Lücke zu den USA und v.a. zu Japan mit erweiterten europäischen (ergänzenden) Zuständigkeiten in der Forschungs- und Technologiepolitik begegnet werden. Daher fand Mitterrand im entsprechenden Kompetenzzuwachs der EG durchaus seine eigenen Prioritäten wieder[30].

Auch das Kapitel "Die Zusammenarbeit in der Wirtschafts- und Währungspolitik" entsprach ganz den französischen (und italienischen) Interessen. Das 1979 von Schmidt und Giscard geschaffene Währungssystem EWS hatte die Leitfunktion der DM in dem Raum, der in Frankreich sarkastisch als "Deutschmark-Zone" bezeichnet wurde, bestätigt und weiter gefestigt. Damit entfaltete die Geldpolitik der Bundesbank mit ihrem Fokus auf Geldwertstabilität und Inflationsbekämpfung auch jenseits der bundesdeutschen Grenzen eine große Wirksamkeit. Mitterrand und seine sozialistisch-kommunistische Regierung hatten in den Jahren 1981 bis 1983 dieses "Diktat" der Bundesbank deutlich zu spüren bekommen, als ihre keynesianische "defecitspending" Politik die dreimalige Abwertung des Franc nach sich zog. Die in Art. 102a EEA eingeforderte Zusammenarbeit in der Wirtschafts- und Währungspolitik deckte somit Mitterrands Anliegen, die geldpolitische Vormachtstellung der Bundesbank zu "knacken", im Ansatz durchaus ab; damit war die Absicht verbunden, wieder an die 1969 erstmals beschlossene, in den Währungsturbulenzen der frühen 70er Jahre[31] allerdings untergegangene Zielsetzung der Verwirklichung einer Wirtschafts- und Währungsunion anzuknüpfen. Es ist leicht ersichtlich, dass Mitterrand an einer möglichst weitreichenden gemeinsamen Währungspolitik fundamental interessiert war. Nur auf diese Weise konnte das geldpolitische Quasi-Monopol der Bundesbank in Europa abgeschliffen werden. Und dies war ein französisches Ziel. Denn als Mitterrand sich durch seine Wende 1983 auf eine Politik des "starken Franc" und der "désinflation compétitive" eingelassen hatte, war ihm durchaus bewusst, dass dies nicht nur Frankreichs finanz- und konjunkturpolitischen Handlungsspielraum erheblich einschränkte, sondern auch den Verlust von Arbeitsplätzen und Wachstumschancen bedeuten konnte.

---

30 Auf französische Initiative hin wurde Ende 1984 auch das europäische Technologieprogramm EUREKA lanciert, das die EG-Mitgliedstaaten und einige EFTA-Mitglieder verband. Ziel war vor allem die Entwicklung eines europäischen Großrechners und europäischer Mikroprozessoren. Da es sich hierbei um dual use Technologien handelt, wurde EUREKA immer wieder als Antwort Frankreichs auf die von ihm abgelehnte SDI-Initiative der USA interpretiert. Auf jeden Fall war EUREKA Ausdruck der großen Bedeutung, die Frankreich seit 1981 der Forcierung der europäischen technologischen Zusam-menarbeit im zivilen und militärischen Bereich einräumte und die es gegen viele Widerstände, u.a. aus der Bundesrepublik, hartnäckig verteidigte (Ménudier 1986: 351). Die BRD beispielsweise lehnte die Mitarbeit am Projekt Hermes sowie an Entwicklung und Bau eines Beobachtungssatteliten ab (Le Monde, 1.2.1986).

31 Im Kontext des Vietnam-Kriegs und der damit verbundenen Dollarschwäche hatten die USA 1971 das Goldstandard-System von Bretton Woods (1944) einseitig außer Kraft gesetzt. Die darauffolgenden Währungsturbulenzen führten 1972 zur Einführung der Währungsschlange und 1979 zur Schaffung des EWS.

3.3.4 Fortschritte in der EPZ?

Seit de Gaulle ist es eine Konstante französischer Außen- und Europapolitik, auf eine möglichst eigenständige Außen- und Sicherheitspolitik des alten Kontinents zu bestehen. Diese Position ist mit einer selbstbewussten, deutlichen Abgrenzung zu den USA verbunden, deren Schutz- und Schirmfunktion und damit Vorrangstellung Frankreich nie vorbehalts- und kritiklos akzeptiert hat. Daraus ergaben sich seit Bestehen der EWG bzw. EG wiederholt Konflikte zwischen Frankreich und den stärker atlantisch ausgerichteten Partnerstaaten. So war das Scheitern der beiden Fouchet-Pläne Anfang der 60er Jahre deutlicher Ausdruck dieser Gegensätze. Als auf dem Den Haager Gipfeltreffen vom 2.12.1969 die Grundlagen der Europäischen Politischen Zusammenarbeit EPZ gelegt wurden, nahm man den verteidigungspolitischen Sektor stillschweigend aus. Das Koordinationsinstrument EPZ war ausschließlich den mitgliedstaatlichen Regierungen vorbehalten, es blieb folglich der Mitwirkung von Kommission und Parlament (damals noch: Versammlung) entzogen.

Die 1974 auf Initiative Giscard d'Estaings erfolgte Institutionalisierung des Europäischen Rats, also der Versammlung der Staats- und Regierungschefs, als höchstes Entscheidungsorgan der EG verlieh der gemeinsamen Außenpolitik vermehrtes Gewicht. Dies war das zentrale Anliegen des Vorstosses gewesen, wollte Giscard d'Estaing doch der untergeordneten Rolle Europas in der Welt ein Ende setzen. Wenn die europäischen Staats- und Regierungschefs im Rahmen der EPZ tagten, wurden sie nicht als EG-Organ tätig, sondern als autonome Träger nationalstaatlicher Souveränität, die im Kreis gleichrangiger Kollegen interngouvernementale Zusammenarbeit pflegten. Dies war der Stand in der EPZ, als man sich Mitte der 80er Jahre endlich zu einer grundlegenden Reform der Römischen Verträge bereitfand.

Mitterrand und sein Außenminister vertraten bei der Frage des Ausbaus der EPZ keine klare Position; ihr Ehrgeiz schien eher begrenzt. Dies kontrastiert deutlich mit der französischen Position ab 1990, als Mitterrand angesichts des Endes des Ost-West-Konflikts und der deutschen Einheit zum großen Protagonisten einer gemeinsamen europäischen Außen- und Sicherheitspolitik werden wird. Im Kontext der Regierungskonferenz 1985 jedoch sah er noch keinen dringenden Handlungsbedarf, er setzte wohl noch gänzlich auf Frankreichs autonome außenpolitische Ressourcen, um auf die internationale Politikgestaltung einzuwirken. Seit der Nachrüstungsdebatte Anfang der 80er Jahre allerdings stellte Mitterrand wiederholt die Frage nach einer europäischen Verteidigung und plädierte zugunsten einer Wiederbelebung der WEU. Doch da die Sicherheits- und Verteidigungspolitik in jenen Jahren der noch andauernden Ost-West-Konfrontation kein Thema für die EG war, sondern ausschließlich die Nationalstaaten und ihre Bündnissysteme forderte, versuchte Mitterrand seine übergeordneten Zielvorstellungen im deutsch-französischen Bilateralismus zu verwirklichen (vgl. Kapitel 3.2.2). Dies alles erklärt, warum Mitterrand bei den Verhandlungen zur EEA nur begrenzten Ehrgeiz für eine EPZ-Reform aufbrachte.

Für den Mailänder Gipfel vom 28./29.6.1985 hatten Elysée-Palast und Kanzleramt einen "Vertragsentwurf über die Europäische Union" ausgearbeitet, die den Partnerstaaten äußerst kurzfristig zugeleitet wurde. Doch bestätigte dieser Entwurf die These, dass trotz der Rückkehr zu privilegierten deutsch-französischen Beziehungen im Jahr 1984 "bei näherer Betrachtung (die) bilaterale Dynamik zur politischen Union Europas bis 1989 in engen Grenzen gehalten" wurde (Guérin-Sendelbach 1993: 54). Zwar wollten Frankreich und die Bundesrepublik gemeinsam die Revitalisierung der EG erreichen; doch zahlreiche Dissonanzen[32] führten dazu, dass diese deutsch-französische Initiative sich im Wesentlichen auf die außen- und sicherheitspolitische Zusammenarbeit konzentrierte. Der Vertragsentwurf sprach sich vor allem für eine vertragliche Verankerung der EPZ und die Errichtung des neuen EPZ-Sekretariats aus, das man sich durchaus als politisches Gremium vorzustellen vermochte; hier war ein Positionswechsel Mitterrands zu verzeichnen, der bei der Lancierung der Genscher-Colombo-Initiative eine solche Institution noch abgelehnt hatte. Bei der Frage der Beschlussfassung aber blieben Mitterrand und Kohl vage.

Da die "Blockierer" der EEA, Großbritannien, Irland, Dänemark und Griechenland sich an einem Ausbau der EPZ nicht interessiert zeigten, ließ sich lediglich die verbindliche vertragliche Festschreibung des bereits Praktizierten, eine Erweiterung der Konsultationen auf sicherheitspolitische Fragen sowie die Errichtung des neuen Sekretariats erreichen, das künftig die Präsidentschaft insbesondere bei der Vorbereitung und Durchführung der EPZ unterstützen sollte. Damit war angesichts der halbjährlich wechselnden Ratsvorsitze eine größere Kontinuität gewährleistet – mehr aber nicht. "Die große Diskrepanz zwischen wirtschaftlicher und politischer Integration wurde zudem dadurch bestätigt, dass man EG und EPZ zwar rechtlich verklammerte, es aber bei dem Nebeneinander von supranationaler und intergouvernementaler Methode beließ" (Keßler 2002: 127).

---

32 Keßler erwähnt die Probleme in der Währungszusammenarbeit, divergierende Vorstellungen in der Weltraumpolitik und Reaktionen auf die SDI-Initiative Ronald Reagans sowie der Zwist um die Einführung des Katalysator-Autos, das aus französischer Sicht die deutschen Automobilhersteller mit ihren großzylindrigen Wagen bervorzugen würde etc. (Keßler 2002: 124).

3.3.5 Die EEA – ein "compromis de progrès"

Nach der Verabschiedung der EEA durch den Europäischen Rat in Luxemburg am 2./3.12.1985 war man in Frankreich durchaus bereit, den Stellenwert der neuen Verträge als "wichtigsten Schritt in der Europapolitik seit den Römischen Verträgen" zu begrüßen; der Weg zu einem gemeinsamen Europa könne nun unter neuen, verbesserten Bedingungen erneut beschritten werden (Ménudier 1986: 349). Mitterrand bezeichnete die EEA als genauso bedeutend wie die Römischen Gründungsverträge selbst. Gleichwohl hieß es in Paris, man habe sich ein besseres Ergebnis gewünscht, Mitterrand sprach von einem "compromis de progrès", einem Fortschritt des Kompromisses. Da Frankreich – wie von deutscher Seite des mehrfachen beklagt – weder bei den institutionellen noch bei den EPZ-Fragen einen besonderen Ehrgeiz an den Tag gelegt hatte, kann sich diese Kritik nur auf die aus Sicht der PS ungenügende Ausgestaltung der neuen Politikfelder Forschungs- und Technologiepolitik und vor allem Sozialpolitik beziehen.

In welchem Ausmaß auch ein europazugeneigter Mitterrand französische Interessen verteidigen kann, mussten die Partnerstaaten hinsichtlich der Frage des Parlamentssitzes erfahren. Auf einen Antrag des EP, den Sitz ständig nach Brüssel zu verlegen, hatte Frankreich höchst unwirsch reagiert und allen deutlich gemacht, dass es auf Straßburg als Hauptstadt der Gemeinschaft bestehe (Ménudier 1986: 350).

3.4 Süderweiterung

Nach sieben Jahren schwieriger Verhandlungen konnte am 12.6.1985 der Vertrag zum EG-Beitritt Spaniens und Portugals unterzeichnet werden. Obwohl die Sozialisten die Beitritte grundsätzlich begrüßten, hatte Frankreich sehr vorsichtig, oft zögerlich agiert, denn die Süderweiterung der EG stieß vor allem bei den Bauern in Frankreichs Südwesten auf scharfe Ablehnung, die massive Konkurrenz für ihre Agrarprodukte befürchteten. Obgleich Frankreich inzwischen seine bilateralen Beziehungen zu den iberischen Staaten deutlich verbessert hatte, stellte es schon in Stuttgart 1983 eine Verknüpfung zwischen Vertiefung und Erweiterung der EG her: erst wenn die Gemeinschaft ihre inneren Problem gelöst haben werde, könnten Spanien und Portugal beitreten. Da sich die französische Ratspräsidentschaft 1984 aber vorgenommen hatte, diese Zwistigkeiten zu lösen, setzte sie auch auf den Abschluß der Verhandlungen bis September 1984. Doch die Verhandlungen mit Spanien waren mit Problemen bei der Fischerei, dem Weinbau und Weinmarkt belastet, so dass es zu Verzögerungen kam. Um zum Vertragsabschluss zu kommen, musste Spanien wichtige Zugeständnisse, insbesondere bei der Fischerei machen. Dies hatte Frankreich erzwungen; denn Mitterrand und seine sozialistische Regierung standen 1985 innenpolitisch erneut unter höchstem Druck – die Niederlage bei den Parlamentswahlen 1986 kündigte sich bereits an –, so dass man die massiven Bauernproteste im deutlich kommunistisch geprägten ländlichen Südwesten fürchtete bzw. zu vermeiden suchte. Aber nicht nur die Kommunisten, auch die konservative und liberale Opposition warnte vor den Risiken der Süderweiterung für die französische Landwirtschaft. In Frankreich entstand damals eine Debatte über die Kosten der EG-Mitgliedschaft, denn das Land wurde erstmals zu einem Nettozahler der Gemeinschaft. Die Süderweiterung – das war jedem klar – würde diese "unbefriedigende Entwicklung" noch verstärken und verstetigen (Ménudier 1986: 348). Letztlich jedoch wurden die Beitrittsverträge von der Nationalversammlung am 22.11.1985 bei zahlreichen Enthaltungen mit 291 gegen 47 von insgesamt 491 Stimmen klar gebilligt.

Als Premierminister Laurent Fabius zu Ende seiner Amtszeit die Bilanz der Europapolitik der sozialistischen Regierungen von 1981-1986 zog, betonte er die herausragende Rolle, die Frankreich bei der Aufhebung der langjährigen EG-Blockaden, bei der Wiederbelebung der Integrationsgemeinschaft gespielt hatte. Frankreich habe sich sehr stark für die Beitritte Spaniens und Portugals eingesetzt; dadurch sei es – und das ist nicht nur geographisch zu verstehen – zu einem Herzstück des neuen Europas der Zehn geworden. Auch wenn Fabius hier dem Anlass entsprechend die europapolitischen Verdienste seiner Partei etwas schönfärberisch darstellte, so drückt diese Bilanz doch das integrationistische Engagement aus, das Mitterrand und seine PS-Mitstreiter im Laufe der Jahre an den Tag gelegt hatten.

3.5 Europapolitik in der ersten Kohabitation

Hier soll nicht das an anderer Stelle bereits abgehandelte Problem der Machtteilung zwischen Staatspräsident und Premierminister in der 1986 erstmals aufgetretenen Konstellation einer Kohabitation thematisiert werden, sondern die inhaltliche Gestaltung französischer Europapolitik zwischen März 1986 und Mai 1988, dem Datum der Präsidentschaftswahl, untersucht werden.

Als Jacques Chirac als Vertreter der stärksten Fraktion des im März 1986 siegreichen bürgerlich-konservativen Lagers zum Premierminister ernannt wurde, haftete ihm das Image eines Europaskeptikers bis -gegners an, hatte er Ende der 70er Jahre doch mehrfach vehement gegen die Integration Stellung bezogen und die EG wegen ihrer supranationalen Tendenzen scharf gegeißelt (vgl. Teil III, Kap. 3). Doch wie seine gaullistischen Vorbilder de Gaulle und vor allem Pompidou erkannte er die Bedeutung des gemeinsamen Marktes für die wirtschaftliche Entwicklung Frankreichs, so dass er als Premierminister Mitterrands sich für die faktische Verwirklichung des Binnenmarktes bis 1993, d.h. vorrangig für die Ratifikation der EEA einsetzte. Damit ist im Wesentlichen auch schon seine Europapolitik in den Jahren 1986-1988 beschrieben, die sich gemäß des RPR/UDF-Wahlprogramms für die Parlamentswahlen 1986 ganz auf die konkrete Vorbereitung Frankreichs auf den Binnenmarkt bezog. Ein wichtiges Ziel stellte hier die Bewahrung der Prinzipien der gemeinsamen Agrarpolitik dar; nur die notwendigen Anpassungen wollte man hier zulassen, keine grundsätzliche Neuausrichtung, wie von einigen Mitgliedstaaten und der Kommission gefordert wurde, die 1985 in ihrem "Grünbuch über die Perspektiven für die Gemeinsame Agrarpolitik" die Rückkehr zu marktwirtschaftlichen Prinzipien gefordert hatte.

So bemängelte Ende des Jahres der frühere Außenminister Roland Dumas zu Recht, dass Chirac jegliche europapolitische Vision fehle, er bisher keine einzige europapolitische Initiative vorgetragen habe (Ménudier 1987: 357). Der einzige Vorschlag zu einer Weiterentwicklung der EG kam bezeichnenderweise aus der UDF; Giscard d'Estaing lancierte zum ersten Mal die Idee, der EG einen ständigen Präsidenten an die Spitze zu stellen, der in allgemeinen Wahlen gewählt werden und der Integrationsgemeinschaft auf der internationalen Ebene Gesicht und Stimme verleihen sollte. Angesichts der britischen Europaskepsis und des Zwangs zur Zurückhaltung, der noch immer auf der Bundesrepublik laste, müsse Frankreich die historische Chance nutzen und die Führung Europas übernehmen – ein Gedankengang, den Giscard schon als Staatspräsident verfolgt hatte und der seinerzeit auch von Helmut Schmidt unterstützt worden war (Leuchtweis 2002: 111).

Bezüglich Chiracs europapolitischer Ambitionslosigkeit ist daran zu erinnern, dass er, der zunächst sogar auf die Ernennung eines Europaministers verzichtet hatte, zum einen unnötige Konflikte mit Mitterrand vermeiden wollte und allein schon deshalb mit seiner Zurückhaltung gut beraten war. Zum anderen aber ist zutreffend, dass weder er noch seine Partei über ein klares europapolitisches Profil und Zukunftsvorstellungen verfügten. Teile der RPR waren gar deutliche Gegner der Integration, die die Souveränität und Unabhängigkeit Frankreichs bedrohe. Deutlich artikuliert wurden diese Stimmen bzw. Strömungen in dem problematischen Ratifizierungsverfahren der EEA vom 21.11.1986. Der prominenteste Europagegner, de Gaulles Premierminister Michel Debré, wollte den Vertrag nicht mal zur Ratifikation zulassen. Nach harten Auseinandersetzungen konnte sich Jacques Chirac schließlich durchsetzen und die RPR für die Annahme der Verträge gewinnen; allerdings erst, nachdem er betont hatte, dass die EEA den Luxemburger Kompromiss von 1966 nicht aufhebe und nachdem de Gaulles Enkel, Charles de Gaulle, sich mit der Bemerkung für die Ratifikation ausgesprochen hatte, er setze sein Vertrauen in Jacques Chirac, der sich sicher jeder weiteren Übertragung von Souveränitätsrechten nach Brüssel widersetzen werde. Schließlich wurde die EEA von der Nationalversammlung mit 498 Stimmen aus PS, RPR und UDF gegen die der PCF ratifiziert (Ménudier 1987: 357).

Die französische Europapolitik während der Amtszeit des Kohabitationspremiers Chirac war insgesamt recht profillos. Von Frankreich waren damals keine Impulse zu erwarten – hier ist aber daran zu erinnern, dass es sich nur um eine kurze Zeitspanne handelt, in der keine großen Entscheidungen anstanden. Deshalb kann die europapolitische Bedeutungslosigkeit jener beiden Jahre nicht nur Frankreich angelastet werden. Vielmehr waren auch die anderen Mitgliedstaaten mit der Ratifizierung der EEA beschäftigt – diese zog sich in der Bundesrepublik wegen Vorbehalte des Bundesrats besonders lang hin – , der Beitritt Spaniens und Portugal musste erst "verdaut" und dem herannahenden Stichtag für die Binnenmarktverwirklichung, der die vier Grundfreiheiten nun endlich konkret durchsetzt, durch vielschichtige Anpassungen und Vorbereitungen Tribut gezollt werden.

3.6 Das Jahr vor der Zeitenwende: 1988-1989

1988 wurde François Mitterrand in seinem Amt als Staatspräsident bestätigt. Im Wahlkampf hatte er der Europapolitik einen hohen Stellenwert eingeräumt und angekündigt, dass sie den Schwerpunkt seines zweiten Septennats darstellen werde (Kessler 1999: 194). Im ersten Wahlgang vom 24.4.1988 schnitt er mit 34,1% der Stimmen am besten ab, während Chirac seinen Konkurrenten aus dem bürgerlich-konservativen Lager, Raymond Barre (16,5%) zwar schlagen konnte, mit seinen 19,9% der Stimmen aber dennoch enttäuschte. Erwähnenswert ist der Erfolg Jean-Maire Le Pens, der auf 14,4% der Stimmen kam, wohingegen die Kommunisten mit 6,8% ein historisches Tief erreichten. Bei der Stichwahl vom 8.5.1988 setzte sich Mitterrand mit 54% klar gegen Chirac mit 46% der Stimmen durch. Hier zeigte sich erstmals die Schwierigkeit für einen Kohabitationspremier, aus der Regierungsverantwortung heraus das Elysée zu erobern. Denn die Wähler hatten Chiracs Tätigkeit als Premierminister nicht recht honoriert; so lagen seine 19,9% im ersten Wahlgang 1988 nicht wesentlich über den 18%, die er 1981 erreicht hatte, als er nicht in höchster Verantwortung stand.

Bei den vorgezogenen Parlamentswahlen vom 5. und 12.6.1988 konnte die PS des siegreichen François Mitterrand sich von 31,2% in 1986 nun wieder auf 37% der Stimmen und 260 von 577 Mandaten steigern, sie erreichte aber auch mit den neun Sitzen der MRG die absolute Mehrheit nicht. Demgegenüber wurde die RPR abgestraft; sie verlor 24 Mandate, während die

UDF deutlich zulegen konnte (von 15,5% in 1986 auf 18,5,% in 1988). Die Kommunisten kamen auf 11,3% und 27 Mandate, wohingegen der FN wegen des wieder eingeführten romanischen Mehrheitswahlrechts mit 9,8% der Stimmen lediglich einen Parlamentssitz eroberte.

Daraufhin berief Mitterrand Michel Rocard, seinen langjährigen innerparteilichen Kontrahenten, zum Premierminister[33]. Da eine Wiederauflage der "Union de la Gauche", d.h. eine Regierungsbeteiligung der Kommunisten wie 1981, diesmal nicht in Frage kam, bildete Rocard eine "Regierung der Öffnung", die sechs Minister aus den Reihen der (zentristischen) UDF sowie 14 parteilose Persönlichkeiten einband. Mit Rocard und seiner neuen Mannschaft war eine "Sozialdemokratisierung" der Regierungsarbeit vorprogrammiert, wobei Rocard und nach ihm auch die bis 1993, Datum des nächsten politischen Wechsels, amtierenden Premierminister Cresson und Bérégovoy über einen vergleichsweise großen Handlungs- und Gestaltungsspielraum verfügten, da Mitterrand nach der ersten Kohabitationserfahrung nicht mehr zum alten präsidentiellen Politikstil zurückkehrte (vgl. Kap. 2.1.2). Doch das Verhältnis zwischen Mitterrand und Rocard war extrem schlecht und von einer großen gegenseitigen Antipathie geprägt, so dass manche von einer "cohabitation bis" sprechen. Während seiner dreijährigen Amtszeit – am 15.5.1991 wird er auf Aufforderung Mitterrands hin den Rücktritt seiner Regierung einreichen – war sich Rocard konstant bewusst, dass seine Position höchst prekär war; so meinte er kurz vor seinem Rücktritt: "Ich habe den unsichersten Mietvertrag von ganz Paris [...] Ich bin in der Situation eines Angestellten mit einem Zeitvertrag, der alle zwei Wochen erneuert wird" (Chevallier et al. 2002: 391). Die Spannungen zwischen Mitterrand und Rocard strahlten auch in die PS aus und beschleunigten deren Niedergang durch parteiinterne Fraktionierungen, wie sich insbesondere anlässlich des Parteitags von Rennes im März 1990 zeigte (Wielgoß 2002: 115ff.).

3.6.1 *Binnenmarkteuphorie und Niedergangs-Debatte*

Für die französische Europapolitik jener kurzen Zeitspanne von der Wiederwahl Mitterrands bis zur historischen Zeitenwende des Jahres 1989 bedeutete die Regierung der Öffnung, dass sie alle proeuropäischen Kräfte des Landes einband – eine gute Voraussetzung also für Mitterrands Ankündigung, seinem zweiten Septennat einen europapolitischen Schwerpunkt zu verleihen. Gleichwohl traten zunächst weder Mitterrand noch Rocard mit ehrgeizigen

---

33 De facto war dies die zweite Berufung Rocards zum Premierminister; denn schon nach seinem Sieg vom 8.5.1988 hatte Mitterrand den vormaligen PSU-Chef mit der Regierungsbildung beauftragt.

oder visionären Ideen hervor. Vielmehr konzentrierte man sich ganz auf die Vorbereitung des Binnenmarktes. Die neue Europaministerin, Edith Cresson, wurde beauftragt, die französische Öffentlichkeit gezielt über die Chancen und Risiken des Binnenmarktes aufzuklären (Lequesne 1989: 316/17).

Der Hintergrund dieser zögerlichen Europapolitik war, dass der ausgeprägte Europa-Optimismus, der sich nach Beschluss der Binnenmarktverwirklichung zum 1.1.1993 und nach der Verabschiedung der EEA eingestellt hatte, inzwischen bereits wieder am Verblassen war. In Frankreich, das seit 1986 erneut mit einer gravierenden Verschlechterung seiner Außenhandelsbilanz konfrontiert war[34] – unter anderem eine Folge der Politik des "starken Franc" –, machten sich Ängste breit, dass das Land dem verstärkten Wettbewerb, der mit dem Binnenmarktprojekt verknüpft war, nicht würde standhalten können. Diese Ängste fanden um so mehr öffentliche Aufmerksamkeit, als damals eine breite Debatte über den "déclin français", den Niedergang Frankreichs geführt wurde, die die allenthalben spürbaren, großen Verunsicherungen widerspiegelte und die Gefahr eines gewissen Rückzugs auf nationale Positionen, eine "Repli sur soimême" mit sich brachte (Schubert 1988).

In dieser Konstellation versuchte die herrschende politische Klasse, vorrangig selbstredend die proeuropäisch eingestellte Staatsspitze um Mitterrand und Rocard, der verunsicherten französischen Bevölkerung das Binnenmarkt-Programm als neues hoffnungsvolles Zukunftsprojekt anzudienen, das Frankreich "nach 15 Krisenjahren und vergeblichen nationalen Therapieversuchen" dabei helfen könnte, wieder zu Wachstum und Aufschwung zurückzufinden (Lequesne 1990: 322). Hier stießen die anscheinend gegensätzlichen Phänomene der Niedergangs-Debatte und des ausgeprägten Europa-Booms in der französischen öffentlichen Meinung der späten 80er Jahre aufeinander: Angesichts des "den Franzosen seit alters vertrauten Stereotyps vom ‚déclin' [...] bezieht die französische Politik sich immer häufiger auf den positiven Zielhorizont des europäischen Aufbauwerkes, dessen Realisierung Mitterrand zu einem besonderen Anliegen seiner zweiten Amtszeit erklärt hat". Die traditionelle französische, besonders sozialistische Modernisierungsrhetorik, die unter Verschleißerscheinung leide, würde durch einen alternativen Topos, nämlich den europäischen, ersetzt. Um vor dieser europäischen Herausforderung bestehen zu können, müsse – so analysiert Schubert den französischen Europadiskurs – Frankreich stark sein. "Im Bunde mit Europa soll ein zu neuen Kräften gekommenes Frankreich seinen tradierten Führungsanspruch erneuern können, zumindest dritte Weltmacht zu sein. Durch vergleichbare Visionen gestärkt soll eine Restabilisierung der neuerlich so fragilen franzö-

---

[34] Zwischen 1982 und 1986 hatte sich diese fast wieder zum Niveau der 70er Jahre aufgeschwungen.

sischen Identität möglich werden, sollen Frankreichs zivilisatorische Errungenschaften in neuem Glanz erstrahlen" (Schubert 1989: 552/553).

3.6.2 Schwerpunkte der französischen Ratspräsidentschaft 1989

Entsprechend eng an die innenpolitischen Gegebenheiten angelehnt[35] wurden auch die Prioritäten für die im zweiten Halbjahr 1989 anstehende französische Ratspräsidentschaft gesetzt. Einer ihrer Schwerpunkte sollte erneut die Schaffung bzw. der Ausbau eines "europäischen Sozialraums" sein, ein Projekt, das Mitterrand bekanntlich seit 1981 mit großer Konsequenz verfolgte. Nach den ersten einschlägigen Schritten, die hierzu in der EEA ergriffen worden waren, war die Thematik inzwischen dringlicher geworden. Denn die mit der Binnenmarktverwirklichung herannahende vollständige Freizügigkeit der Arbeitnehmer und die Niederlassungsfreiheit ließen einen Bedarf nach gemeinschaftsweiten Mindestregeln immer deutlicher werden. Gemeinsam mit dem Spanien Felipe Gonzales' zog Mitterrand gegen den in einigen Mitgliedstaaten grassierenden Wirtschaftsliberalismus zu Felde und warnte vor den Gefahren des sozialen Dumpings im künftigen Binnenmarkt (Lequesne 1989: 321).

Außerdem beabsichtige Mitterrand die Bühne der Ratspräsidentschaft zu nutzen, um auch ein weiteres seiner europäischen "Lieblingsthemen" voranzubringen, das "Europa der Forschung und Technologie". Hierzu wollte Mitterrand an das 1984 vorrangig auf seine Initiative hin lancierte Eureka-Programm anknüpfen (vgl. Kap. 3.3.3), es breit ausbauen und insbesondere der audiovisuellen Industrie Europas im Konkurrenzkampf gegen die USA und Japan zur Seite stehen. Zu diesem Behufe fand vom 30.9 bis 2.10.1989 in Paris die erste Europäische Audiovisuelle Konferenz statt, auf der sich die EG-Staaten sowie andere Staaten wie Ungarn, Polen und die UdSSR zu Investitionen und Kooperationsprojekten in den audiovisuellen Industrien verpflichteten. Auch wurde ein Koordinationsausschuss für das "audiovisuelle Eureka" eingerichtet (Lequesne 1990: 324).

Eindeutige Priorität auf der Agenda der französischen Ratspräsidentschaft genoss jedoch ein weiteres Langzeitprojekt sozialistischer Europapolitik, nämlich die Schaffung der Wirtschafts- und Währungsunion. Hier war seit der EEA insofern ein wichtiger Fortschritt erzielt worden, als der Europäische Rat von Madrid vom 26./27.6.1989 den sog. Delors-Plan angenommen

---

35 Auch das Ergebnis der Europawahlen vom Juni 1989 ließen es der Regierung angeraten erscheinen, die Wähler nicht zu überfordern. Zwar konnte die PS ihr Ergebnis im Vergleich zu 1984 (20,75%) auf nunmehr 23, 61% verbessern – die PCF hingegen sackte von 11,20% in 1984 auf 7,72% der Stimmen in 1989 ab; die Wahlenthaltung jedoch erreichte mit 51% an Nicht-Wählern einen neuen negativen Rekord.

hatte. Gemäß eines Auftrags des Europäischen Rats von Hannover vom 27./28.6.1988 hatte eine Expertengruppe um Kommissionspräsident Delors einen Drei-Stufen-Plan entwickelt, der bis spätestens 1999 die Schaffung der WWU verwirklichen sollte[36]. Frankreich nun wollte während seiner Ratspräsidentschaft diese Thematik intensiv behandeln, gleichzeitig aber seine Vorbehalte gegen den sog. Delors-Plan respektiert wissen; denn in Paris lehnte man die geplante Unabhängigkeit der Nationalbanken jener Staaten, die an der WWU teilhaben wollten, ab. Außerdem sollte über die mit Stufe 2 und 3 des Delors-Plans notwendigerweise verknüpften Vertragsveränderungen befunden werden. Über all diese wichtigen Punkte hatte man sich in Madrid noch nicht einigen können. Vor allem die Briten leisteten Widerstand, während die Bundesregierung nicht zuletzt wegen des hartnäckigen Widerstands der Bundesbank und großer Teile der deutschen Öffentlichkeit dem gesamten WWU-Projekt gegenüber zögerlich und hinhaltend agierte (Keßler 2002: 148/149).

Mitterrand jedoch, so äußerte er sich in einer Rede vor dem EP am 25.10.1989, wollte die Einsetzung einer Regierungskonferenz noch im Herbst 1990 erreichen. Dem widersetzte sich zunächst vor allem Kanzler Kohl. Auf dem 54. deutsch-französischen Gipfeltreffen, das am 2./3.11.1989, also nur wenige Tage vor dem Fall der Berliner Mauer, der allerdings noch nicht absehbar war, in Bonn stattfand, drängte Mitterrand Kohl erneut zu besonderer Eile bei der Verwirklichung der WWU. Angesichts der Umbrüche in Mittel- und Osteuropa – so war im Juni 1989 in Polen erstmals eine nichtkommunistische Regierung frei gewählt worden und seit dem September lief die massive Ausreisebewegung von DDR-Bürgern via Ungarn/Österreich – wollte Mitterrand auf diesem Wege eine stärkere Einbindung der BRD erreichen, bevor weitere Dämme brächen, was eine Hinwendung Deutschlands zum Osten und damit die Lockerung seiner Bindungen im Westen mit sich bringen könnte.

---

36 Stufe 1 sah die Stärkung des Europäischen Währungssystems vor, Stufe 2 den Aufbau eines europäischen Zentralbanksystems und Stufe 3 den Übergang zur europäischen Einheitswährung.

Tabelle 6: Ergebnisse der französischen Europawahlen 1989

	Anzahl der Stimmen	Stimmen in Prozent	Sitze	Sitze in Prozent
RPR-UDF	5 242 038	28,88	26	32,10
PS	4 286 354	23,61	22	27,16
FN	2 129 668	11,73	10	12,35
Les verts	1 922 945	10,59	9	11,11
Centre	1 529 346	8,43	7	8,64
PCF	1 401 171	7,72	7	8,64
CPT	749 741	4,13	0	0,00
LO	258 663	1,43	0	0,00
Protection des animaux	188 573	1,04	0	0,00
Alliance	136 230	0,75	0	0,00
MPTT	109 523	0,60	0	0,00
MRC	74 327	0,41	0	0,00
Génération Europe	58 995	0,33	0	0,00
POE	32 295	0,18	0	0,00
IDE	31 547	0,17	0	0,00

Erfolgreiche Listen
RPR -UDF: Gemeinsame Liste des Rassemblement pour le République und der Union pour la Démocratie Française
PS : Parti Socialiste
FN: Front National
Les Verts: Ökologen
Centre: Liste der gemäßigten, liberal-demokratischen Rechten
PCF : Parti Communiste Français

Doch konnte er Kohl nicht für eine Beschleunigung der WWU-Agenda gewinnen. Zwar stimmte der Kanzler dem Inkrafttreten der ersten Phase des Delors-Plans zum 1.7.1990 zu, doch wollte er diese Phase bis zum 1.1.1994 verlängert wissen. Auch vermied der Kanzler eine Festlegung des Termins für die nächste Regierungskonferenz, wollte er doch seine Erfolgschancen bei der im Herbst 1990 anstehenden Bundestagswahl nicht durch die in der deutschen Öffentlichkeit weit verbreiteten Kritik an Stufe zwei und drei des Delors-Plans schmälern (Lind 1998: 165). So vertagten Mitterrand und Kohl diese beiden kritischen Punkte auf den Straßburger Gipfel des Europäischen Rats, der im Dezember 1989 die französische Ratspräsidentschaft beschließen sollte. Mit ausgeprägter Langatmigkeit und Konsequenz – so lässt sich die Agenda der französischen Ratspräsidentschaft 1989 zusammenfassen – versuchte der wiedergewählte Mitterrand und seine Regierung, Europa stetig, gleichwohl unspektakulär voranzubringen und dabei zugleich französische Prioritäten einzuflechten bzw. durchzusetzen. Als solche ergaben sich aus innenpolitischen Gründen die Schaffung des europäischen Sozialraums, aus wirtschafts- und industriepolitischen Gründen das Europa der Technologie und aus währungs- und außenpolitischen Gründen die Schaffung der WWU, die Frankreich vom Diktat, von der Vormundschaft der deutschen Bundesbank befreien und damit die französische Unabhängigkeit befördern sollte. Doch dieses Lanzeitprojekt französischer Europapolitik erhielt durch die Ereignisse in Mittel- und Osteuropa einen neuen, höchst dringlichen Stellenwert, da es nach dem 8.11.1989 und der sich bald abzeichnenden deutschen Wiedervereinigung Mitterrand als der Garant schlechthin für die weitere, verläßliche Einbindung Deutschlands in der Integrationsgemeinschaft galt. Und in der Tat sollte Mitterrand in den kommenden Wochen und Monaten ein sehr enges Junktim zwischen Verwirklichung der deutschen Einheit und Schaffung der WWU herstellen.

4. Das goldene Zeitalter der französischen Europapolitik: 1990-1992

4.1 Frankreich und die Wiedervereinigung Deutschlands

Wenn man bedenkt, dass die deutsche Teilung die Grundlage der gesamten französischen Nachkriegsaußenpolitik war, so kann nicht erstaunen, dass der Fall der Berliner Mauer und der sich schnell abzeichnende deutsche Einigungsprozess in Frankreich, d.h. in der politischen Klasse und Pariser Intelligentia – nicht aber in der französischen Bevölkerung[37] – zunächst auf allergrößte Vorbehalte stieß. Denn die Teilung und die Integration der BRD in die

---

37 In einer Umfrage in Le Figaro vom 13.11.1989 meinten 60% der Befragten, dass die deutsche Wiedervereinigung eine gute Sache für Frankreich sei, 70% sahen darin kein Hindernis für die europäische Integration (Lequesne 1990: 327).

Nato hatte nicht nur das durch den 1870er Krieg und zwei Weltkriege geschürte Sicherheitsinteresse Frankreichs befriedigt, sondern – da nun die Ängste vor einer deutschen Übermacht gebannt waren - auch die deutsch-französische Aussöhnung ermöglicht. Auf dieser Basis konnte Frankreich die Westbindung der BRD durch den europäischen Integrationsprozess vertiefen und verfestigen helfen und angesichts der außenpolitischen Ohnmacht des jungen Weststaates sowie der britischen Europa-Abstinenz zunächst auch die Führung im westeuropäischen Einigungsprozess übernehmen, die später dann in zunehmendem Maße mit der zu einer wohlhabenden und respektierten Mittelmacht aufgestiegenen BRD geteilt wurde. All diese Nachkriegskonstellationen wiederum erlaubten es Frankreich, seinen Weltmachtanspruch aufrechtzuerhalten, der sich auf die Atombewaffnung, den Statut als Siegermacht des Zweiten Weltkrieges mit Mitspracherechten in Bezug auf Deutschland, den Ständigen UN-Sicherheitsratssitz, die Präsenz in Afrika sowie eine herausgehobene Rolle im europäischen Einigungsprozeß stützte (Fromont-Meurice 2000: 319). Daher lag "eine der wichtigsten Voraussetzungen für das französische Großmachtstreben in der Erhaltung des Status quo, d.h. auch der Erhaltung zweier deutscher Staaten" (Woyke 2000: 20).

4.1.1 Frankreichs (und Großbritanniens) anfänglicher Widerstand gegen die deutsche Einheit

Aus letztlich verständlichen Gründen also hat die sich sehr schnell abzeichnende deutsche Vereinigung auf Seiten Frankreichs, aber auch Großbritanniens große Verunsicherungen und Ängste hervorgerufen. Sowohl François Mitterrand als auch Margaret Thatcher reagierten anfangs ratlos, ja geradezu panisch. Angesichts des Umsturzes der bisher gültigen Nachkriegsordnung, des Außerkraftsetzens der Ordnung von Jalta also, malte man sowohl in London als auch in Paris das Gespenst eines IV. Reichs an die Wand. In dieser Metapher artikulierten die beiden europäischen Siegermächte des 2. Weltkrieges ihre Ängste vor einem vereinten und vor allem vor einem wieder gänzlich souveränen Deutschland, das auch außenpolitisch völlig frei würde handeln können. Mitterrand und Thatcher wollten das Ende der deutschen Teilung möglichst verhindern oder zumindest verlangsamen und verschiedene Garantien durchgesetzt wissen. Zum deutschen Einigungsprozess hatte Mitterrand anlässlich des deutsch-französischen Gipfels vom 2./3.11.1989 noch wenige Tage vor dem Fall der Berliner Mauer geäußert: "Das geht schnell, sehr schnell, wenn auch nicht so schnell wie die, die von Wiedervereinigung sprechen, es wollen". Mitterrand deutete an, dass er von einem Zeitraum von zehn Jahren ausging, in welchem sich die europäischen Strukturen verändern werden (Lind 1998: 167). Absehbar war – das sei hier eingefügt –, dass Frankreich von den Veränderungen in Deutschland und Europa ungleich stärker betroffen sein würde als Großbritannien, das sich seit 1945 im Rahmen der special relationship sehr stark an die USA angelehnt hatte; die hieraus entstehenden Garantien sowie das auch seit 1973 nur recht verhaltene britische Europa-Engagement bewirken, dass Großbritannien von Machtverlagerungen in der EG und auf dem europäischen Kontinent weniger stark betroffen ist als Frankreich.

Da US-Präsident George Bush der BRD nach dem Mauerfall umgehend seine volle Unterstützung zugesagt hatte[38], setzten Mitterrand und Thatcher bei ihrem Widerstand gegen die Einheit ganz auf den Sowjetführer Michael Gorbatschow. Denn da die USA trotz aller Euphorie über den Fall der Berliner Mauer und die Perspektive der Einheit keinen Zweifel daran gelassen hatten, dass auch das wiedervereinte Deutschland dem westlichen Militärbündnis angehören müsse, rechneten sie damit, das dies für die Sowjets inakzeptabel sei. Zwar hatte Gorbatschow bereits am 10.11.1989 signalisiert, dass er nicht an eine chinesische Lösung in der DDR, d.h. an eine gewaltsame Niederschlagung der ostdeutschen Freiheitsbewegung denke und auch keine grundsätzlichen Einwände gegen die Vereinigung der beiden deutschen Staaten erhebe (Wolffsohn 1992: 146); in der Frage der Bündnisfreiheit aber bestand Gorbatschow anfangs auf der Neutralität eines vereinten Deutschlands. Daher meinten Thatcher und Mitterrand, die deutsche Einheit im Schulterschluss mit der SU noch verhindern zu können.

"Mit dem Zerbrechen der ‚Ordnung von Jalta' und dem deutschen Einigungsprozeß gewann die UdSSR zunehmend an Bedeutung für die französische Außenpolitik und insbesondere in der Deutschlandpolitik. Die Gefahren von Destabilisierung und Ungleichgewicht in Europa veranlaßten Mitterrand, sich entsprechend seinem Denken in Kategorien des Gleichgewichts der UdSSR anzunähern. In diesem Zusammenhang ist die französische Reisediplomatie besonders aufschlußreich. Bei dem Treffen des französischen und des russischen Außenministers in Moskau am 14. November 1989 war neben der Unterzeichnung bilateraler Verträge die Deutsche Frage Hauptthema des Gesprächs. Von französischer Seite wurde zwar das Selbstbestimmungsrecht der Deutschen betont, jedoch sollte die deutsche Vereinigung nicht zur Bedrohung der Stabilität in Europa werden" (Guérin-Sendelbach 1999: 78/79).

Da Mitterrand – und auch Thatcher – trotz Gorbatschows Bekundungen vom 10.11.1989 davon ausging, dass der Sowjetführer die deutsche Einheit niemals akzeptieren würde, galt er ihm (und ihr) als Garant der Stabilität in Europa und der Aufrechterhaltung des Status quo, sprich der deutschen

---

38 US-Botschafter Walters meinte: „Eine Familie hat zusammengefunden, und wer sich gegen die Wiedervereinigung stellt, wird politisch hinweggefegt werden" (Wolffsohn 1992: 145).

Zweistaatlichkeit. Nur auf Grundlage dieser – letztlich falschen – Annahme konnte Mitterrand den Versuch wagen, den Vereinigungsprozess aufzuhalten.

"Bis wann Mitterrand geglaubt haben kann, daß die Sowjetunion die deutsche Einheit blockieren würde, ist immer noch umstritten", schreibt Guérin-Sendelbach (1999: 83). Dies war wohl bis Januar, spätestens Februar 1990 der Fall. Und exakt solange versuchte der französische Staatspräsident denn auch, die Vereinigung zu konterkarrieren – wohlgemerkt unter der Annahme, im Sinne Gorbatschows zu handeln.

In seinen umstrittenen Elysée-Aufzeichnungen "Verbatim III 1988-1991" hat der ehemalige Mitterrand-Berater Jaques Attali die widerstrebenden Reaktionen Thatchers und vor allem natürlich Mitterrands auf den Einigungsprozess festgehalten; wegen der schonungslosen Offenheit diese Notizen, die durchaus auch kompromittierend für Mitterrand sind, hat dieser sich später von dem Buch seines vormals engsten Mitarbeiters distanziert. In "Verbatim III" ist die Enttäuschung Mitterrands über Gorbatschows sukzessives Einlenken in der deutschen Frage besonders deutlich dokumentiert. So soll Mitterrand folgendes geäußert haben: "Gorbatschow wird [...] sich das nicht gefallen lassen, unmöglich! Ich muß mich gar nicht dagegenstellen, das werden die Sowjets für mich erledigen. Niemals werden sie dieses große Deutschland akzeptieren." (Attali 1995: 350). Und bereits am 1.9.1989: "Gorbatschow wird niemals ein wiedervereinigtes Deutschland in der NATO akzeptieren, und die Amerikaner werden niemals zulassen, daß die BRD die Nato verlässt. Wir können deshalb beruhigt sein" (Attali 1995: 297). Früh schon brachte Mitterrand auch zum Ausdruck, dass Frankreich alleine einen eventuellen Vereinigungsprozess nicht verhindern könne – deshalb baute er ja so sehr auf Gorbaschtows Widerstand; so äußerte er am 18.10.1989: "Frankreich ist auf keinen Fall in der Lage, die Einheit zu verhindern, falls diese anstünde. Wir können ja trotz allem keinen Krieg gegen Deutschland führen, um seine Wiedervereinigung zu verhindern. Das einzige, was Frankreich tun kann, ist auf die Einhaltung gewisser Prinzipien zu achten" (Attali 1995: 80). Allein dies sei die wahre Absicht Mitterrands gewesen, verteidigt Hubert Védrine die Politik des Staatspräsidenten. Mit seiner "gestion intelligente d'une grande mutation géopolitique" habe er Frankreich, aber auch ganz Europa einen großen Dienst erwiesen. Insbesondere seine frühe Aufforderung an die BRD, die Oder-Neiße-Linie definitiv anzuerkennen, wollte verhindern, dass sich ein "eiternder Abszess" im neuen Europa einniste (Védrine 2003: 66).

Bald jedoch zeichnete sich bei den Sowjets eine Flexibilisierung bei der Frage der Bündnisfreiheit ab. So klagte Mitterrand, der selbst für die Nato-Mitgliedschaft eines vereinten Deutschland eintrat, am 10.2.1990: "Was ist mit Gorbatschow los? Mir sagt er, daß er standhaft bleibt, und er gibt bei allem nach. Was hat ihm Kohl dafür gegeben? Wieviel Milliarden Deutsche

Mark?" (Attali 1995: 416). Am 25.5.1990, also bereits nach dem Beginn der Zwei-plus-Vier-Verhandlungen, gab Mitterrand Attali zu Protokoll: "Gorbaschtow wird noch einmal von mir verlangen, mich gegen die deutsche Wiedervereinigung zu sperren. Das würde ich mit Vergnügen tun, wenn ich sicher wüßte, daß er fest bleibt. Aber warum soll ich Kohl verärgern, wenn Gorbatschow mich drei Tage später fallen läßt? Dann wäre ich total isoliert. Und das kann sich Frankreich nicht mehr als dreimal pro Jahrhundert erlauben" (Attali 1995: 495).

In der Tat gelang es Kanzler Kohl, Gorbatschow während seines legendären Kaukasus-Aufenthalts im Juli 1990 gegen diverse, vor allem finanzielle Zugeständnisse[39] die Einwilligung in Deutschlands freie Bündniswahl abzuringen. Daraufhin Mitterrand am 16.7.1990: "Gorbatschow hat uns versprochen, Kohl nicht nachzugeben. Jetzt überläßt er ihm alles, sicherlich für ein paar Mark mehr. Damit können wir nicht mehr lange Widerstand gegen die Wiedervereinigung leisten" (Attali 1995: 541).

4.1.2 Mitterrands Sorge um Europa

Neben dem Bemühen um den Erhalt der eigenen Machtposition, neben Konzeptions- und Ratlosigkeit prägte auch die Sorge um die Einheit und Zukunft Europas das Mitterrand'sche Verhalten. Als Teilnehmer des 2. Weltkrieges und langjähriger Unterstützer sowohl der deutsch-französischen Freundschaft als auch der europäischen Integration setzte Mitterrand auch angesichts der Perspektive der deutschen Einheit auf die Strategie der Einbindung: "Ein vereinigtes Deutschland würde eine doppelte Gefahr für Europa bedeuten. Durch seine Macht. Und weil es Großbritannien, Frankreich und die Sowjetunion zu einer Allianz drängen würde. Damit wäre der Krieg im 21. Jahrhundert sicher. Europa muß ganz schnell verwirklicht werden, um die deutsche Einheit zu entschärfen", gab er Attali zu Protokoll. Damit wird deutlich, dass Mitterrand neben seiner Verzögerungstaktik früh schon auf die europäische Karte setzte, auf die bewährte Einbindungsstrategie zur Befriedung Europas. Zunächst jedoch nutze er diese europäische Karte, um die deutsche Einheit noch zu verhindern bzw. zu verzögern. So erläuterte er in seiner Rede vor Leipziger Studenten anlässlich seiner umstrittenen DDR-Reise im Dezember 1989 seine Vorstellungen von den möglichen Zukünften der beiden deutschen Staaten; er sprach von "Union, aber nicht Einheit", von "Föderation oder Konföderation, alle Formen der Einheit ohne die Form der Vereinigung in der Einheit" (Mitterrand zitiert in Weisenfeld 1993: 171). Diese deutsche Föderation oder Konföderation sollte in eine große Europäische Konföderati-

---

39 Nach offiziellen Angaben handelt es sich um 15 Mrd. DM (Bierling 1999: 275).

on eingebunden sein, ein Konzept, das Mitterrand in seiner Neujahrsansprache vom 31.12.1989 offiziell lancierte (vgl. Kap. 7.2).

Nachdem sich die Wiedervereinigung aber weder verhindern noch verschieben ließ, verfolgte Paris eine explizite Verknüpfung, eine "Parallelität" von europäischer und deutscher Einigung (de la Serre/Lequesne 1991: 318). "Als Mitterrand spätestens nach den Volkskammerwahlen im März 1990 begriff, daß die deutsche Vereinigung unvermeidlich war, schaltete er auf eine noch engere Einbindung Deutschlands in die EG um" (Guérin-Sendelbach 1999: 107). Im Oktober 1990 vertraute Mitterrand dem deutschen Außenminister Genscher an: "Man muß Deutschland einbinden, es in der politischen Union auflösen, bevor Kohl abtritt. Wenn nicht, wird die deutsche Arroganz [...] erneut den Frieden in Europa bedrohen" (Attali 1995, 606).

Diese Sorge mochte aus deutscher Sicht vollkommen grundlos erscheinen. Tatsache ist jedoch, dass es nach dem Fall der Berliner Mauer zunächst zu einem tiefgehenden Misstrauen der BRD gegenüber kam, zu ernsthaften Spannungen im bilateralen Verhältnis, die man offiziell als Irritationen bezeichnete. Ausgelöst wurden diese Irritationen vor allem durch das berühmte "10-Punkte-Programm zur Überwindung der Teilung Deutschlands und Europas"[40], das der Kanzler ohne vorherige Konsultation der Partner am 28.11.1989 bekannt gab. Mit der Verkündigung des 10-Punkte-Programms vor dem Deutschen Bundestag wollte Kanzler Kohl, der von den Ereignissen weitgehend unvorbereitet getroffen wurde, Orientierungshilfe leisten und Perspektiven eröffnen. Dass das 10-Punkte-Programm sowohl ein Schnellschuss als auch Alleingang Kohls war, zeigt sich schon daran, dass selbst Außenminister Genscher erst kurz zuvor darüber unterrichtet worden war (Woyke 2000: 26). In Frankreich jedoch wurde das Programm als Verstoß gegen den Elysée-Vertrag interpretiert, der vor allen wichtigen außenpolitischen Entscheidungen bilaterale Konsultationen vorsah. Auf seinen misstrauisch beäugten Dezemberreisen nach Kiew (6.12.1989) und vom 20. bis 22.12.1989 in die fast nicht mehr existente DDR – es sei eine "Geisterfahrt zu einem Regime in Auflösung" gewesen (Vannahme zitiert in Woyke 2000: 27)[41] – bezeichnete der hochgradig verärgerte Mitterrand den 10-Punkte-Plan daher als unannehmbar (Lind 1998: 170). Gleichwohl sprach er sich in der

---

40 Das 10-Punkte-Programm sah zunächst lediglich eine deutsch-deutsche Konföderation unter Beibehaltung der doppelten deutschen Staatlichkeit vor, benannte als Ziel aber bereits „eine Föderation, d.h. eine bundesstaatliche Ordnung in Deutschland zu schaffen" Weiterhin schreibt Kohl: „Wie ein wiedervereinigtes Deutschland schließlich aussehen wird, das weiß heute niemand – daß aber die Einheit kommen wird, wenn die Menschen in Deutschland sie wollen, dessen bin ich sicher". Das Programm ist abgedruckt in: Europa-Archiv, Folge 4/1989, D 728-734.

41 Allerdings war die Reise seit langem geplant, und auch Kohl war über sie unterrichtet (Védrine 2003: 65).

DDR offiziell für das Selbstbestimmungsrecht der Deutschen aus. Inhaltlich kritisierte Mitterrand an Kohsl Programm, dass es die zentralen Fragen der Anerkennung der Oder-Neiße-Linie sowie der Rolle der Siegermächte bei der Gestaltung der Zukunft Deutschlands überging; vor allem aber fühlte er sich durch die unterlassene Konsultation brüskiert (Keßler 2002: 129). Damit nämlich war Frankreichs Anspruch als privilegierter Partner und als Siegermacht des 2. Weltkrieges, der in dieser doppelten Funktion den Vereinigungsprozess zu kontrollieren versuchte, missachtet worden. Mitterrand sah im 10-Punkte-Plan des Kanzlers auch jene Verabredung verletzt, die er anlässlich der 54. Deutsch-französischen Konsultationen vom 2./3.11. 1989 in Bonn mit Kohl getroffen hatte. Dabei waren Kohl und Mitterrand sich darin einig gewesen, dass eine eventuelle deutsche Wiedervereinigung die Anerkennung der Oder-Neiße-Linie voraussetze, eines Vertrags mit den vier Siegermächten bedürfe und von einem erneut bekräftigten deutschen Verzicht auf ABC-Waffen begleitet sein müsse (Lind 1998: 163-167).

4.1.3   Der Weg zur deutschen Einheit wird frei

Auch nach Helmut Kohls Überzeugung musste die deutsche Wiedervereinigung, konkreter der einigungsbedingte deutsche Machtzuwachs durch eine Vertiefung der Integration ausbalanciert werden. So griff er die von Adenauer geprägte Formel, dass die deutsche Einheit und die Vereinigung Europas die zwei Seiten derselben Medaille seien, in einer Regierungserklärung vom 8.11.1989 – dem Tag des Falls der Berliner Mauer – erneut auf und fügt hinzu: "Sie bedingen einander". Durch eine irreversible Verankerung Deutschlands in Europa wollte Kohl "die verhängnisvolle nationale deutsche Sonderrolle [...] ein für alle Mal beenden" (Woyke 2000: 39) und den europäischen Partnern, allen voran Frankreich, das tiefe europapolitische Engagement auch des wiedervereinten Deutschland als Garantie anbieten.

Doch dazu musste der Kanzler gewisse Vorleistungen erbringen. Trotz bzw. gerade wegen der alles überschattenden Dramatik der deutsch-deutschen Ereignisse verfolgte Mitterrand sein lang angestrebtes Ziel der Schaffung einer WWU, die Frankreich von der Vormundschaft der deutschen Bundesbank befreien sollte, hartnäckig weiter fort, ja er forcierte es deutlich. "Die Vertiefung der Gemeinschaft sollte nach Auffassung von Mitterrand noch erfolgen, bevor Deutschland die Wiedervereinigung vollzog. Das Drängen des französischen Präsidenten auf Vertiefung der Europäischen Gemeinschaft resultierte aus der Furcht vor einem neuen, unberechenbaren und unkontrollierbaren Deutschland sowie der Erkenntnis, daß die Sowjetunion bereit war, Deutschlands Wiedervereinigung zuzustimmen. Die Vertiefung der europäischen Integration entsprach der französischen Einbindungsstrategie seit mindestens vier Dekaden" (Woyke 2000: 36). Im Nachhinein sieht es so aus, als ob der europapolitische Treueschwur, den Frankreich vor einer Einwilligung in den Vollzug der deutschen Einheit von Kohl erwartete, sich exakt hierauf bezog. Jedenfalls war die monetäre Integration neben deutschlandpolitischen Erörterungen der privilegierte Gegenstand der deutsch-französischen Konsultationen jener Monate (Keßler 2002: 130).

Nachdem Kohl bei den 54. deutsch-französischen Konsultationen vom 2./3.11. 1989 die beschleunigte Verwirklichung der WWU noch abgelehnt und die Einberufung einer Regierungskonferenz zu den entsprechenden Vertragsänderungen noch verzögert hatte, musste er einlenken, wollte er Mitterrands Einverständnis und Unterstützung für den deutschen Einigungsprozess erreichen. So stimmte Kohl während des Straßburger Gipfeltreffens des Europäischen Rats vom 8./9.12.1989, bei welchem er sich in "eisiger Atmosphäre" einer "tribunalartigen Befragung" ausgesetzt sah[42], der Einsetzung einer Regierungskonferenz über die Wirtschafts- und Währungsunion (WWU) noch vor Ende 1990 zu. "Anders wäre es wohl auch kaum zu der für die Bundesregierung bedeutsamen Erklärung des Europäischen Rats zur deutschen Einheit gekommen. Darin wurde das Recht der Deutschen auf freie Selbstbestimmung in der Vereinigungsfrage ausdrücklich anerkannt, gleichzeitig aber an verschiedene Voraussetzungen gebunden, u.a. die Einbettung der Einheit in die Perspektive der europäischen Integration" (Keßler 2002: 130). Doch zeigten weder Frankreich noch Großbritannien und die Niederlande zunächst die Bereitschaft, sich für den schon im November 1989 von Jacques Delors vorgebrachten Plan einer raschen Eingliederung der DDR – als 13. EG-Mitgliedstaat – in die Gemeinschaft zu engagieren; mit der in den Volkskammerwahlen von 1990 gefallenen Entschluss, dass die neu zu errichtenden ostdeutschen Bundesländer via Art. 23 GG der BRD beitreten werden, wurde dieser Widerstand jedoch gegenstandslos.

Mit seiner Zustimmung zur Einsetzung einer Regierungskonferenz, die die WWU gemäß des Delors-Plans konkret auf die Schienen setzen sollte, erbrachte Kohl die von ihm erwartete Vorleistung. Hier sei nochmals daran erinnert, dass nur wenige Monate zuvor in Madrid im Juni 1989 der deutsche Kanzler solch eine WWU-Regierungskonferenz noch abgelehnt hatte, wollte er den zahlreichen deutschen Gegnern der geplanten Einheitswährung doch im anstehenden Wahlkampf keinen zusätzlichen Anlass zu öffentlichkeits-

---

42 Bereits auf dem von Mitterrand am 18.11.1989 nach Paris einberufenen Sondergipfel zu Osteuropa hatte Kohl versucht, seine Kollegen zu beruhigen. Das im Grundgesetz verankerte Ziel der deutschen Einheit ändere nichts am tiefen und verlässlichen europapolitischen Engagement der BRD. Der Sondergipfel sprach den im Umbruch befindlichen Staaten Mittel- und Ost-europas die Solidarität der EG zu, knüpfte diese aber an eine schnelle Demokratisierung, eine Warnung, die insbesondere an die DDR gerichtet war.

wirksamer Kritik am Delors-Plan bieten (Lind 1998: 165). Wegen der fehlenden wirtschaftlichen Konvergenz zwischen den Mitgliedstaaten leistete auch die Bundesbank hartnäckigen Widerstand. In Straßburg aber gab Kohl dem Drängen Mitterrands nach. Die Spekulation ist müßig, ob die Einwilligung zur WWU und damit zur Aufgabe der DM der Preis für Frankreichs Ja zur deutschen Einheit war; keinesfalls darf aber vergessen werden, dass die Bundesregierung sich bereits 1988 grundsätzlich zur WWU bekannt hatte; besonders Genscher hatte in einem Memorandum im Februar 1988 auf die wachsenden politischen Belastungen aufmerksam gemacht, die die europaweite geldpolitische Führungsrolle der Bundesbank mit sich brachte, und das strategische Interesse Deutschlands an dem Projekt dargelegt (Guérot 1997: 227; Keßler 2002: 148). Die Bundesregierung knüpfte ihre Zustimmung jedoch an gewisse Bedingungen, so insbesondere die Unabhängigkeit der künftigen Europäischen Zentralbank und strenge Konvergenzkriterien (Maurer/Grunert 1998: 235).

Doch auch die Straßburger Vorleistung des Kanzlers konnte das Misstrauen der Partner zu Frage der deutschen Einheit noch nicht ganz ausräumen. "Daß wir zu den engagiertesten Befürwortern der europäischen Integration gehörten und die Gemeinschaft auch von unseren hohen Beitragszahlungen in die EG-Kasse profitierte", so beklagte sich Kohl später "das alles spielte in diesem Moment keine Rolle" (Kohl 1996: 195). Es bedurfte erst eines offenen und klärenden Gesprächs zwischen Mitterrand und Kohl in des Staatspräsidenten Ferienhaus in Latché/Landes am 4.1.1990, um das gestörte Vertrauensverhältnis wiederherzustellen[43]. Für Kanzleramtsberater Horst Teltschik handelte es sich hierbei um ein Schlüsselgespräch, in welchem Kohl Mitterrand von der Ernsthaftigkeit seines europapolitischen Engagements und der europapolitschen Verlässlichkeit auch eines wiedervereinten Deutschland überzeugen konnte (Woyke 2000: 38).

In der dreistündigen Unterredung in Latché bekannte Mitterrand: "Ob es mir gefällt oder nicht, die Wiedervereinigung ist für mich eine Realität". Auf den Einwurf Kohls, dass die Deutschen "ein Licht am Ende des Tunnels sehen" wollten, entgegnete er dem Kanzler: "Ich werde es nicht sein, der den Ausgang des Tunnels schlösse" (Schabert 2002: 458). Folglich drehte sich das Gespräch vor allem um das "Timing", das "Tempo" des Vereinigungsprozesses, da beide Politiker die Entwicklungen in der Sowjetunion mit größter Sorge verfolgten. Übereinstimmung zwischen beiden herrschte schließlich auch bei der Auffassung, dass die deutsche Einheit parallel zur Vertiefung der europäischen Integration verwirklicht werden müsse (Schabert 2002: 458). Kohl zitierte einen Satz Adenauers, wonach "die deutschen Probleme

---

43 Die Aufzeichnung des Gesprächs in wiedergegeben in: Küsters/Hoffmann 1990: 682-690

nur unter einem europäischen Dach gelöst werden können". Außerdem wiederholt der Kanzler sein "immer wiederkehrendes Leitmotiv", dass deutsche und europäische Einheit die zwei Seiten einer Medaille seien (Kimmel /Jardin 2002: 289).

Kurz nach dem Gespräch in Latché jedoch vertraute Mitterrand seinem Berater Attali zynisch an: "Kohl möchte die Wiedervereinigung so schnell wie möglich in Gang setzen und uns dabei glauben machen, er könne nicht anders, da er sonst von den Ostdeutschen überrannt würde[44]. Nur Gorbatchov kann ihn davon noch abhalten. Wenn es ihm nicht gelingt, wird er seinen Stuhl verlieren. Und wir werden einen General im Kreml haben" (Attali 1995: 390) – mit dieser Sorge allerdings lag Mitterrand falsch.

Nachdem Kohl in einer vielbeachteten Rede vor der französischen Nationalversammlung am 17.1.1990 erneut die Missverständnisse über sein 10-Punkte-Programm auszuräumen versucht, die Oder-Neiße-Linie zumindest indirekt anerkannt, die Einbettung der deutschen Frage in den europäischen Kontext betont und die Motorenrolle der deutsch-französischen Freundschaft für die europäische Integration bestätigt hatte, entspannte sich das Verhältnis zwischen Paris und Bonn spürbar. Insbesondere die Frage der definitiven Anerkennung der Oder-Neiße-Linie hatte in den vorausgegangenen Wochen in Paris für Unmut gesorgt. Denn Paris wollte die formal staats- und völkerrechtlich fundierte Argumentation der Bundesregierung nicht akzeptieren. Zwar hatte Außenminister Genscher gleich nach Fall der Berliner Mauer erklärt, dass die Bundesrepublik keine territorialen Ansprüche erhebe. Eine endgültige Festlegung der Grenzen aber könne nur zwischen dem vereinigten Deutschland und den vier Siegermächten vorgenommen werden; die Bundesrepublik als Teil Deutschlands sei alleine zu solch einem Schritt nicht befugt. Erst als Kohl in Paris das bundesrepublikanische Ja zur Oder-Neiße-Linie bekräftigte und der Bundestag am 8.3.1990 einen Antrag zur Unverletzlichkeit der deutsch-polnischen Grenzen verabschiedete, war auch dieser Streitpunkt ausgeräumt (Guérin-Sendelbach 1999: 96-99). Mitterrand schickte sich nun in das Unabwendbare. Frankreich, das die deutsche Wiedervereinigung stets als ein legitimes Anliegen anerkannt hatte, sich angesichts seiner Status-Quo-Fixiertheit aber nicht zu deren aktiver Unterstützung hatte durchringen können, gab nun jeglichen Widerstand auf. Als im Mai 1990 die Zwei-plus-Vier-Verhandlungen über die deutsche Einheit begannen, stand seine (und Großbritanniens) Unterstützung fest.

---

44 In seinem Gespräch mit Mitterrand hatte Kohl eindringlich die dramatische Ausreisebewegung der Ostdeutschen beschworen; es sei ganz wichtig zu erreichen, dass die Menschen die DDR nicht mehr massenhaft verließen; denn die 30. bis 40.000 Ostdeutschen, die monatlich aus der DDR ausreisten, gefährdeten laut Kohl die Lage sowohl in der DDR als auch der BRD.

4.2 Der wiedergefundene Gleichklang: Deutsch-französische Initiativen für Maastricht

Nach der kurzen, aber heftigen Phase des Misstrauens konnten Mitterrand und Kohl ab Anfang 1990 wieder zu der in den Jahren 1983-1989 entwickelten außergewöhnlichen Intensität und Freundschaftlichkeit ihrer Beziehungen zurückkehren, mit Sicherheit einer der größten politischen Verdienste der beiden "großen Europäer". Als deutliches Zeichen für ihr gemeinsames europapolitisches Engagement sowie für den wiedergefundenen Gleichklang in den deutsch-französischen Beziehungen ergriffen Kohl und Mitterrand am 18.4.1990 eine äußerst bedeutsame Initiative: In einer gemeinsamen Botschaft riefen sie die Partnerstaaten dazu auf, neben der bereits beschlossenen Regierungskonferenz zur Vorbereitung der WWU auch eine zweite einzuberufen, die über die Politische Union beraten solle. Hier ginge es besonders darum, die demokratische Legitimation der Gemeinschaft zu stärken, ihre Institutionen effizienter auszugestalten, die Kohärenz der Gemeinschaft in den Bereichen Wirtschaft, Währung und sonstiger Politiken sicherzustellen und eine gemeinsame Außen- und Sicherheitspolitik zu institutionalisieren und in die Tat umzusetzen. Als Begründung schreiben die beiden Staatsmänner: "Angesichts der tiefgreifenden Umwälzungen in Europa, unter Berücksichtigung des Binnenmarktes und der Wirtschafts- und Währungsunion halten wir es für notwendig, den politischen Aufbau der Zwölf zu beschleunigen. Wir glauben, daß es an der Zeit ist, die Gesamtheit der Beziehungen zwischen den Mitgliedstaaten in eine Europäische Union umzuwandeln und diese mit den notwendigen Aktionsmitteln auszustatten', wie es die Einheitliche Europäische Akte vorgeschlagen hat" (der Brief ist abgedruckt in Woyke 2000: 210/211).

Insbesondere die Bundesregierung, die nach der Wiedervereinigung ihren ungebrochenen Integrationswillen als Garant deutscher Vertrauenswürdigkeit kundtun wollte, setzte sich intensivst für die Verwirklichung der politischen Einigung Europas ein (Karama 2001: 199). Nach all den bisherigen, gescheiterten Versuchen, innerhalb der Integrationsgemeinschaft den politischen, d.h. demokratischen, institutionellen und außenpolitischen Zusammenhalt zu stärken, sah Kohl nun – angesichts des Vollzugs der deutschen Einheit – den Zeitpunkt gekommen, dieses Projekt erneut anzugehen. In seiner Regierungserklärung vom 22.11.1990 bekannte Kohl: "Unser Kernziel ist und bleibt die politische Union Europas. So wichtig die Verwirklichung der Wirtschafts- und Währungsunion ist, sie bliebe aus meiner Sicht nur Stückwerk, wenn wir nicht gleichzeitig die politische Union verwirklichten; beide Ziele gehören unauflöslich zusammen". Zunächst legte der Kanzler die Latte recht hoch; so ließ er mehrfach seine Absicht erkennen, den Vertrag über die WWU erst dann zu unterzeichnen, wenn auch ein befriedigendes Ergebnis zur Politischen Union erreicht sei (Guérin-Sendelbach 1999: 129). Frankreich unter Mitterrand verfolgte hier zunächst eine andere, diffuse Position. Zwar beschwor Mitterrand angesichts der europäischen Zeitenwende mehrfach die Notwendigkeit, das vereinte Deutschland durch eine Vertiefung der europäischen Integration einzubinden und warnte vor den Gefahren einer voreiligen Erweiterung der EG um die nun befreiten mittel- und osteuropäischen Staaten (vgl. Kap. 7.2); jedoch ließ er zunächst nicht erkennen, ob und inwieweit Frankreich zu Souveränitätsverzichten bereit wäre, um diese Vertiefung zu erreichen. Deshalb verhielt er sich bei der Frage der Politischen Union sehr zurückhaltend.

Vordergründig gelang es Kohl, Mitterrand für seine Unionspläne zu gewinnen. Denn beide trugen den Vorschlag zur Eröffnung einer zweiten Regierungskonferenz mit. Konkrete Vorschläge allerdings fehlten in der ersten Initiative vom 18.4.1990 vollständig. Im Vorfeld des Maastrichter Reformgipfels ergriffen Mitterrand und Kohl jedoch noch drei weitere gemeinsame Initiativen, die gemäß des gemeinsamen Briefes vom 6.12.1990 auch eine Unionsbürgerschaft sowie Kooperation in den Bereichen Justiz und Inneres umfassen sollte (abgedruckt in Woyke 2000: 211-213). Somit konkretisierten sie ihre Vorstellungen von der Politischen Union, die sie dann auch ihren EG-Partnerstaaten mitteilten.

In diesem Brief vom 6.12.1990, der unmittelbar vor der Einsetzung der beiden Regierungskonferenzen verfasst wurde, bekräftigen Mitterrand und Kohl ihren Wunsch, "daß die Regierungskonferenz (Politische Union) die Grundlagen und die Strukturen einer starken und solidarischen Politischen Union festlegt, die bürgernah ist und entschlossen den Weg geht, der ihrer föderalen Berufung entspricht." Um diese Zielsetzung zu verwirklichen, schlugen sie eine Vertiefung und Ausweitung der Kompetenzen der Union und der Gemeinschaft vor. Bestimmte Fragen wie Einwanderung, Sichtvermerkspolitik, Asylrecht, Drogenbekämpfung und –prävention, Kampf gegen die internationale Kriminalität könnten "in den Rahmen der Union einbezogen werden [...] Es könnte die Schaffung eines Rates der Innen- und Justizminister ins Auge gefaßt werden". Zur Stärkung der demokratischen Legitimität wird die Schaffung einer europäischen Staatsbürgerschaft, die Stärkung der Rechte des EP "in Richtung auf eine Mitentscheidung" sowie die Bestätigung des Kommissionspräsidenten durch das EP angeregt. Um die Effizienz der Union zu steigern, wollten Mitterrand und Kohl die Rolle des Europäischen Rats, seine "Funktion des Schiedsrichters, Garanten und Impulsgebers für die kohärente Vertiefung der Integration auf dem Wege zur Europäischen Union" bestätigt und erweitert sehen. Für die gemeinsame Außen- und Sicherheitspolitik der künftigen Union, die sich auf "alle Bereiche" erstrecken soll, regten beide an, "daß der Europäische Rat vorrangige Bereiche für ein gemeinsames Vorgehen festlegt". "Die Außenpolitik könnte sich auf diese Weise", so schrieben sie, "in Richtung auf eine echte gemeinsame Außenpolitik entwickeln." Außerdem forderten sie, dass die Politische Union eine "echte gemeinsame Sicherheitspolitik umfassen" solle, "die am Ende zu einer gemeinsamen Verteidigung führen sollte". Daher müsse die Regierungskonferenz prüfen, "wie die WEU und die Politische Union eine klare organische Beziehung herstellen und wie in der Folge die WEU, operativer ausgestaltet, schließlich Teil der Politischen Union werden und für sie die gemeinsame Sicherheitspolitik erarbeiten könnte". Was die Entscheidungsstrukturen der gemeinsamen Außen- und Sicherheitspolitik anbelangt, so schlugen Mitterrand und Kohl vor, dass der Allgemeine (Außen-)Ministerrat die vom Europäischen Rat festgesetzten Gemeinschaftsfragen umsetzen solle. "Entscheidungen sollten grundsätzlich einstimmig getroffen werden", schrieben sie, doch würden Enthaltungen nicht als Veto gewertet. Insbesondere bei "Entscheidungen über konkrete Maßnahmen" jedoch sollten die Ausführungsmodalitäten vom Allgemeinen Rat mit Mehrheit festgelegt werden können.

In diesem Brief, insbesondere bei den institutionellen Vorschlägen, zeigt sich, dass jeder der beiden Staatsmänner substantielle Zugeständnisse an den Partner zu erbringen hatte. Dies erklärt die parallele Zielsetzung der Aufwertung des EP und des Europäischen Rats. Aber nicht nur in der "Integrationsmethode" – hier die föderal angelegte deutsche Konzeption zur Stärkung von Europäischem Parlament und Kommission, dort die intergouvernemental ausgerichtete französische Tradition der Stärkung von Rat und Europäischem Rat –, sondern auch beim Zielhorizont der Politischen Union unterschieden sich Kohl und Mitterrand spürbar. Während für Kohl die Politische Union dem Bau der Vereinigten Staaten von Europa gleichkam, waren Mitterrands Ambitionen für die politische Einigung weit pragmatischer und weniger föderal angelegt (Deloche-Gaudez 2002). Zwar bekräftigte Außenminister Dumas in einer Regierungserklärung vom 27.7.1990 die Zielsetzung der französischen Regierung, eine "einheitliche Gemeinschaft mit föderaler Finalität" zu schaffen; die gemeinschaftlichen Institutionen hätten jedoch "im Rahmen ihrer Kompetenzen und unter Wahrung der Zuständigkeiten und der Rolle der Nationalstaaten" zu handeln (de la Serre/Lequesne 1991: 319). Für Mitterrand bedeutete die Politische Union neben einem Einstieg in eine Gemeinsame Außen- und Sicherheitspolitik vorrangig die Ausweitung der Gemeinschaftskompetenzen, möglichst auf solche Politikfelder, die Paris in Europa gerne gestärkt gesehen hätte, wie insbesondere die Industriepolitik (de la Serre/Lequesne 1992: 330/331) – und natürlich die Sicherheits- und Verteidigungspolitik (vgl. Kap. 4.3.2). Die Schaffung eines veritablen Bundesstaates jedoch mit parlamentarisierten, supranationalen Entscheidungsregeln lag außerhalb des französischen Vorstellungsvermögens. Dieser latente Dissens zwischen Deutschland und Frankreich kommt in dem Fehlen eines Vorschlags zur künftigen Vertragsstruktur zum Ausdruck; so unterlassen Mitterrand und Kohl es in ihren Brief vom 6.12.1990 bezeichnenderweise, die Einbeziehung der künftigen GASP in den Kompetenzbereich der europäischen Gemeinschaft zu fordern.

Dass Mitterrand überhaupt bereit war, mit Kohl so weitreichende Initiativen zu ergreifen, lag an der einheitsbedingten Machtverschiebung zuungunsten Frankreichs. Bis 1990 entsprachen die deutsch-französischen Beziehungen – so läßt sich zugespitzt formulieren – einem subtilen Gleichgewicht: "Frankreich belegt den ersten Platz und Westdeutschland – ein Sonderfall einerseits wegen seiner nationalsozialistischen Vergangenheit, andererseits wegen des Fehlens eines Friedensvertrags, der sein Schicksal abschließend regeln würde – bescheidet sich darauf, der brillante Zweite zu sein. Frankreich ist freier und gleicher als sein rechtsrheinischer Nachbar" (Moreau Defarges 1996: 39). Mit der Einheit wurde dieses "auf dem Ausgleich von Bombe und Mark beruhende Gleichgewicht" (Woyke 2000: 23) aufgehoben – was auch Mitterrands verzweifelte Versuche, die Einheit zu verzögern, erklärt. Letztendlich aber bot Frankreich "wie seit 1952 in allen Fällen einer sich vergrößernden Handlungsfreiheit der Bundesrepublik die verstärkte Kooperation an" (Czempiel 1993: 70). Und im Jahr 1990 bedeutete dies, dass man dem deutschen Streben nach einer Politischen Union, in welche dann auch das vergrößerte deutsche (außenpolitische) Potenzial eingebracht werden könnte, zumindest ansatzweise stattgeben musste.

4.3 Mitterrand und Maastricht

Die große Mehrheit der EG-Mitgliedstaaten begrüßte die deutsch-französische Initiative vom 18.4.1990 zur Einsetzung zweier Regierungskonferenzen. Selbst Portugal und insbesondere Großbritannien, das sich noch während des Europäischen Rats von Madrid gegen eine erneute Regierungskonferenz zur weiteren Vertiefung der Integration zur Wehr gesetzt hatte, zeigten sich aufgeschlossen; so konnte auf dem Dubliner Sondergipfel vom April 1990 ein Auftrag an die Außenminister formuliert werden, bis zur nächsten regulären Zusammenkunft im Juni über die Inhalte einer Politischen Union zu beraten. "Der Dubliner Sondergipfel [...] legte damit den Grundstein für eine noch ein Jahr zuvor kaum für möglich und nötig erachtete Änderung der Gründungsverträge der Europäischen Gemeinschaften. Selbst die britische Premierministerin relativierte ihre ablehnende Haltung gegenüber der Konferenz und kündigte im Mai 1990 an, daß Großbritannien ‚konstruktive Ideen' einbringen werde" (Maurer/Grunert 1998: 237/238). Daraufhin konnte auf dem Gipfeltreffen des Europäischen Rats vom 25./26.6.1990 – wiederum in Dublin – die Einsetzung der beiden Regierungskonferenzen beschlossen werden. Diese wurden dann während des darauffolgenden Gipfels des Europäischen Rats in Rom am 14./15.12.1990 feierlich eröffnet.

In den intensiven einjährigen Verhandlungen der Regierungskonferenz "Politische Union" zeigte sich jedoch, dass die Initiatoren Frankreich und insbesondere Deutschland wesentliche Abstriche an ihrem Konzept hinnehmen mussten, das seinerseits ja bereits von verschiedenen Divergenzen geprägt war. Zwar gelang dem die Regierungskonferenzen beschließenden Gipfeltreffen des Europäischen Rats von Maastricht am 9./10.12.1991 die Europäische Union zu begründen und den neuen Vertrag am 7.2.1992 wiederum in Maastricht zu unterzeichnen; doch die inhaltliche Konsistenz und Kohärenz des neuen Vertragswerkes entsprach den deutsch-französischen Erwartung nicht vollauf. So hieß es in Titel I, Art. A des EUV (Maastrichter Fassung) lediglich: "Durch diesen Vertrag gründen die Hohen Vertragsparteien untereinander eine Europäische Union, im folgenden als Union bezeichnet. Dieser Vertrag stellt eine neue Stufe bei der Verwirklichung einer immer engeren Union der Völker Europas dar, in der die Entscheidungen möglichst bürgernah getroffen werden." Ursprünglich sollte der erste Satz auf englisch folgendermaßen lauten: "This treaty marks a new stage in the process leading gradually to a Union with a federal goal". Auf vehementen Einspruch Großbritanniens hin musste die Zielbestimmung des "federal goal" wieder fallengelassen werden (Pfetsch 1997: 66), was Mitterrand zu Pass kam. Mit der adoptieren Formulierung jedoch werden Zielsetzung und Finalität der Union vom Vertragstext her nicht weiter bestimmt. "Die Versuche von politischer wie akademischer Seite, diesen Begriff näher zu bestimmen, führten nur begrenzt weiter", schreibt Wolfgang Wessels. "Wissenschaftliche Ansätze, über den Begriff 'Union' oder von den Aufgaben und Zielsetzungen der Gemeinschaft her zu weitergehenden Präzisierungen zu gelangen, trugen nicht zu einer politisch tragfähigen Übereinstimmung bei" (Wessels 1992: 173).

Mit dem Maastrichter Vertrag wurde die bis heute gültige Drei-Säule-Struktur der Europäischen Union gesetzt, wobei in den einzelnen Säulen verschiedene Integrationsmethoden und Entscheidungsverfahren zur Anwendung gelangen; das supranationale Elemente einschließende Entscheidungsverfahren der Europäischen Gemeinschaft mit den weitreichenden Beteiligungsrechten der Kommission und den – im Zeitverlauf ausgebauten – Mitentscheidungsrechten des EP findet folglich nur in der ersten, auf den Römischen Verträgen und den in den EEA vorgenommenen Komptenzausweitungen basierenden sog. Ersten Säule Anwendung. Die Gemeinsame Außen-

und Sicherheitspolitik (GASP) wurde im Vertrag von Maastricht als sog. zweite Säule neben den europäischen Gemeinschaften, aber unter dem gemeinsamen Dach des neuen Unionsvertrags, errichtet. Die dritte Säule bilden die "Bestimmungen über die Zusammenarbeit in den Bereichen Justiz und Inneres", wie es im Maastricht-Vertrag hieß[45]. Es ist folglich nicht gelungen, die neuen Politikfelder GASP und Justiz und Inneres in den Gemeinschaftsbereich zu überführen, womit die Hinnahme der schon angedeuteten Disparität der Integrationsmethoden und Entscheidungsverfahren verknüpft war.

4.3.1   Die Maastrichter Reformen in der ersten Säule

4.3.1.1   Die Demokratisierung der Entscheidungsverfahren

Im Maastrichter Vertrag konnte eine nicht unerhebliche Aufwertung des EP erreicht werden, die dem Anliegen der integrationsfreundlichsten Mitgliedstaaten und hier insbesondere Deutschlands nach einer deutlichen Demokratisierung der Entscheidungsverfahren in der ersten Säule entgegenkam. Bei dieser Aufwertung des EP sind drei unterschiedliche Aspekte zu berücksichtigen: Erstens wurde ein neues Verfahren der parlamentarischen Mitentscheidung eingeführt, das sog. Mitentscheidungs- oder Kodezisionsverfahren (Art. 189b EGV), das in der Maastrichter Fassung dem EP es nach der neu eingeführten dritten Lesung erlaubt, bei Nichtübereinstimmung mit dem Rat ein Gesetzesvorhaben definitiv abzulehnen. Damit wurde dem EP bei einer Veto-Position Gleichberechtigung mit dem Rat eingeräumt. Entgegen den Forderungen mancher Mitgliedstaaten, darunter Deutschlands, dieses neue Verfahren auf breiter Front einzuführen, wurde es den bereits bestehenden Beteiligungsverfahren des EP (Konsultations-, Anhörungs- Zustimmungsverfahren und Verfahren der Zusammenarbeit) lediglich hinzugefügt und galt folglich nur für die in Maastricht neu eingefügten Kompetenzbereiche der ersten Säule sowie für die Maßnahmen, die den Binnenmarkt verwirklichen. Zweitens wurden dem EP mehr Mitspracherecht bei der Ernennung des Kommissionspräsidenten und der Kommission eingeräumt; denn künftig muß vor Ernennung des Kommissionspräsidenten durch die Mitgliedstaaten das EP gehört und die Kommission als Ganze sich seinem Zustimmungsvotum stellen. Drittens schließlich wurde dem EP eine Art Initiativrecht eingeräumt. So hieß es in im neueingefügten Artikel 138 b (Maastrichter Verfassung des EUV): "Das EP kann mit der Mehrheit seiner Mitglieder die Kommission

---

45 Da sich die sukzessive Ausgestaltung der dritten Säule erst mit dem Amsterdamer Vertrag von 1997 konkretisierte, wird hier auf die Analyse der Maastrichter Ergebnisse verzichtet.

auffordern, geeignete Vorschläge zu Fragen zu unterbreiten, die nach seiner Auffassung die Ausarbeitung eines Gemeinschaftsakts zur Durchführung dieses Vertrags erfordern".

Im Laufe der Verhandlungen der Regierungskonferenz hatte die französische Delegation noch versucht, die im gemeinsamen deutsch-französischen Brief vom 6.12.1990 geforderte Stärkung des EP abzuschwächen; hier konnte man sich an Großbritannien anlehnen, das hier in dieser Frage anhaltenden Widerstand leistete. Zwar versuchte Deutschland zusammen mit Italien in einem gemeinsamen Vorstoß vom April 1991 noch, das EP als gleichberechtigten Gesetzgeber neben dem Rat zu verankern; für den Fall der Nichtübereinstimmung sah man ein Vermittlungsverfahren vor[46]. Doch eine so weitreichende Aufwertung des EP wollten weder Frankreich noch Großbritannien akzeptieren. In einer Regierungserklärung kurz vor dem Maastrichter Gipfeltreffen gab Kanzler Kohl seiner Enttäuschung Ausdruck: Er habe nicht damit gerechnet, "dass wir in der Frage der Verstärkung der Rechte des Europäischen Parlaments auf solche Schwierigkeiten stoßen würden. Mir ist es letztlich auch unverständlich, wie man in dieser Frage so zögerlich sein kann" (Regierungserklärung vom 6.11.1991, in Keßler 2002: 141).

Aus französischer Sicht jedoch waren die parlamentsbezogenen Innovationen, die schließlich Eingang in den Maastrichter Vertrag fanden, schon weitreichend genug, standen sie doch in Widerspruch zur französischen Orthodoxie der Intergouvernementalität und der Verteidigung der nationalen Parlamente als höchster Hort der Souveränität. Der Vorschlag Frankreichs, eine Konferenz der nationalen Parlamente einzuberufen, fand keinen Eingang in den Vertragstext, sondern wurde lediglich in den dem Unionsvertrag angehängten Erklärungskatalog aufgenommen (Guérin-Sendelbach 1999: 130). Letztlich sah Mitterrand sich zu dieser Aufwertung des EP als Gegenleistung für die deutsche Einwilligung in die Währungsunion verpflichtet. So hielt er sich an die mit Kohl in den gemeinsamen Briefen besiegelte Abmachung, dass Deutschland für die Aufgabe der DM mit einem Einstieg in die Politische Union und einer gesteigerten Legitimität ihrer Insitutionen Kompensation erhalten müsste. Daher ist Françoise de la Serre und Christian Lequesne zuzustimmen, die Mitterrands Zugeständnisse in Sache EP als den Preis bezeichnen, den Frankreich für Deutschlands Ja zur Gemeinschaftswährung zu entrichten hatte: "Die Einwilligung in eine institutionelle Aufwertung des

---

46 Dieser Vorschlag wurde dann bei der nächsten Vertragsreform aufgegriffen. Im Amsterdamer Vertrag wurde das Mitentscheidungsverfahren nämlich dahingehend überarbeitet, dass bei Dissens zwischen EP und Rat ein Vermittlungsverfahren greift, das beiden Instanzen gleichberechtigte Teilhabe an der Entscheidung zugesteht, die Gleichberechtigung also nicht mehr nur in Situationen einer Ablehnung besteht – wie es im Maastrichter Vertrag der Fall war.

Europäischen Parlaments wurde in Paris als notwendige Entschädigung für die Zugeständnisse Deutschlands auf dem Gebiet der WWU verstanden" (de la Serre/Lequesne 1992: 331).

Den Versuch der Bundesregierung, die 18 Parlamentssitze mit Beobachterstatus, die man den Ostdeutschen zugestand, in reguläre Mandate umzuwandeln und auf diese Weise die deutsche Vertretung zu vergrößern, lehnte Frankreich mit dem Argument ab, dass zwischen den großen EU-Staaten Parität herrschen müsse (Guérin-Sendelbach 1999: 130). Doch Ende 1992 einigte sich der Europäische Rat Edinburgh darauf, Deutschland als einzigem EU-Staat 99 Mandate zuzuerkennen; dies wurde bei den Wahlen zum EP 1994 dann verwirklicht.

Hingegen war man bei der für die Handlungs- und Entscheidungsfähigkeit der Gemeinschaft wichtigen Frage der Ausweitung des in der EEA eingeführten qualifizierten Mehrheitsentscheids in Maastricht eher zögerlich. Aufgrund von Vorbehalten, die auch aus Frankreich kamen, wurden lediglich die Entscheidungsverfahren von neuen Kompetenzbereichen in den qualifizierten Mehrheitsentscheid überführt, so beispielsweise beim Gesundheits- und Verbraucherschutz, bei der Entwicklungszusammenarbeit und den Transeuropäischen Netzen. Nur die Umweltpolitik öffnete man der Mehrheitsregel weitgehend, zentrale Handlungsbereiche wie Vorschriften steuerlicher Art, Raumordnungs-, Bodennutzungs- und Wasserbewirtschaftungsmaterien verblieben allerdings im Bereich der Einstimmigkeit. Da bei keinem der zentralen Politikfelder wie Wettbewerb, Steuerharmonisierung, Strukturfonds etc. Veränderungen durchsetzbar waren, blieb auch in Maastricht das Prinzip der Einstimmigkeit eine höchst wichtige Entscheidungsregel in der neu geschaffenen Union (Weidenfeld 1994: 21 f).

4.3.1.2   Beschlüsse zur WWU

Das wichtigste Masstrichter Reformprojekt innerhalb der ersten Säule war selbstredend die konkrete Ausgestaltung der WWU. So wurde das Europäische System der Zentralbanken ESZB in den Verträgen verankert und in Art. 105 (Maastrichter Fassung) die währungspolitischen Aufgaben des ESZB fixiert. Weiterhin wurde die Unabhängigkeit der Europäischen Zentralbank EZB festgeschrieben (Art. 107) und in Art. 109 die "Übergangsbestimmungen" für die zweite und dritte Stufe der WWU niedergelegt. Von besonderem Interesse ist hier Art. 109j (Maastrichter Verfassung), der die berühmtberüchtigten sog. vier Konvergenzkriterien zum Eintritt in die dritte und finale Stufe der Einheitswährung definiert, um sicherzustellen, dass nur starke Währungen am Start des Euro teilnehmen. Die im späteren Verlauf der Integrationsgeschichte so strittig debattierte konkrete Ausgestaltung der zentralen Kriterien – die Neuverschuldung eines Euro-Staates darf nur 3% des BIP betragen und der absolute Schuldenstand 60% des BIP nicht überschreiten – wurde nicht im Vertrag selbst, sondern in einem dem Vertag beifügten "Protokoll über das Verfahren bei einem übermäßigen Defizit" definiert. Im "Protokoll über die Satzung des ESZB und der EZB" heißt es weiterhin, dass die Mitgliedstaaten auf der Ebene der Staats- und Regierungschefs "vor Ende 1992 [...] im gegenseitigen Einvernehmen über den Sitz der EZB" beschließen.

Es besteht nun kein Zweifel daran, dass die konkrete Ausgestaltung der WWU sehr deutlich eine deutsche Handschrift trägt. Für Frankreich unter Mitterrand war die Einwilligung der Deutschen in die WWU das Ausschlaggebende; im Gegenzug zu diesen Ja war man durchaus bereit, den Deutschen den Vortritt bei der Konturierung dieses Großprojektes zu überlassen. Als erstes gab Frankreich seinen anfänglichen Widerstand gegen die "Unterbringung der WWU unter die Säule ‚EG'" auf (de la Serre/Lequesne 1992: 330). In der Tat zeigt sich der dominante deutsche Einfluss auf die WWU an verschiedenen Stellen und Momenten ihrer Ausgestaltung. Schon der Delors-Plan vom 17.4.1989 hatte sich deutlich am "Rollenmodell der Bundesbank" und an den "Essentials der Bonner Geldpolitik" orientiert (Keßler 2002: 148). Weiterhin hatte die Bundesregierung bei ihrer definitiven Zustimmung zur Einberufung einer Regierungskonferenz über die WWU auf dem Straßburger Gipfeltreffen vom Dezember 1989 es verstanden, eine Reihe von Bedingungen zu formulieren, die dem Projekt "eine deutsche Prägung verliehen". Als solche zählen Maurer und Grunert: Strenge Konvergenzkriterien, eine von den Regierungen der Mitgliedstaaten unabhängige Geldpolitik der EZB sowie vertraglich festgelegte, verbindliche Regeln zur Einhaltung der Haushaltsdisziplin innerhalb des einheitlichen Währungsraums (Maurer/Grunert 1998: 235). Schließlich waren auch die Vorbereitungsarbeiten, die vor Eröffnung der Regierungskonferenz WWU erbracht worden waren und auf die sie zurückgreifen konnte, in großem Maße von deutschen Vorstellungen inspiriert. So hatte der damalige Bundesbankpräsident Pöhl, Vorsitzender des Ausschusses der Zentralbankgouverneure, einen Statutenentwurf für das ESZB und die EZB vorgelegt, "der sich am Vorbild der Bundesbank orientierte und mit nur marginalen Abstrichen in Maastricht angenommen wurde" (Keßler 2002: 149). Besonders vehement trat Bonn für eine abgestufte WWU ein, die nur solche Mitgliedstaaten zur Teilnahme berechtigte, die strikte stabilitätsorientierte Kriterien zu erfüllen in der Lage waren und übernahm damit die Grundposition der Bundesbank, die dies in einem Papier vom September 1990 gefordert hatte (Guérin-Sendelbach 1999: 123). Die deutschen Verhandlungspositionen waren bei allen Aspekten die WWU betreffend – im Gegensatz zum sonst üblichen deutschen Vorgehen bei Regierungskonferenzen – äußerst unbeweglich und kompromisslos. "Alles was eine stringente Stabilitätsorientierung, die Unabhängigkeit der künftigen EZB oder das Ziel wirtschaftlicher Konvergenz in Frage stellte, war für Bonn indiskutabel" (Keßler 2002: 149).

Diesem furor teutonicus beugten sich alle an der WWU interessierten Mitgliedstaaten[47]; selbst Frankreichs Versuche, die Unabhängigkeit von ESZB und EZB durch die Einrichtung eines "gouvernement économique", das die künftig gemeinsame Geldpolitik quasi unter politischen Gesichtspunkten mitbeeinflussen sollte, etwas zu schleifen, fielen nur halbherzig aus. Frankreich wollte der EBZ einen "Rat der Wirtschaftsminister" beiordnen, der dadurch, dass er der demokratischen Kontrolle der einzelstaatlichen Parlamente unterliegen würde, den Einfluss der unabhängigen EZB abschwächen sollte (Guérin-Sendelbach 1999: 124). Das Vorhaben, das Paris in seinem Vertragsentwurf vom Januar 1991 erstmals unterbreitete, wurde jedoch wegen des harschen deutschen Widerstands zurückgezogen – allerdings nicht gänzlich aufgegeben, wie die späteren deutsch-französischen Auseinandersetzungen um die Geldpolitik noch zeigen werden. Die Konvergenzkriterien zur Inflationsrate, Neuverschuldung, Haushaltsdisziplin und Zinsniveau akzeptierte Frankreich schließlich zum einen, weil "die tugendhafte Wirtschafts- und Finanzpolitik, die seit 1983 den Franc stärker werden ließ" es absehbar machte, dass Frankreich sie ohne Probleme würde einhalten können (de la Serre/Lequesne 1992: 330) und zum anderen, weil der mehrstufige Übergang zur WWU diese unumkehrbar machte. Dies war Frankreichs wichtigstes Anliegen.

In den Maastrichter Verhandlungen war für Mitterrand die Zielsetzung absolut prioritär, dem langjährigen Diktat der Bundesbank zu entkommen, da die Hüter der unangefochtenen Leitwährung DM Frankreich seit der Einführung des EWS nur mehr begrenzten geldpolitischen Handlungsspielraum zugebilligt hatten. "Die Franzosen wußten, daß sie ohne Währungsunion weltwirtschaftlich keine Zukunft haben würden" (Guérot 1997: 226). Sehr deutlich gab Mitterrand dieser Priorität Ausdruck, als er im Mai 1992 in einem Fernsehinterview seine Sicht auf die WWU erläuterte: "In meinen Augen ist der Maastrichter Vertrag ein Projekt Frankreichs [...] Der Vorschlag kam von Frankreich [...] Ohne die europäische ECU[48], zu der natürlich auch die DM gehören wird, würden viele Menschen sagen, daß wir in einer DM-Zone leben, was keine gute Sache ist [...] Die Entscheidungen über die Währungen, und insbesondere die DM werden zu zwölft getroffen werden, es werden nicht mehr nur nationale Entscheidungen sein" (Der Spiegel Nr.

---

47 Großbritannien und Dänemark, die keine Teilnahme beabsichtigten, konnten dadurch von einer Blockade der Verhandlungen abgehalten werden, dass ihnen opting-out-Klauseln angeboten wurden.

48 Die spätere Umbenennung der Einheitswährung von ECU – einer alten französischen Währung – zu Euro wird als weiterer deutscher Punktsieg erachtet.

20/1992). Einige Jahre später wird auch Giscard d'Estaing verkünden, dass "die Abschaffung der D-Mark stets ein strategisches Ziel für Frankreich" war (zitiert nach Guérot 1997: 225). Die übergeordnete Zielsetzung der WWU jedenfalls war Mitterrand in Maatricht die Akzeptanz der deutschen geldpolitischen Orthodoxie wert. Für Paris war die Verwirklichung der Währungsunion derart wichtig, "dass es bereit war, hierfür viele Zugeständnisse und Abstriche an seinen eigenen wirtschaftspolitischen Positionen zu machen (Guérot 1998: 134). Dieses "Nachgeben" Frankreichs Deutschland gegenüber wird dann in der sog. Post-Maastricht-Debatte für heftigste Polemik und das Psycho-Drama des Maastricht-Referendums sorgen (vgl. Kap. 5.1).

Für Mitterrands Umgang mit Souveränitätsverzichten lässt sich aber festhalten, dass Frankreich dann zu substantiellen Zugeständnissen bereit ist, wenn zentrale nationale Interessen auf dem Spiel stehen; in solchen Situationen könne Frankreich durchaus seine "exzessive Zögerlichkeit bei der Vergemeinschaftung von Souveränitäten" überwinden (Toulemon 1999: 584). Für Mitterrand, der zu Beginn seines ersten Septennats die Vorherrschaft der DM und die damit verbundene, äußerst begrenzte eigene, französische Handlungsautonomie hatte erfahren müssen, wog die Realisierung des Langzeitprojektes WWU diese Verzichte auf. Daher war sie für ihn "ein Projekt Frankreichs".

4.3.2 Mitterrand und die GASP

In ihrem gemeinsamen Brief vom 6.12.1990 hatten Mitterrand und Kohl den die Regierungskonferenzen WWU und Politische Union beschließenden Europäischen Rat aufgerufen, "die Grundlagen und Strukturen einer starken und solidarischen Politischen Union" festzulegen. Die "föderale Berufung der Union", die in diesem Brief beschworen wird, "begrenzten Kohl und Mitterrand auf den gewünschten Integrationssprung im EG-System". Im Bereich der ersten Säule ließen sich dann in Maastricht in der Tat substantielle, die Integration verdichtende Reformen erzielen. Demgegenüber "bezog das deutsch-französische Schreiben die Vorschläge zur Vertiefung der außen- und sicherheitspolitischen sowie der innen- und justizpolitischen Zusammenarbeit auf den Ordnungsrahmen der ‚Union'. Hiermit sprachen sie unmittelbar die Strukturierung des beabsichtigten Vertragswerkes an, die aufgrund französischer Vorbehalte bezüglich einer Vergemeinschaftung dieser Politikbereiche auf die im Dezember 1991 vereinbarte Drei-Pfeiler-Konstruktion und eine Stärkung des Europäischen Rats hindeutete" (Maurer/Grunert 1998: 240). Mithin wurde für diese beiden neuen Politikfelder ein wesentlich lockererer, der Gemeinschaftsmethode der ersten Säule entzogener Bezugsrahmen gewählt.

Hier wird deutlich, dass die beiden Staatsmänner ihr gemeinsames Dokument vom 6.12.1990 aus deutlich unterschiedlicher Motivation heraus verfasst hatten: Zwar war ihnen der Wunsch gemeinsam, nach den bilateralen "Irritationen", die sich im Kontext des rapiden deutschen Vereinigungsprozesses ergeben hatten, durch diese gemeinsame Initiative für alle sichtbar den wiedergefundenen Gleichklang zu demonstrieren und damit auch erneut die deutsch-französische Motorenrolle für sich zu beanspruchen; ansonsten aber beruhte der Appell zur beschleunigten Verwirklichung einer Politischen Union auf deutlich divergierenden Konzeptionen. Während die Deutschen "den Aufbau eines politischen Europas vor allem als ein Mittel betrachteten, die demokratische Legitimität der Gemeinschaft zu verstärken – um auf diese Weise der eigenen Bevölkerung auch die Aufgabe der deutschen Mark zu erleichtern" (Deloche-Gaudez 2002: 122), verfolgte Mitterrand vorrangig ein anderes Ziel.

4.3.2.1 Mitterrands Konzeption der europäischen Außenpolitik

Mitterrand ging es im wesentlichen darum, die traditionelle doppelte französische europapolitische Zielsetzung voranzubringen, die neben der Einbindung Deutschlands immer auch den Aufbau einer politischen europäischen Entität verfolgt hat, die fähig sein sollte, Europa zu einer eigenständigen, die US-Hegemonie ausbalancierenden internationalen Rolle zu befähigen. Ein solches Europas würde zugleich dem französischen Anspruch auf Weltmachtstatus eine glaubhafte Unterfütterung liefern – alles langjährige Topoi französischer Außen- und Europapolitik, die Mitterrand vom Gaullismus übernommen hat und für die sich der Begriff "Europe Puissance" anbietet[49]. Anfang der 90er Jahre, nach dem Umbruch in Mittel- und Osteuropa, traten neue, zusätzliche Gründe hinzu, die eine Stärkung der gemeinsamen Außenpolitik dringlich angeraten erscheinen ließen. So erinnerte Mitterrand seine EG-Kollegen mehrfach daran, "dass das Ziel der Gründungsväter nicht in der Errichtung einer Wirtschaftsgemeinschaft, sondern der Schaffung einer politischen Entität bestanden habe; Mitterrand hielt es für geboten, diese ehrgeizige Zielsetzung zu bekräftigen, bevor weitere, auch neutrale Staaten der Gemeinschaft beiträten und diese Entwicklung be- oder verhindern könnten" (Deloche-Gaudez 2002: 122).

Dies ließ sich mit der ebenso klassischen französischen Zielsetzung der Einbindung Deutschlands trefflich verbinden. Denn das deutlich gewachsene außenpolitische Gewicht des vereinten, nun voll souveränen Deutschlands

---

49 Der Begriff war von Giscard d'Estaing geprägt worden, der das Europe Puissance einem Europe Espace, also einem lediglich als geographischer Raum verstandenen Europa entgegensetzte.

bot die Chance, der Stimme Europas in der Welt besser Geltung zu verschaffen, wenn neben Frankreich und Großbritannien nun auch der dritte große Mitgliedstaat die Belange Europas weltweit machtvoll – wenn auch nicht ganz so machtvoll wie die beiden Siegermächte des 2. Weltkriegs, Atomwaffenstaaten und Ständige Sicherheitsratsmitglieder Frankreich und Großbritannien – vertreten würde.

Aus all diesen Gründen also setzte sich Mitterrand sehr massiv für eine Stärkung der gemeinsamen Außenpolitik ein. Doch achtete er streng darauf, dass dieses neue Politikfeld ausschließlich nach dem intergouvernementalen Prinzip funktioniere. Dies bedeutete für ihn die Verankerung des Europäischen Rats, also der Versammlung der Staats- und Regierungschefs, als zentrale Entscheidungs- und Lenkungsinstanz der GASP. In einer Presseerklärung bezeichnete Mitterrand diese Lösung als "sehr supranational", da die 12 Staats- und Regierungschefs ja aus allgemeinen Wahlen hervorgingen! (de la Serre/Lequesne 1991: 320). Damit folgte er aber einer sehr eigenwilligen und eindeutig falschen Interpretation der EG-Begrifflichkeiten. Die Intergouvernementalität – und nichts anderes strebte Mitterrand im Bereich der GASP an – sollte die nationale Souveränität weitmöglichst schützen. Daher lehnte Mitterrand eine Überführung der GASP in den Kompetenzbereich der EG, die ansatzweise nach supranationalen Regeln entscheidet, kategorisch ab. Dies jedoch war zumindest zu Beginn der Verhandlungen der Regierungskonferenz die Position der Bundesregierung unter Helmut Kohl gewesen; in dieser Phase trat die BRD gemeinsam mit Italien und Belgien wiederholt zugunsten einer Verschmelzung der EPZ/GASP mit und in der EG ein und folgte damit den Vorschlägen der niederländischen Ratspräsidentschaft (Regelsberger 2002: 32). Damit wäre auch das bekannte Institutionengefüge der EG mit ihren supranationalen Komponenten für die EPZ/GASP einschlägig gewesen – ein zentraler Schritt zu der von Kohl so vehement geforderten Schaffung einer vertitablen Politischen Union.

Doch neben anderen Mitgliedstaaten wie insbesondere Großbritannien und Dänemark lehnte auch Frankreich den niederländischen Vertragsentwurf kategorisch ab und verfocht hartnäckig das Konzept einer in einem eigenständigen zweiten Pfeiler verfassten GASP, die strikt im Intergouvernementalen verbleibt (Deloche-Gaudez 2002: 123). Die Bundesregierung aber unternahm keinerlei Versuche, diesen französischen Präferenzen ein "alternatives Konzept entgegenzustellen und reihte sich schließlich – am 30. September 1991 – in die Reihe der den niederländischen Entwurf ablehnend gegenüberstehenden Mitgliedstaaten ein" (Maurer/Grunert 1998: 240). "Dieses Ergebnis", so schreiben de la Serre und Lequesne, "scheint den in den deutsch-französischen Vorschlägen ausgedrückten Wünschen nicht ganz gerecht zu werden". Als Begründung geben sie folgendes zu bedenken: "Es ist allerdings nicht ausgeschlossen, daß die Jugoslawienkrise – die die Differenzen zwischen Frankreich und seinem wichtigsten EG-Partner offenlegte – die ursprünglichen Zielvorstellungen etwas gedämpft hat" (de la Serre/Lequesne 1992: 332). Fest steht jedoch, dass Kanzler Kohl mit diesem Einlenken das von ihm selbst aufgestellte Junktim zwischen WWU und Politischer Union aufgegeben hat.

Präsident Mitterrand und seine äußerst engagierte Europaministerin jener Zeit, Elisabeth Guigou[50], plädierten also für eine aktivere und ehrgeizigere europäische Außenpolitik, die gleichwohl im Bereich der zwischenstaatlichen Zusammenarbeit verbleiben müsste. Um dies zu erreichen waren sie bereit, die außenpolitische Kompetenz im Rahmen der Lenkungs- und Leitungsfunktion des Europäischen Rats in größerem Maße als bisher mit den Partnerstaaten zu teilen; eine Vergemeinschaftung dieses wichtigen Politikfeldes mit Mitgestaltungsrechten für Kommission und Parlament aber schlossen sie aus: "Man gibt seine Souveränität nicht ab, man teilt sie höchstens – und dies auch nur dort, wo man alleine nicht weiterkommt", bekannte Madame Guigou in einem Interview (Le Monde, 23./24.6.1991). Auch hier folgte Mitterrand somit seiner Maxime, möglichst viel Integration bei möglichst geringen Souveränitätsverzichten zu erreichen.

Aus Effizienzerwägungen war der Präsident allerdings bereit, in begrenztem Umfang die Mehrheitsregel zum Zuge kommen zu lassen. So hatte er gemeinsam mit Kohl in dem Brief vom 6.12.1990 angeregt: "Insbesondere könnte der Europäische Rat bei Festlegung der Prinzipien und Orientierungen der gemeinsamen Außen- und Sicherheitspolitik oder der Rat bei Entscheidungen über konkrete Maßnahmen in einer bestimmten Situation zugleich festlegen, daß über die Ausführungsmodalitäten mit Mehrheit entschieden wird", heißt es dort. Aber selbst dieses Mitterrand'sche Zugeständnis ließ sich auf dem Maastrichter Gipfeltreffen nur in äußerst bescheidenem Umfang erreichen; nach Art. J.3 Abs.2 kann der Rat bei Annahme und der Durchführung einer gemeinsamen Aktion einstimmig die Fragen bestimmen, über die mit qualifizierter Mehrheit zu entscheiden ist. Wegen der vielen Hürden, die vor dem Übergang zum Mehrheitsentscheid stehen, bezeichnet Deloche-Gaudez diese Regel als "bloße Augenwischerei" (Deloche-Gaudez 2002: 122). Hier wäre wohl mehr erreichbar gewesen, wenn Frankreich sich an der Seite Deutschlands, Italiens, Belgiens und der Niederlande für die Gemein-

---

50 Ende Oktober 1990 trat Europaministerin Edith Cresson von ihrem Amt zurück, da sie Premierminister Rocard nicht zu einer dezidierten, die Importe aus Japan begrenzenden Industriepolitik bewegen konnte. Ihre Nachfolgerin im Amt der Minsterin für europäische Angelegenheiten wurde Elisabeth Guigou, die seit 1984 europapolitische Beraterin Präsident Mitterrands war und während der französischen Ratspräsidentschaft 1989 eine zentrale Rolle gespielt hatte (de la Serre/Lequesne 1991: 315).

schaftsmethode stark gemacht hätte. Folglich trifft jener Vorwurf, den Robert Touleman an die französische Europapolitik seit dem Scheitern der EVG richtet, auch auf Mitterrands GASP-Positionen zu: Diese sei gekennzeichnet durch den "Widerspruch zwischen einem exzessiven Ehrgeiz für ein Europa, das man nicht nur stark, sondern auch unabhängig sehen möchte, und einer exzessiven Zurückhaltung, wenn es darum geht, Souveränitäten zu teilen" (Toulemon 1999: 584).

4.3.2.2 Mitterrand und die sicherheits- und verteidigungspolitische Komponente der GASP

Die Entfaltung einer Europäischen Sicherheits- und Verteidigungspolitik gehört zu den klassischen, seit Jahrzehnten verfolgten übergeordneten Zielsetzungen der französischen Europapolitik. Nach dem Scheitern der EVG 1954 sowie der Fouchet-Pläne 1961/62 und angesichts des Ost-West-Konflikts, der die Sicherheit Westeuropas gänzlich in die Hände der Nato und der Schutzmacht USA legte, hatte dieses Projekt aber Jahrzehnte lang keine Aussicht auf Erfolg. Erst mit dem Ende des Kalten Krieges, dem Wegfall der sowjetischen Bedrohung und mit der durch die Wiedervereinigung eingeleiteten Rückerlangung voller Handlungsfähigkeit für Deutschland ergab sich Anfang der 90er Jahre die historische Chance, auch eine europäische Sicherheits- und Verteidigungspolitik aufzubauen. Ein militärisch autonom handlungsfähiges Europa würde – so die französische Argumentation – die US-Hegemonie auf dem alten Kontinent automatisch begrenzen.

Anfang der 90er Jahre stützte sich das französische Drängen auf eine Europäische Sicherheits- und Verteidigungspolitik noch auf ein weiteres Argument: Nun, nach Wegfall der sowjetischen Bedrohung, sei dem absehbaren – und im US-Kongress damals ja auch ventilierten – Rückzug des USA aus Europa vorzubeugen. "Der Aufbau einer weitgehenden strategischen Autonomie Westeuropas erschien den Regierenden in Paris damals [...] als der einzig mögliche Weg, um das zu erwartende amerikanische Disengagement aufzufangen und zugleich eine entsprechende Risikovorsorge gegen mögliche militärische Eventualfälle zu schaffen" (Meimeth 1998: 174).

Für Mitterrand, der sich 1983 ja vehement und uneingeschränkt hinter den NATO-Doppelbeschluss gestellt hatte, bedeutete der Aufbau autonomer europäischer sicherheits- und verteidigungspolitischer Handlungskapazitäten folglich keineswegs eine Absage an die militärische Präsenz der USA in Europa. Im Gegenteil; da man in Paris befürchtete, dass die transatlantischen Beziehungen "ohne die entsprechenden europäischen Entwicklungen [...] degenerieren" könnten (Meimeth 1998: 174), waren sie Teil der Strategie, die USA langfristig an Europa zu binden. Gleichwohl setzte sich Mitterrand vorübergehend und letztlich erfolglos gegen die bereits Anfang der 90er

Jahre beginnende Funktionsausweitung der NATO zur Wehr; so lehnte er zunächst sowohl den Beschluss der Allianz vom Mai 1991 ab, Rapid Reaction Forces aufzustellen, als auch den Nato-Beschluss vom Juni 1992, KSZE-Mandate zu übernehmen. Mitterrand verfolgte bei der Suche nach den künftigen gesamteuropäischen Sicherheitsstrukturen eigene Wege (vgl. Kap. 6.2). Auf harsche Kritik aus Paris stieß auch die Einrichtung des nordatlantischen Kooperationsrates NAKR, die auf eine gemeinsame Iniative von Bundesaußenminister Genscher und seinem US-amerikanischen Kollegen Baker vom Frühjahr 1991 hin erfolgte; im NAKR wurden Sicherheitsanliegen gemeinsam zwischen Nato-Mitlgiedern und früheren Gegnern des Bündnisses, also vor allem mit der UdSSR bzw. Russland erörtert. Mit dieser kontinuierlichen Funktionsausweitung der NATO, die sich angesichts des Untergangs des langjährigen Feindes Sowjetunion ihre Existenzberechtigung neu erfinden musste, wurden auch "die französischen Hoffnungen auf einen politischen (nicht militärischen!) Bedeutungsverlust der NATO" zunichte gemacht (Burmester 1997: 94).

In dieser Situation Anfang der 90er Jahre musste Frankreich eine neue Synthese suchen zwischen seinem Streben nach einem auch sicherheits- und verteidigungspolitisch handlungsfähigen Europa und den damaligen globalen Sicherheitserfordernissen, die ein langfristiges amerikanisches Engagement in Europa notwendig machten. Der Golfkrieg 1991, in welchem sich Frankreich mit 12.000 Mann an der Anti-Irak-Koalition beteiligt hatte, tat ein Übriges, um Frankreich zum einen die Unverzichtbarkeit der amerikanischen Militärmacht vor Augen zu führen, zum anderen aber auch einem Abbau aus der bitter erfahrenen Abhängigkeit und Unterlegenheit der eigenen militärischen Fähigkeiten, vor allem in der Logistik und Aufklärungstechnologie, anstreben zu lassen[51]. Zwar erklärte Mitterrand in seiner Fernsehansprache zur Beendigung des Golfkriegs "im Tone de Gaulles, Frankreich habe es durch mutigen Einsatz verstanden, ‚seine Rolle und seinen Rang' in der Welt zu wahren"; doch die Lehren des Golfkriegs – so Robert Picht – stellten "das Grundkonzept französischer Sicherheits- und Rüstungspolitik nach dem Prinzip der nationalen Unabhängigkeit, also das Erbe de Gaulle selbst in Frage.

---

51 Burmester bezeichnet den 2. Golfkrieg als Wendepunkt der französischen Nato-Politik. Während des Waffengangs hatte ein ungewohntes Einvernehmen zwischen Paris und Washington geherrscht, französische Truppen kämpften unter amerikanischem Oberbefehl und amerikanische Bomber konnten von französischen Basen aus starten (Burmester 1997: 102). Ab diesem Zeitpunkt und bis in die Mitte der 90er Jahre hinein lässt sich eine deutliche Annäherung Frankreichs an die militärischen Strukturen der NATO beobachten (vgl. dazu auch Teil III, Kap. 4.3.2). Die Erfahrung des Golf-Krieges habe Frankreich zugleich aber in seiner Überzeugung bestätigt, „daß es nicht unbedingt einer permanenten militärischen Integration bedürfe, um gemeinsam mit den Verbündeten erfolgreich militärische Operationen durchzuführen", gibt Meimeth zu bedenken (Meimeth 1998: 173).

Trotz eines Landheeres von 280.000 Soldaten konnte Frankreich nur eine Division von 12.000 Mann an den Golf entsenden; die übrigen Truppen waren entweder für einen solchen Einsatz ungeeignet oder durch militärische Präsenz in Schwarzafrika gebunden" (Picht 1991: 16). So kam es, dass Verteidigungsminister Pierre Joxe, Nachfolger des aus Protest gegen Frankreichs Beteiligung am Golf-Krieg Ende Januar 1991 zurückgetretenen Jean-Pierre Chevènements, "über europäische Initiativen nachzudenken" begann (Burmester 1997: 102). Dabei galt: "Das Ziel einer eigenständigen europäischen Sicherheits- und Verteidigungspolitik wurde und wird in Paris [...] zuerst und vor allem mit der Logik des europäischen Integrationsprozesses begründet. Die angestrebte Wirtschafts- und Währungsunion müsse – so die französische Argumentation – notgedrungen ein Torso bleiben, wenn sie nicht auf lange Sicht durch eine politische Union, die dann auch mit weitreichenden sicherheits- und verteidigungspolitischen Kompetenzen ausgestattet sei, ergänzt werde. Pierre Lellouche [...] hat dies bereits Ende der 80er Jahre auf die griffige Formel gebracht: ‚L'Europe sera stratégique ou ne sera pas'" (Meimeth 1998: 174)[52]. Wenn für Kanzler Kohl EG und WWU durch eine Politische Union ergänzt werden musste, so optierte Mitterrand für eine sicherheits- und verteidigungspolitische Ausweitung der erreichten Integration.

Deshalb brachte Mitterrand die seit Gründung der Nato im Dornröschenschlaf versunkene Westeuropäische Union (WEU) erneut ins Spiel, die nach französischer Konzeption den bewaffneten Arm der Europäischen Gemeinschaft bilden sollte. Für dieses Projekt konnte Mitterrand auch Kanzler Kohl gewinnen, mit dem er seit Anfang der 80er Jahre die deutsch-französische sicherheits- und verteidigungspolitische Kooperation forcierte, mithin eine Art "Bündnis im Bündnis" verwirklichte. Die Außenminister Genscher und Dumas erarbeiteten daraufhin ein deutsch-französisches Papier "zur sicherheitspolitischen Zusammenarbeit im Rahmen der Gemeinsamen Außen- und Sicherheitspolitik der Politischen Union", das die mittelfristige Integration der WEU in die angestrebte Union fordert und skizziert. Auf dieses Papier griffen Kohl und Mitterrand zurück, als sie sich am 14.10.1991, also unmittelbar vor dem Zusammentreten des Europäischen Rats vom Maastricht, erneut mit einer gemeinsamen Initiative an den amtierenden Ratspräsidenten wandten (abgedrukt in Woyke 2000: 213-217). Mit diesem Schritt beabsichtigten beide Staatsmänner "die von uns allen für notwendig erachtete Übernahme stärkerer europäischer Verantwortung auf dem Gebiet von Sicherheit und Verteidigung durch konkrete Festlegungen und institutionelle Schritte klar zum Ausdruck zu bringen". Die Botschaft enthält auch einen Vertragsentwurf über die Gemeinsame Außen- und Sicherheitspolitik der Politischen

---

52 Lellouche ist langjähriger diplomatischer Berater Chiracs, er hatte diese Funkiton bereits während der ersten Kohabitation 1986-1988 inne.

Union. Darin wird als Ziel der Union die "Bekräftigung ihrer Identität auf internationaler Ebene, insbesondere durch die Durchführung einer gemeinsamen Außen- und Sicherheitspolitik, die auf längere Sicht eine gemeinsame Verteidigung umfaßt!" genannt. Artikel 2 des Vertragsentwurfs stipuliert, dass die GASP die Gesamtheit der Fragen der Sicherheit und Verteidigung der Union umfasst; Absatz 2 lautet: "Beschlüsse und Maßnahmen der Union in diesem Bereich können ganz oder teilweise von der WEU, die integraler Bestandteil des europäischen Einigungsprozesses ist, im Rahmen ihres Zuständigkeitsbereiches und entsprechend den von der Union festgelegten Leitlinien erarbeitet und durchgeführt werden".

Doch trotz dieses gemeinsamen Vorstosses mit Mitterrand blieb Kohls Position zur Eigenständigkeit der angestrebten sicherheits- und verteidigungspolitischen Komponente der EU lange Zeit undeutlich bzw. ambivalent. Zwar forderte der deutsche Kanzler wiederholt die "Schaffung einer echten gemeinsamen Außen- und Sicherheitspolitik". "Für uns", so Kohl in einer Regierungserklärung vom 22.11.1990, "gilt unverändert, dass das europäische Einigungswerk ohne die volle Einbeziehung der Sicherheitspolitik und langfristig der Verteidigung unvollständig bleibt". Konkret jedoch suchte der Kanzler den auseinanderstrebenden Anforderungen der deutsch-amerikanischen und deutsch-französischen Freundschaft dadurch gerecht zu werden, dass er die sicherheits- und verteidigungspolitische Initiative mit Mitterrand strikt als den Versuch ausgab, via WEU den europäischen Pfeiler in der NATO ausbauen zu wollen. Demgegenüber ließ Paris keinen Zweifel daran, dass es den anvisierten europäische Verteidigungsarm als Komponente der EU verstanden wissen wollte. Da dies weder im bilateralen deutsch-französischen Verhältnis geschweige denn im Kreis der 12 Mitgliedstaaten umzusetzen war, wirft Deloche-Gaudez Frankreich vor, mit seiner Widersprüchlichkeit die gemeinsame Sicherheitspolitik in eine Sackgasse geführt zu haben (Deloche-Gaudez 2002: 128).

Jedenfalls ließen sich die deutsch-französischen Vorschläge in Maastricht nur sehr begrenzt verwirklichen. Zwar wurde mit Art. J.4 Abs. 2 EUV (Maastrichter Fassung) die WEU "zum integralen Bestandteil der Entwicklung der Europäischen Union" erklärt, durch die Parallelisierung der Präsidentschaften und die Verlegung des WEU-Sekretariats nach Brüssel eine gewisse strukturelle und organisatorische Annäherung erreicht (Keßler 2002: 155); die verteidigungspolitische Zielsetzung jedoch konnte nur in deutlich abgeschwächter Form Eingang in die Verträge finden. "Die Gemeinsame Außen- und Sicherheitspolitik umfasst sämtliche Fragen, welche die Sicherheit der Europäischen Union betreffen, wozu auf längere Sicht auch die Festlegung einer gemeinsamen Verteidigungspolitik gehört, die zu gegebener Zeit zu einer gemeinsamen Verteidigung führen könnte" (Art. J.4 Abs.1

EUV). Wegen des anhaltenden dänischen und vor allem britischen Widerstands gegen jegliche Gefährdung der verteidigungspolitischen Monopolstellung der NATO in Europa war mehr als diese vage Absichtserklärung in Maastricht nicht erreichbar. Der vorrangig von Frankreich verfolgte Ansatz, die WEU wiederzubeleben, um Europas sicherheits- und verteidigungspolitische Autonomie einzuleiten, stieß dort auf um so größeres Misstrauen, als Frankreich ja nicht den integrierten Militärstrukturen der NATO angehört und somit systematisch – und nicht ganz zu Unrecht – verdächtigt wurde, das Bündnis in Frage stellen zu wollen. Auch die dem Vertrag beigefügte "Erklärung zur Westeuropäischen Union" ebenso wie die "Erklärung der Mitgliedstaaten der WEU" bestätigten das Ziel, "die WEU [...] als Verteidigungskomponente der Europäischen Union und als Mittel zur Stärkung des europäischen Pfeilers der Atlantischen Allianz zu entwickeln" und beugten damit anderslautenden französischen Ambitionen vor. So wird die Bereitschaft der WEU betont, "die engen Arbeitsbeziehungen zur Allianz weiterzuentwickeln", sowie auf der "Komplementarität zwischen der entstehenden europäischen Sicherheitds- und Verteidigungsidentität und der Allianz" insistiert. Gleichwohl gehörte der Einstieg in die europäische Sicherheits- und Verteidigungspolitik zu den Vertragsbestimmungen, "die am meisten den Zielen Frankreichs in bezug auf die Vollendung der europäischen Union entsprechen" (de la Serre/Lequesne 1992: 332). Paris hatte mit seinen Vorstößen dem neuen gemeinsamen Projekt substantielle Impulse verliehen, wie die weiteren Entwicklungen bereits ab Juni 1992 zeigen sollten (vgl. Kap. 6.2).

4.3.3 Maastricht – die unvollendete Politische Union

Der Vertrag von Maastricht hat der Integrationsgemeinschaft beachtliche Innovationen gebracht, so insbesondere die Verwirklichung der WWU und deren konkrete Ausgestaltung sowie die Stärkung ihrer Legitimität durch eine recht deutliche Demokratisierung der Entscheidungsstrukturen in der ersten Säule; dennoch wurde die Zielsetzung der Schaffung einer "starken und solidarischen Politischen Union" – so die Formulierung des deutsch-französischen Briefs vom 6.12.1990 – verfehlt. Denn die institutionelle Stärkung bezog sich nur auf den Gemeinschaftsbereich der ersten Säule, wohingegen die neuen Politikfelder GASP und Justiz und Inneres im Wesentlichen im Intergouvernementalen verblieben[53]. Frankreich mit seinem vehementen

---

53 Wegen der Beteiligung der Kommission „in vollem Umfang" an der GASP (Art. J.9) und der „regelmäßigen Unterrichtung" des EP (Art. J.7) folgte die GASP dennoch von Anfang an nicht ausschließlich dem intergouvernementalen Prinzip; sie ist daher zutreffender als

Eintreten für die Drei-Pfeiler-Konstruktion des neuen Unionsvertrags und mit seinen Zögerlichkeiten der Gemeinschaftsmethode gegenüber trägt an dieser Entwicklung wesentliche Verantwortung. Zwar wurde mit dem neuen Unionsvertrag der "Ansatz eines reinen Wirtschaftseuropas" verlassen (Woyke 2000: 49), doch verblieben viele Ambivalenzen: "Der Unionsvertrag – Gründungsdokument eines politischen sowie währungspolitischen Europas und Krönung der Mitterrand'schen Europapolitik – hat sicherlich der Vertiefungsthese zum Durchbruch verholfen und Fortschritte in Richtung eines ökonomischen und währungspolitischen Föderalismus gebracht; doch der Preis dafür war, dass die Gemeinschaftsdynamik in einer ‚Union' aufgelöst wurde, die keine Rechtspersönlichkeit besitzt, die in mehrere unterschiedliche Pfeiler aufgespalten ist und die allzusehr von der Logik der Mitgliedstaaten beherrscht wird. Die Verantwortung der französischen Verhandlungsdelegation ist zwar immer noch umstritten, aber man darf getrost davon ausgehen, dass der Quai d'Orsay sich mit Sicherheit den ‚souveränistischen' britischen Thesen zu den Institutionen und Entscheidungsverfahren der GASP und des dritten Pfeilers und somit zur Struktur der künftigen Union insgesamt näher fühlte als den deutschen föderalistischen Konzeptionen" (Cohen-Tanugi 1995/96: 858).

Dass die durch den Maastrichter Vertrag begründete Europäische Union weiterreichenden Ambitionen nicht gerecht werden konnte, zeigte sich exemplarisch an Kanzler Kohls Reaktion: Da der Europäische Rat von Maastricht nicht bereit war, sich auf ein Bekenntnis der Finalität des Integrationsprozesses zu einigen – so war die Zielbestimmung eines "federal goal" nicht konsensfähig gewesen –, rückte Kohl von der lange in Deutschland verfolgten Zielvorstellung eines europäischen Bundesstaates, der Vereinigten Staaten von Europa, ab. Im Kontext des Bundesverfassungsgerichtsverfahrens um den Maastrichter Vertrag wurde dieser Finalitätsvorstellung erstmals eine klare Absage erteilt: "Der Vertrag von Maastricht schafft keinen europäischen Bundesstaat [...] Die Europäische Union bleibt eine Staatenverbindung auf völkervertraglicher Grundlage [...] Auf absehbare Zeit ist die Schaffung eines europäischen Bundesstaates keine konsensfähige Zielvorstellung" (Stellungnahme der Bundesregierung zu den Klageschriften, zitiert nach Maurer/Grunert 1998: 243). Diese Absage war vor allem der realistischen Einschätzung der Haltung anderer Staaten, insbesondere der Haltung Frankreichs geschuldet. Denn Mitterrand wollte in Maastricht vorrangig die WWU verwirklicht sehen, ansonsten aber die Integration in den Bereichen und Maßen voran bringen, die mit der intergouvernementalen Methode kompatibel sind – dies trifft zweifelsfrei auf die Sicherheits- und Verteidigungspolitik zu. Weil

---

„dritter Weg [...] zwischen Intergouvernementalität und Supranationalität" beschrieben worden (Regelsberger/Wessels zitiert in Müller-Brandeck-Bocquet 2002: 24).

die WWU zentrale Interessen Frankreichs berührte, war er hier zu substantiellen Souveränitätsübertragungen an die Gemeinschaft bereit; dem Auf- und Ausbau der GASP hingegen räumte Mitterrand diese Bedeutung nicht ein, so dass er hier Souveränitätsverzichte verweigerte und lediglich eine Souveränitätsteilung im Kreise des europäischen Rats, also der Staats- und Regierungschefs zuließ. Mit Blick auf die Amtszeit seines Nachfolger stellt sich hier bereits die Frage, welche internationale Konstellation gegeben sein muss, damit Frankreich sich dazu bereit findet, auch bei der GASP den Rubikon zu überschreiten und sich zur Vergemeinschaftung der einschlägigen Hoheitsrechte bereit zu finden?

5. Die französische Maastricht-Debatte – Ende des goldenen Zeitalters für Europa

Das Jahr 1992 muss als ein erneuter, diesmal ins Negative weisender Wendepunkt in der französischen Europapolitik bezeichnet werden. Nicht nur wurden die Zeichen des Niedergangs der seit 1981 regierenden sozialistischen Partei, des "fin de règne" der Ära Mitterrand immer deutlicher; die Maastricht-Debatte mit ihren teilweise dramatischen Auseinandersetzungen über das Verhältnis von Nationalstaatlichkeit und europäischer Integration, über die Zukunft des französischen Staats- und Gesellschaftsmodells und Frankreichs internationale Rolle und Rang führte zu einer regelrechten Spaltung der politischen Klasse, ja der gesamten französischen Öffentlichkeit. Dabei verliefen die Trennlinien keineswegs nur entlang des Rechts-Links-Schemas, sondern in allen politischen Parteien traten interne Differenzen auf, die sich als äußerst folgenreich erwiesen und mittelfristig zu einer Veränderung des französischen Parteiensystems führten. All diese Debatten, Zweifel und Hinterfragungen brachten auch eine wachsende EU-Skepsis der französischen Bevölkerung und eine ausgeprägte Politikverdrossenheit mit sich, so dass die französische Europapolitik nach 1992 viel von ihrem Engagement, ihrem Voluntarismus und ihrer Zielstrebigkeit einbüßte. Im Rückblick betrachtet erscheinen die "Mitterrand-Jahre – genauer gesagt die Periode zwischen der politisch-ökonomischen Kehrtwende vom März 1984 und dem Referendum vom September 1992 – als eine Art "goldenes Zeitalter des Aufbaus Europas und der französischen Europapolitik" (Cohen-Tanugi 1995/1996: 857), ein goldenes Zeitalter, das mit der Verwirklichung des Binnenmarktes und des Projektes WWU zu Ende ging und das für rund ein Jahrzehnt keine Aussicht auf eine Wiederholung hatte.

5.1 Verfassungsreform und Maastricht-Referendum

Wegen der weitreichenden Kompetenzübertragungen auf die neugeschaffene EU, die der Maastrichter Vertrag beinhaltete, rief Präsident Mitterrand nach der Unterzeichnung des Vertrags am 7.2.1992 umgehend den Verfassungsrat (Conseil Constitutionel) an, der seine Verfassungskonformität überprüfen sollte. In seinem Urteil vom 9.4.1992 rückte der Conseil Constutitionel spürbar von seiner seit 1976 vertretenen Rechtsauffassung ab, die zwischen hinnehmbaren "Begrenzungen der Souveränität" und "Souveränitätstransfers", die verfassungswidrig seien, unterschieden hatte. Künftig, so der Verfassungsrat im April 1992, seien "Kompetenztransfers" ohne Verfassungsreform möglich, soweit sie nicht die "Grundlagen der Souveränitätsausübung" beträfen. Der Vertrag von Maastricht berühre diese Grundlagen aber in dreifacher Hinsicht; erstens durch die Übertragung der währungspolitischen Hoheitsrechte auf die EU, zweitens durch die Zuerkennung des kommunalen Wahlrechts an alle Unionsbürger in allen EU-Mitgliedstaaten und drittens durch die künftige gemeinsame Visapolitik, die gemäß des Maastrichter Vertrags nach einer gewissen Übergangsfrist mit qualifizierter Mehrheit entschieden werden kann. In diesen drei Punkten müsse das französische Verfassungsrecht den europäischen Verträgen angepasst werden (Chevallier et al. 2002: 399/400).

Verfassungsänderungen können im politischen System der V. Republik auf zweierlei Weisen vorgenommen werden. So eröffnet der Artikel 89 dem Präsidenten die Option, entweder die Bevölkerung dazu aufzurufen, nach Beschlussfassung des Parlaments in einem Referendum die fragliche Verfassungsänderung anzunehmen (Art. 89 Absatz 2), oder beide Häuser des Parlaments zum Kongress zusammenzurufen, der dann mit Drei-Fünftel-Mehrheit über die Verfassungsänderung beschließt (Art. 89 Absatz 3). In diesem Fall erübrigt sich ein Referendum. Bei den 1992 anstehenden Verfassungsänderungen entschied sich Mitterrand für den zweiten Weg. Folglich wurden die notwendigen Verfassungsänderungen im Mai/Juni zunächst von der Nationalversammlung verhandelt. Erstaunlicherweise konzentrierten sich die Debatten auf das aktive und passive Wahlrecht der Unionsbürger bei den Kommunalwahlen, und nicht – wie zu erwarten gewesen wäre – auf die Kompetenztransfers in der Währungspolitik oder die Einführung der gemeinsamen Visapolitik. Obwohl Mitterrand und der Regierung von Pierre Bérégovoy[54] die Mehrheit in dieser Parlamentskammer sicher war, vertrat die

---

54 Bereits am 13.5.1991 hatte Mitterrand nach immer heftigeren Spannungen Premierminister Rocard entlassen und am 15.5. seine treue Gefolgsfrau und mehrfache Ministerin, Edith Cresson berufen. Rocards unspektakuläre, aber stetige und geduldige Reformpolitik, so hieß es nun angesichts konstant steigender Arbeitslosenzahlen aus dem Elysée, sei nicht

souveränistische Opposition unter Führung von Philippe Séguin wortgewaltig ihren Widerstand. Der Abgeordnete des Departement Vogesen verfocht die Unveräußerlichkeit der nationalen Souveränität und warnte vor dem Ende des "exception française", das zu einer "Banalisierung und Normalisierung" Frankreichs führen würde. Daher sprach er sich gegen jeglichen weiteren unumkehrbaren Souveränitätstransfer auf die EG/EU aus und wollte nurmehr jederzeit rückholbare Kompetenzzuweisungen zulassen (Guérin-Sendelbach 1999: 134). In seinem Gefolge verlangte die Hälfte der RPR-Abgeordneten die Absetzung der Verfassungsreform von der Tagesordnung aus Gründen ihrer Verfassungswidrigkeit. Wegen der sozialistischzentristischen Parlamentsmehrheit wurden die Verfassungsänderungen gleichwohl im Mai 1992 von der Nationalversammlung mit 398 gegen 77 von insgesamt 577 Stimmen angenommen.

Tabelle 7: Staatspräsident Mitterrand und seine Premierminister

Staatspräsident: François Mitterrand	21. Mai 1981-17. Mai 1995

Premierminister:	
Pierre Mauroy	22. Mai 1981-17. Juli 1984
Laurent Fabius	17. Juli 1984-20. März 1986
Jacques Chirac	20. März 1986-10. Mai 1988
Michel Rocard	10. Mai 1988-13. Mai 1991
Edith Cresson	15. Mai 1991-2. April 1992
Pierre Bérégovoy	24. April 1992-29. März 1993
Edouard Balladur	29. März-1993-17. Mai 1995

Doch die Nationalversammlung hatte – ebenso wie der Senat – im Verlauf der Verhandlungen ihre Vetoposition genutzt, um eine substantielle Besserstellung der parlamentarischen Beteiligung an europapolitischen Materien durchzusetzen (Maurer 2002: 243). Der neue Artikel 88 Abs. 4 der französischen Verfassung verpflichtet die Regierung, beiden Parlamentskammern jene europäischen Texte direkt nach Vorlage im Rat zuzuleiten, die legislati-

---

mehr geeignet, die Erwartungen der Bürger zu befriedigen. Mit Blick auf die 1993 anstehenden Parlamentswahlen wurde also die energische und Mitterrand treu ergebene Cresson mit der Aufgabe betraut, die innenpolitische Atmosphäre zu verbessern und die sozialistische Wählerschaft zu mobilisieren. Doch wegen ihrer misslungener Amtsführung - so gelang es der Premierministerin nicht, die äußerst schlechten Umfragewerte der Staatsspitze zu verbessern - wurde Cresson bereits am 29.3.1992 gegen Pierrer Bérégovoy ausgewechselt.

ve Bestimmungen enthalten[55]. Auf diese Weise solle – so die Begründung – das Subsidiaritätsprinzip, das insbesondere auf deutsches Drängen hin an prominenter Stelle (Art. 3 b) Eingang in den Maastrichter Vertrag gefunden hatte, konkretisiert werden; hier erfolgt ein erster Rückgriff Frankreichs auf dieses dem französischen Staatsdenken ursprünglich weitgehend unbekannte Prinzip, weitere werden folgen. Außerdem erhielt die Nationalversammlung das Recht, europapolitische Resolutionen zu verabschieden, die rechtlich allerdings nicht bindend sind (de la Serre/Lequesne 1993: 315).

Nachdem der mehrheitlich von der Opposition besetzte Senat noch seine Gleichstellung mit der Nationalversammlung bei der Regelung der künftigen Kommunalwahlrechts hatte durchsetzen können, versammelten sich beide Parlamentskammern am 23.6.1992 als Kongress in Versailles und nahm mit 592 gegen 73 Stimmen die Verfassungsreform an[56]; die RPR beteiligte sich nicht an der Abstimmung, "um ihre innere Spaltung zu verdecken", schreiben Chevallier et al (2002: 401).

Damit hätte die Maastricht-Angelegenheit eigentlich ihr Bewenden haben können. Denn nach der erfolgreichen Verabschiedung der Verfassungsreform hätte Mitterrand den Maastrichter Vertrag aller Voraussicht nach problemlos wiederum vom Kongress in Versailles ratifizieren lassen können. Am 2.6.1992 lehnten die Dänen in einem Referendum – wenn auch sehr knapp – den Maastrichtr Vertrag ab. Bereits am folgenden Tag, dem 3.6.1992, fällte der Staatspräsident die folgenschwere Entscheidung, den Maastrichter Vertrag dem Volk in einem Referendum nach Artikel 11 der Verfassung zur Ratifikation vorzulegen. Damit begann das französische Maastricht-Drama, das von Mitterrand, dem großen Taktiker, ursprünglich als Befreiungsschlag geplant war. Denn die innenpolitische Lage war äußerst angespannt, die Regierung musste um ihr Überleben fürchten. Bereits im Mai 1992 hatte die Regierung ein Misstrauensvotum, das die Opposition wegen einer von der Regierung Bérégovoy mitgetragenen Reform an der europäischen Agrarpoli-

---

55 Die vom Conseil d'Etat vorgenommene Definition, was im Sinne des Art. 34 der Verfassung innerstaatlich zum Zuständigkeitsbereich der Legislative gehöre, sei sehr restriktiv ausgefallen, kritisiert Maurer. „Ausgeschlossen sind hiermit nicht nur Grün- und Weißbücher, Berichte oder Mitteilungen der Kommission, sondern auch die Entwürfe für interinstitutionelle Vereinbarungen zwischen EU-Institutionen, die ihrerseits zwar nicht legislativ im Sinne des EGV sind, gleichwohl aber erhebliche Auswirkungen auf die Umsetzung legislativer Akte der EG haben können". Erst die Regierungen Balladur und Juppé haben ab 1994 den Forderungen der Abgeordneten nach einer Ausdehnung der Informations-rechte sukzessive nachgegeben (Maurer 2002: 286/287).

56 Es stand noch eine weitere Verfassungsreform, die nur mittelbar mit dem Maastrichter Vertrag verknüpft war, zur Annahme an; künftig können 60 Abgeordnete oder Senatoren den Verfasungsrat anrufen, um vorab die Verfassungskonformität eines völkerrechtlichen Vertrages überprüfen zu lassen (Chevallier et al. 2002: 400).

tik[57], angesetzt hatte, mit drei Stimmen nur äußerst knapp abwenden können, weil die Kommunisten mit den Bürgerlich-Rechten stimmten. Dem Präsidenten musste bewusst gewesen sein, dass die weitreichenden Souveränitätsverzichte, die er im EU-Vertrag in der Währungspolitik und bei der Schaffung der Unionsbürgerschaft konzidiert hatte, in der französischen Öffentlichkeit höchst umstritten waren. Dennoch ging er das Risiko ein. "Ohne Zweifel motivierte ihn die innenpolitische Lage zu dieser Entscheidung", schreiben de la Serre und Lequesne. "Nach elf Jahren an der Macht und – wie Meinungsumfragen ergaben – einem niedrigen Popularitätsgrad schien ihm eine Volksbefragung ein ausgezeichnetes Mittel zu sein, die öffentliche Meinung direkt zu testen" (de la Serre/Lequesne 1993: 315). Und Guérin-Sendelbach analysiert: "Mit dem Referendum, dessen Ausgang zur Zeit seiner Verkündigung positiv prognostiziert wurde, hoffte der französische Staatspräsident, seiner Regierung Auftrieb zu geben, deren Image durch zahlreiche Affären (Parteifinanzierung, Skandal um die verseuchten Blutkonserven) stark beschädigt war. Mitterrand hoffte auch, die in der Europa-Politik zerstrittene rechte Opposition zu schwächen und damit ihrem vorhergesagten Sieg bei den nächsten Parlamentswahlen entgegenzuwirken. Der Staatspräsident war bereit, das Referendum gegen eine Opposition anzuwenden, die versucht sein könnte, ihm diesen europapolitischen Erfolg als Krönung seiner zweiten Amtszeit zu verwehren" (Guérin-Sendelbach 1999: 136/137). Damit nahm das auf den 20.9.1992 angesetzte Referendum auch die Züge eines Plebiszits für oder gegen Mitterrand an.

Der Sommer 1992 nimmt einen spannenden Verlauf, mit vielfältigen Gefahren für Mitterrand, seine Regierung und für die Europäische Union. Anfänglich scheint das "Ja" zu Maastricht zu überwiegen – trotz der Spannungen und Spaltungen im bürgerlich-konservativen Lager: Wegen unüberwindbarer interner Meinungsverschiedenheiten stellt die neogaullistische RPR ihren Mitgliedern ihr Abstimmungsverhalten frei; Parteichef Chirac engagiert sich daraufhin für das "Ja", die souveränistischen Abweichler Séguin und Pasqua werben für ein "Nein". Für Chirac stellte diese Entscheidung ein wahres Dilemma dar: Plädierte er für das Ja, so war damit eine gewisse Anerkennung der Mitterrand'schen Politik verknüpft; plädierte er dagegen für das Nein, so würde er Frankreich, das er bald zu regieren gedachte, europapolitisch isolieren und damit Frankreichs Interessen schaden. Diese Überlegungen überwogen schließlich bei seiner Entscheidung zugunsten des Maastrichter Vertrags, die er allerdings erst nach längerem Zögern fällte.

---

57 Nach langanhaltendem Widerstand akzeptierte die Regierung Bérégovoy im Mai 1992 das sog. MacSharry-Papier, das Presisenkungen und Flächenstilllegungen vorsah. Dieses französische Einlenken erklärt sich vorrangig durch den Druck, den die damaligen GATT-Verhandlungen ausübten (de la Serre/Lequesne 193: 317).

Innerhalb der UDF führt der PR-Politiker[58] Philippe de Villiers den Widerstand gegen Maastricht an; er verlässt die Partei, um im Vorfeld der Europawahlen 1994 mit einer eigenen politischen Bewegung um die Stimmen europaskeptischer Wähler zu werben – mit Erfolg; denn 1994 erzielte er 12,34% der Stimmen (vgl. Tabelle 8) und verfestigte daraufhin seine Bewegung zum "Mouvement pour la France", das bis heute besteht. Das europabefürwortende, vorrangig linke Lager aber fühlt sich derart siegessicher, dass es kaum Werbung für Maastricht betreibt, mit wenigen Ausnahmen wie insbesondere Elisabeth Guigou, die sich vehement engagiert. Als Ende August Meinungsumfragen eine Mehrheit für ein "Nein" zu Maastricht ermitteln, steigt Mitterrand selbst in den Ring und stellt sich in einer Fernsehdebatte Philippe Séguin. Auf die Aufforderung hin, im Falle eines Siegs des "Ja" zurückzutreten, damit seine Unpopularität nicht Europa belaste, lehnt der Präsident solch ein "umgedrehtes" Plebiszit (un plébiscite à l'envers) ab und versucht, die Zustimmung zum Referendum von der Zustimmung zu seiner Person zu trennen: "Ich suche nicht meine Person durch ein Plebiszit bestätigen zu lassen [...] Es geht jetzt darum, Europa zu bestätigen" (Chevallier et al. 2002: 401/402).

Bei einer Beteiligung von 69,68% der Wahlberechtigten – der höchsten im Vergleich zu den 10 vorangegangenen Abstimmungen – optierten 51,02% der Abstimmenden für den Maastrichter Vertrag, 48,98% dagegen. Bei 25 Mio. Wählern gaben knapp 400.000 Stimmen den Ausschlag. Sorgfältige Analysen der soziokulturellen Merkmale von Befürwortern und Gegnern des Maastricht-Vertrags zeigten markante "Cleavages" auf: So stimmten Angehörige der freien Berufe sowie leitende Angestellte mehrheitlich mit "Ja", während Landwirte, Arbeiter und Angestellte bevorzugt mit "Nein" votierten. Es zeigte sich auch ein deutlicher Unterschied zwischen Stadt und Land: Mit Ausnahme von Marseille, wo die rechtsextreme Front National stark verankert ist, optierten alle französischen Großstädte mit "Ja", während das flache Land mehrheitlich mit "Nein" stimmte (de la Serre/Lequesne 1993: 315/316). "Grosso modo beherbergt das Lager der Ja-Sager das wohlsituierte Frankreich der Modernisierungsgewinner, die ihre Zukunft schon längst mit dem ‚européanisme libéral' verbunden haben [...] Im Gegenlager finden sich vornehmlich die Modernisierungsverlierer, die Unterprivilegierten, die fürchten, daß das Maastricht-Europa ihre Situation keineswegs verbessert, wie es ihnen versprochen wird" fasst Ziebura zusammen (2003: 251).

---

[58] Die Parti républicain et indépendent–PR war lange Zeit eine der fünf Formationen, die zusammen die UDF bildeten (Müller-Brandeck-Bocquet/Moreau 2000: 111f.).

5.2 Maastricht spaltet Frankreich

Warum konnte das Maastricht-Referendum Frankreich in solch einem Ausmaß spalten, ja warum "spiegelt das Referendum eine Legitmationskrise des Verhältnisses von Staat und Gesellschaft wider", wie Gilbert Ziebura analysiert (2003: 252)? Dies hat mehrere Gründe und reicht tief in die mentale Verfasstheit der französischen Politik und Gesellschaft zu Beginn der 90er Jahre hinein.

Die Maastricht-Debatte konnte Frankreich deshalb so tief aufwühlen, weil sie an einigen Themen und Fragestellungen rührte, die Frankreich damals umtrieben. So ging es zum einen um den künftigen Rang Frankreichs in einer durch den Zusammenbruch des Ostblocks und die deutsche Wiedervereinigung vollständig veränderten Welt; zum anderen stellte die sich beschleunigende Globalisierung und Entgrenzung des internationalen Systems den Nationalstaat als zentralen Ordnungsfaktor in Frage. Und da Frankreich der "Nationalstaat par excellence" ist (Ziebura 2003: 238), wird dort sein notwendiger Transformationsprozess als besonders schmerzhaft und identitätsgefährdend perzipiert. Davon zeugt die schon erwähnte sog. "déclin-Debatte", die Ende der 80er Jahre vehement einsetzte (vgl. Kap. 3.6.1). Die europäische Integration im allgemeinen und der Maastrichter Vertrag mit seinen substantiellen Souveränitätstransfers auf die Unionsebene im besonderen bündelt nun all die Gefährdungen des französischen Staatsmodells und stellt auch die Leitmaxime französischer Nachkriegspolitik, nämlich nationale Unabhängigkeit, nationale Selbstbestimmung und Selbstverwirklichung in Frage. "Die für Frankreich charakteristische intensive Prägung der Nation durch den in zahlreiche Lebensbereiche eingreifenden zentralistischen Staat führt dazu, daß, wo dessen Handlungsfähigkeit in Frage steht, auch der Zusammenhang der Gesellschaft stärker gefährdet ist als in stark dezentralisierten Ländern wie Deutschland oder auf der Selbstorganisationsfähigkeit der Zivilgesellschaft beruhenden Verhältnissen wie in Italien" (Picht 1991: 26). Die souveränistisch eingestellten Gegner des Maastricht-Vertrages wollten sich eben dieser Gefährdung des französischen Staats- und Gesellschaftsmodells entgegenstemmen. Um noch einmal Gilbert Ziebura zu zitieren: "Während das Ja-Lager dabei ist, den tradierten Nationalstaat in Frage zu stellen, ohne es offen zuzugeben und die Alternative zu benennen, weiß das Nein-Lager, daß es eben diesen Nationalstaat braucht, freilich ohne an ihn zu glauben" (Ziebura 2003: 252).

In der französischen Maastricht-Debatte ging es jedoch auch um handfestere Streitpunkte. "Dominierende Themen der Ratifizierungsdebatte waren die Rolle und Stärke des vereinten Deutschland in Europa" schreibt Woyke (2000: 50). Paradoxerweise hätten sowohl die Befürworter als auch die Gegner des Maastricht-Vertrags "Deutschland als potentielle Bedrohung" perzipiert "Die Maastricht-Debatte ließ die latente Furcht vor einem zu starken Deutschland in offene Angst umschlagen. Die Befürworter hofften gemäß der alten Einbindungsstrategie durch eine vertiefte Integration einen neuen deutschen Sonderweg zu verhindern, wie sie auch eine verstärkte EU als Garantie perzipierten, um Deutschlands Einflußnahme innerhalb der Gemeinschaft zu relativieren". Demgegenüber geißelten die Gegner die Verluste nationalstaatlicher Souveränität, die Frankreich im Maastricht-Vertrag konzediert habe, ohne für diese Selbsteinbindung sicheren Schutz vor der Hegemonie des vergrößerten Deutschland erzielt zu haben. "Die Gegner bezweifelten, daß die im Maastrichter Vertrag entwickelte EU die Macht des vereinten Deutschland kompensieren könne. Verteidigungsminister Chevènement gab zu bedenken, daß ein solch großes Land wie Deutschland sich nicht ‚an die Leine' nehmen lasse und bestenfalls ‚in einem Großeuropa im Gleichgewicht' gehalten werden könne. Maastricht würde nach Meinung Chevènements Deutschland nicht binden, sondern Frankreich lähmen" (Woyke 2000: 51).

In diesem Kontext wurde auch die deutsche Prägung, die die WWU im Verlauf der Maastrichter Verhandlungen erhalten hatte, scharf kritisiert. In der Tat hatte Mitterrand, dem vorrangig an der definitiven deutschen Einwilligung in die Gemeinschaftswährung gelegen war, den Deutschen bei der konkreten Ausgestaltung der Währungsunion weitgehend freie Hand gelassen (vgl. Kap. 4.3.1.2). Dieses sein "Nachgeben" Deutschland gegenüber wurde nun als Gleichschaltung der vergemeinschafteten Währungspolitik mit dem deutschen Marktmodell gegeißelt, das nach Auffassung der Maastricht-Gegner den sozialen und wirtschaftlichen Grundgegebenheiten Frankreichs nicht entsprach. Dieser weitverbreitete Widerstand gegen eine Währungsunion nach deutschem Modell, der mit dem knappen Ausgang der Referendums keineswegs beendet wurde (vgl. dazu Teil III, Kap. 3.4), habe die "Rolle Deutschlands im europäischen Integrationsprozeß beschädigt", schreibt Woyke. Dabei trug die Befürworterseite das Argument vor, dass ein französisches Nein die "deutsche Opferbereitschaft" zur Aufgabe der DM, die Frankreich Kanzler Kohl doch nur so mühsam hatte abringen können, gefährden würde. Die Deutschen – so wird Giscard d'Estaing zitiert – bräuchten wegen ihrer starken D-Mark weder eine Einheitswährung noch die EZB; im Falle eines französischen Neins wären sie niemals zu Neuverhandlungen bereit (Guérin-Sendelbach 1999: 139). Den antideutschen Tenor der Maastricht-Debatte wies Mitterrand erschüttert zurück. Er zeigte sich von dem Missrauen gegen die Deutschen verletzt; hier mache man "glauben, daß es Dämonen gibt [...], die Deutschland eigentümlich sind, während doch jedes Volk darauf achten sollte, seine eigenen Dämonen zu bannen. Deutschland und die Deutschen zu verstehen erfordert mehr Achtung" (Mitterrand zitiert in Woyke 2000: 52).

Tatsächlich hatte die seit 1983 verfolgte Politik der "désinflation compétitive" und des starken Franc zwar zu einer "spektakulären Inflationsminderung" beigetragen (Guérot 1997: 226). "Durch diese Politik wurde möglich, was früher undenkbar schien", schreibt Picht. Die französischen Inflationsraten glichen sich immer mehr den deutschen an; bis 1990 hatten sich die Wachstumsraten des BIP positiv entwickelt, die Rentabiltität des Kapitals war mittels Begrenzung des Lohnkostenanstiegs und einer Verminderung der Unternehmensbesteurung von 10% Mitte der 80er Jahre auf 14,2% im Jahr 1990 gestiegen (Picht 1991: 19). Die Anbindung an die DM und die weitgehende Konvergenz mit dem deutschen Wirtschaftsmodell hatte aber seinen Preis, der sich vor allem in im Vergleich zu Deutschland immer etwas höheren Zinssätzen ausdrückte, die die Wettbewerbsfähigkeit der Exportwirtschaft schmälerte, was sich wiederum in negativen Außenhandelsbilanzen niederschlug. Die Politik der "désinflation compétitive" begrenzte somit die Handlungsfähigkeit der französischen Politik vor allem bei der Bekämpfung des gravierendsten Gesellschaftsproblems, der Arbeitslosigkeit, die in jenen Jahren regelmäßig fast doppelt so hoch lag wie die deutsche. Aus diesen Gründen opponierten nicht nur rechtssouveränistische Politiker gegen die deutsch geprägte WWU des Maastrichter Vertrags, sondern auch Vertreter der Linken, insbesondere natürlich die Kommunisten. Als die Regierung angesichts der Spekulationsattacken, die 1992 zunächst gegen Lira, Peseta und das englische Pfund, später dann aber auch gegen den Franc gefahren wurden, ihren Kurs beibehielt und eine Entkoppelung von der DM ablehnte, "demonstrierte sie, welchen Preis sie für das Überleben des Europäischen Währungssystems zu zahlen bereit war" (de la Serre/Lequesne 1993: 318). Dies wiederum bestätigte ihre Gegner in der Kritik an der WWU.

Das wenn auch knapp gewonnene Maastricht-Referendum markiert eine Wende in der französischen Europapolitik der jüngeren Vergangenheit. Der proeuropäische Konsens, der sich seit der Verabschiedung der EEA und der Lancierung des Binnenmarkt-Projektes Mitte der 80er Jahre eingestellt hatte, schien gebrochen, die Zeiten, wo Europa in Frankreich einen exzellenten Ruf genoss vorbei, der Elan des zweiten Septennats Mitterrands, das ja europäisch sein sollte, verbraucht. Der zwischenzeitlich immer deutlicher von seiner Krankheit gezeichnete Staatspräsident[59] ging innen- wie europapolitisch deutlich geschwächt aus der Volksabstimmung hervor. Das französische Maastricht-Referendum ist das Ereignis, "das definitiv das Ende des europäi-

---

59 Am 16.9.1992, also nur wenige Tage vor dem Referendum, verlässt Mitterrand nach einer Operation das Pariser Krankenhaus Chochin; seine Ärzte geben erstmals offiziell bekannt, dass er an Prostatakrebs leidet.

schen Aufbauwerkes des sozialistischen Staatspräsidenten markiert". Trotz seines letztlich positiven Ausgangs habe es "zu einer Abschwächung der europapolitischen Glaubwürdigkeit Frankreichs" geführt und zu "einem Rückgang der proeuropäischen Gefühle quer durch die Europäische Gemeinschaft" (Cohen-Tanugi 1995: 857 und 859). Auch Joffrin interpretiert die Maastricht-Debatte nebst Referendum als Ausdruck einer abgrundtiefen "régression française" (Joffrin 1992: 150).

6. Französische Europapolitik in der Post-Maastricht Ära (1992-1995)

Für die kurze Zeitspanne, die Mitterrand nach dem Kraftakt der Beschlussfassung und Ratifikation des Maastrichter Vertrags noch zur Politikgestaltung verblieb, gilt, dass Europapolitik schwieriger geworden ist. Denn nach Maastricht und der Verwirklichung des Binnenmarktes zum 1.1.1993, der Europa nicht den versprochenen Aufschwung bringt – zumindest nicht im erhofften Umfang-, ergreift erneut eine gewisse Europa-Müdigkeit, ja Europa-Skepsis die Bevölkerungen der EU-Mitgliedstaaten. Um der Brüsseler Regelungswut, die viele beobachten zu können glauben, um der Gefahr eines Brüsseler Superstaates, den viele mit Maastricht assoziieren zu müssen meinen, Einhalt zu gebieten, berufen die europäischen Staats- und Regierungschefs sich nun immer häufiger auf das Subsidiaritätsprinzip, um die nationalen und subnationalen Entscheidungsbefugnisse vor weiteren Aushöhlungen zu schützen.

"Die Menschen spüren eine veränderte Form der Staatlichkeit und suchen nach Begründungen für den Mehrwert Europas" (Keßler zitiert Glaab 2002: 162). Dieser neuen Stimmungslage mussten die Europapolitiker Rechnung tragen, wollen sie die Akzeptanz des Integrationswerkes bei ihren Bevölkerungen nicht aufs Spiel setzen, zumal mit der sich anbahnenden Osterweiterung erneute Tests für die Europawilligkeit, die Europaakzeptanz der Bürger anstanden. Diese restriktiven Bedingungen der Europapolitik trafen auf verschiedene Mitgliedstaaten zu, so auch deutlich auf das Deutschland der frühen 90er Jahre. Doch in Frankreich gesellten sich zu diesen gemeinschaftsweit spürbaren negativen Vorzeichen noch die Wunden, die die Maastricht-Debatte geschlagen hatte sowie der allenthalben spürbare Niedergang der sozialistischen Regierungszeit. Am Ende der Ära Mitterrand verfügte der Staatspräsident nurmehr über einen sehr geringen Handlungsspielraum. Dieser wird durch die zweite Kohabitation ab 1993 noch weiter reduziert.

All diese veränderten Rahmenbedingungen zwingen den Staatspräsidenten zu einem deutlich bescheideneren, pragmatischeren Kurs in seiner Europapolitik. Als symptomatisch darf hier der französische Umgang mit dem dänischen Nein zum Maastricht Vertrag gelten. Ursprünglich hatte Mitterrand jegliche Neuverhandlung des Vertrages kategorisch ausgeschlossen und bekundet, dass Frankreich ihn mit jenen Staaten ins Werk setzen werde, die ihn ratifiziert haben. "Die Ablehnung des Vertrages durch Großbritannien und Dänemark wird den Aufbau Europas nicht stoppen können", meinte Mitterrand in einem Interview vom 9.12.1992. Aber er zeigte bereits eine mögliche Lösung des Problems auf: "Es ist rechtlich zwar nicht möglich, den Vertrag grundsätzlich zu verändern, aber er kann in seiner Gestalt angepasst werden" (Mitterrand zitiert nach de la Serre/Lequesne 1993: 321). Auf dem Edinburgher Gipfel vom 11./12.12.1992 stimmte Mitterrand dann den Ausnahmeregelungen für Dänemark zu; im "Protokoll über einige Bestimmungen betreffend Dänemark" wurde es dem skandinavischen Land freigestellt, der dritten Stufe der Währungsunion sowie den verteidigungspolitischen Konzeptionen der EU fernzubleiben. Die verschlechterte europapolitische Großwetterlage erzwang nun – nach Schengen und der WWU – erneut solch pragmatische, flexible Lösungen, auch ein Zeichen für das Ende des goldenen Zeitalters europäischer Integrationspolitik. Damit willigte Mitterrand in das Konzept eines Europas der zwei Geschwindigkeiten ein, in ein Aufbrechen der bisher geübten Gleichzeitigkeit aller Vergemeinschaftungsschritte, das eigentlich konträr zu seinen europapolitischen Vorstellungen war.

6.1 Mitterrand- Balladur: Europapolitik als "domaine partagé"

Bei den Parlamentswahlen vom 21. und 28.3.1993 fand die langjährige Agonie der sozialistischen Regierung ihr Ende. Die PS stürzte von 37%, die sie noch 1988 erzielt hatte, auf 17,6% und 54 Sitze ab, das linke Lager insgesamt, also einschließlich PCF, MRG und Ökologen, von rund 49% auf nun 35,3%, wobei Les Verts/Génération Écologie sich von 0,4% auf 7,6% der Stimmen verbesserten, ohne allerdings einen einzigen Parlamentssitz zu erreichen. Dafür triumphierte das bürgerlich-rechte Lager, das mit 20,4% und 247 Sitzen für die RPR und mit 19,1% und 213 Sitzen für die UDF zwar nur geringfügig mehr Stimmen als 1988 erlangte, wahlrechtsbedingt aber gleichwohl 460 von 577 Abgeordneten stellen konnte (vgl. dazu Tabelle 3). Zu dieser hohen Ausbeute an Mandaten trugen nicht nur die Ökologen mit ihren nicht in Abgeordnetensitze umsetzbaren 7,6% bei, sondern auch die rechtsextreme Front National, die 12,4% der Stimmen, aber ebenfalls kein Mandat errang. Die neue Nationalversammlung war folglich eindeutig von den konservativen Kräften dominiert, zu RPR und UDF kamen noch 34 Mandate der "verschiedenen Rechten" hinzu. Edouard Balladur wurde zum Premierminister berufen, da Chirac sich angesichts der in 1995 anstehenden Präsidentschaftswahlen nicht erneut in diesem Amt verschleißen wollte (vgl. Kap. 2.2).

Da die zweite Kohabitation nicht zuletzt wegen der überaus geschwächten gesundheitlichen Konstitution des Staatspräsidenten von Anfang an als konsensuell angelegt war, gestaltete Balladur die Europapolitik der beiden letzten Amtsjahre Mitterrands sehr deutlich mit. Große Initiativen standen nicht zu erwarten; das ergab sich bereits aus der oben angesprochenen erneuten allenthalben spürbaren Europamüdigkeit und der Notwendigkeit, den Integrationsschub des Maastrichter Vertrags sich erst einmal setzen zu lassen. Außerdem gehörte der neue Premierminister einer Partei an, die auch nach dem Maastricht-Referendum in der Europapolitik gespalten war, so dass sich eine Phase französischer europapolitischer Zurückhaltung ankündigte. Denn in der neuen Parlamentsmehrheit waren ja die prononciertesten Befürworter und Gegner des Maastricht-Vertrags vereint, deren Spaltungen derart tief waren, dass nicht einmal die Erarbeitung einer gemeinsamen Plattform für die Europawahlen 1994 gelang (Guérin-Sendelbach 1999: 210). Weil sich die beiden gegensätzlichen Lager dieser ab 1993 regierenden Parlamentsmehrheit im Vorfeld der Präsidentschaftswahlen 1995 aber aussöhnen mussten, war lediglich mit einem "lauen europapolitischen Engagement" Balladurs zu rechnen (Cohen-Tanugi 1995/96: 859).

Auch Meinungsumfragen legten eine Zurückhaltung nahe: Denn im September 1993, also exakt ein Jahr nach dem Maastricht-Referendum, gaben 56% der Wähler an, sie würden zum gegenwärtigen Zeitpunkt die Ratifizierung des Vertags ablehnen, nur 44% würden erneut zustimmen. In der RPR war die Ablehnung besonders deutlich; hier hätten 1993 58% den Vertag abgelehnt, in der UDF hielten sich Gegner und Befürworter die Waage. Selbst bei der PS machte sich Europaskepsis breit; nurmehr 63% sprachen sich für Europa aus, anlässlich des Referendums waren es noch 74% gewesen (de la Serre/Lequesne 1994: 319). Kurz: es stand zu erwarten, dass sich die französische Europapolitik der Interimsphase 1993-1995 bescheiden geben würde.

6.1.1 Mitterrand wacht über sein Erbe

Solange Mitterrand als Staatspräsident amtierte, war ein europapolitischer Kurswechsel grundsätzlich ausgeschlossen; denn der Präsident wachte aufmerksam darüber, dass seine historischen Leistungen bei der Vertiefung der Integration weder von seinen Parteifreunden noch von seinen politischen Gegnern beschnitten oder beschädigt würden. Mitterrand war zunehmend darauf fixiert, einen würdigen Abgang zu finden. "Sortir par le haut, réussir la sortie", dies war die Devise des schwerkranken Präsidenten (Benamou 2003: 112). So blieb Premierminister Balladur, Außenminister Juppé und Europaminister Lamassoure gar keine andere Wahl als die Fortführung des europapolitischen Kurses der Vorgängerregierung. "Man sollte an dem festhalten, was man seit 30 oder 40 Jahren aufzubauen versucht", äußerte der Außenminister im September 1993. Nur Europa sei in der Lage, die neuen Herausforderungen zu meistern, die eine einzelne Nation nicht mehr bewältigen könne. Daher komme ein europapolitischer Kurswechsel nicht in Frage (de la Serre/Lequesne 1994: 320). Im Klartext hieß dies vor allem, dass die Regierung Balladur am Ziel der Währungsunion festhielt; um diese absolute Priorität der Mitterrand'schen Europapolitik nicht zu gefährden, wurde die enge Anlehnung des Franc an die Mark unter Inkaufnahme hoher Zinssätze fortgeschrieben – und dies obgleich in der neuen Parlamentsmehrheit kein Konsens zugunsten der Politik des starken Francs bestand. Politiker des rechten (Séguin) wie des linken (Chevènement) Lagers propagierten eine Strategie des *deficit spending*, um Investitionen und Konsum anzukurbeln, was letztlich die Arbeitslosigkeit senken sollte.

Gleichwohl versuchte die Regierung, die Europaskepsis in den eigenen Reihen zu kanalisieren. Dies geschah, indem man das Stichwort von der angeblichen Regelungswut Brüssels aufgriff und die Kommission zum Sündenbock stilisierte; sie sei für die wachsende Bürokratisierung verantwortlich und müsse daher in ihrem Streben nach mehr Macht gebremst werden. So griff man auf das der französischen Denktradition eigentlich fremde Subsidiaritätsprinzip, das 1992 Eingang in den Maastrichter Vertrag gefunden hatte, zurück, um die Kommission zu bremsen. Es wurde eine französisch-englische Arbeitsgruppe eingesetzt, um die Initiativen der Kommission auf ihre Vereinbarkeit mit dem Subsidiaritätsprinzip zu überprüfen (de la Serre/Lequesne 1994: 321). Daraufhin musste die Kommission ein Drittel ihrer Vorlagen abändern bzw. ganz zurückziehen.

Außerdem versuchten Balladur und Juppé der alten gaullistischen Forderung, dass das nationale Parlament als Hort der Souveränität stärker in den europapolitischen Prozeß eingebunden werden müsste, nachzukommen. Daher weiteten sie die im Kontext der Verfassungsänderungen von 1992 konzedierten Informationsrechte der Nationalversammlung aus, so dass diese seither alle Akte von maßgeblicher Bedeutung für die europäische Gesetzgebung einsehen und kontrollieren kann, also auch Mitteilungen der Kommission, Weiß- und Grünbücher etc. "Nicht die sozialistische Opposition, sondern vor allem europakritische Abgeordnete der Regierungsparteien RPR und UDF vertraten die Ansicht, dass die Rolle des Parlaments vor allem durch die Ausdehnung des Kontrollumfangs zu gewährleisten sei" (Maurer 2002: 287).

Diese Strategie der Regierung Balladur, die ja in deutlichem Widerspruch zu der von de Gaulle explizit als untergeordnet angelegten innerstaatlichen Rolle des Parlaments steht, wird nur dann verständlich, wenn ihre eigentliche Zielrichtung mit berücksichtigt wird: Denn die Aufwertung der nationalen Parlamente im europäischen Entscheidungsprozess dient der Abwehr einer weiteren Stärkung des Europäischen Parlaments und soll eine künftige Parlamentarisierung des europäischen Entscheidungssystems, wie insbesondere von Deutschland kontinuierlich angestrebt, definitiv verhindern. Diese Linie werden die Bürgerlich-Konservativen bei den Vertragsreformen von 1997 und 2000 (Amsterdam und Nizza) ebenso verfechten wie im Rahmen des Konventsprozesses der Jahre 2002/2003.

6.1.2 Balladurs Konzept der konzentrischen Kreise

Kein anderer Umstand belegt so deutlich den Rückzug Mitterrands aus der Gestaltung der Europapolitik wie die französische Antwort auf das sog. Schäuble-Lamers-Papier zu Kerneuropa; denn diese Antwort wurde gänzlich von der Kohabitationsregierung formuliert.

Um der aufs Jahr 1996 anberaumten Regierungskonferenz zur Reform des Maastrichter Vertrags erste Impulse zu verleihen[60], hatten der damalige CDU/CSU-Fraktionsvorsitzende Wolfgang Schäuble und der Außenpolitische Fraktionssprecher Karl Lamers ein inoffizielles Dokument vorgelegt, von dem aber angenommen wird, dass es die Zustimmung des Kanzlers genoss (Das Positionspapier der CDU/CSU-Fraktion vom 1.9.1994 "Überlegungen zur europäischen Politik" ist abgedruckt in: Blätter für deutsche und internationale Politik, 10/1994: 1271-1280). Ziel des Vorschlags war, die EU auch angesichts der als notwendig bezeichneten Osterweiterung zu stärken und handlungsfähiger zu machen und somit das Dilemma zwischen Erweiterung und Vertiefung aufzulösen. So schlugen Schäuble und Lamers das Konzept der "variablen Geometrie" vor. Dieses Europa der verschiedenen Geschwindigkeiten sollte getragen werden von einem festen, permanenten, sich weiter integrierenden Kern, der aus fünf Staaten bestehen sollte: Deutschland, Frankreich und den Benelux-Staaten. Laut Schäuble und Lamers sollte Kerneuropa die Integration mit der Schaffung der Eurozone vertiefen und sie auch anderweitig vorantreiben. Explizit wurde die Bildung einer Kerngruppe nicht als Ziel an sich, sondern als Mittel verstanden, um die an sich widerstreitenden Ziele – Vertiefung und Erweiterung – miteinander zu vereinbaren. Europaweit löste dieser Vorschlag heftige Debatten aus; auf Empörung stieß

---

60 In Art. N Abs. 2 des Maastrichter Vertrags war für das Jahr 1996 die Einberufung einer Regierungskonferenz zur Revision mancher Bestimmungen vorgeschrieben worden.

die explizite Benennung der Staaten, die laut Schäuble und Lamers der Teilnahme an Kerneuropa für würdig empfunden worden waren. Insbesondere EWG-Gründungsmitglied Italien empörte sich.

In Frankreich wurde das Papier besonders kontrovers diskutiert. Während es vor allem von den Pro-Europäern aus der CDS (Centre des démocrates sociaux, heute Force démocrate, FD), einem Bestandteil der UDF, als Einstieg in eine europäische Föderation begrüßt wurde, stieß es in der RPR und beim Regierungschef größtenteils auf Ablehnung. "Offiziell wurde Kritik daran geübt, daß sich das Papier nur auf bestimmte Länder beschränkte. Laut Premierminister Balladur gehe es nicht an, ‚quasi allgemeinverbindlich Musterschüler in allen Fächern und schlechte Schüler in anderen Fächern auszurufen'" (Guérin-Sendelbach 1999: 207). Im Grunde jedoch lehnte die RPR-Spitze den föderalen Ansatz des Schäuble/Lamers-Papiers ab, der für Kerneuropa den Aufbau eines europäischen Bundesstaates andachte. Gegen dieses Ansinnen wehrte sich auch der linkssouveränistische Chevènement: "Die tiefgreifende Veränderung des staatlichen Systems, das die CDU vorschlägt, würde das Ende der französischen Republik und damit das Ende Frankreichs bedeuten" (zitiert nach Guérin-Sendelbach 1999: 208).

Einem Kerneuropa à l'allemande stellte Balladur sein Konzept der konzentrischen Kreise entgegen, das er einen Tag vor Vorlage des Schäuble/Lamers-Papiers erstmals in einem Interview mit Le Figaro skizzierte und danach mehrfach zur Sprache brachte. Auch Balladur ging von einem Europa der verschiedenen Geschwindigkeiten und der variablen Geometrie aus. Es sollten konzentrische Kreise der europäischen Zusammenarbeit entstehen; der äußerste lockerste Kreis sollte die EU und Staaten wie Russland, Weißrussland, Ukraine oder die Maghreb-Staaten umfassen, die zwar eng kooperieren, sich aber nie in gemeinsamen Integrationsstrukturen wiederfinden würden. Dem zweiten, bereits etwas engeren Kreis sollten die künftigen Neumitglieder der EU angehören. Im engsten der konzentrischen Kreise aber wollte Balldur nicht ein festes, permanentes institutionalisiertes Kerneuropa sehen, sondern mehrere "noyaux durs" (harte Kerne). Die variable Geometrie findet sich bei Balladur folglich auch im engsten Kreis, wobei er Deutschland und Frankreich als den "noyau central efficace" betrachtet, der wohl an allen denkbaren "noyaux durs" beteiligt wäre. Dazu kommentiert Guérin-Sendelbach: "In der Tat enthält das Integrationsmodell der französischen Regierung auch eine Art ‚Avantgarde', die allerdings größer und geographisch vielfältiger als der im Schäuble-Lamers-Papier enthaltene ‚harte Kern' sein sollte" (1999: 212). Der wichtigste Unterschied liegt aber in der Stoßrichtung und Ambition der konkurrierenden Konzepte: während Schäuble und Lamers Kerneuropa zu einem Bundesstaat ausbauen wollen, mit der Kommission als europäischer Exekutive und dem Ministerrat als Zweiter

Kammer neben dem Europäischen Parlament, lehnt Balladur dies ab und möchte mit seinem Konzept ohne institutionelle Vertiefung die "Ausgestaltung des Bestehenden", d.h. vor allem der Währungsunion und der GASP vornehmen (Guérin-Sendelbach 1999: 213). Außenminister Juppé reicherte die Balladur'schen konzentrischen Kreise noch mit dem Konzept der "solidarités renforcées" (verstärkte Solidaritäten) an, das die abgestufte Intensität der Zusammenarbeiten je nach Kreis ausdrückt.

Diese Überlegungen der Regierung Balladur, die wegen der bevorstehenden Präsidentschaftswahlen von 1995 nicht vollständig zu Ende gebracht wurden, fanden später dann teilweise Eingang in Chiracs Vorschläge für die Regierungskonferenz 1996 (vgl. dazu Teil III, Kap. 3.3.1). Im Vorfeld dieser in ihrer Bedeutung alles andere überragenden Wahlen konnte die liberalkonservative Mehrheit sich aber noch nicht auf ein gemeinsames Europakonzept einigen; zu verschieden waren die Vorstellung und europapolitischen Ambitionen von RPR und UDF.

Staatspräsident Mitterrand war an der Formulierung der französischen Antwort auf Schäuble und Lamers nicht mehr beteiligt. Daher muss er von dem Vorwurf ausgenommen werden, den Toulemon an die damalige französische Staatsspitze richtet: Mitterrand und Balladur, so meint Toulemon, hätten eine große historische Verantwortung auf sich geladen, als sie die deutsche Offerte zur Schaffung eines föderalen Pols mit "Verachtung behandelten" (Toulemon 1999: 584). Dieser Vorwurf trifft de facto allein Balladur und die hinter ihm stehende RPR bis hin zum künftigen Staatspräsidenten Chirac. Angesichts des föderalen deutschen Vorschlags, der der substantiellste Beitrag zur Zukunftsgestaltung Europas seit langem gewesen sei, habe sich "la France balladurienne" damit begnügt, ihr Unbehagen hinter künstlichen Debatten über harte Kerne und konzentrische Kreise zu verbergen. Dieses Balladur'sche Frankreich könne seine Europapolitik nur negativ definieren und sei den britischen "souveränistischen" Positionen näher als jenen Giscard d'Estaings und François Mitterrands. Jenseits der dominanten antiintegrationistischen Haltung der Parlamentsmehrheit habe das Herannahen der Einheitswährung und der Regierungskonferenz 1996 "die französischen – insbesondere gaullistischen – Widersprüche offengelegt zwischen dem traditionellen Wunsch nach einem starken Europa und der nicht weniger konstanten Weigerung, der Europäischen Union die Insitutionen und die politische Legitimität zu verschaffen, die für diese Zielsetzung erforderlich sind" (Cohen-Tanugi 1995/96: 860).

6.2 Mitterrands letzte Weichenstellungen in der Sicherheits- und Verteidigungspolitik

In der Maastrichter Regierungskonferenz hatten sich Mitterrand und Kohl mit ihren im Detail ambivalenten, weil durch unterschiedliche Zielsetzungen geprägten Vorschlägen zum Aufbau einer europäischen Sicherheits- und Verteidigungspolitik nicht vollständig durchsetzen können. Zwar war in Art. J.4 Abs. 2 EUV die WEU zum "integralen Bestandteil der Entwicklung der Europäischen Union" erklärt und die Entwicklung einer "gemeinsamen Verteidgungspolitik, die zu gegebener Zeit zu einer gemeinsamen Verteidigung führen könnte" (Art. J.4 Abs.1 EUV) in Aussicht gestellt worden; zu konkreten Schritten, die zwangsläufig die Nato-Alleinzuständigkeit für europäische Sicherheit und Verteidigung in Frage stellen würde, waren insbesondere Großbritannien und Dänemark aber nicht bereit. Während Kohl sich die zu schaffenden gemeinsamen Verteidigungskapazitäten ausschließlich als europäischen Arm der Nato vorzustellen vermochte, blieb Mitterrand in der Frage des genauen Verhältnisses von WEU und Nato vage. Weil aber Frankreichs ambivalente Beziehungen zur Nato und zur Nato-Vormacht USA sowie sein traditionelles Streben nach Unabhängigkeit bekannt war, verabschiedeten die WEU-Staaten eine Erklärung, die die WEU als "Mittel zur Stärkung des europäischen Pfeilers der Atlantischen Allianz" definierte. Der Wille, diesen Pfeiler konkret auszubauen und mit militärischen operativen Kapazitäten zu füllen, war im Kreis der Zwölf damals aber noch nicht gegeben (vgl. Kap 4.3.2.2).

6.2.1 Schaffung des Eurokorps

Daher griff Mitterrand unmittelbar nach dem Maastrichter Gipfeltreffen von Ende 1991 wieder auf das bewährte Mittel der binationalen Partnerschaft mit Deutschland zurück, um sein Projekt dennoch voranzubringen. Dies geschah folglich zu einem Zeitpunkt, als Mitterrand noch alle Fäden der französischen Sicherheits- und Verteidigungspolitik in der Hand hielt. Bereits in ihrer der europäischen Außen-, Sicherheits und Verteidigungspolitik gewidmeten Initiative vom 14.10.1991 hatten der französische Staatspräsident und der deutsche Bundeskanzler eine Ausweitung der deutsch-französischen militärischen Zusammenarbeit "über die bestehende Brigade hinaus" in Aussicht gestellt (abgedruckt in Woyke 2000: 213-217). "Diese verstärkten deutsch-französischen Einheiten", so hieß es in der Initiative weiter, "könnten somit den Kern für ein europäisches Korps bilden, wobei die Streitkräfte anderer Mitgliedstaaten der WEU einbezogen werden könnten".

Diese Ankündigungen nun wurden während des deutsch-französischen Gipfeltreffens von La Rochelle am 21./22.5.1992 konkretisiert. Hier wird die Aufstellung eines Eurokorps bekannt gegeben, das bis zum 1.10.1995 einsatzbereit sein soll. Das auf 40.000 Mann angelegte Korps sollte ursprünglich aus Einheiten beider Staaten bestehen; aufgrund der Erfahrungen mit der deutsch-französischen Brigade werden die supranationalen Strukturen erst auf Divisionsebene greifen. Neben Kampfeinsätzen sind Einsätze zur Erhaltung des Friedens, zur Katastrophenbekämpfung sowie zur humanitären Unterstützung in Krisengebieten vorgesehen. Als Belgien, Spanien und Luxemburg spontan ihre Breitschaft bekunden, zum Eurokorps beitragen zu wollen, quittiert Mitterrand dies mit einem erfreuten "Dafür ist es gemacht" (Lind 1998: 206)[61].

In einer gemeinsamen Erklärung unterstrichen Mitterrand und Kohl, dass das Eurokorps in die Perspektive der Europäischen Union gestellt sei. Seine Schaffung "verdeutlicht den Willen der am Korps beteiligten Staaten, im Rahmen einer Europäischen Union, die auf längere Sicht auch eine gemeinsame Verteidigung umfaßt, ihre Verantwortung auf dem Gebiet der Sicherheit und der Aufrechterhaltung des Friedens wahrzunehmen" (Kimmel/Jardin 2002: 291). Während Kohl sich auf einer gemeinsamen Pressekonferenz darum bemühte, die von Journalisten angesprochenen Bedenken der Amerikaner zu zerstreuen, indem er das begrenzte Aufgabenspektrum des Korps hervorstrich und es als Schritt zum Ausbau eines europäischen Pfeilers innerhalb der Nato bezeichnete, äußerte sich Mitterrand hierzu nicht (Kimmel/Jardin 2002: 323).

Mit dem Aufstellungsbeschluss gaben Mitterrand und Kohl der im Maastrichter Vertrag stark aufgewerteten WEU erstmals Truppen zur konkreten Erfüllung militärischer Missionen an die Hand und ließen damit ihren gemeinsamen Appellen zur Stärkung der europäischen sicherheits- und verteidigungspolitischen Handlungsfähigkeit Taten folgen. Gleichzeitig wurden mit dem Eurokorps-Beschluss jedoch auch weitere, national unterschiedliche Zielsetzungen verfolgt. Aus Sicht der Deutschen, die ihre Eurokorps-Einheiten weiterhin der Nato assigniert sehen wollten, schuf diese neue binationale Kooperation die Möglichkeit, Frankreich an die Nordatlantische Allianz näher heranzuführen, ein Ziel, das die BRD in ihrer angestammten Vermittlerfunktion zwischen Washington und Paris seit längerem verfolgte. Außerdem sah die Regierung Kohl im Eurokorps ein Mittel, um die eigene Bevölkerung an Interventionen der deutschen Streitkräfte zu gewöhnen; im Rahmen der hier angewandten sog. Salami-Taktik bildete das Eurokorps

---

61 Konkret ist Belgien seit Juni 1993 am Eurokorps beteiligt, Spanien seit Juli 1994 und Luxemburg seit Mai 1996; inzwischen ist das Eurokorps auf 60.000 Mann aufgestockt worden, www.eurocorps.org/downloads/infobrochure/infobrochure_en.pdf

folglich eine erste Komponente, der im Laufe der Zeit weitere folgen sollten, bis das Bundesverfassungsgericht in seinem Urteil vom 12.6.1994 die Einsatzmöglichkeiten der Bundeswehr sehr weitgehend ausweitete. Aber auch Frankreich verfolgte mit dem Eurokorps-Beschluss eigene Ziele. Mit der engeren sicherheitspolitischen und militärischen Zusammenarbeit wollte man eine gewisse Distanzierung Deutschlands von den USA erreichen, gleichzeitig erlaubte das Eurokorps, den Verbleib französischer Truppen in Deutschland zu rechtfertigen, deren Abzug Mitterrand im Sommer 1990 ohne Rücksprache mit Kohl als Folge der deutschen Einheit angekündigt hatte (Guérin-Sendelbach 1999: 263).

6.2.2 Konkretisierung der europäischen sicherheits- und verteidigungspolitischen Identität

Um dem europäischen Anspruch auf sicherheitspolitische Autonomie Glaubwürdigkeit zu verleihen, bedurfte es nach dem Eurokorps-Beschluss nun noch eines von allen EU-Mitgliedstaaten formulierten Auftrags an das westeuropäische Verteidigungsbündnis WEU. Dies geschah mit der Petersberg-Erklärung der WEU-Außen- und Verteidigungsminister vom 19.6.1992, die der WEU erstmals konkrete militärischoperative Aufgaben auch außerhalb des Nato-Gebietes übertrugen. Als Interventionsspektrum der WEU wurden humanitäre Aufgaben, Rettungseinsätze, friedenserhaltende Aufgaben sowie Kampfeinsätze bei der Krisenbewältigung einschließlich friedensschaffender Maßnahmen definiert. Die operativen Kapazitäten sollten den integrierten Strukturen der Nato entnommen werden. Diese Einheiten würden im Bedarfsfall nach dem Prinzip der doppelten Zuordnung sowohl der WEU als auch der Nato unterstellt sein. "Diese Form eines ‚double hatting' ging auf den kurz vor dem Petersberger Treffen veröffentlichten Vorschlag des britischen Verteidigungsministers Malcolm Rifkind zurück, alle europäischen multinationalen Verbände (womit er vor allem auf das Eurokorps abzielte) unter Nato- und WEU-Kontrolle zu stellen" (Burmester 1997: 110).

Für Paris war die Petersberger Erklärung insofern ein Erfolg, als sie eine "regionale Entgrenzung der militärischen Aufgaben der WEU" beinhaltete und damit "die WEU zumindest auf deklaratorischer Ebene der Nato auch im Hinblick auf die Aufgabe der kollektiven Selbstverteidigung gleichgestellt worden ist" (Meimeth 1998: 175). Gegen das "double hatting" des Eurokorps jedoch leistete Paris zunächst Widerstand, womit erneut sein sicherheits- und verteidigungspolitisches Autonomiestreben zum Ausdruck kam. Denn Mitterrand verfolgte die Strategie, beim Aufbau der nun anstehenden neuen gesamteuropäischen Ordnung den Einfluss der Amerikaner möglichst gering zu halten; diese Zielsetzung prägte anfangs auch Mitterrands Politik gegenüber den vom sowjetischen Joch befreiten mittel- und osteuropäischen Staaten (vgl. Kap. 7.2). "Der westeuropäische Imperativ der französischen Außen- und Sicherheitspolitik erhielt seine gesamteuropäische Ergänzung durch Mitterrands Projekt einer gesamteuropäischen Konföderation und entsprechenden Bemühungen, die KSZE weiter aufzuwerten" (Meimeth 1998: 175).

So wehrte sich Mitterrand zunächst gegen die seit 1991 in Angriff genommene Funktionsausweitung der Nato, die nach dem Zusammenbruch des jahrelangen Feindes UdSSR nach einer neuen Daseinberechtigung suchte. "Mißtrauisch hatte man in Paris [...] zu Beginn der 90er Jahre jeden amerikanischen Versuch verfolgt, der Nato um ihres Überlebens willen eine neue, politische Rolle zuzuweisen". Die US-Strategie, "sowohl die inhaltliche als auch die geographische Reichweite" der Nato auszudehnen, wurde als Versuch interpretiert "die amerikanische Hegemonie auch unter den neuen weltpolitischen Rahmenbeingungen fortschreiben zu wollen" (Meimeth 1998: 177). So hatte Paris nur widerstrebend dem Nato-Beschluss vom Juni 1992 zugestimmt, dass die Allianz auch KSZE-Mandate übernehmen werde. Insgesamt aber konnte sich Paris dem Trend der Funktionsausweitung der Nato nicht allzu deutlich widersetzen; dies hätte eine Isolation Frankreichs bedeutet und den nationalen Interessen widersprochen, zumal die Lehren aus dem Golfkrieg nicht vergessen waren.

Daher fand Mitterrand sich zu Zugeständnisse an die Nato bereit, wie sich an der Debatte um die Zuordnung des Eurokorps zeigte. Schon in La Rochelle hatte er der deutschen Forderung zugestimmt, dass die deutschen Eurokorps-Einheiten auch weiterhin der Nato assigniert bleiben. Allerdingds war dort die Zuordnung des Europkorps als ganzes nicht eindeutig definiert worden (Guérin-Sendelbach 1999: 261). Im sog. SACEUR-Abkommen vom 21.1.1993 wurde schließlich beschlossen, dass das Eurokorps als "Teil der Nato-Hauptverteidigungslinie" unter dem Befehl des SACEUR "an einer Verteidigung der Zentralregion und außerdem als Teil der Krisenreaktionskräfte des Bündnisses im gesamten europäischen Befehlsbereich teilnehmen kann" (Meimeth 1998: 178). Dies bedeutet, dass das Eurokorps im Vertreidigungsfall oder bei Out-of-Area-Einsätzen der Nato dem alliierten Europa-Oberkommandeur, der immer ein amerikanischer General ist, zugeordnet werden kann, ansonsten aber unterstehen die französischen Verbände des Eurokorps dem nationalen Kommando, die deutschen hingegen der Nato (de la Serre/Lequesne 1993: 319). Das geheime SACEUR-Abkommen trug gleichwohl einigen französischen Vorbehalten Rechnung: "Erstens darf das Eurokorps als Ausdruck der europäischen Verteidigungsidentität nur als Ganzes und nicht aufgeteilt unter Nato-Kommando gesetzt werden. Damit hat sich Frankreich eine Vetomöglichkeit erhalten. Wird zweitens das Eurokorps unter ‚operational command' der Nato gestellt, so erfolgt der Einsatz nicht automatisch, sondern nach Ermächtigung durch die deutsche und französische Regierung. Drittens werden die Truppen des Eurokorps an erster Stelle dem Eurokorps und erst an zweiter Stelle der Nato zugeordnet. Frankreich gestand hingegen den USA zu, das Eurokorps nicht nur für die europäische Verteidigung, sondern auch für friedenserhaltende Missionen unter das operative Kommando der Allianz stellen zu können" (Guérin-Sendelbach 1999: 266). Dieses Zugeständnis fiel Mitterrand um so leichter, als diese Regelungen die Teilnahme Frankreichs am Militär- und Verteidigungsausschuss der Nato voraussetzt, ohne dass es hierfür in die militärische Integration zurückkehren musste – eine Option, die für Mitterrand mitnichten in Frage kam. Dennoch war ihm nach den im Golfkrieg praktizierten Kooperationen diese Möglichkeit zur weiteren Annäherung an die Nato hochwillkommen, eröffneten sie doch zugleich die Chance, auf die USA zumindest ansatzweise Einfluss nehmen zu können. Mitterrands Akzeptanz des SACEUR-Abkommens ist schließlich auch in den Kontext der Nato-Politik Bill Clintons zu stellen, der – anders als sein Vorgänger – einer größeren sicherheits- und verteidigungspolitischen Selbständigkeit der Westeuropäer aufgeschlossen gegenüberstand. Diese neue Konstellation wird allerdings erst unter Staatspräsident Chirac ihre ganzen Früchte tragen und sowohl zum Abschluss des Berliner Abkommens[62] als auch zu einer weiteren spürbaren, wenn auch nicht unbegrenzten Annäherung Frankreichs an die Nato führen (vgl. Teil III, Kap. 4.3.2). Zwar nahm bereits unter Kohabitationspremier Balladur ein hoher französischer Offizier im April 1993 an den Sitzungen des Nato-Militärausschusses in Brüssel teil, um an der Einsatzplanung in der Adria und auf dem Balkan mitzuarbeiten; aber das "französische Dilemma ‚US-Truppen ja, US-Einfluss nein' blieb auch unter Mitterrand unaufgelöst" (Burmester 1997: 104).

Aus französischer Perspektive diente die Aufstellung des Europkorps also eindeutig der Zielsetzung, die EU via WEU militärisch autonom handlungsfähig zu machen. Durch die in der Petersberger Erklärung erreichte regionale Entgrenzung wollte man die EU zu einem sicherheits- und verteidigungspolitischen Akteur mit weltweiter Handlungsfähigkeit ausbauen. Balladurs Verteidigungsminister Léotard ließ Einsatzszenarien entwickeln, die u.a. die Aufstellung einer multinationalen Eingreiftruppe für Krisen- und Konfliktbewältigungseinsätze in Afrika vorsahen; Kern dieser Truppe sollte künftig das Eurokorps sein. Solchen Plänen gegenüber stand die Bundesregierung jedoch deutlich ablehnend gegenüber; so quittierte Verteidigungsminister

---

62 Es handelt sich um die Regelung, dass Nato-Kräfte und – Fähigkeiten der WEU für eigenständige Einsätze zur Verfügung gestellt werden können. Allerdings bedarf dies nach dem Berliner Abkommen des einstimmigen Beschlusses des Nato-Rats, wodurch solche rein europäischen Operationen faktisch einem US-Veto unterstehen.

Rühe die französischen Einsatzszenarien mit dem Kommentar, das Eurokorps solle kein Afrikakorps werden[63]. Die deutsche Zurückhaltung machte folglich offensichtlich, dass es trotz der weitreichenden Beschlüsse von La Rochelle keineswegs deutsch-französische Deckungsgleichheit in der Außen-, Sicherheits und Verteidigungspolitik gab. Wegen der deutschen Zögerlichkeiten im Umgang mit militärischer Macht näherte Frankreich sich im Verlauf des Jahres 1994 an Großbritannien an und versuchte seine Pläne in Afrika mit dessen Hilfe umzusetzen. So regte man die "Verkoppelung von französischen und britischen Interventionskapazitäten im Rahmen einer ‚interafrikanischen' Interventionsstreitmacht an". Paris und London schlugen gemeinsam vor, "mit Hilfe der WEU die Krisenpräventionskapazitäten der Organisation für Afrikanische Einheit auf- und auszubauen" (Meimeth 1998: 187). Letztlich wurden diese Pläne nicht umgesetzt, der Leitgedanke gemeinsamer französisch-britischer Interventionskapazitäten für Afrika wurde jedoch im Herbst 2003 von Chirac und Blair erneut aufgegriffen.

Wenn zu Ende von Mitterrands zweiter Amtszeit auch eine Verstärkung der französisch-britischen Kooperation im sicherheits- und verteidigungspolitischen Bereich durchaus angedacht wurde (de la Serre/Lequesne 1994: 325), so verließ sich Mitterrand im Bereich der genuinen gemeinsamen Außenpolitik nach wie vor vorrangig auf Deutschland. Bereits im März 1992 schlugen die Außenminister Dumas und Genscher vor, möglichst bald von den im Maastrichter Vertrag geschaffenen außenpolitischen Instrumenten Gebrauch zu machen, um der "GASP Schwung und Gehalt zu geben". Europäischer Rat und Ministerrat sollten möglichst bald das Instrument der gemeinsamen Aktionen gestalten. Dem stimmte der Europäische Rat von Lissabon Mitte 1992 zu (de la Serre/Lequesne 1993: 319). Damit wollte man nicht nur den in der Jugoslawienkrise zunächst aufgetretenen deutlichen Dissens[64] überwinden, sondern auch die neuen Handlungsinstrumente zur Einhegung der Jugoslawien-Krise nutzen – was bekanntlich misslang. Gleichwohl zeigt die Dumas-Genscher-Initiative, dass es Mitterrand mit der Stärkung der EU als außenpolitischem Akteur ernst war.

---

63 Meimeth verweist darauf, dass solche Einsätze allein schon wegen des hohen Anteils an Wehrpflichtigen in den deutschen Einheiten des Eurokorps nicht in Frage kamen (Meimeth 1998: 186).

64 Deutschland war am 23.12.1991 mit der Anerkennung Kroatiens und Sloweniens vorgeprescht und hatte damit einen Beschluss des Europäischen Rats missachtet, der diese Anerkennungen erst zum 15.1.1992 vornehmen wollte.

7. Mitterrand und die (Ost-) Erweiterung der EU

Mit dem Vollzug der deutschen Einheit und der Öffnung der Grenzen nach Mittel- und Osteuropa hatte sich eine vollkommen neue politische Lage ergeben, die Mitterrand dazu veranlasste, im Maastrichter Vertrag substantiellen Souveränitätstransfers auf die europäische Ebene zuzustimmen. Nur so meinte er das Ja der Deutschen zur Währungsunion zu erhalten und damit gleichzeitig nicht nur ein lange verfolgtes Ziel französischer Europapolitik verwirklichen, sondern das neue Deutschland auch dauerhaft in den europäischen Integrationsverbund einbinden zu können. Darüber hinaus aber versuchte Mitterrand angesichts der seit 1989 absehbaren Beitritte der EFTA-Staaten[65] und des Umbruchs in Mittel- und Osteuropa, der dort sehr bald als Rückkehr nach Europa gefeiert wurde, das relative Gewicht Frankreichs in der EU, seine Bedeutung als eine europäische Führungsmacht, dadurch zu sichern, dass er die Vertiefung der Integration über ihre Erweiterung stellte, ihr absolute Priorität einräumte. Dementsprechend skeptisch bis ablehnend agierte er in der Erweiterungsfrage.

7.1 Mitterrand und die Norderweiterung

Zu Beginn der 90er Jahre wurden die EU-Erweiterungen um die EFTA- und die MOE-Staaten von verschiedenen hochrangigen Politikern in einem Atemzug thematisiert; so sprach sich Kanzler Kohl schon 1990 für einen raschen Beitritt Österreichs und einen mittelfristigen Beitritt Ungarns aus, während Margaret Thatcher eine baldige EU-Mitgleidschaft aller MOE-Staaten zugeneigt schien. Demgegenüber "verschanzte sich Paris hinter der offiziellen Doktrin, daß die Vollendung des Binnenmarktes Vorrang habe" (de la Serre/Lequesne 1991: 320). Als der Stichtag des 1.1.1993 aber heranrückte, musste Mitterrand erkennen, dass diese Argumentation nicht länger aufrecht zu erhalten war. Deshalb beugte sich Frankreich dem Druck der Partner-Staaten und stimmte auf dem Europäischen Ratstreffen von Lissabon Mitte 1992 der Eröffnung von Verhandlungen mit den EFTA-Staaten zu. Zuvor aber müßte der Ratifizierungsprozeß zu Maastricht abgeschlossen sein. Außen-minister Dumas betonte zusätzlich Frankreichs Bedingungen, dass die Kandidaten den Acquis communautaire des Maastrichter Vertrags übernehmen und insbesondere ihre Neutralität überdenken müssten, damit sie auch an der GASP teilhaben könnten. Auf diese Weise wollte Frankreich die in

---

65 Am 17.7.1989 hatte Österreich einen Antrag zum EG-Beitritt gestellt, es folgten Schweden (1.7.1991), Finnland (18.3.1992) und - zum zweiten Mal – Norwegen (25.11.1992).

Maastricht erreichte Vertiefung zur Grundlage der Nord-Erweiterung machen. Erst als dies garantiert schien, willigte es anlässlich des Edinburgher Gipfeltreffens vom Dezember 1992 in den Beginn der Beitrittsverhandlungen ein.

Im Verlauf der Beitrittsverhandlungen lockerte Frankreich – nun geführt von der Kohabitationsregierung Balladur – seine Bedingungen merklich. Im Vergleich zu früheren Erweiterungsverhandlungen, insbesondere der Süderweiterung, legte es eine spürbar größere Flexibilität an den Tag; so zeigte Frankreich sich bei der Frage des schwedischen Finanzbeitrags zur Union und beim Problem der norwegischen Fischfangquoten recht konziliant. Selbst beim Neutralitätsstatus mancher Beitrittskandidaten war man nun – entgegen der früheren Forderungen – nachgiebig. Frankreich erklärte sich damit einverstanden, dass die betroffenen Kandidatenstaaten ihre Gesetzgebung mit den GASP-Anforderungen in Einklang brachten – von einer Aufgabe der Neutralität war nicht mehr die Rede. Schließlich verzichtete Frankreich auf eine institutionelle Reform der EU vor den Beitritten. Hatte Frankreich dies unter Premierminister Bérégovoy noch gefordert, um die Handlungsfähigkeit einer EU-16[66] zu gewährleisten, so war Balladur mit einer Verschiebung dieser Thematik in die Regierungskonferenz 1996 einverstanden. Lediglich in der lange strittigen Frage der Erhöhung des Blockierungsquorums blieb Frankreich im Interesse der Handlungsfähigkeit der EU hart. Andere Mitgliedstaaten, insbesondere Großbritannien, dagegen liebäugelten mit einem niedrigen, d.h. leicht einsetzbaren Blockierungsquorum; auch angesichts des Beitritts vier neuer Staaten wollte es, dass – wie in der EU-12 - 23 Ratsstimmen ausreichen, um einen qualifizierten Mehrheitsbeschluss zu verhindern. Dies hätte die Entscheidungsfindung in der EU deutlich erschwert. "Wir verlangen, daß die künftigen Erweiterungen in keiner Weise das gute Funktionieren der Gemeinschaft gefährden. Wir setzen uns bei der Erweiterung auf 16 Mitgliedstaaten dafür ein, dass die Stimmenzahl, die notwendig ist, um eine Entscheidung zu blockieren, von 23 auf 27 hochgesetzt wird", forderte Europaminister Lamassoure Ende Dezember 1993 (zitiert nach de la Serre/Lequesne 1994: 325). Nach dem norwegischen Nein zum EU-Beitritt wurde dieses Blockierungsquorum dann auf 26 Ratsstimmen gesenkt, was 29,9% der Ratsstimmen und 12,4% der EU-Bevölkerung entspricht. Ein qualifizierter Mehrheitsentscheid benötigt demnach 62 Stimmen, d.h. 71,3% der Ratsstimmen und 58, 2% der EU-15-Bevölkerung. Auf nachhaltiges Drängen Großbritanniens jedoch wurde die sog. Ioanina-Kompromissformel entwickelt; diese sieht vor, dass, wenn eine Gruppe von Staaten, die über 23-25 Stimmen verfügt, sich gegen einen Ratsbeschluss wenden möchte, der Rat

---

66 Die Verhandlungen bezogen Norwegen mit ein; doch bei einem Referendum im November 1994 votierten 52,2% der Norweger gegen den EU-Beitritt.

alles tut, um zu einer Kompromisslösung zu finden, die mit 65 Stimmen angenommen werden kann (Tömmel 2003: 71). Auf dieser Grundlage wurde der EU-Beitritt Finnlands, Österreichs und Schwedens dann zum 1.1.1995 vollzogen.

Die Regierung Balladur – das zeigt sich hier schon – verfolgte in der Erweiterungsfrage einen wesentlich pragmatischeren und flexibleren Kurs als den ursprünglich von Mitterrand und seinen sozialistischen Regierungen vorgegebenen. Dies lag zum einen an dem Druck, den erweiterungswilligen Regierungen ausübten, so vor allem Deutschland und Großbritannien, wenn auch aus sehr unterschiedlichen Beweggründen. Zum anderen kommt in dieser neuen französischen Haltung aber auch der deutlich geringere europapolitische Ehrgeiz der RPR-Führungsmannschaft zum Ausdruck, die durchaus Sympathien für die von Großbritanniens John Major propagierte Finalität der EU als einer anspruchsvollen Freihandelszone ohne integrierte Politik empfand.

7.2 Mitterrrand und die Osterweiterung

Solange Mitterrand Frankreichs Europapolitik maßgeblich bestimmte, versuchte er eine EU-Erweiterung um die mittel- und osteuropäischen Staaten zu verhindern. "Für Frankreich [...] besaß die Vertiefung der Integration eindeutig Priorität vor einer Erweiterung der Gemeinschaft" (Woyke 2000: 36). Denn Mitterrand befürchtete, dass die Staaten des "anderen" Europas eine Gefährdung für den erreichten Integrationsstand und eine Behinderung für mögliche weitere Integrationsschritte insbesondere in der GASP und der Schaffung einer europäischen Sicherheits- und Verteidigungsidentität darstellen könnten (Deloche-Gaudez 2002: 121). Außerdem würde eine Osterweiterung das geographische Zentrum der EU zuungunsten Frankreichs verschieben, Deutschland zur Zentralmacht dieser neuen EU machen und insgesamt den Führungsanspruch Frankreichs in Frage stellen. Dieser Gefahr suchte Frankreich auch dadurch gegenzusteuern, dass es sich intensiv für den Ausbau der europäischen Mittelmeerpolitik engagierte. Die nach einer langwierigen Vorbereitungsphase im November 1995 in Barcelona aus der Taufe gehobene Euro-Mediterrane Partnerschaft kam den Interessen der europäischen Mittelmeeranrainer, insbesondere Frankreich und Spanien, insofern entgegen, als den spezifischen sicherheitspolitischen Problemen der Region Rechnung getragen und die Nordostverschiebung der EU zumindest intentional und ansatzweise ausbalanciert wurde (Jünemann 2000: 65ff).

7.2.1 Eine europäische Konföderation als Alternative zur Osterweiterung

Bei der unmittelbar nach dem Fall der Berliner Mauer sich eröffnenden Frage nach der Neuordnung Europas verfolgte Mitterrand eine Strategie, die nicht nur seinen europapolitischen Zielsetzungen dienen, sondern zugleich auch die langjährigen übergeordneten außen-, sicherheits- und europapolitischen Zielen Frankreichs befördern sollte. So lancierte der große Taktiker Mitterrand in seiner Neujahrsansprache vom 31.12.1989 erstmals das Projekt einer Europäischen Konföderation, die den Rahmen für die gesamteuropäische Vereinigung abgeben sollte, einen recht lockeren Rahmen, der die vom sowjetischen Joch befreiten Völker Mittel- und Osteuropas vor den Toren des solide gebauten westeuropäischen Hauses der EG/EU belassen sollte. Mitterrand sprach konkret von zwei Schritten, die nach dem Umbruch in Mittel- und Osteuropa nun zu ergreifen seien. Zum ersten müsse die Zwölfer-Gemeinschaft ihre Strukturen unbedingt festigen; zum zweiten müsste ein Rahmen geschaffen werden, in dem Gesamteuropa sich wiederfinden und die in einem halben Jahrhundert der Trennung entstandene Distanz überwinden könnte. Diese Konföderation sollte nach Mitterrands Vorstellungen allen europäischen Ländern, Russland inbegriffen, ein Forum bieten, auf welchem sie nach intergouvernementalem Muster in Bereichen, die einer multilateralen Lösung bedürfen, zusammenarbeiten könnten; konkret sprach Mitterrand Wirtschaft, Kultur und Technik an. Wohl in Erinnerung an den Haager Kongress vom Mai 1948, als 750 Politiker aus nahezu allen europäischen Staaten - darunter auch der junge Mitterrand – über die Zukunft des Kontinents berieten und damals bereits die Gründung des Europarates andachten, wollte der französische Staatspräsident eine Diskussionsplattform schaffen, die nicht nur Vertreter aus Politik und Wirtschaft zum Zwecke des Austausches und der Kooperation zusammenführen sollte, sondern auch "Visionen und Utopien für den gesamteuropäischen Raum entwickeln sollte" (Meimeth 1997: 167).

"Was ich im Grunde erwarte, ist ein Treffpunkt, ein ständiger Treffpunkt, ein Zentrum, wo es Anregungen gibt, ein Rahmen für Initiativen, um die physische und menschliche Ordnung unseres gemeinsamen Raums zu entwickeln. Was ich von Ihnen und vielen anderen erwarte, sind Anstrengungen, damit die physische und psychologische Distanz, die sich aus einem halben Jahrhundert der Trennung ergeben hat, überwunden wird", so Mitterrand (in Europa-Archiv 1991: D 392).

Ursprünglich hatte Mitterrand – unter Mithilfe Jacques Attalis übrigens - das Konzept der Europäischen Konföderation entwickelt, um eine Lösung für die deutsche Frage vorzuschlagen, war es doch auch die erste Reaktion von

Kanzler Kohl auf den Mauerfall gewesen, zunächst eine deutsch-deutschen Konföderation anzustreben. In seiner Rede vor Leipziger Studenten anlässlich seiner umstrittenen DDR-Reise im Dezember 1989 hatte Mitterrand daher Formen der deutschen Einheit angesprochen, die seinen Vorstellungen entsprachen; er könne sich "eine Föderation oder Konföderation" vorstellen, "alle Formen der Einheit ohne die Form der Vereinigung in der Einheit" (Mitterrand zitiert in Weisenfeld 1993: 171). "Man tut ihm sicher nicht Unrecht, wenn man annimmt, daß ihm eine ‚deutsche Konföderation in einer europäischen Konföderation' vorschwebte" kommentiert Weisenfeld (1993: 171). Diese Konstruktion würde nach Mitterrands Auffassung am besten das Gleichgewicht auf dem Kontinent gewährleisten.

Aber auch ohne die deutsch-deutsche Perspektive hatte das Europäische Konföderationsprojekt den Vorteil, die mittel- und osteuropäischen Staaten auf Distanz zur EG/EU zu halten und damit deren Vertiefung nicht zu gefährden. Mitterrand ging wohl von einer längeren Phase der Koexistenz der beiden Organisationen EG/EU und Konföderation aus, jedenfalls sprach er in einem viel beachteten Rundfunkinterview vom 12.6.1989 von den "dizaines et dizaines d'années" (Jahrzehnte und Jahrzehnte), die vergehen würden, bis die mittel- und osteuropäischen Staaten für einen EG-Beitritt reif wären. Mittels der Konföderation wollte Mitterrand folglich diese Staaten an die EG heranführen, ohne ihnen Assoziierungs- oder Beitrittsperspektiven eröffnen zu müssen, die er für unvereinbar mit Frankreichs Interessen hielt. Weiterhin hatte das Konföderationsprojekt den Vorteil, französische Führerschaft bei der Neuordnung des Kontinents zu zeigen und damit der befürchteten Vorherrschaft Deutschlands in Mittel- und Osteuropa vorzubeugen. Diese Priorität, die sich sehr deutlich in Mitterrands Suche nach einem neuen gesamteuropäischen Gleichgewicht ausdrückte, leitete seine Versuche an, den Status quo möglichst lange zu erhalten - wie die Verzögerungstaktik bei der deutschen Einheit und die Weigerung, die EG für die Staaten Mittel- und Osteuropas zu öffnen, zeigen.

In der konkreten Konstellation, als sich in Osteuropa neue Handlungsmöglichkeiten und –spielräume ergaben, verzichtete Mitterrand darauf, an die de Gaulle'sche Vision der Verwirklichung eines Europas vom Atlantik bis zum Ural anzuknüpfen, was ihm Meimeth und Neßhöver zum Vorwurf machen: "Den interessierten Beobachter mochte es [...] erstaunen, daß die französische Politik in dieser Situation zunächst nicht den vom General vorgezeichneten Weg beschritt und den Wandel energischer unterstützte und vorantrieb" (Meimeth/Neßhöver 1997: 151). Mitterrand jedoch meinte Frankreichs Interessen am besten dann wahren zu können, wenn die UdSSR ganz im Gorbatschow'schen Sinne der Konstruktion eines "gemeinsamen europäischen Hauses" und als Gegengewicht zu Deutschland in die Neuordnung des

Kontinents eingebunden würde. So äußerte er bereits bei seinem Moskaubesuch im Mai 1990 den Wunsch, dass sich die UdSSR an einer künftigen europäischen Konföderation beteiligen werde (Lequesne 1990: 326). Mit dieser Offerte an Gorbatschow wollte Mitterrand nicht nur den eigenen Anspruch auf eine Führungsrolle in der europäischen Konföderation untermauern, sondern in durchaus klassischer Weise auch ein Gegengewicht zu dem durch die weltpolitischen Umbrüche deutlich begünstigten Deutschland schaffen (Picht 1991: 12). Moskaus Einbindung in die künftige gesamteuropäische Ordnung könnte – so Mitterrands Annahme – das Gewicht des wiedervereinigten Deutschland einhegen und mithin auch dessen Neigung dämpfen, zu einer Schaukelpolitik zwischen Ost und West zurückzukehren, die zwangsläufig das deutsche Integrationsengagement lockern würde. "Nur wenn man dem Prozeß der Vereinigung des ganzen Europas ‚Jahrzehnte um Jahrzehnte' Zeit lasse, könne man sicher sein, daß sich die Westbindung Deutschlands inzwischen endgültig festige", war Mitterrands Erwartung (Weisenfeld 1993: 175).

Wenn Robert Picht das Mitterrand'sche Konföderationskonzept als den "spektakulärsten Versuch eigenständiger französischer Initiative bei der Neuordnung Europas" bezeichnet (Picht 1991: 12) so deshalb, weil der Staatspräsident hiermit nicht nur baldige EU-Beitritte der MOE-Staaten verhindern, sondern zugleich auch eine gewisse Korrektur der europäischen Nachkriegsordnung, eine Überwindung der Ordnung von Jalta vornehmen wollte. Denn in der von Mitterrand vorgeschlagenen, allerdings nie wirklich konkretisierten Europäischen Konföderation hätten die USA keinen Platz, keine Stimme, sie wären aus diesem europäischen Ordnungsmuster ausgeschlossen geblieben. Die USA seien lediglich im sicherheitspolitischen Bereich in Europa unentbehrlich, so Mitterrand (Meimeth/Neßhöver 1997: 157); daher wurde dieser Themenbereich aus der Konföderationskonzeption vollständig ausgegrenzt, die somit eine rein europäische Veranstaltung werden sollte.

Dass Mitterrand hier eindeutig die Absicht verfolgte, gesamteuropäische Strukturen aufzubauen, die dem amerikanischen Einfluss weitgehend entzogen bleiben sollten, ist offensichtlich. Dies zeigte sich deutlich an seinen Plänen zur Verknüpfung des Konföderationsprojekts mit der KSZE[67]. Denn um die künftigen gesamteuropäischen Strukturen auch sicherheitspolitisch abzufedern und damit den dringenden Bedürfnissen der mittel- und osteuropäischen Staaten entgegenzukommen, sah Mitterrand eine substantielle Aufwertung der KSZE vor. In diesem Gremium sind die Amerikaner zwar vertre-

---

67 Mit der Unterzeichnung der „Charta von Paris für ein neues Europa" hatten die 34 KSZE-Staaten im November 1990 die Zielsetzung der Organisation neu bekräftigt und auf die Grundsätze der Rechtsstaatlichkeit, des demokratischen Pluralismus und der Förderung der Beziehungen untereinander verpflichtet. Im Dezember 1994 erfolgte die Umbenennung in OSZE.

ten; mit der Überantwortung der sicherheitspolitischen Neuordnungsaufgaben an die KSZE jedoch sollte nach Mitterrands Plänen zum einen die Einbindung des "unentbehrlichen" amerikanischen Beitrags zur Sicherheitsgewährleistung in Europa erreicht, zum anderen aber zugleich auch der Einflussausweitung der Nato auf Mittel- und Osteuropa ein Riegel vorgeschoben werden. Denn Mitterrand stellte sein Konföderations-projekt sehr bewusst dem amerikanischen Ansinnen entgegen, die neuen Lage mit einem "neuen Atlantizismus" zu bewältigen, ein Konzept von US-Außenminister James Baker, "das in Paris als ein erster Versuch interpretiert wurde, die überkommene amerikanische Hegemonie in Europa fortzuschreiben" (Meimeth/Neßhöver 1997: 157). Wie an anderer Stelle schon ausgeführt, wehrte sich Frankreich gegen jegliche Funktionsausweitung der Nato und wollte sie durch die stärker europäisch bestimmte KSZE ersetzen.

Doch letztlich erwies sich Mitterrands Konföderationsprojekt als ein völliger Fehlschlag. Zwar verabredeten Mitterrand und der tchechoslowakische[68] Präsident Vaclav Havel bei ihrem Pariser Treffen am 23.3.1991 die Veranstaltung einer Gründerkonferenz für die Europäische Konföderation. Doch bei der Schlußkonferenz dieser "Tagung zur Europäischen Konföderation" am 14.6.1991 in Prag zeigte sich die Unvereinbarkeit der französischen Konzeptionen mit den Erwartungen und Forderungen der MOE-Staaten. Das auf Drängen Havels erreichte französische Zugeständnis, den USA die Teilnahme an der im April 1991 gegründeten Europäischen Bank für Wiederaufbau und Entwicklung (EBERD) anzubieten – deren erster Präsident Jacques Attali wurde – reichte nicht aus, um die Forderungen der Mittel- und Osteuropäer nach einer amerikanischen Präsenz in Europa zu befriedigen. So verlangte Havel zusätzlich, dass die Sicherheitsgarantien der Nato ausgeweitet und die MOE-Staaten möglichst bald an den harten Kern der EG herangeführt werden. Kurz: Die eben erst dem sowjetischen Joch entkommenen Mittel- und Osteuropäer wollten eine gesamteuropäische Ordnung ohne eine herausgehobene Rolle der USA mit den entsprechenden Sicherheitsgarantien der UdSSR gegenüber nicht akzeptieren. Daher scheiterte Mitterrands Konzept der Europäischen Konföderation kläglich und auf ganzer Linie. "Mitterrands fehlgeschlagener Versuch, sich an die Spitze einer gesamteuropäischen Politik zu setzen", belege einmal mehr, "daß auch nach dem Ende des Ost-West-Konflikts Anspruch und Wirklichkeit in der französischen Diplomatie in einem krassen Mißverhältnis zueinander stehen" urteilen Meimeth/Neßhöver (1997: 158). Frédéric Bozo stellt gar die globale Bewertung der Mitterrand'schen Außen- und Europapolitik unter den Vorbehalt einer Antwort auf die Frage: "François Mitterrand a-t-il réussi ou manqué la fin de

---

68 Erst 1993 bildeten sich die beiden unabhängigen Staaten Tschechien und Slowakei.

la guerre froide?" (Ist François Mitterrand die Gestaltung des Endes des Kalten Krieges gelungen oder mißglückt?) (Bozo 1995/1996: 847). Sicher ist, dass Frankreich durch den weltpolitischen Umbruch erheblich an internationaler, insbesondere europapolitischer Bedeutung eingebüßt hat. Es fragt sich jedoch, ob es zu dieser Entwicklung eine wirkliche Alternative gab – Mitterrand jedenfalls fand sie nicht.

7.2.2 Balladurs Stabilitätspakt

Die im März 1993 ins Amt gekommene Kohabitationsregierung unter Edouard Balldur stand wie auch RPR-Chef Jacques Chirac einer kurz- bis mittelfristigen Osterweiterung der EU wesentlich aufgeschlossener gegenüber als ihre Vorgängerinnen. Dies lag – wie schon angedeutet – u.a. daran, dass ihre Ambitionen für eine Vertiefung der Integration, um deretwillen Mitterrand ja einen baldigen Beitritt der MOE-Staaten stets ablehnte, nicht sonderlich ausgeprägt waren. Hinzu kam aber vor allem, dass sich der Druck aus Bonn inzwischen merklich erhöht hatte; Kohl drang immer massiver auf einen baldigen Beitritt der MOE-Staaten, nicht zuletzt um das Wohlstandsgefälle, das sich an Deutschlands Ostgrenzen auftat, abzubauen. Auch setzte man in Bonn damals darauf, dass die künftigen EU-Neumitglieder sich politisch problemlos in die Integrationsgemeinschaft eingliedern würden. So zeichnete sich die Perspektive der Osterweiterung immer deutlicher ab. Die ersten Europaabkommen mit MOE-Staasten waren inzwischen unterzeichnet und der Kopenhagener Europäische Ratsgipfel vom Juni 1993 schickte sich an, Kriterien für künftige EU-Beitritte zu formulieren.

In dieser Konstellation unternahm Frankreich einen erneuten Vorstoß, um auf die Ausgestaltung einer gesamteuropäischen Ordnung Einfluss zu nehmen. Am 9.6.1993 legte die Regierung Balladur ein Aide-Mémoire vor, das die Schaffung eines Europäischen Stabilitätspakts zum Ziel hatte. Dieser Pakt sollte in allen europäischen Ländern die friedliche Lösung von Grenz- und Minderheitsproblemen ermöglichen. Das Aide-Mémoire, das zunächst der deutschen, dann der britischen und schließlich der amerikanischen Regierung vorgelegt wurde, benennt drei Gründe für diese Initiative. "Das Auseinanderbrechen Jugoslawiens in mehrere Staaten sowie der Krieg, der Bosnien-Herzegowina entzweit, haben deutlich gemacht, wie brennend das Minderheitenproblem ist, und gezeigt, daß die Völkergemeinschaft, einschließlich des Europas der Zwölf, machtlos ist, die von ihnen vertretenen Grundsätze umzusetzen" heißt es hier (das Aide-Mémoire ist abgedruckt in Kolboom/Weisenfeld 1993: 180-186). Als weiterer Grund wird das im Maastrichter Vertrag neu geschaffene GASP-Instrumentarium angeführt, das für solche vordringlichen Aufgaben nun zur Verfügung stehe und angewandt werden müsse. Drittens schließlich ist von "Anreizen und Begleitmaßnahmen" die Rede, die diejenigen Staaten zur Teilnahme am Stabilitätspakt veranlassen sollen, die einen EU-Beitritt anstreben.

Konkret schlägt das Aide-Mémoire die Abhaltung einer "Europäischen Konferenz" mit 40 Teilnehmern einschließlich der USA und Kanada vor, die den Abschluss von möglichst zahlreichen Abkommen zur Regelung von Grenz- und Minderheitenproblemen vorbereiten sollte. Diese zwischen verschiedenen MOE-Staaten vereinbarten Regelungen sollten dann in einen Stabilitätspakt zusammengefasst und der KSZE zur Überwachung vorgelegt werden.

Die Balladur'sche Initiative kann als pragmatischerer, stärker problemorientierter und kooperationsbereiterer Versuch der Neude-finition einer französischen Ostpolitik interpretiert werden, als das Konföderationsprojekt Mitterrands es war (Meimeth/Neßhöver 1997: 158). Pragmatischer ist der Vorstoß insofern, als Frankreich nun die USA, deren sicherheitspolitische Unentbehrlichkeit man eben in Jugoslawien erneut erfahren hatte, in die Stabilisierungsversuche in Europa explizit einband. Diese Erfahrung hatte in Paris einer Neubewertung der europapolitischen Rolle der USA Vorschub geleistet.

Im Aide-Mémoire wird die Absicht, den französischen Vorstoß EU-europäisch abzufedern, besonders deutlich. So gelang es Balladur, unterstützt von der Bundesregierung, den Europäischen Rat dazu zu bewegen, seinen Stabilitätspakt zur ersten Gemeinsamen Aktion der EU zu erklären und mithin erstmals dieses hochrangige GASP-Instrumentarium anzuwenden[69]. Durch die Europäisierung des Vorstoßes versuchte man zugleich die aktive Einbindung Deutschlands zu erreichen; denn drei Jahre nach der Wiedervereinigung fürchtete die politische Klasse Frankreichs noch immer, dass das neue Deutschland übermäßigen Einfluß in Mittel- und Osteuropa gewinnen und dadurch seine Westbindung lockern könnte. Diesen Alptraum jeglicher französischer Integrationspolitik spätestens seit Willy Brandts Zeiten drückte Außenminister Juppé in einem Zeitungsinterview vom 2.9.1993 äußerst klar aus: "Deutschland hat mit seinen 80 Millionen Einwohnern und seiner Wirtschaft, die in drei oder vier Jahren die Wiedervereinigung verdaut haben wird, eine beträchtliche Einflußzone in Mittel- und Osteuropa – bis zur Ukraine und bis nach Rußland – und ist dann vielleicht versucht zu sagen, es brauche die europäische Konstruktion weniger als vor 20 Jahren" (zitiert in Weisenfeld 1993: 173).

Als problemorientierter ist der Balladur'sche Stabilitätspakt schließlich insofern zu bezeichnen, als er sich auf die kurz- bis mittelfristige Osterweite-

---

69 Dies geschah durch Beschluss des Brüsseler Europäischen Rats vom Dezember 1993.

rung der EU einstellt, die Kandidaten aber darauf verpflichten will, ihre Grenz- und Minderheitenprobleme vor einem Beitritt definitiv zu regeln. "Wir sind bereit, neue Mitglieder aufzunehmen, aber keine neuen Konfliktherde" wird Europaminister Lamassoure zitiert (in Meimeth/Neßhöver 1997: 160).

Die Eröffnungskonferenz zum Stabilitätspakt fand im Mai 1994 in Paris statt. 10 Monate später kamen die 52 Teilnehmerstaaten erneut in Paris zusammen, um die "Resultate ihrer Übung präventiver Diplomatie im Rahmen des ‚Paktes für die Sicherheit und Stabilität in Europa' feierlich festzuschreiben". Rein quantitativ ist dem Stabilitätspakt ein beachtliches Ergebnis zu attestieren: "100 Verträge, Vereinbarungen und gemeinsame Erklärungen" wurden zusammengetragen. Substrahiert man hiervon jedoch die 48 Abkommen, die zwischen MOE- und EU-Staaten geschlossen wurden, so bleiben lediglich 56 Vereinbarungen aus dem "eigentlichen Kernbereich des Stabilitätspaktes", wovon wiederum nur neun direkt auf die französische Initiative zurückzuführen sind (Meimeth/Neßhöver 1997: 164).

Dieser geringe Output zeigt, dass es sich beim Balladur'schen Vorstoß letztlich um einen nur begrenzt geglückten Versuch handelte, angesichts einer bereits weit vorangetriebenen Weichenstellung in Richtung Osterweiterung der Entwicklung noch ein französisches Siegel aufzuprägen, um nicht als von den Ereignissen überrollt dazustehen. Keinesfalls übersehen werden darf schließlich, dass Balladur mit seiner Initiative in großem Maße auch innenpolitische Ziele zu erreichen suchte. Er, der im März 1993 zum Kohabitationspremier wurde, um Chiracs Chancen bei den Präsidentschaftswahlen 1995 zu sichern, entwickelte sehr bald eigene Ambitionen auf das Amt (vgl. Kap. 2.2). Um diesem Anspruch Glaubwürdigkeit zu verleihen, musste er sein außen- und sicherheitspolitisches, kurz sein staatsmännisches Profil schärfen. Da bot sich eine Initiative zur gesamteuropäischen Stabilisierungspolitik an, zumal sie sich gut als eine Art Neuauflage des Mitterrand'schen Konföderationskonzepts ausgeben ließ. Obgleich dies im Detail nicht zutraf, konnte auf diese Weise das Misstrauen des Staatspräsidenten, der seinen Vorrang in der Außen- und Sicherheitspolitik zumindest pro Forma gewahrt wissen wollte, vermieden werden. Die Einbindung einer langjährigen Mitarbeiterin Mitterrands in die Vorbereitungen zum Stabilitätspakt sollte das gute, das harmonische Funktionieren der zweiten Kohabitation belegen (Weisenfeld 1993: 170). Doch selbst die meisterliche Terminierung des Stabilitätspakts, die die Abschlusskonferenz auf Ende März 1995, also knapp einen Monat vor dem ersten Durchgang der Präsidentschaftswahlen in Paris angesetzt hatte, brachte Balladur nicht den gewünschten Erfolg. Vorbereitung, Lancierung und Durchführung des Stabilitätspaktes zeigen allerdings erneut in aller Deutlichkeit, dass Staatspräsident Mitterrand in den letzten zwei bis zweieinhalb Jahre seiner Amtszeit physisch nicht mehr in der Lage war, seine ihm selbst in Kohabitationszeiten verbliebene Rolle voll und ganz auszufüllen.

Tabelle 8: Ergebnisse der französischen Europawahlen 1994

	Anzahl der Stimmen	Stimmen in Prozent	Sitze	Sitze in Prozent
UDF-RPR	4 985 574	25,58	28	32,18
PS	2 834 173	14,54	15	17,24
Europe des nations	2 404 105	12,34	13	14,94
Radicaux de gauche	2 334 457	11,98	13	14,94
FN	2 050 086	10,52	11	12,64
PCF	1 342 222	6,89	7	8,05
Les verts	574 806	2,95	0	0,00
Extrême gauche	527 236	2,71	0	0,00
MDC	494 986	2,54	0	0,00
Génération écologie	392 291	2,01	0	0,00
Andere	1 547 544	7,94	0	0,00

Erfolgreiche Listen
RPR -UDF: Gemeinsame Liste des Rassemblement pour la République und der Union pour la Démocratie Française
PS :   Parti Socialiste
EdN : Europa der Nationen (de Villiers)
PRG : Parti radical de Gauche
FN: Front National National
PCF : Parti Communiste Français

8. Mitterrands persönliche Bilanz

François Mitterrand hat im Verlauf seiner doppelten Amtszeit die französische Europapolitik unter den unterschiedlichsten Voraussetzungen auf so tiefe Weise geprägt, dass eine abschließende knappe Bilanzierung unmöglich ist. Während in den 80er Jahren eine Vertiefung und Konsolidierung der Neuner-, dann Zwölfer–EG durch vergleichsweise geringfügige Souveränitätsabgaben an die Integrationsgemeinschaft zu bewerkstelligen waren, änderte dies sich angesichts des weltpolitischen Umbruch der Jahre 1989-1991. Mit diesen neuen, gewaltigen Herausforderungen konfrontiert, entschlss sich Mitterrand – wenn auch nach einigem Zögern – zu beherztem Zupacken, um auf diese Weise die deutsche Wiedervereinigung mit der Schaffung der Währungsunion und dem Einstieg in eine Gemeinsame Europäische Außen- und Sicherheitspolitik zu verknüpfen. Um dieser übergeordneten Zielsetzungen willen war Mitterrand bereit, die erforderlichen substantiellen Souveränitatsverzichte zu leisten, wenngleich er sie in allen Detailfragen auf das absolut Notwendige zu begrenzen suchte. Insofern stellt der Maastrichter Vertrag das Meisterstück und den Höhepunkt der Mitterrand'schen Europapolitik dar (Cohen-Tanugi 1995: 858). Mit dem neuen Europa jedoch, dass sich nach dem Fall der Berliner Mauer und dem Zusammenbruch der UdSSR bald abzuzeichnen begann, konnte er sich nicht mehr anfreunden – von dieser Aufgabe hat ihn seine Krankheit und die innenpolitische Konstellation der Kohabitation teilweise entlastet.

So soll anstelle einer abschließenden Würdigung der europapolitischen Verdienste Mitterrands die persönliche Bilanz stehen, die der totkranke Staatspräsident seinem letzten Biographen offenbarte. Laut Georges-Marc Benamou hatte Mitterrand die letzten Monate im Elysée damit zugebracht, seine Hinterlassenschaft an die Nachwelt zu überdenken, Aktiva und Passiva seines politischen Wirkens gegeneinander abzuwägen. Denn er wollte die biographische Notiz kennen, die man ihm in 20 oder 100 Jahren widmen würde. Dabei machte er eine Rechnung mit fünf Posten auf: Posten eins: Die "affaires", d.h. seine Mitarbeit in Vichy und die uneheliche Tochter Mazarine. Zwar hatte er sich in den letzten Monaten intensiv um beides gekümmert, dennoch war er überzeugt, dass sie das Bild, das sich die Nachwelt von ihm machen wird, beschmutzen würden. Posten zwei: die Skandale, Korruptionsvorwürfe etc, die schnell nach seinem Tot vergessen würden, bzw. ihm nicht stärker als der Rechten zur Last gerechnet würden. Posten drei: Seine Bilanz aus Sicht der Linken; dieser Posten beunruhigte ihn am meisten. Auf der Aktiva-Seite stehen die Abschaffung der Todesstrafe, die Einführung der Auroux-Gesetze (zur Stärkung der Arbeitnehmerrechte), die Dezentralisierung etc. – aber würde ihm das Tribunal der Geschichte sein jahrelanges unentschlossenes Handeln, das auf diese epochalen Reformen zu Beginn seiner Amtszeit folgte, verzeihen? Posten vier: Europa. "ça, au moins, il sait que personne ne viendra lui contester" (Das zumindest, da ist er sich sicher, wird ihm niemand bestreiten). Auch Posten fünf: der innere Frieden im Lande während seiner 14-jährigen Amtszeit rechnet Mitterrand zu den eindeutigen Pluspunkten seiner persönlichen Bilanz (Benamou 1996: 158/159).

Der Stellenwert, den Mitterrand seinem europapolitischen Vermächtnis einräumte, wurde ein letztes Mal an seiner Reaktion auf die erste Neujahrsansprache seines Amtsnachfolgers Jacques Chirac deutlich. Nur wenige Tage vor seinem Tod am 8.1.1996 verfolgte er die traditionellen Glückwünsche des neuen Staatspräsidenten an das französische Volk. Nachdem einige aus seiner Entourage diese Rede Chiracs als zu lang und zu hohl kritisiert hatten, widersprach Mitterrand: "Aber er war doch nicht schlecht. Und vor allem: er hat die europäische Fahne neben der französischen Fahne stehen lassen!" (Benamou 1996: 24).

Teil III: Die französische Europapolitik unter Jacques Chirac 1995-2004

1. Einführung: Chiracs langer Weg ins Elysée

Als Jacques Chirac am 17. Mai 1995 zum fünften Staatspräsidenten der V. Republik gewählt wurde, stand zum ersten Mal seit Pompidous Tod 1974 wieder ein Gaullist bzw. Neo-Gaullist an der Staatsspitze, ein Politiker, der sich seit 1976 als Erneuerer der gaullistischen Bewegung und explizit als Erbe des Generals verstand. Wie auch sein Vorgänger Mitterrand hatte Chirac sich zweimal erfolglos um das höchste Amt im Staate bewerben müssen, bevor der Einzug ins Elysée gelang.

Wenn Chevallier et al. schreiben, dass sich Chirac letztlich deshalb gegen seinen RPR-Mitbewerber Balladur durchsetzen konnte, weil er quasi zur Inneneinrichtung der V. Republik gehört (2002: 421), so ist dies zwar sarkastisch, trifft aber gleichwohl den Punkt. 1932 in Paris in bescheidenem Milieu geboren, tritt Chirac bereits als Fünfzehnjähriger der gaullistischen Partei des "Rassemblement du Peuple Français" bei. Nach einem politikwissenschaftlichen Studium in Paris und Harvard leistet er 1955/56 seinen Militärdienst in Deutschland und Algerien ab. Anschließend absolviert er die Elitehochschule ENA (Ecole Nationale d'Administration), um sich auf den Staatsdienst vorzubereiten. 1962 wird er von Premierminister Pompidou in seinen Stab aufgenommen, wird 1967 erstmals Staatssekretär (für Soziales und Beschäftigung, bald darauf im Wirtschafts- und Finanzministerium) und 1972-1974, nach der Wahl Pompidous zum Staatspräsidenten, Landwirtschaftsminister in der Regierung Messmer, dem er ab 1974 dann als Innenminister dient. 1967 erobert Chirac auch das Departement Corrèze in der Region Limousin, das er bis 1995 als Abgeordneter in der Nationalversammlung vertreten wird.

Nachdem er 1974 die Präsidentschaftskandidatur des liberalkonservativen Valéry Giscard d'Estaing unterstützt und damit das gaullistische Lager um den Pompidou-Erben Jacques Chaban-Delmas aufs tiefste aufgebracht hatte, beruft der neue Staatspräsident ihn zum Premierminister. Mit Chirac war folglich die zentrale Figur der Mehrheitsfraktion innerhalb der neuen präsidentiellen Mehrheit eingebunden und noch dazu der "giscardistischste" unter den Neo-Gaullisten. Doch da das Verhältnis Giscard d'Estaing – Chirac sich an der Staatsspitze äußerst tumultuös entwickelt, reicht der Premier im August 1976 seinen Rücktritt ein; dem Präsidenten wirft er vor, dass er ihm die Mittel und Möglichkeiten zur Durchführung seiner Politik verweigert habe (Schrameck 2001: 92). Chirac ist damit der erste – und bislang letzte – Premierminister der V. Republik, der auf eigene Initiative hin sein Amt aufgibt. Später wird Chirac bekennen, dass die Koexistenz mit Giscard d'Estaing mindestens so anstrengend und aufreibend war wie – Jahre später – die Kohabitation mit Mitterrand (Allaire/Goulliaud 2002: 155).

Chirac widmet sich nun vorübergehend ausschließlich der Parteiarbeit; 1976 löst er die gaullistische Partei "Union des Démocrates pour la République" UDR[70] auf und gründet das "Rassemblement pour la République" RPR als neue gaullistische Sammlungsbewegung. Chirac übernimmt den Vorsitz der RPR, den er zu seiner Machtbastion ausbaut; erst 1994, im Vorfeld der Präsidentschaftswahlen von 1995, überträgt er seinem engen Mitarbeiter und Vertrauten Alain Juppé die Leitung der RPR. 1977 wird er in das neu geschaffene Amt des Bürgermeisters von Paris gewählt, das er lange Zeit ausübt.

Tabelle 9: Französische Präsidentschaftswahlen 1995

Kandidaten	1. Wahlgang	2. Wahlgang
L. Jospin (PS)	23,30%	47,40%
J. Chirac (RPR)	20,70%	52,60%
E. Balladur (RPR)	18,50%	
J-M. Le Pen (FN)	15,10%	
R. Hue (PC)	8,70%	
A. Laguiller (LO)	5,30%	
P. de Villiers (MPF)	4,80%	
D. Voynet (Verts)	3,30%	
Wahlenthaltung	21,07%	19,60%

Nach dem Sieg des bürgerlich-konservativen Lager bei den Parlamentswahlen von 1986 wird Chirac zum zweiten Mal Premierminister und zum ersten Kohabitationsregierungschef der V. Republik. Zwei schwierige Jahre (vgl. Teil I, Kap. 2.1) später endet dieses Experiment mit der Wiederwahl François Mitterrands am 8.5.1988 und den darauffolgenden Parlamentswahlen, die eine sozialistische Regierungsbildung erlauben. Chirac zieht sich auf seine Funktionen als RPR-Chef und Pariser Bürgermeister zurück, die er allem

---

70 Nachdem das Rassemblement du Peuple Français, die erste gaullistische Sammlungsbewegung, 1953 auf Geheiß des Generals seine Tätigkeiten weitestgehend eingestellt hatte, wurde sie 1958 nach de Gaulles Rückkehr an die Macht als Union pour la Nouvelle République neu gegründet. 1968 gaben sich die Gaullisten dann die Bezeichnung Union des Démocrates pour la République.

Anschein nach aber nicht ausreichend voneinander trennt. So kommt es zu jenen Verquickungen zwischen Partei- und öffentlichen Amt, zu illegaler Parteifinanzierung und Korruptionsfällen im Großraum Paris, die ab 2000 zu einer deutlichen Belastung des – allerdings durch großzügige Immunitätsregeln geschützten – Staatspräsidenten Chirac und im Februar 2004 letztlich zur Verurteilung seines engen Weggefährten Alain Juppé führen werden.

Als es nach dem Wahlsieg des bürgerlich-konservativen Lagers bei den Parlamentswahlen von 1993 zur zweiten Kohabitation unter Präsident Mitterrand kommt, läßt Chirac Edouard Balladur, wie er Pompidou-Zögling und Wirtschaftsminister in der ersten Kohabitationsregierung, den Vortritt. Denn nachdem sich bei den Präsidentschaftswahlen 1988 seine beiden Jahre als Premier nicht ausgezahlt hatten, will er sich diesmal angesichts bevorstehender Präsidentschaftswahlen nicht erneut mit dem Matignon-Malus belasten. Da Balladur jedoch recht bald eigene Ambitionen auf das höchste Staatsamt entwickelt und vorrübergehend dabei auch auf große Resonanz im bürgerlich-konservativen Lager, ja selbst in der RPR, stößt, gilt Chirac zeitweise als "l'éternel loser", der ewige Verlierer. Doch mit Hilfe Mitterrands wendet sich das Blatt noch zu seinen Gunsten, so dass er – und nicht Balladur – in die Stichwahl vom 17.5.1995 einziehen kann (vgl. Teil II, Kap. 2.2). Hier schlägt Chirac seinen sozialistischen Konkurrenten mit 52,6 gegen 47,4%. Er ist am Ziel seiner Träume und Ambitionen angelangt.

2. Der politische Gestaltungsspielraum Jacques Chiracs

Nach dem Wahlsieg vom Mai 1995 bis zu den vorgezogenen, aber verlorenen Parlamentswahlen vom Juni 1997 verfügte Jacques Chirac über die außerordentlich große Machtfülle, die dem Präsidenten der V. Republik zur Verfügung steht, wenn er auch über die Parlamentsmehrheit gebietet. Nach Amtsantritt fand Chirac in der 1993 neu gewählten Nationalversammlung eine bürgerlich-konservative Mehrheit vor, die über 460 der 577 Sitze verfügte – die RPR über 247, die UDF über 213 – hinzu kamen noch rund 30 Abgeordnete der "verschiedenen Rechten" (vgl. Tabelle 3, Teil II). Doch diese überwältigende Mehrheit garantierte Chirac keineswegs problemloses Regieren, denn die RPR war in Folge der Maastricht-Debatte in der Europapolitik noch immer tief gespalten und das bürgerlich-konservative Lager litt insgesamt unter den Belastungen, die sich durch die Konkurrenz der beiden RPR-Politiker Chirac und Balladur im Präsidentschaftswahlkampf 1995 ergeben hatten. Nun trennte ein tiefer, ja schier unüberwindlicher Graben die Chiraquiens von den Balladuriens.

Da wäre es ein Befreiungsschlag gewesen, wenn der neugewählte Präsident die Nationalversammlung aufgelöst hätte, um den Wählern die Gelegenheit zu geben, ihm auch eine neue Nationalversammlung zur Seite zu stellen. Mitterrand hatte sich sowohl 1981 als auch 1988 zu dieser Lösung entschieden. Doch nach den beiden Urnengängen vom Frühsommer 1995 – vor den Präsidentschaftswahlen hatten bereits die Kommunalwahlen stattgefunden -, wollte Chirac den ausgelaugten, müden Parteien seiner Mehrheit nicht einen erneuten Kraftakt zumuten. "Nach der guten alten Logik der V. Republik" hätte Chirac die Nationalversammlung auflösen, "die Quantität der Qualität opfern" müssen, "um über eine Mehrheit zu verfügen, die sicher weniger üppig sein würde, dafür aber wesentlich homogener und dem Präsidenten verpflichtet, mit einer fünfjährigen Legislaturperiode, um Frankreich zu regieren" meinen Chevallier et al. (2002: 427). Der Verzicht auf vorgezogene Neuwahlen sei der grundlegende, originäre Fehler, "la faute originelle" des Chirac'schen Septennats[71] gewesen (Allaire/Goulliaud 2002: 224).

2.1 Der Architekt und der Maurer – Chirac und Juppé 1995-1997

Unmittelbar nach Amtsantritt gab Chirac sein Verständnis von der Arbeitsteilung zwischen Staats- und Regierungschef kund: "Der Präsident wird Schiedsrichter sein, er wird die großen Orientierungen vorgeben, die Einheit der Nation garantieren und ihre Unabhängigkeit bewahren. Die Regierung wird die Politik der Nation führen". Bei dieser eng an den Verfassungstext angelehnten Formel habe Chirac - so wurde kritisiert - jedoch das Verb "déterminer" (beschließen) weggelassen, das in Artikel 20 der Verfassung steht; denn dort heißt es: "Die Regierung beschließt und führt die Politik der Nation". Klar und deutlich hat Chirac damit jedoch die Rangordnung beschrieben, die nach seiner Auffassung zwischen Präsident und Premierminister herrscht. Alain Juppé, der hochintelligente, treue Diener Chiracs, bestätigte diese Rangordnung in einem Figaro-Artikel vom 29.5.1995; er sehe den

---

71 Es erübrigt sich, von einem ersten Septennat Chiracs zu sprechen, da durch die Verfassungsreform vom Herbst 2000 die Amtszeit des Präsidenten auf fünf Jahre verkürzt wurde. Die Initiative für die seit langem diskutierte Reform war von Giscard d'Estaing ausgegangen. Chirac, ursprünglich kein Verfechter des Quinquennats, meinte nun, sich dem populären Vorhaben anschließen zu müssen. Diese Neuerung wurde am 24.9.2000 von der französischen Bevölkerung mit der großen Mehrheit von 73,2% der abgegebenen Stimmen, allerdings bei einer nur sehr geringen Beteiligung von 25,3%, in einem Referendum angenommen. Nach seiner Wiederwahl 2002 trat Chirac als erster Staatspräsident der V. Republik solch ein Quinquennat an.

Präsidenten als einen Architekten, der die Pläne vorlege, und sich selbst als Maurer, der diese ausführe (Chevallier et al 2002: 430/431).

Doch die sehr enge Beziehung zwischen Chirac und Juppé, der große Respekt, den der Staatspräsident seinem Premier entgegenbrachte – so hat Chirac Juppé mehrfach als "den besten unter uns allen" bezeichnet – hat in der Praxis die strikte Hierarchie etwas eingeebnet. Chirac habe Juppé selbständig regieren lassen, berichten Beobachter, selbst dann, wenn er mit der Politik des Regierungschefs nicht einverstanden war. Dies läßt sich an der im Herbst 1995 zu Massenprotesten führenden Linie Juppés bei den geplanten Reformen der Sozialversicherungskassen ablesen, vor der Chirac gewarnt hatte; doch er ließ Juppé gewähren. Als zweimaliger Premierminister habe Chirac Respekt vor diesem Amt, daher wollte er den Premier regieren lassen (Allaire/Goulliaud 2002: 143). Hinzu kam, dass der bei seiner Berufung zum Regierungschef erst 50 jährige Juppé keinerlei Anlaß hatte, dem Präsidenten seinen Vorrang streitig zu machen, galt es doch lange Jahre als ausgemacht, dass der ehrgeizige Weggefährte eines Tages Chiracs Nachfolger werden sollte. So war Juppé nach der Wiederwahl Chiracs 2002 und dem nachfolgenden Wahlsieg der Bürgerlich-Konservativen für kein Regierungsamt ernsthaft im Gespräch, ein Zeichen dafür, dass er sich – ganz dem Vorbild seines großen Mentors folgend – nicht länger auf dem undankbaren Posten des Premierministers verschleißen, sondern seine Machtbasis auf andere Weise aufbauen wollte. Dafür schien seine Tätigkeit als maßgeblicher Gestalter und Chef der neuen präsidentiellen, postgaullistischen Partei UMP (Union pour un Mouvement populaire) geeignet. Doch die Verurteilung Juppés im Februar 2004 hat diesen Plänen ein Ende gesetzt; dabei gilt als ausgemacht, dass Juppé in großer Loyalität zu seinem Förderer ein Gutteil der Verantwortung für die Finanzierungsskandale der RPR auf sich genommen hat, um den Staatspräsidenten zu entlasten.

Insbesondere in der Außen-, Sicherheits- und Europapolitik folgte die Arbeitsteilung zwischen Präsident und Premier äußerst klassisch dem tradierten Schema. Dementsprechend verblieb auch der Außenminister der Regierung Juppé, Hervé de Charette, weitgehend im Schatten des Staatspräsidenten. In seiner Regierungserklärung vom 29.5.1995 widmete Juppé der Außenpolitik nur wenig Redezeit, während die Innenpolitik Dreiviertel seiner Ausführungen füllte. Auch in den folgenden zwei Jahren konzentrierte sich Juppé auf die Innenpolitik, lediglich in der operationellen Europapolitik wurde sein Haus, ganz dem inzwischen erreichten Integrationsstand angemessen, aktiv. Doch die großen europapolitischen Initiativen, wie beispielsweise die gemeinsamen Botschaften Chiracs mit Kanzler Kohl, wurden im Elysée vorbereitet (Kessler 1999: 44).

2.2 Die dritte Kohabitation: Chirac-Jospin

Die dritte Kohabitation stand unter einem anderen, für den Präsidenten ungünstigeren Stern als die beiden vorherigen. Denn Chirac, der ohne überzeugende Gründe die vorgezogenen Parlamentswahlen angesetzt und damit den Sieg der Linken provoziert hatte (vgl. dazu Kap. 3.4) ging sehr geschwächt aus dieser Kraftprobe hervor. Die neue Beziehung zwischen den beiden Spitzen der Exekutive wurde allein schon dadurch symbolisiert, dass Jospin in eigener Person seine Ernennung zum Premierminister bekannt gab. Die ersten Auslassungen der beiden zur nun erneut anstehenden Kohabitation beschränken sich letztlich darauf, die verfassungsrechtliche Lage zu paraphrasieren. Sowohl Staatspräsident als auch Premierminister erklären sich zu einer "konstruktiven Kohabitation" bereit, die "in Würde und gegenseitigem Respekt den Interessen Frankreich dienen" werde. "Auf diese besondere institutionelle Lage, die ich schon erlebt habe" so Chirac – wolle er verfassungsgemäß reagieren. "Heute ist es meine Pflicht darüber zu wachen, daß wir alle zusammen – jeder an seinem Platz und unter Respektierung des anderen – den Interessen und Werten dienen, die uns vereinen und die schlicht die Ideale der Republik sind" (Chirac in Le Monde, 8./9. Juni 1997). Im Gegenzug erkennt Jospin explizit die weitreichenden verfassungsrechtlichen Befugnisse des Staatspräsidenten an (Allaire/Goulliaud 2002: 282).

2.2.1 *La cohabitation de velours* – *die samtene Kohabitation*

Der Zeitraum zwischen dem Wahlsieg der Linkskoalition "gauche plurielle" am 1.7.1997 und dem Juli 2001 wird gemeinhin als konsensuelle, als harmonische, eben als samtene Kohabitation bezeichnet. Zwar gab es zu Beginn einen kleinen Disput darüber, wer nun letztendlich das Sagen in der französischen Politik habe. So hatte Chirac in der traditionellen Ansprache des Staatspräsidenten zum 14. Juli 1997 erklärt, dass die Verfassung ihm den Vorrang vor Premierminister und Regierung einräume; dies bedeute, dass ihm "un peu le dernier mot" (gewissermaßen das letzte Wort) über die Maßnahmen der Regierung zustehe und er daher für sich "un droit de commentaire" (ein Recht auf Kommentierung) der Regierungsarbeit beanspruche. Umgehend antwortet Jospin daraufhin, dass es keinen Bereich des politischen Lebens gäbe, in welchem der Präsident das letzte Wort habe: "Il n'y a pas de domaine de la politique française où le Président aurait le dernier mot" (La Documentation française, Nr. 106, 2004: 52).

Ein wichtiger Grund, warum die dritte Kohabitation sich zunächst so konsensuell, so samten anließ, war, dass sie auf fünf Jahre, also eine ganze Legislaturperiode angelegt war. Denn nach dem eklatanten Mißerfolg der

Parlamentsauflösung 1997 schien es ausgeschlossen, dass Chirac in absehbarer Zeit erneut auf dieses Instrument zurückgreifen würde. Da sowohl Chirac als auch Jospin sich folglich auf eine dauerhafte Zusammenarbeit einstellen mussten und beide bei der nächsten Präsidentschaftswahl obsiegen wollten, waren sie zunächst zu einer konstruktiven Kohabitation gezwungen. Zwar wusste jeder, dass dieser Friede nicht ewig dauern würde, doch zunächst vermieden beide Provokationen. Beide hielten sich an einen impliziten Waffenstillstand. Dies erklärt, warum Premierminister Lionel Jospin die Politik Frankreichs in einem Maße gestalten und bestimmen konnte, wie kein Regierungschef der V. Republik vor ihm. Seine Regierung, die er ohne eine Intervention Chiracs zusammenstellt, erfüllt erstmals in vollem Maße den Anspruch des Artikels 20: "Le gouvernement détermine et conduit la politique de la nation".

Als wichtigen Nebeneffekt dieser Entwicklung in Richtung Geist der Verfassung führt Schrameck die Aufwertung des Parlaments an. Diese ist von der Regierung Jospin ganz bewußt angestrebt worden und läßt sich an mehreren Beispielen belegen. So stellte der Premierminister sich persönlich sehr häufig den Fragen der Abgeordneten und – wichtiger noch –verzichtete gänzlich auf die Anwendung des berühmtberüchtigten Art. 49 Abs. 3, der es der Regierung erlaubt, einen Gesetzestext mit der Vertrauensfrage zu verknüpfen. Der Text gilt ohne Abstimmung als angenommen, wenn dem Premierminister nicht von der Mehrheit der Abgeordneten das Mißtrauen ausgesprochen wird. Damit kann die Regierung die Änderungswünsche ihrer eigenen Mehrheit übergehen. Indem Jospin sich nicht darauf einließ, dieses "herausragende Symbol der Unterdrückung des Parlaments" (Olivier Duhamel in einem Gespräch mit Le Monde, 19. 11.1992) anzuwenden, zeigte er in der Tat Respekt vor dem Hohen Haus. Kombiniert mit den im Maastrichter Ratifikationsverfahren konzedierten und unter Balladur und Juppé weiter ausgebauten Mitsprache- und Kontrollrechten der Nationalversammlung in der Europapolitik (vgl. Teil II, Kap.5.1) konnten unter der dritten Kohabitationsregierung tatsächlich die Weichen in Richtung eines "wieder aufgewerteten Parlamentarismus" gestellt werden (Schrameck 2001: 59-66).

Mit Ausnahme der operativen Europapolitik, die Jospin weitestgehend für sich beansprucht (vgl. Kap. 4.1), schaltet er sich wenig in die Außen- und Sicherheitspolitik ein. Dies geschieht nicht nur, um unnötige Konflikte mit dem Staatspräsidenten zu vermeiden. Vielmehr überläßt Jospin, wohl auch weil er persönlich sich wenig dafür interessiert, diese Politikfelder ganz seinem Außenminister Hubert Védrine, der sie gemeinsam mit Chirac ausgestaltet, wobei der Staatspräsident sich in großem Maße auf den Generalsekretär des Elysée, Dominique de Villepin, seinen späteren Außenminister, stützt (Schrameck 2001: 96). Jospins außenpolitische Zurückhaltung bedeutet folglich mitnichten eine Akzeptanz des umstrittenen, hochproblematischen Begriffs der "domaine réservé". Indem Jospin auf eine kompetitive Abgrenzung zwischen seinen und des Präsidenten Befugnisse in der Außenpolitik verzichtete und sie vielmehr regierungsseitig in die Hand seines Außenministers legte, der sie gemeinsam mit dem Staatspräsidenten ausübt, ist die Figur der "domaine réservé" endgültig überwunden (Coudurier 1998: 405). Jospin hat mehrfach darauf hingewiesen, dass – selbst wenn allein dem Staatspräsidenten die Repräsentanz Frankreichs auf internationaler Ebene zustehe – die von ihm vertretenen außen-, sicherheits- und europapolitischen Positionen vorher zwischen Elysée und Matignon, den beiden Häuptern der Exekutive, wie er zur Empörung Chiracs zu sagen pflegte, abgestimmt werden müssen (Schrameck 2001: 100). Dadurch war es nicht mehr möglich, die Außenpolitik der Regierung von der des Staatspräsidenten zu unterscheiden (Kessler 1999: 44). Frankreich sei nach außen sehr geschlossen aufgetreten, habe mit einer starken Stimme gesprochen. Dies sei das Paradox der dritten Kohabitation, meinen Chevallier et al. Denn weil die Außenpolitik faktisch zusammen vom Elysée und Quai d'Orsay bzw. Matignon gestaltet wurde, kam es zu keinerlei Zwistigkeiten oder Relativierungen bei der Vertretung der gemeinsamen Positionen (2002: 470).

2.2.2 *La cohabitation en armes – die bewaffnete Kohabitation*

Wenn der Grund für die zunächst konsensuelle Kohabitation in der noch großen zeitlichen Distanz zum französischen Superwahljahr 2002 lag, dann war mit Herannahen dieses Datums mit dem Übergang zu einer konfliktuellen Koexistenz zwischen Präsident und Premier zu rechnen, mit einer kriegerischen Kohabitation. Und so kam es auch. Denn 2002 standen sowohl Parlaments- als auch Präsidentschaftswahlen an.

Mit der traditionellen Ansprache des Staatspräsidenten zum 14.7.2001 wird der Kampf zwischen den beiden mutmaßlich wichtigsten Präsidentschaftskandidaten eröffnet. Von nun an spricht die Presse von einer "cohabitation meurtrière" oder "cohabitation de combat", einer mörderischen bzw. kriegerischen Kohabitation (Le Monde, 17.7.2001). Chirac, der trotz der sich konkretisierenden Hinweise auf seine Verwicklung in die RPR-Parteifinanzierungsskandale der 80er Jahre eine große Beliebtheit in der Bevölkerung genießt, rechnet nun häufig mit der Regierung und ihrer Arbeit sehr hart und mit einer neuen Schärfe ab. Gleichwohl vergrößert die damit eingeläutete konfliktuelle Kohabitation den politischen Gestaltungsspielraum des Präsidenten kaum. Jospin, der dem Präsidenten nicht allzu aggressiv Paroli bieten kann, um das Amt, das er selbst anstrebt, nicht zu beschädigen, gerät in die Zwickmühle: Um seine Chancen auf die Präsidentschaft zu wahren, muss er bis zum Schluß Premierminister bleiben, da die Bevölkerung einen strategischen Rücktritt des beliebten Regierungschefs nicht verstanden und nicht verziehen hätte; das Amt aber belegt ihn mit jenem Matignon-Malus, der es noch keinem Premierminister der V. Republik erlaubt hatte, von der rive gauche, dem Amtssitz des Premiers auf dem linken Seine-Ufer, ins Elysée rive droite zu wechseln.

Die von einer fünfjährigen Kohabitation geprägte erste Amtszeit Chiracs resümieren Chevallier et al. folgendermaßen: "Jacques Chirac hat die Präsidentschaft während der sieben Jahre seines Mandates ausgeübt. Aber er hat das Land nur während der ersten beiden Jahre geführt [...] Deshalb war seine Herrschaft nur eine Klammer" (2002: 428).

2.3 Chirac- Raffarin: Rückkehr zur traditionellen Hierarchie

Nach seiner unter dramatischen Umständen erfolgten Wiederwahl am 5.5.2002 berief Chirac den Giscardisten Jean-Pierre Raffarin zum Premierminister. Raffarin, Minister in der Regierung Juppé, genoss wegen seiner tiefen Verwurzelung in seiner Heimatregion Poitou-Charentes den Ruf, der ideale Vertreter der "France profonde", des ländlich-gesund-einfachen Frankreichs zu sein, Qualitäten, die ihn deutlich von Chiracs erstem Premier Alain Juppé unterscheiden, und die angesichts der in der Präsidentschaftswahl offenbarten Vertrauenskrise zwischen Wahlvolk und politischer Elite nun mehr als je zuvor gefordert waren. Raffarin bot sich als Regierungschef auch deshalb an, weil er nach Chiracs Niederlage 1997 sich um eine Annäherung der beiden Komponenten des bürgerlich-rechten Lagers, also von RPR und UDF, bemüht hatte; seine Ernennung konnte somit auch als Zeichen der Aussöhnung zwischen den beiden rechten Parteien, die seit 1995 in einer Dauerfehde lagen, interpretiert und als eine Geste der Öffnung ausgegeben werden. Schließlich und wichtigstens aber galt Raffarin als "juppéo-compatible", als ein Politiker also, der der späteren Karriere von Chiracs Kronprinz Juppé keinerlei Hindernisse in den Weg legen würde (Le Monde, 10.2.2004). Juppé, als Chef der neuen Präsidentenpartei UMP einer der Hauptarchitekten der beiden Wahlsiege des Sommers 2002, sollte unbeschadet von internen Machtkämpfen zum Nachfolger Chiracs im Amt des Staatspräsidenten aufgebaut werden – als Premierminister jedoch war er, der als unbeliebtester aller Regierungschefs in die Annalen der V. Republik eingegangen ist, zum damaligen Zeitpunkt nicht vermittelbar. Raffarin sei lediglich ein "héritier de remplacement" - ein Vertretungserbe, so ein bissiger Kommentar (Le Monde, 10.2.2004).

Raffarin hat sich von Anfang an mit der klassischen, hierarchischen Interpretation des Zusammenwirkens von Staatspräsident und Regierungschef abgefunden. "Ich bin da, um Jacques Chirac zu dienen", bekannte er mehrfach (Le Monde, 10.2.2004), und in einem Artikel vom 16.12.2003 umschrieb er seine Stellung folgendermaßen: "Die Funktion des Premierministers ist die einer Sicherung. Weil ich eine Sicherung bin, schütze ich den Präsidenten. Weil er mir vertraut, schützt er mich [...] Es ist normal, dass der Premierminister als erster in der Kritik steht" (La Documentation française Nr.1.06, 2004: 56). Raffarin, der sich mehrfach bescheiden als Nummer Zwei bezeichnete, setzt weniger auf eine eigene, autonome politische Gestaltungsmacht als vielmehr auf das meist indirekte Gewicht, das er als Regierungschef und Führer der Parlamentsmehrheit – darauf legt er größten Wert[72] – auf die präsidentiellen Entscheidungen auszuüben vermag. "Ich glaube man muss es so sagen: Was der Premierminister – insbesondere im Vergleich zur Kohabitation – an Unabhängigkeit verliert, gewinnt er an Einfluß", so Raffarin in einer großen Debatte zu seinem Regierungsstil (Le Monde, 22.1.2004).

In der Regierungspraxis der Jahre 2002 bis 2004 wurde offensichtlich, dass Chirac in allen Politikbereichen das Heft wieder gänzlich in die Hand genommen hat; der Premierminister und seine Regierung haben die vom Staatspräsidenten gesetzten Prioritäten sehr getreu und mit ausgeprägter "vassalité" (Le Monde, 13.1.2004) in konkrete Politik umgesetzt. Der Premierminister habe sehr gut verstanden, dass Chirac nach fünf Jahren Kohabitation einen ausgeprägten Hunger nach politischer Aktion verspüre, der nicht so schnell gestillt werden könne, kommentierte Raphaëlle Bacqué kurz nach Amtsantritt Raffarins (in Le Monde, 23./24.6.2002).

Die Bescheidenheit und Zurückhaltung Raffarins kommen Chirac sehr zu Pass; denn sie sind die Voraussetzung dafür, dass nach einer weitgehend verschenkten ersten Amtszeit der zweiten, dem Quinquennat, nun eindeutig sein Siegel aufgeprägt wird und dem Staatspräsidenten damit die Chance eröffnet wird, seine Nachfolge selbst zu regeln, sei es im Sinne einer weiteren eigenen Kandidatur, sei es im Sinne der Wegbereitung für seinen Kronprinzen Juppé, falls dieser nach erfolgreichem gerichtlichen Berufungsverfahren erneut zur Verfügung stünde.

Die Wertschätzung, die Chirac Premierminister Raffarin in seiner Funktion als "fusible"/Sicherung entgegenbringt, wurde nach den für das Präsidentschaftslager verlorenen Regionalwahlen vom März 2004, als das linke

---

72 Anders als beispielsweise Alain Juppé, der 1995 nach Chiracs Sieg mitten in der Legislaturperiode ernannt wurde und somit eine 1993 gewählte Nationalversammlung „geerbt" habe, sei er , Raffarin vor der Parlamentswahl 2002 ernannt worden. „Die Abgeordneten sind mit mir gewählt worden [...] Das verändert die Lage beträchtlich" (Raffarin in Le Monde, 22.1.2004).

Lager mit 50,15% der Stimmen das rechte mit 37,07% eindeutig schlug, erneut bestätigt. Denn Chirac lehnte das Rücktrittsangebot des Regierungschefs ab und berief Raffarin erneut zum Premierminister, nicht zuletzt um dem erfolg- und ambitionsreichen Politik-Star Sarkozy den Einzug in Matignon (noch) zu verstellen. Auf die neue Regierungsbildung jedoch hatte Raffarin, der laut le Monde nur noch der Schatten eines Regierungschefs sei, keinen Einfluß. Die geschickte Zusammenstellung der neuen Regierungsmannschaft, die Sarkozy mit den brisanten Aufgaben des Wirtschafts- und Finanzministers betraut, ihm in der Person von Dominique de Villepin einen würdigen Nachfolger im Amt des Innenministers beschert, und mit der Berufung des früheren EU-Kommissars Michel Barnier ins Außenministerium den Erfordernissen der EU-Osterweiterung Rechnung trägt, geht gänzlich auf die gemeinsamen Entscheidungen des Staatspräsidenten und seines Vertrauten und noch UMP-Chefs Juppé zurück.

Nach den für das Präsidentschaftslager verlorenen Regionalwahlen vom März 2004 meinten Pressekommentare, Raffarin habe nur eine Gnadenfrist bis zu den Europawahlen erhalten. Sollten sich auch diese erneut zu einer Niederlage für das Präsidentschaftslager entwickeln, so müsse Chirac wohl oder übel die Regierung nochmals umbilden und einen Premierminister von überzeugenderer Statur als Raffarin berufen. Doch auch angesichts des schlechten Ergebnisses der UMP bei dem Urnengang vom 13.6.2004 – die UMP erzielte lediglich 16,63% der Stimmen, gegenüber 28,89% für die PS[73]– hält Chirac an seinem Premierminister Raffarin fest, der wiederum beteuert, seinen politischen Kurs beizubehalten (Le Monde, 16.6.2004). Zwar musste Chirac in Folge der jüngsten Wahlniederlage seinen hartnäckigen Widerstand gegen Sarkozys Aufstieg an die Spitze der UMP aufgeben, versuchte nun aber, dessen schnell anwachsende Macht dadurch zu begrenzen, dass er ihn vor die Wahl zwischen Partei-Vorsitz und Ministeramt stellte (Süddeutsche Zeitung, 25.6.2004). Damit erließ er aber quasi eine "lex Sarkozy", denn solch ein Kummulationsverbot war bisher in Frankreich unbekannt (Le Monde, 26.6.2004). Juppé beispielsweise übte zwischen 1993 und 1995 gleichzeitig das Amt des Außenministers und RPR-Chefs aus. Doch möchte der Staatspräsident um jeden Preis einen weiteren Machtverfall Raffarins vermeiden, der sich unweigerlich einstellen würde, wenn Sarkozy sowohl über das mächtige Wirtschafts- und Finanzministerium als auch den UMP-Vorsitz geböte. Raffarin aber ist der Garant für seine präsidentielle Vorrangstellung. In einer außergewöhnlich scharfen Attacke forderte der Staatspräsident seinen Finanzminister in seiner traditionellen Ansprache zum Nationalfeiertag am 14.7.2004 erneut auf, sich für das eine oder andere Amt

---

73 Für eine genauere Analyse der Europawahl vom 13.6.2004 vgl. Kap. 6.2 und Tabelle 15

zu entscheiden. "wenn der eine oder andere Minister zum Präsidenten der UMP gewählt wird, wird er sofort zurücktreten oder ich werde seine Amtszeit beenden", so Chirac (Le Monde, 16.7.2004).

Nachdem Chirac in derselben Ansprache jedoch ein französisches Referendum über die Europäische Verfassung in der zweiten Jahreshäfte 2005 ankündigte und damit Teilen der UMP und insbesondere Sarkozy nachgab, konnte der ehrgeizige Finanzminister nur einen erneuten Machtzuwachs registrieren. Ganz staatsmännisch lehnte er es öffentlich ab, sich auf parteiinterne Zwiste, die die Rechte spalten könnten, einzulassen: er wolle nicht zu jenen gehören, "die sich Bruderkriege geliefert und die der Linken an die Macht verholfen haben" (Le Monde, 18./19.7.2004); Nach einer persönlichen Unterredung mit Chirac kündigte Sarkozy auf der Sommer-Universität der UMP in Avoriaz am 4.9.2004 seine Kandidatur für den UMP-Vorsitz offiziell an und akzeptierte damit den Verlust seines Ministeramtes. Seine Wahl steht so gut wie fest. Das Amt dürfte dem ehrgeizigen Sarkozy eine gute Ausgangsposition für die Eroberung des Elysée bieten.

Diese neuen Entwicklungen zeigen, dass für Chirac die Zeiten der alleinigen Machtausübung, die auf die Wahlsiege in 2002 folgten, angesichts des scheinbar unaufhaltsamen Aufstiegs Sarkozys schon wieder vorbei sind. Damit aber wird es eng für Chiracs großes Anliegen: Denn der Staatspräsident möchte Frankreich noch sein Siegel aufprägen, um sich einen seinen großen Vorbildern und Vorgängern ebenbürtigen Platz in den Geschichtsbüchern zu erwirken.

3. Volle Gestaltungsmacht: Chiracs Europapolitik in der 1. Phase (1995-1997)

3.1 Internationaler Kontext französischer Europapolitik am Ende des 20. Jahrhunderts

Mit Jacques Chirac übernahm im Mai 1995 erstmals seit 1974 wieder ein Gaullist bzw. Neo-Gaullist, ein selbsterklärter Erbe des Generals, das höchste Amt im Staate. Doch was konnten die de Gaulle'schen außen- und europapolitischen Leitlinien der nationalen Unabhängigkeit, der Souveränitätswahrung, der Suche nach einer hervorgehobenen internationalen Rolle, die Frankreichs Rang als selbständige Macht gerecht wird, im Jahr 1995 noch bedeuten? Wie – wenn überhaupt – ließen sie sich in sinnvolle, realisierbare und den Interessen des Landes dienende Politik umsetzen? Denn eines war bei Chiracs Amtsantritt offensichtlich: Die Rahmenbedingungen französischer Außen- und Europapolitik hatten sich seit Ende des Ost-West-Konflikts und der deutschen Wiedervereinigung gewaltig und im Wesentlichen zuungunsten Frankreichs verändert. Die klassischen Muster und Instrumente gaullistischen Außen-, Sicherheits- und Europapolitik standen großteils nicht mehr zur Disposition: Die Konkurrenz zwischen den Supermächten USA und UdSSR, die es Frankreich als Mittelmacht bisweilen durchaus erlaubt hatte, eine eigenständige Außenpolitik zu verfolgen und sich insbesondere der US-Hegemonie über Westeuropa zu widersetzen, existiert nicht mehr. Im Zuge ihres Verschwindens hat auch die Abschreckungskapazität der Force de Frappe, die Frankreich 1966 das Austreten aus den Militärstrukturen der NATO erlaubt hatte, ihre Bedeutung weitestgehend verloren. Das dritte Instrument französischer Nachkriegs-Großmachtpolitik, das Mitspracherecht an Deutschlands Schicksal, war inzwischen ebenfalls konsumiert und abgelöst. Zwar hatte Mitterrand diesen Trumpf im Verlauf des Vereinigungsprozesses geschickt und hart pokernd eingesetzt; gleichwohl war dieser Trumpf 1990 definitiv "zum letzten Mal ausgespielt worden" (Froment-Meurice 2000: 328). Auch die Präsenz in Afrika hat seit Ende des Ost-West-Konflikts viel von ihrer statuserhaltenden Funktion eingebüßt; so entdecken die USA in wachsendem Maße ihre afrikapolitischen Interessen und auch die internationalen Organisationen wie Weltbank und UNO, ja selbst die EU sind zunehmend in Afrika involviert. "Le pré-carré s'internationalise", schreibt Froment-Meurice und will damit ausdrücken, dass Frankreich zwar eine afrikanische Macht geblieben sei, diese heutzutage aber teilen müsse, so dass sie als Begründung französischer außenpolitischer Ansprüche nicht mehr recht herhalten könne (Froment-Meurice 2000: 325). Nach der Zeitenwende von 1989/1990 stehen mithin von den traditionellen Instrumenten der gaullistischen Außenpolitik nurmehr der ständige Sitz im UN-Sicherheitsrat sowie der in der Tat äußerst bedeutsame Einfluß zur Disposition, den Frankreich sich im Laufe der Jahrzehnte als zentraler Initiator, Gestalter und Träger des europäischen Integrationsprozesses erwerben konnte.

François Mitterrand hatte es nach dem Fall der Berliner Mauer auf herausragende Weise verstanden, Frankreichs internationale Bedeutung durch eine engagierte und kraftvolle Europapolitik zu wahren; ansonsten aber hat er mit nur partiellen Anpassungen auf die neue internationale Konstellation reagiert; er hat – so der implizite Vorwurf Frédéric Bozos, das Ende des Kalten Krieges nicht angemessen zu verarbeiten gewußt (1995/1996: 847). Daher stellt sich für die Präsidentschaft Jacques Chiracs die übergeordnete Frage, ob und in welchem Ausmaß der neue Staatschef und seine neogaullistische Partei diese veränderten Rahmenbedingungen ab 1995 anzuerkennen und ihnen durch konkretes Handeln Rechnung zu tragen vermochten. Die

Entwertung der Mehrzahl der traditionellen französischen Außenpolitikinstrumente verweist das gaullistische Konzept der nationalen Unabhängigkeit und Größe definitiv ins Reich der Mythen und legt zumindest zwei Entwicklungslinien der französischen Außenpolitik nahe: eine Neuajustierung des Verhältnisses zu den USA vor allem in ihrer Funktion als Führungsmacht des transatlantischen Verteidigungsbündnisses sowie eine Europapolitik, die endlich den Rubikon zu überschreiten und eine souveränitätsteilende, föderalistische Zielsetzung für das Integratrionsunterfangen zu akzeptieren bereit ist. Seit jeher hat Frankreich versucht, der Hegemonie der USA durch den Aufbau eines starken, auch international, d.h. außen-, sicherheits- und verteidigungspolitisch handlungsfähigen Europas zu begegnen. Dieses seit etlichen Jahren mit der trefflichen Bezeichnung "Europe Puissance"[74] belegte Ansinnen scheiterte lange Jahre einerseits an der internationalen Konstellation, weil sich Frankreichs Partner, allen voran die Bundesrepublik, nicht des amerikanischen (nuklearen) Schutzschildes begeben wollten. Andererseits aber war auch "Widerspruch zwischen einem exzessiven Ehrgeiz für ein Europa, das man nicht nur stark, sondern auch unabhängig sehen möchte, und einer exzessiven Zurückhaltung, wenn es darum geht, Souveränitäten zu teilen" (Toulemon 1999: 584) für Frankreichs vergebliches Werben für ein "Europe Puissance" verantwortlich. Wird angesichts der neuen internationalen Lage ausgerechnet der Neo-Gaullist Jacques Chirac der Staatspräsident sein, der Frankreich aus diesem Widerspruch zu befreien und damit einen wesentlichen Beitrag zur Vollendung der europäischen Integration zu erbringen vermag?

3.2 Schwierige Annäherung an Europa

Als Jacques Chirac im Mai 1995 zum Staatspräsidenten gewählt wurde, ergriff eine gewisse Verunsicherung die europäischen Hauptstädte, insbesondere Bonn. Allerorten wurde die Frage gestellt, wie Jacques Chirac, der Neo-Gaullist, seine Europapolitik anlegen, welche Priorität er ihr einräumen würde. Verlässliche Prognosen waren kaum möglich, da der Langzeitpolitiker Chirac schon des öfteren seine europapolitischen Positionen geändert hatte: Während ihm als Premierminister des dominanten Giscard d'Estaing kaum Gelegenheit zu einer europapolitischen Profilierung gegeben worden war, kritisierte er als Chef der (Neo-) Gaullisten, die er 1976 in die neue Formation des Rassemblement pour la République (RPR) überführt hatte, die europä-

---

74 Der Begriff stammt – wie schon in Teil II erwähnt – ursprünglich von Giscard d'Estaing, deckt inzwischen aber einen Rollenentwurf für die EU ab, dem sich das ganze politische Frankreich anschließt.

ische Integration scharf. "Europa darf nicht dazu dienen, den Niedergang eines Frankreichs zu tarnen, das auf Weltebene weder Autorität noch Ideen, weder eine Botschaft noch ein Gesicht besäße [...] Nein zur Politik der Supranationalität. Nein zur wirtschaftlichen Verknechtung. Wie immer, wenn Frankreich niedergehalten werden soll, ist die Partei des Auslands mit ihrer friedlichen und beruhigenden Stimme am Werk" (Chirac im sog. Appel von Cochin vom 6.12.1978, zitiert nach Grosser 1989: 346). Als Kohabitationspremier unter Mitterrand (1986-1988) wiederum unterstützte er das Projekt der Binnenmarktverwirklichung, deren Bedeutung für die Modernisierung und die Exportchancen der französischen Wirtschaft er klar erkannt hatte (Guyomarch/Machin/ Ritchie 1998: 29). Im Meinungsstreit um die Annahme des Maastrichter Vertrags jedoch, die am 20. September 1992 per Referendum mit 51% der abgegebenen Stimmen nur recht knapp erfolgte (vgl. Teil II, Kap. 5), schlug sich Chirac erst nach einigem Zögern auf die Seite der Befürworter. Manche Beobachter sprechen daher von seiner "predilection for rapid policy and identity changes" (Ross 1995: 26); in die gleiche Kerbe stoßend tat Edouard Balldur sich mit einem wahren Bonmot zur Charakterisierung Chiracs hervor: "Jacques est comme le beaujolais. On nous en vend un nouveau chaque année" (Jacques ist wie der Bejaulolais. Jedes Jahr wird uns ein neuer verkauft) (Le Monde, 23./24.6.2002). Andere meinen: "A défaut d'avoir des convictions, il a de l'instinct" (Wenn ihm schon Überzeugungen fehlen, so hat er doch Instinkt) (du Roy 2000: 109). Und angesichts der deutlichen Skepsis, die große Teile seiner RPR Europa gegenüber an den Tag legten, riet dieser Instinkt Chirac jahrelang zur Vorsicht (Kessler 1999: 194). Jedenfalls gilt Chirac seit seinem Bekenntnis zu Maastricht mehr als Europäer aus Kalkül bzw. aus Vernunft denn aus Überzeugung (Woyke 2000: 61). So sieht der Staatspräsident sich selbst: "Je n'ai jamais été un euro-militant, je suis un euro-pragmatique; je constate que l'Europe est inévitable et je ne fais pas de théories sur l'Europe", bekannte er 2003 in einem Gespräch mit der New York Times (Ich war nie ein militanter Europabefürworter, ich bin ein Euro-Pragmatiker; ich stelle fest, dass Europa unvermeidlich ist, aber ich theoretisiere nicht über Europa (zitiert nach Le Monde, 30.9.2003).

Im Wahlkampf um die Präsidentschaft 1994/1995 hatten die wenigen Europa gewidmeten Aussagen Chiracs in integrations-freundlichen Kreisen Sorge ausgelöst. So hatte er den deutlich europaskeptischen Vorstellungen eines "multi core Europe" des konservativen britischen Prime-Ministers John Majors seine Sympathie bekundet und durch Angriffe auf die – von den Maastrichter Bestimmungen erzwungene – Unabhängigkeit der französischen Zentralbank Zweifel an seinem Euro-Engagement geschürt. Weiterhin fielen Chiracs europapolitische Aussagen durch ihre Widersprüchlichkeit auf: Während er mehrfach betonte, dass er die Währungsunion wünsche, forderte er andererseits im November 1994 ein Referendum über den Eintritt in die dritte und letzte Stufe der Währungsunion; damit stellte er die Gültigkeit des Vertrages von Maastricht– und auch des Referendums von 1992 – wieder in Frage. Außerdem ließ er lange Zeit die Frage unbeantwortet, ob "der Wunsch nach einer Einheitswährung mit den Deutschen mit der Billigung der britischen Ablehnung, die Institutionen der Europäischen Union zu stärken, zu vereinbaren" sei (Lequesne 1995: 28/ 29). In einer außenpolitischen Grundsatzrede vom 16.3.1995 brachte Präsidentschaftskandidat Chirac deutliche Vorbehalte gegen den "Brüsseler Supranationalismus" zum Ausdruck. Hier ganz Gaullist, plädierte er für eine Aufwertung des intergouvernementalen Prinzips in der Union, indem er die Stärkung des Europäischen Rates und des Rats, eine Beschneidung der Rolle der Kommission sowie die Einbeziehung der nationalen Parlamente in europapolitische Entscheidungsprozesse einforderte. Auch die Gedanken, die großen Mitgliedstaaten durch eine Stimmneuwägung im Rat besser zu stellen sowie einen EU-Ratspräsidenten von seinen Kollegen auf drei Jahre wählen zu lassen – eine Überlegung, die schon Giscard in den 80er Jahren ventiliert hatte – äußert Chirac in dieser Rede erstmals öffentlich (Lequesne 1995: 33) – hier handelt es sich um Vorstellungen, denen Chirac und die RPR/UMP bis heute im wesentlichen treu geblieben sind.

Auch die unmittelbar auf den Amtsantritt erfolgende Wiederaufnahme der französischen Atomtests auf Mururoa im Südpazifik[75] ließen eine typisch gaullistische Neigung zu Alleingängen und eine Überbetonung der nationalen Unabhängigkeit befürchten. Der Wortlaut der Erklärung, die sinnigerweise kurz nach dem 50. Jahrestag des Abwurfs der Atombombe auf Hiroshima erfolgte, gab dazu Anlaß. "Ich bin davon überzeugt, dass die Entscheidung die Atomversuche zu Ende führen zu lassen, den Interessen Frankreichs und der Unabhängigkeit Frankreichs dient [...] Ich habe diese Entscheidung getroffen, weil ich der Überzeugung bin, dass sie für die Wahrung der übergeordneten Interessen unserer Nation notwendig ist. Sie ist selbstredend unumstößlich" (Chevallier et al 2002: 435). Gleichzeitig allerdings gibt der neue Staatspräsident seiner festen Entschlossenheit Ausdruck, im Herbst 1996 das Atomwaffenteststopp-Abkommen zu unterzeichnen. Von den ursprünglich acht geplanten Tests wurden zwischen dem 5.9.1995 und dem 29.1.1996 nur

---

75 Dies empörte seinen Amtsvorgänger Mitterrand aufs Äußerste. Mitterrrand hatte sein 1992 verfügtes Moratorium über die Atomwaffentests 1993 verlängert und 1994 als „irreversibel" bezeichnet; wer auch immer sein Nachfolger sei, so Mitterrand im Mai 1994, jeder künftige Präsident werde sich dem Moratoirum verpflichtet fühlen, keiner könne die Atomtests nochmals aufnehmen (Benamou 1996: 188; Allaire /Goulliaud 2002: 41).

sechs durchgeführt, die aber weltweit für Empörung sowie Proteste sorgten und zu einer Frankreich verurteilenden UN-Resolution führten[76]. In Bonn rief der neue Statthalter im Elysée zusätzlich Befremden aus, weil er zunächst die deutsch-französische Achse durch den europapolitischen Schulterschluss mit Majors Großbritannien zu ergänzen suchte. So erklärte Chirac am 5.6.1995 John Major gegenüber: "Da Europa so ist, wie es ist, ist die Qualität der deutsch-französischen Beziehungen wesentlich für dessen Fortschritt, aber sie reichen nicht aus [...] Wir werden Europa nicht ohne England machen" (zitiert nach Lequesne 1995: 29). Doch schon nach wenigen Wochen sprach man von einem "désenchantement du couple francobritannique" (Ernüchterung beim britisch-französischen Paar). Im Vorfeld der Einsetzung der Regierungskonferenz 1996/97, die im Juni 1997 mit dem neuen Unionsvertrag von Amsterdam abgeschlossen wurde und in welcher verschiedene grundlegende Reformen des EU-Systems beraten wurden, erkannte Chirac, dass europapolitischer Gestaltungswille sich nicht mit dem zögerlichen Großbritannien verwirklichen läßt, sondern nach einer engen Abstimmung mit Deutschland verlangt. Daher kam es bereits im Dezember 1995 zur ersten deutsch-französischen Initiative von Chirac und Kohl, in der beide Staatsmänner weitreichende EU-Reformvorschläge unterbreiteten, die dann auch weitestgehend in den Amsterdamer Vertrag einflossen. Wie mancher seiner Amtsvorgänger musste auch Chirac sich schon nach kurzer Zeit der Erkenntnis beugen, dass ein europapolitischer Schulterschluß mit Großbritannien dann nicht ausreicht, wenn eine aktive Gestaltung der Zukunft Europas auf der Agenda steht. Denn dann wird der deutsche Partner unverzichtbar, ist es doch die angestammte Aufgabe des deutsch-französischen Integrationsmotors, als Clearing-Stelle divergierender Interessen zu wirken und somit gemeinsam abgestimmte Positionen vorzulegen, die europaweit Aussicht auf Erfolg haben.

Während die europapolitische "Bekehrung" François Mitterrands ganze zwei Jahre auf sich warten ließ, erfolgte sie bei Jacques Chiracs bereits nach wenigen Monaten. Dies zeigte sich besonders deutlich in der französischen Finanzpolitik. Hatte Chirac im Wahlkampf noch versprochen, mit Hilfe einer ausgabenintensiven Sozial- und Arbeitsmarktpolitik die damals viel diskutierte "fracture sociale" (Auseinanderdriften der Gesellschaft) zu bekämpfen, so schlugen er und sein Premierminister Alain Juppé mit Blick auf die Maastrichter Konvergenzkriterien bald einen rigorosen Haushaltssanierungskurs ein. Angesichts einer Neuverschuldung von 5,8% des Bruttoinlandprodukts im Jahr 1994 und 4,9% im Jahr von Chiracs Amtsantritt war finanzpolitische Disziplin dringend erforderlich, um 1997 den Maastrichter Zielwert von 3

---

[76] Dass Österreich und Dänemark für diese Resolution und damit gegen Frankreich stimmten, wird Chirac nie vergessen.

Prozent erreichen zu können. Daher erlegte man der Bevölkerung Steuererhöhungen und die Kürzung mancher Transferleistungen auf. Insofern trug auch die europapolitisch begründete restriktive Haushaltspolitik zum "heißen Herbst" 1995 bei; denn die Regierungspläne zu kostensenkenden Reformen der Sozialversicherung und Neuregelung des Rentensystems im öffentlichen Dienst trieb Ende 1995 Hunderttausende auf die Straßen. Die Standhaftigkeit der Regierung in diesem gesellschaftspolitischen Konflikt, in dem sie mit den Forderungen der Gewerkschaften und des öffentlichen Dienstes nach Lohnerhöhungen und Rücknahme der kostensenkenden Reformpläne konfrontiert wurde, muss als Zeichen dafür gewertet werden, dass sie den währungspolitischen Acquis des Maastrichter Vertrags inzwischen vollständig übernommen hatte. Der Preis dafür war allerdings, dass Premierminister Alain Juppé "anormalement impopulaire" wurde (Allaire/Goulliaud 2002: 225). Auch der Vertragsrevisionsprozeß des Maastrichter Vertrages, der mit der Einsetzung einer Regierungskonferenz am 29.3.1996 offiziell seinen Anfang nahm, zwang Chirac, eindeutige europapolitische Positionen zu beziehen und nach Verbündeten für seine Vorstellungen zu suchen.

3.3 Gaullistische Europapolitik: Mai 1995 bis Juni 1997

3.3.1 Europapolitische Konzeptionen der neuen Führung Chirac-Juppé

Der europapolitische Handlungsspielraum Chiracs war aus innerparteilichen Gründen von Anfang an recht begrenzt. Zwar verfügte er in der 1993 gewählten Nationalversammlung über eine äußerst komfortable eigene Mehrheit von 460 der insgesamt 577 Abgeordneten (vgl. Teil II, Tabelle 3). Doch die RPR hatte die heftige Zerreißprobe der Maastricht-Debatte noch immer nicht überwunden; so stand einem moderat pro-europäischen Lager, das von Alain Juppé angeführt wurde und dem sich mittlerweile Chirac zugeschlagen hatte, ein deutlich europa-skeptisches, ja europa-feindliches Lager um den seinerzeitigen Präsidenten der Nationalversammlung Philippe Séguin und den früheren Innenminister Charles Pasqua gegenüber. Séguin und Pasqua hatten beim Maastricht-Referendum vom September 1992 für ein Nein plädiert, da sie die im neuen EU-Vertrag festgelegten Souveränitätsabtretungen – vor allem im währungspolitischen Bereich – für unvereinbar mit dem französischen Verständnis von Staatsnation und Republikanismus hielten (vgl. Teil II, Kap. 5). Insofern mussten Chirac und Juppé trotz oder wegen der übergroßen bürgerlich-konservativen Mehrheit in der Nationalversammlung eine

Kompromisslinie zwischen den pro-europäischen Konföderalisten à la Giscard d'Estaing von der UDF und den europageneigten Flügeln der RPR auf der einen sowie den souveränistischen, europakritischen RPR-Hardlinern Séguin und Pasqua auf der anderen Seite finden, ein Spagat, der lange Zeit nicht überzeugend gelang. Die auf deutlich divergierende europapolitische Vorstellungen zurückgehenden Spannungen innerhalb des präsidentiellen Lagers[77] werden Chirac im Frühjahr 1997 dann dazu veranlassen, die Nationalversammlung aufzulösen und vorgezogene Neuwahlen anzusetzen – und damit den größten Fehler seiner politischen Laufbahn zu begehen.

Zunächst aber gilt es, die Europapolitik von Chirac/Juppé, also jene Phase des Chirac'schen Septennats zu untersuchen, in welcher die Staatsspitze über die volle Gestaltungsmacht verfügte, die die Verfassung der V. Republik einer geschlossenen Exekutive einräumt. Unmittelbar nach Amtsantritt Chiracs und seines Premiers stellte die Innenpolitik zweifelsohne den Schwerpunkt der Politik dar. Schließlich war das Wahlkampfprogramm Chiracs den Themen Sozial- und Arbeitsmarktpolitik gewidmet gewesen; insbesondere hatte er versprochen mit ausgabenintensiven Regierungsprogrammen die "fracture sociale" bekämpfen zu wollen. Auch wenn dieses Projekt bald wegen seiner Unvereinbarkeit mit den Maastricht-Kriterien zur Schaffung der WWU aufgegeben werden musste, so konnte Chirac in seinen ersten Amtsmonaten doch eine wichtige innenpolitische Zielsetzung erreichen: Am 4.8 1995 billigten die zum Kongreß versammelten beiden Parlamentskammern eine Verfassungsreform, die zum einen die Stellung des Parlaments aufwertet – es wurde eine einzige, deutlich verlängerte Sitzungsperiode des Parlaments eingeführt – und zum anderen den Bereich der Probleme und Fragen, die per Referendum nach Art. 11 entscheiden werden können, erheblich ausweitete. Doch auch die markanteste Handlung in der Außenpolitik, die Durchführung der sechs Atomtests auf Mururoa, band in großem Maße die Aufmerksamkeit und Energien der neuen Staatsspitze.

Die Europapolitik i.e.S. geriet erst beim Herannahen der Einsetzung der Regierungskonferenz 1996/1997 ins Zentrum der französischen Politikagenda. In der Tat war bereits in den Maastrichter Vertrag eine Revisionsklausel (Art. N Abs. 2 des EUV) aufgenommen worden; eine auf 1996 anberaumte erneute Regierungskonferenz sollte die weitreichenden Maastrichter Beschlüsse zur Schaffung der Europäischen Union und der Wirtschafts- und

---

[77] Seit 1994 kann die UDF als durchgehend pro-europäisch bezeichnet werden. Denn damals hatte Philippe de Villiers die zur UDF gehörende PR (Parti radical) verlassen, um bei der Europawahl eine eigene, mit 12,34% Stimmenanteil erstaunlich erfolgreiche Liste anzuführen. Nach diesem Erfolg gründete de Villiers die "Bewegung für Frankreich" (Mouvement pour la France), die traditionell rechte, katholische und konservative Wähler anspricht (Müller-Brandeck-Bocquet/Moreau 2000, S. 113).

Währungsunion überprüfen. Der Reformbedarf war zwischenzeitlich auch deshalb erheblich gestiegen, weil die Perspektiven der Osterweiterung – beim Abschluß des Maastrichter-Vertrages noch in unabsehbarer Ferne – sich in den Jahren ab 1993 erheblich konkretisiert hatten. Im Dezember 1995 hatte der Europäische Rat von Madrid den Entschluß gefaßt, einige der mittel- und osteuropäischen Reformstaaten schon bald in die Union aufzunehmen. Daher galt es in der anstehenden Regierungskonferenz, die ursprünglich auf sechs Mitgliedstaaten angelegten Institutionen der Gemeinschaft zu reformieren, um sie auch bei einer deutlich vergrößerten Teilnehmerzahl noch handlungsfähig zu erhalten. Anders als Mitterrand hatte Chirac die Notwendigkeit und Unabwendbarkeit der Osterweiterung akzeptiert und auch ihre Chancen für die Wirtschaft der EU 15 erkannt. Der einstimmige Madrider Beschluß hatte daher auch seine Zustimmung erhalten, ja, Chirac sprach sich – ebenso wie auch Helmut Kohl – für den Beitritt erster MOE-Staaten bereits im Jahr 2000 aus. Diese grundsätzliche Akzeptanz der Osterweiterung hinderte ihn aber nicht daran, im Detail zu Verzögerungstaktiken zu greifen. Da die Osterweiterung zwangsläufig zu einem relativen Einflussverlust Frankreichs führen muss, war sie nie eine französische Herzensangelegenheit – wie beispielsweise für Deutschland.

Da es bei Reformen der EU-Institutionen neben der Suche nach Effizienzsteigerung und einer Konsolidierung bzw. Vertiefung der Integration immer auch um die Macht- und Einflussverteilung in Brüssel geht, ist es selbstverständlich, dass Chirac und Juppé ihre Überlegungen zur Gestaltung der Zukunft der Union mit Konzepten verknüpften, die gleichzeitig die französischen Interessen wahren sollten. Und bei der Bestimmung dessen, was französische Interessen seien, hatten sie angesichts der programmatischen Schwäche der sozialistischen Opposition infolge der verheerenden Wahlniederlage 1993 zunächst das Interpretationsmonopol.

Im Vorfeld der Regierungskonferenz 1996 entwickelten Chirac, Juppé, Außenminister Hervé de Charette und Europaminister Michel Barnier ein Konzept, das der doppelten Anforderung, zukunftsfähige Reformen mit der Wahrung französischer Interessen zu verknüpfen, auf originär neogaullistische Weise gerecht werden sollte. So plädierte die dem intergouvernementalen Prinzip verpflichtete Staatsspitze für einen weiteren Ausbau der Rolle des Europäischen Rates. Damit stellte Chirac jene Instutition ins Zentrum seiner Europakonzeption, die sich mit Moreau Defarges als "posthume Revanche des Generals" de Gaulle bezeichnen läßt (2001: 280). Um die Vorrangstellung des Europäischen Rats auszubauen und dem Führungsorgan der Europäischen Union mehr Sichtbarkeit und Kontinuität zu verleihen, schlug Chirac vor, der Europäische Rat solle für jeweils mindestens zwei Jahre einen Präsidenten wählen (Duhamel 1999: 163/164). Diesen Gedanken hatte er – wie bereits erwähnt – schon im Wahlkampf geäußert. Andererseits wollte man französischerseits die Entscheidungskapazitäten der Ministerräte durch eine Ausweitung des qualifizierten Mehrheitsentscheids erhöhen – ohne jedoch auf die Vetomöglichkeiten des Luxemburger Kompromisses gänzlich zu verzichten. Bei der Frage der Ausweitung des qualifizierten Mehrheitsentscheids im Rat nahm Frankreich insgesamt aber eine recht offene Haltung ein.

Diese effizienzsteigernde Maßnahme sowie die ebenfalls geplante Stärkung des Rats konnten nach neogaullistischer Lesart nur dann französischen Interessen entsprechen, wenn zugleich das relative Gewicht der großen Mitgliedstaaten durch eine Stimmneuwägung erhöht würde. Mit Blick auf die Osterweiterung, die – mit Ausnahme Polens (und Rumäniens) – ja nur kleine Staaten zu EU-Mitgliedern macht, erhob Chirac daher die Forderung nach einer Stimmensspreizung im Rat zugunsten der großen Mitgliedstaaten[78]; gedacht war an eine Stimmgewichtsverteilung von 3 bis 25 Stimmen verglichen mit der damals faktischen Spreizung von 2 bis 10 Stimmen (de la Serre/Lequesne 1997: 315). Im Hinblick auf die Erweiterung sollte nach französischer Auffassung außerdem die Kommission deutlicher dem Rat unterstellt sowie verkleinert und damit effizienter werden. Frankreich ging wohl davon aus, dass auch in einer gestrafften bzw. nach dem Rotationsprinzip besetzten Kommission den Großen immer ein Kommissarsposten zufallen werde. Offiziell jedoch bestätigte Europaminister Michel Barnier, "daß Frankreich bereit wäre, auf ein Ressort im nächsten Kollegium zu verzichten (de la Serre/Lequesne 1997: 315).

Bezüglich des Europäischen Parlaments, dessen Aufwertung noch nie eine Priorität Frankreichs war, plädierte Chirac im wesentlichen für den Status quo, zeigte sich einer Ausdehnung des Mitentscheidungsverfahren gegenüber aber aufgeschlossen – allerdings sollte die Gemeinsame Agrarpolitik hiervon ausgeschlossen bleiben (de la Serre/Lequesne 1997: 315). Den Abbau des Demokratiedefizits der Union hingegen wollte er vorrangig durch eine bessere Einbeziehung der nationalen Parlamente in den europapolitischen Entscheidungsprozeß erreichen (Szukala 1997: 80/81). In der Tat wird in Frankreich seit jeher das nationale Parlament in seiner Funktion als Hort der Legitimität und Ausdruck der Volkssouveränität besonders gewürdigt. Die Forderung nach seiner besseren Einbindung auf europäischer Ebene steht allerdings in einem kuriosen Widerspruch zur relativ geringen politischen Gestal-

---

78 Während Deutschland, Frankreich, Großbritannien und Italien damals etwa 68,5% der EU-15-Bevölkerung repräsentierten und über knapp 50% der Stimmen im Rat verfügten, würden sie in einer um Polen, Ungarn, Tschechien, Slowenien, Estland und Zypern erweiterten Union ohne Stimmneuwägung zwar noch rund 59% der Bevölkerung vertreten, aber nurmehr 35% der Stimmen im Rat halten.

tungsmacht der Nationalversammlung, die in das Korsett des rationalisierten Parlamentarismus eingezwängt ist. Trotzdem werden in Frankreich traditionell substantielle Kompetenztransfers auf die supranationalen Organe der EG/EU, besonders auf das Europäische Parlament, mit diesem Legitimitätsargument abgelehnt. Es handelt sich hier um eine ursprünglich originär gaullistische Position, die aber zum nationalen Konsens geworden ist. So ist Giscard für seine Zustimmung zur Direktwahl des EP 1974 von seinem eigenen politischen Lager äußerst hart kritisiert worden. Mitterrand, der Sozialist, stand der Frage der weiteren Aufwertung des EP immer äußerst zurückhaltend bis ablehnend gegenüber und brachte im Maatrichter Kontext ebenfalls die Option ins Spiel, dem Demokratiedefizit durch eine stärkere Einbindung der nationalen Parlamente in den europäischen Politikprozess abzuhelfen (Teil II; Kap. 4.3)[79]. Da kann es nicht verwundern, dass Chirac, der Neogaullist, sich zwar der häufigeren Anwendung des Mitentscheidungsverfahrens nicht verweigerte, ansonsten aber eine weitere Parlamentarisierung des EU-Systems – wie sie traditionel von den Deutschen propagiert wird - ablehnte. Vielmehr griff Chirac im Amsterdamer Vorfeld geschickt auf das – auf Drängen der deutschen Länder 1992 in den Verträgen verankerte – Subsidiaritätsprinzip zurück, um die nationalen Parlamente wieder ins europäische Spiel zu bringen.

Diese Positionen weichen von jenen, die in der Ära Mitterrand geprägt wurden, in einigen wesentlichen Punkten ab: Während die zurückhaltende Einstellung zur Aufwertung des EP – wie eben bereits ausgeführt – auch von Mitterrand geteilt wurde, knüpften Chirac und seine Mitarbeiten mit ihren Konzeptionen zur künftigen Ausgestaltung von Struktur und Einflußmöglichkeiten des Europäischen Rats/Rats und der Kommission wieder sehr deutlich an Positionen de Gaulles und Pompidous und deren Abneigung gegen alles Supranationale an. Gleichwohl hat sich die Integrationsgemeinschaft seit dem Zeitpunkt, als die beiden gaullistischen Staatspräsidenten die Europapolitik Frankreichs bestimmten, gravierend verändert. Die europapolitischen Vordenker um Chirac haben folglich durchaus geschickt traditionelles gaullistisches europapolitisches Denken den Realitäten einer entscheidend vorangeschrittenen, vertieften und kompetenziell erheblich verbreiterten EU angepaßt. Ihr Versuch, die EU der Mitte der 90er Jahre nach neogaullistischen Präferenzen umzugestalten, kulminiert in den Vorschlagen zur Aufwertung des Europäischen Rats und des Rats, zur Beschneidung der Kommission und insbesondere zur Schaffung des Postens eines EU-Präsidenten. Diese institutionelle Innovation sollte nicht nur generell das intergouvernementale Moment in der EU beträchtlich stärken, sondern sich

---

79 Eine dem Maastrichter Unionsvertrag angehängte Erklärung hatte zur Einberufung einer Konferenz der nationalen Parlamente aufgefordert.

im Verhältnis zwischen Rat und Europäischem Rat auch zugunsten des Gremiums der Staats- und Regierungschefs auswirken. Eine solche Veränderung der EU-Institutionen entspricht weitgehend dem französischen Verfassungsmodell, das bekanntlich eine starke Dominanz des Staatspräsidenten über den Premierminister kennt – dieses Konzeption konnte Frankreich erfolgreich in die im Juni 2004 beschlossene Europäische Verfassung einspeisen (vgl. Kap. 5.2).

Diese modernisierten neo-gaullistischen Konzeptionen hat Europaminister (Ministre délégué) Michel Barnier vermutlich auch in die sog. Westendorp-Gruppe eingebracht; hier handelt es sich um eine hochkarätige Expertengruppe, die 1995 unter Vorsitz des damaligen spanischen Außenministers Carlos Westendorp in halbjähriger Arbeit zu den Stichworten "Institutionelle Reformen" und "Ein bürgernahes Europa" eine beachtliche Anzahl innovativer Vorschläge und Ideen dazu zusammentrug, wie die EU im Sinne künftiger Erfordernisse reformiert werden könnte. Doch der Ende 1995 vorgelegte Westendorp-Bericht wies die Positionen der einzelnen Mitgliedstaaten nicht explizit auf, sondern versuchte vielmehr, eine breite Palette an Optionen zu eröffnen, in denen sich die einzelnen Mitgliedstaaten wiederfinden könnten. Gerade dieses Vorgehen erwies sich als unproduktiv, da letztlich nur eine Ansammlung von entweder integrationsfreundlichen oder integrationsskeptischen Vorschlägen zur Lösung künftiger Aufgaben zustande kam. Damit aber war den Staats- und Regierungschefs keine echte Entscheidungshilfe an die Hand gegeben, wie die tiefgreifenden Meinungsverschiedenheiten überbrückt werden könnten, die über Inhalte, Stoßrichtunge und Reichweite der anstehenden Reform noch immer bestanden. Außerdem belasteten heftigste Auseinandersetzungen um die Konvergenzkriterien der Währungsunion sowie die Turbulenzen, die sich im Zusammenhang mit der BSE-Krise und dem Ausfuhrverbot für britisches Rindfleisch ergaben, die gesamte Reformdebatte schwer und vergifteten das Verhandlungsklima. Auch die am 29. 3.1996 in Turin eingesetzte Regierungskonferenz war permanent von deutlichen Meinungsverschiedenheiten geprägt (Schmuck 1998: 17-39; Metz 1998: 219-272).

3.3.2 Deutsch-französische Positionen für Amsterdam

Die tiefen Divergenzen zwischen den Mitgliedstaaten veranlaßten Chirac, der ja im Wahlkampf und auch noch in den ersten Monaten nach Amtsantritt deutliche Sympathien für den europaskeptischen Ansatz John Majors gezeigt hatte, sich wieder intensiver dem deutschen Partner zuzuwenden. Das Verhältnis zwischen Chirac und Kohl war anfänglich eher distanziert, was sicher auch daran lag, dass der Kanzler den Präsidenten "in aller Offenheit" die "heftigen Reaktionen" der deutschen Bevölkerung auf die Wiederaufnahme der französischen Atomtests hatte wissen lassen (Kimmel/Jardin 2002: 291). Außerdem sorgte die allenthalben bekannte außerordentliche Freundschaft und Nähe, die der deutsche Kanzler zu Mitterrand gepflegt hatte, für eine gewisse Distanz zwischen beiden Staatsmännern.

Insgesamt fehlte den deutsch-französischen Beziehungen jener Jahre die innere Dynamik. Das letzte gemeinsame Projekt war die Währungsunion gewesen, die aber seit der Verabschiedung der Maastrichter Konvergenzkriterien durchgängig Anlass zu deutlichen Meinungsverschiedenheiten gab. 1997, nach dem Regierungswechsel in Frankreich und im Zusammenhang mit der Verabschiedung des Stabilitätspakts, sollten diese sich erneut entladen (Guérot 1997). Doch angesichts der bevorstehenden Regierungskonferenz und der zwischen den Mitgliedstaaten bestehenden Divergenzen war nun intensive deutsch-französische Zusammenarbeit angesagt; denn ohne den deutsch-französischen Integrationsmotor, ohne die "clearing-Funktion", die die deutsch-französischen Beziehungen traditionell für die Integrationsgemeinschaft wahrnehmen, würde – das war absehbar – die dringend erforderliche Unionsreform kaum gelingen können.

In einem ersten gemeinsamen Brief vom 6.12.1995, der während eines turnusmäßigen deutsch-französischen Treffens in Baden-Baden verfaßt worden war, unterbreiteten die beiden Staatsmänner ihren europäischen Partnern einige Vorschläge, wie die institutionelle Reform der Union ausgestaltet werden könnte (abgedruckt in Woyke 2000: 226-228). In einem ausgefeilten Kompromiss zwischen deutschen und französischen Positionen und Anliegen plädierten sie für eine "Überprüfung der derzeitigen Stimmengewichtung" im Rat sowie für eine Demokratisierung der Union durch eine bessere Beteiligung des Europäischen Parlaments am EU-Entscheidungsprozess. Im ersten Punkt konnten sie sich ihren Partnern gegenüber letztlich nicht durchsetzen. Das lag mit Sicherheit auch daran, dass Helmut Kohl der Chirac'schen Forderung nach einer stärkeren demographischen Stimmengewichtung im Rat letztlich skeptisch gegenüberstand, war doch absehbar, dass dies über kurz oder lang auch zu einer Debatte über die Abkoppelung zwischen den deutschen und französischen Ratsstimmen führen und mithin die deutsch-französische Parität als eine zentrale Grundlage der Integration gefährden würden. Im Vorfeld von Amsterdam konnte der Bundeskanzler dem französischen Staatspräsidenten diese riskante Forderung noch ausreden (Guérot 2001: 17) – was seinem Nachfolger Schröder im Kontext des Nizzaer Reformgipfels nicht mehr gelang.

3.3.2.1 Flexibilisierung

Die wichtigste Anregung des gemeinsamen Briefs vom 6.12.1995 aber ist ohne Zweifel, dass Kohl und Chirac im neuen EU-Vertrag besonders kooperationswilligen Mitgliedstaaten die Möglichkeit zu verstärkter Zusammenarbeit in verschiedenen Politikbereichen einräumen wollten. "Zeitweilige Schwierigkeiten eines Partners, Schritt zu halten, dürfen die Handlungsfähigkeit der Union und ihre Möglichkeiten, Fortschritte zu erzielen, nicht beeinträchtigen. Aus diesem Grunde erachten wir es [...] für wünschenswert und möglich, in den Vertrag eine allgemeine Klausel einzufügen, die Staaten, die dies wünschen und dazu in der Lage sind, die Möglichkeit eröffnet, unter Wahrung des einheitlichen institutionellen Rahmens der Union eine verstärkte Zusammenarbeit zu entwickeln", heißt es in dem Brief. Dieser Vorschlag zu einer Flexibilisierung der Union fußt letztendlich auf jahrelangen Diskussionen, die in Insider-Kreisen über eine abgestufte Integration oder ein Europa der verschiedenen Geschwindigkeiten geführt worden waren (vgl. beispielsweise Grabitz 1984; Weidenfeld/Janning 1996; Deubner 1995; Giering 1997; Müller-Brandeck-Bocquet 1996). Der Vorschlag vom 6.12.1995 ist ein typischer Kompromiss, bei welchem beide Seiten Zugeständnisse zu erbringen hatten. Da die sehr weitreichenden deutschen Überlegungen zur Schaffung eines Kerneuropas vom September 1994 von der französischen Seite nicht aufgegriffen worden waren (vgl. Teil II, Kap. 6.1.2), musste sich Kohl auf das Flexibilisierungskonzept einlassen, um angesichts der Blockadehaltung insbesondere Großbritanniens überhaupt eine Chance auf die Vertiefung der Integration zu erzielen. Chirac wiederum, der sich inzwischen das Balladur'sche Konzept der konzentrischen Kreise zu eigen gemacht hatte, musste – in Abweichung zu diesem Konzept – zugestehen, dass die "verstärkten Zusammenarbeiten" nur "im einheitlichen institutionellen Rahmen der Union" stattfinden können. Nachdem Kohl und Chirac den Vorschlag der verstärkten Zusammenarbeit in einem weiteren gemeinsamen Brief vom 9.12.1996 erneut vorgebracht hatten, fand er nach anfänglichem Widerstand schließlich an verschiedenen Stellen Eingang in den neuen Vertrag (Art. 43-45 EUV, Art. 11 EGV Amsterdamer Fassung).

3.3.2.2 Gemeinsame GASP-Positionen ?

In Amsterdam stand – wie bereits erwähnt – vorrangig eine Überprüfung der GASP-Bestimmungen des Maastrichter Vertrags an. Wie schon sein Amtsvorgänger Mitterrand misst auch Chirac dem substantiellen Ausbau der GASP große Bedeutung zu. Eine effektive GASP soll Europas und damit mittelbar Frankreichs Geltungsanspruch weltweit Gehör verschaffen. Dieses

Konzept eines "Europe Puissance", einer weltweit handlungsfähigen Europäischen Union, die nach französischer Lesart auch eine ausreichende "machtpolitisch-militärische Fundierung" verlangt (Meimeth 2003: 22), kann nach Chiracs Auffassung aber nur durch die Staats- und Regierungschefs als Träger der einzelstaatlichen Souveränität umgesetzt werden; hier scheint erneut jener Widerspruch auf "zwischen einem exzessiven Ehrgeiz für ein Europa, das man nicht nur stark, sondern auch unabhängig sehen möchte, und einer exzessiven Zurückhaltung, wenn es darum geht, Souveränitäten zu teilen" (Toulemon 1999: 584). So pochte Chirac in Amsterdam auf die Beibehaltung des Einstimmigkeitsprinzips für zentrale GASP-Entscheidungen. Zur besseren Personifizierung und Sichtbarkeit (visibilité) europäischer Außenpolitik sollte aber die Berufung eines Monsieur - anfangs sprach man auch von einer Madame – PESC (Politique extérieure et de sécurité commune) beitragen, dessen direkte Unterstellung unter den Europäischen Rat zugleich die Vorrangstellung der Staats- und Regierungschefs und damit die Intergouvernementalität der GASP zementieren würde. Wichtiger Bestandteil der französischen GASP-Position war weiterhin der Einbau gewisser Flexibilisierungsmöglichkeiten in den Vertrag. Denn bei Aufrechterhaltung der Einstimmigkeitsregel ist eine Effektivierung der GASP auf Neutralisierungsmöglichkeiten von Vetopositionen angewiesen. Daher setzte sich Frankreich vehement für den Mechanismus der "Konstruktiven Enthaltung" bei GASP-Beschlüssen[80] ein (de la Serre/Lequesne 1997: 316). Diesen "Widerspruch zwischen der außenpolitischen Rhetorik Frankreichs und seinen institutionellen Präferenzen" analysiert Florence Deloche-Gaudez äußerst prägnant; insbesondere kritisiert sie das Festhalten an der durch die "Konstruktive Enthaltung" nur vordergründig geschmeidiger gemachte Einstimmigkeitsregel, denn bisher wurde der Artikel 23 des Amsterdamer Vertrags kein einziges Mal angewendet (2002: 124-128).

Chiracs GASP-Positionen fanden sich großteils in dem gemeinsamen Brief mit Helmut Kohl vom 9.12.1996 wieder, der sich schwerpunktmäßig mit der europäischen Außenpolitik befaßte (abgedruckt in Woyke 2000: 236-243). Da es sich hier wiederum und zwangsläufig um einen Kompromissvorschlag handelt, musste Chirac in wichtigen Aspekten der divergierenden deutschen Auffassung Rechnung tragen. Am deutlichsten wird dies bei der Frage des M. PESC/Herr GASP; hier schlagen die beiden Staatsmänner zwei Optionen vor, wie der GASP ein "Gesicht und eine Stimme" verliehen wer-

---

80 Art. 23 EUV Amsterdamer Fassung bestimmt, dass jedes Ratsmitglied sich seiner Stimme enthalten kann. Weiter heißt es: „In diesem Fall ist es nicht verpflichtet, den Beschluß durchzuführen, akzeptiert jedoch, daß der Beschluß für die Union bindend ist. Im Geiste gegenseitiger Solidarität unterläßt der betreffende Mitgliedstaat alles, was dem auf diesem Beschluß beruhenden Vorgehen der Union zuwiderlaufen oder es behindern könnte".

den könnte: entweder könnte man eine hochrangige Persönlichkeit zum GASP-Repräsentanten berufen, die ihre Tätigkeit in engem Zusammenwirken mit dem Generalsekretär des Rats ausüben würde – das war die französische Konzeption; hier hatte Chirac bereits Abstriche vorgenommen, denn zunächst hatte er eine direkte Unterstellung des M. PESC unter den Europäischen Rat angestrebt, was die Vorrangstellung der Staats- und Regierungschefs in der GASP noch deutlicher gestärkt hätte. Als Alternative wurde vorgeschlagen, den Generalsekretär des Rates mit dieser neuen Funktion zu betrauen, der dann in seinem bisherigen Aufgabenbereich von einem stellvertretenden Generalsekretär entlastet werden müßte. Diese deutsche Position, die im Verlauf der Verhandlungen auch von den meisten kleinen Mitgliedstaaten geteilt wurde und die sich letztlich im Amsterdamer Vertragswerk durchsetzte, möchte einer Abwertung des Gremiums der Außenminister, der Ratspräsidentschaft und der Kommission entgegenwirken, die mit der Berufung eines M. PESC à la française verbunden gewesen wäre.

Für Chirac war die Ernennung eines solchen M. PESC à la française mit seiner ursprünglichen Europa-Konzeption durchaus kompatibel, die vorsah, dass der Europäische Rat sich für mindestens zwei Jahre einen Präsidenten wählt, um der Union als Ganzer mehr Kontinuität und Sichtbarkeit zu verleihen. Denn ein starker, von Kommission und EP weitgehend unabhängiger, nur dem Gremium der Staats- und Regierungschefs verantwortlicher M. PESC wäre ja de facto ein EU-Präsident – allerdings nur für den Bereich der GASP. Eine solche Entwicklung wurde in Amsterdam verhindert. Doch als Chirac im Kontext der Konventsdebatten des Jahres 2002/2003 wiederholt für die Schaffung der Position eines EU-Präsidenten, der auch für die GASP verantwortlich wäre, eintrat (vgl. Teil III, Kap. 5.5), wurde offensichtlich, dass er immer noch Teile der Ergebnisse des Amsterdamer Vertrages revidieren wollte.

Was nun die Fortentwicklung der erstmals im Maastrichter Vertrag verankerten gemeinsamen Europäischen Sicherheits- und Verteidigungspolitik anbelangt, so bleibt der gemeinsame Brief vom 9.12 1996 im Anspruch bescheiden, d.h. weit hinter den tatsächlichen französischen Ambitionen zurück. Denn es wird lediglich die "stufenweise Annäherung einer operativ gestärkten WEU an die Europäische Union mit dem Ziel ihrer schrittweisen Integration in die Europäische Union" gefordert. Als "ersten Schritt" schlagen Chirac und Kohl die Einfügung einer allgemeinen politischen Solidaritätsklausel in die Verträge, "die unterhalb der Schwelle einer militärischen Beistandsklausel liegen sollte", sowie die Verankerung der sog. Petersberg-Aufgaben der WEU im neuen Unionsvertrag vor. Ersteres ließ sich 1997 nicht durchsetzen; erst die im Juni 2004 beschlossene Europäische Verfassung sah sich zu solch einem Schritt fähig; die Übernahme der Petersberg-

Aufgaben in den Amsterdamer Vertrag jedoch brachte jene "regionale Entgrenzung der militärischen Aufgaben der WEU", die schon Mitterrand verfolgt hatte und die Paris im Bereich der kollektiven Selbstverteidigung als zumindest deklaratorische Gleichstellung der WEU mit der Nato interpretierte (vgl. Teil II, Kap. 6.2.2). Weiterreichende Vorstöße zugunsten einer Europäischen Sicherheits- und Verteidigungspolitik waren im deutsch-französischen Tandem nicht zu erreichen, da die Bundesrepublik zum damaligen Zeitpunkt noch eine höchst restriktive Haltung zu militärischer Machtanwendung vertrat und die bescheidenen Schritte in Richtung europäischer sicherheits- und verteidigungspolitischer Handlungsfähigkeit gänzlich als Stärkung des europäischen Pfeilers in der Nato und mitnichten als Schritte zu einer gewissen Autonomie interpretiert wissen wollte (Bozo 1995/1996: 865; Meimeth 2002: 237). Dies jedoch war eindeutig Frankreichs Ziel.

Trotz der gemeinsamen Briefe von Staatspräsident und Kanzler, die durch weitere Anregungen ihrer Außenminister ergänzt wurden, muss insgesamt konstatiert werden, dass dem deutsch-französischen Integrationsmotor vor Amsterdam der rechte Schwung fehlte. Insbesondere die Vorschläge zur dringend anstehenden institutionellen Reform der EU verblieben ambitionslos und eher vage bzw. erschöpften sich in der Willenserklärung, vermehrt zum qualifizierten Mehrheitsentscheid überzugehen, die Einstimmigkeitsmaterien zu begrenzen bzw. die einschlägigen Materien enumerativ aufzuführen und die Kommissionsstruktur zu verändern. Auch auf dem deutsch-französischen Gipfeltreffen in Poitiers unmittelbar vor Unterzeichnung des Vertrags kam keine zukunftsweisende gemeinsame Initiative zustande; vielmehr einigte man sich lediglich auf einen Vorschlag zum Subsidiaritätsprinzip. "Erstmals zielte ein deutsch-französischer Vorschlag damit nicht auf die Stärkung der EU-Strukturen, sondern sollte im Gegenteil nationale Vorbehalte erleichtern", hält Guérot kritisch fest (2003: 16).

3.3.3 *Die Amsterdamer Ergebnisse aus französischer Sicht*

Die französischen Kommentatoren stimmen in der Bewertung überein, dass die Vertragsreform von 1997 für Chirac ein Misserfolg war (de la Serre/Lequesne 1997: 316; Duhamel 1999: 151) – man habe genau das erhalten, was man vermeiden wollte, wird ein französischer Diplomat zitiert. "Or, nous avons obtenu ce que nous voulions éviter: perte du deuxième commissaire, pas de réforme des mécanismes de prises de décision, aucune garantie sur l'élargissement", nämlich den Verlust des zweiten Kommissars, keine Reform der Entscheidungsmechanismen, keinerlei Garantien zur Osterweiterung (Coudurier 1998: 402).

Diese Liste der französischen Misserfolge in Amsterdam ließe sich verlängern: Denn weder die Entscheidung, den Generalsekretär des Rats zum Hohen Vertreter für die GASP zu berufen, noch die substantielle Aufwertung des Europäischen Parlaments, die mittels einer recht bedeutenden Ausweitung des gestrafften Mitenscheidungsverfahrens sowie neuer Rechte bei der Einsetzung der Kommission erfolgte, noch das Scheitern der Fusionspläne von EU und WEU entsprachen den französischen Erwartungen an den Amsterdamer Reformgipfel. So sah sich ein Gutteil der französischen Reformvorschläge ins "Protokoll über die Organe im Hinblick auf eine Erweiterung der Union" verbannt. Doch Frankreichs offizieller Protest gegen die Reformergebnisse, der auch von Italien und Belgien mitgetragen wurde und der vor Beginn der Osterweiterung eine substantielle Reform der EU-Institutionen einklagte[81], ließ vermuten, dass Chirac seine Europa-Konzepte erneut einbringen würde – und so kam es in den folgenden Jahren ja dann auch.

Laut Jean-Louis Bourlanges kann man Chiracs Misserfolg in Amsterdam mit einer gewissen französischen Schizophrenie erklären, die darin besteht, das Gemeinschaftssystem vorantreiben zu wollen, es aber gleichzeitig zu diabolisieren, sowie für eine Vertiefung der Integration zu plädieren bei gleichzeitiger Verherrlichung der nationalen Souveränität und der herausragenden Legitimität intergouvernementaler Zusammenarbeit (Bourlanges 1998: 153). Dies ist eine weitere Fasson jenen tiefen, schon oft erwähnten Widerspruch der französischen Europapolitik zu umschreiben, der ihr so deutlich anhängt und der sie so stark prägt. Mit den europapolitischen Konzeptionen Kohls, des Partners im deutsch-französischen Integrationsmotor, war der Chirac'sche Intergouvernementalismus wenig kompatibel.

Insgesamt lassen sich die ungenügenden Ergebnisse von Amsterdam auch auf die innenpolitisch begründeten Schwächen beider Staatsmänner zurückführen. Während Chiracs Autorität zum Zeitpunkt des Gipfeltreffens unter der missglückten Parlamentsauflösung sehr deutlich gelitten hatte, sah auch Kanzler Kohl gegen Ende seiner Regentschaft seine Handlungsmacht durch die Zugeständnisse, die er den gegen den "Brüsseler Zentralismus" zunehmend protestierenden Ländern einräumen musste, beschnitten (Woyke 2000: 71; Keßler 2002: 162). Die aus dieser doppelten Schwäche sich ergebende ungenügende deutsch-französische Führerschaft strahlte selbstredend auch auf die Regierungskonferenz aus, die sich nicht fähig zeigte, über die künftige Struktur der Kommission, eine gerechtere Stimmverteilung im Rat sowie eine substanzielle Ausweitung des qualifizierten Mehrheitsentscheids zu beschließen; dies aber wäre angesichts der herannahenden Osterweiterung

---

81 Vgl. die Erklärung Belgiens, Frankreichs und Italiens zur Schlussakte von Amsterdam zum Protokoll über die Organe im Hinblick auf die Erweiterung der Europäischen Union (6. der von der Konferenz zur Kenntnis genommenen Erklärungen).

dringend nötig gewesen. Weil man zu wegweisenden Fortschritten bei den zentralen institutionellen Fragen nicht in der Lage war, ist der Amsterdamer Gipfel als Fiasko, als Misserfolg in die Annalen der EU eingegangen – obgleich er im Detail durchaus einige Fortschritte brachte.

3.4 Der Euro – Anlass für die Parlamentausflösung?

Im Mai 1995 hatte Jacques Chirac insbesondere aus parteiinternen Erwägungen heraus auf eine Auflösung der Nationalversammlung verzichtet, was von manchen als der "originäre Fehler" der ersten Amtszeit Chiracs bezeichnet wurde (Allaire/Goulliaud 2002: 224). Darum ist es besonders interessant, die Gründe zu erforschen, die ihn schließlich dazu veranlassten, dem originären Fehler vom Mai 1995 im April 1997 einen noch größeren Fehler, den größten seiner gesamten politischen Laufbahn, folgen zu lassen und die Nationalversammlung aufzulösen.

Gemeinhin wird davon ausgegangen, dass die Parlamentsauflösung aus europapolitischen Erwägungen vorgenommen wurde. Von einer "Parlamentsauflösung im Namen Europas" ist die Rede (Coudurier 1998: 382; Allaire/Goulliaud 2002: 226). Dies jedenfalls ließ Jacques Chirac anklingen, als er am 21.4.1997 in seiner Fernsehansprache die Auflösung der Nationalversammlung bekannt gab und die Neuwahlen auf den 25. Mai und 1. Juni 1997 ansetzte. Aber es gibt es auch noch eine zweite Interpretation.

Neben allgemein gehaltenen Begründungen, dass Frankreich sich keine Pause im staatlichen und gesellschaftlichen Modernisierungsprozess erlauben dürfe, fordert Chriac explizit die Unterstützung der Franzosen ein, um "in einer Position der Stärke" den künftigen europäischen Herausforderungen begegnen zu können, die mit gewissen "Einschränkungen" verbunden sind: Einführung der Gemeinschaftswährung, Reform der EU-Institutionen, Erweiterung" (Allaire/Goulliaud 2002: 238). Konkret fürchtete Chirac, dass sein langjähriger parteiinterner Intimfeind und notorischer Maastricht-Gegner Charles Pasqua vor der Einführung des Euro zum 1.1.1999 ein Referendum erzwingen könnte, das im Vorfeld der regulären Parlamentswahlen vom Juni 1998 erneut zu einer europapolitisch motivierten Zerreißprobe für das bürgerliche Lager im allgemeinen und die RPR im besonderen werden könnte. Denn seit dem Maastricht-Referendum – so Coudurier – wurde Europa zum Sündenbock für alle internen Schwierigkeiten gemacht (1998: 383). In der Tat lassen sich seit diesem Datum in der RPR durchgehend zwei konträre Konzeptionen zur Einheitswährung beobachten: Den Verteidigern der Maastricht-Orthodoxie um Chirac, Juppé und de Villepin standen die Verfechter einer Flexibilisierung der Maastrichtkriterien gegenüber. Ihnen ging es jedoch nicht nur um den Erhalt französischer Handlungsfähigkeit in der Konjunktur- und Arbeitsmarktpolitik, sondern auch – wenn nicht zuvörderst – um den Kampf gegen das geldpolitische Stabilitätsmodell, das Deutschland in Maastricht durchgesetzt hatte. Diese RPR-Fraktion um Séguin, Pasqua und Denis[82] machten Chirac und Juppé seit dem Herbst 1995 das Leben schwer. So griffen alle drei konstant das Bekenntnis der Staatsspitze zu den Maastrichter Konvergenzkriterien, die für Frankreich ja eine überaus restriktive Haushaltspolitik und einen rigiden Sparkurs erzwangen, scharf an. Die beiden RPR- Schwergewichte Séguin und Pasqua versuchten, die Wirtschafts- und Finanzpolitik der Regierung Juppé zu diskreditieren, indem sie sich gegen die "pensée unique" wandten und zugunsten einer "autre politique" aussprachen. Während der Vorwurf der "pensée unique" auf die gebetsmühlenhaft wiederholte Bekenntnis zu den restriktiven Maastrichter Haushaltskriterien abzielte, wollte die "autre politique" im Interesse von Beschäftigung und Wachstum eine Abkehr von exakt diesen Kriterien erreichen. Wie sich im heißen Herbst 1995 erneut gezeigt hatte, war diese Maastrichtkritische bwz. ablehnenden Haltung keineswegs nur in Teilen der RPR virulent; vielmehr stieß sie auch in Teilen des linken Lagers, bei der PCF, den europaskeptischen Flügeln der Sozialisten wie von Jean-Pierre Chevènement beispielhaft verkörpert, auf Zustimmung. Die seit dem Maastrichter Referendum spürbare politische Spaltung Frankreichs hielt also nach wie vor an (vgl. Teil II, Kap. 5.2). Von Séguin und Pasqua als parteiinterne Angriff auf die Regierenden formuliert, trug diese Kritik schließlich zum vollständigen Autoritätsverfall Juppés bei. In der Tat ist Alain Juppé, den Chirac wiederholt als den "besten von uns allen" gepriesen hat, als der chronisch unpopulärste aller Premierminister in die Annalen der V. Republik eingegangen.

Anfang 1997 gab das Finanzministerium Schätzungen zum Haushaltsdefizit des laufenden und kommenden Jahres bekannt; demnach prognostizierte Bercy für 1997 eine Nettoneuverschuldung von 3,8%, und für 1998, Jahr der Selektion für den Euro, von bis zu 4,5% des BIP. Angesichts dieser negativen Prognosen wurde deutlich, dass Chirac Frankreich nur dann in den Euro würde führen können, wenn er drastische Maßnahmen zur Haushaltssanierung durchsetzte. Es schien aber ausgeschlossen, dass der in der Öffentlichkeit schwerst angeschlagene Juppé Budgeteinschnitte von rund 80 Millarden Francs würde realisieren können. Nach Angaben der beiden Protokollanten des ersten "Unglaublichen Septennats" – so der Titel ihres Buches – , Marie-Bénédicte Allaire und Philippe Gouilliaud, habe Chirac noch bei Kohl angefragt, ob nicht eine gewisse Überschreitung des Maastricht-Kriterium der

---

82 Jean-Pierre Denis, seit 1992 eng vertrauter Mitarbeiter Chiracs, wechselte bei Amtsantritt der Regierung Juppé als hochrangiger Beamter ins Finanzministerium, wo er seine Maastricht-skeptischen Ideen verbreitete (Allaire/Goulliaud 2002: 227/228).

3%-Neuverschuldung denkbar sei. Als der Kanzler abwinkte, dazu sei es noch zu früh, bekannte Chirac sich erneut zur Euro-Einführung zum 1.1.1999 nach den strengen Maastrichter Regeln (Allaire/Goulliaud 2002: 231).

Dies nun ist die zweite mögliche Begründung der Parlamentsauflösung: Sie sei nur inszeniert worden, um Juppé retten zu können, heißt es aus dem engsten Umkreis Chiracs. Denn im Falle eines Wahlsieges des bürgerlich-rechten Lagers bei den vorgezogenen Neuwahlen – einem Sieg, an dem angesichts der Ergebnisse von 1993 lange Zeit niemand zweifelte – könnte der Staatspräsident erneut in völliger Freiheit seinen Premierminister wählen, der dann über genügend Autorität verfügen würde, um die erforderlichen Sparmaßnahmen durchzusetzen. Chirac, der wie bereits mehrfach erwähnt Juppé über alle Maßen schätzt, hätte in diesem Fall zweifelsohne erneut seinen engen Vertrauten berufen, denn er wollte unter keinen Umständen auf ihn verzichten. So hatte der Staatspräsident im Frühjahr 1997 Rücktrittsangebote Juppés abgelehnt und stattdessen mehrfach versucht, ihm in der Öffentlichkeit den Rücken zu stärken.

Doch der Urnengang geriet für Chirac und Juppé zum Desaster. Mit 38,85% der Stimmen und 245 Mandaten wurde die PS stärkste Fraktion, während die RPR mit 23,65% auf 140 und die UDF mit 20,98% auf 109 Parlamentssitze kam. Der Wahlsieg der "gauche plurielle"[83] war zum einen der Empörung der Wähler über das wahltaktische Agieren des Staatspräsidenten geschuldet, zum anderen den markanten sozialpolitischen Positionen der neuen Parlamentsmehrheit. Schließlich trug auch der besorgniserregende Erfolg der FN um Sieg der gauche plurielle bei; nachdem die Rechtsradikalen beim ersten Wahlgang fast 15% der Stimmen erhalten hatten, kam es beim zweiten Wahlgang in 76 Wahlkreisen zu der ungewöhnlichen Konstellation, dass drei Kandidaten antraten. 47 dieser sog. Triangulaires konnten dann aber vom linken, nur 29 vom rechten Lager gewonnen werden – dies war wahlentscheidend.

---

83 Die Gauche plurielle war eine Koalition aus PS, PCF, Grünen, dem linkssouveränistischen Mouvement des Citoyens –MDC von Chevènement sowie einigen Abgeordneten des Parti radical de gauche PRG, vgl. Müller-Brandeck-Bocquet/Moreau 2000: 87.

Tabelle 10: Wahlen zur Nationalversammlung 1997

Ergebnisse des zweiten Wahlgangs (577 Wahlbezirke):

Wahlberechtigte	Wähler	Gültige Stimmen	Wahlenthaltung
39.215.743	27.343.902	25.614.717	28,87%

	Erhaltene Stimmen	In Prozent	Anzahl der Sitze
Linke insgesamt	12.387.262	48,36	319
PS	9.950.038	38,85	245
PCF	963.915	3,76	37
VERTS	414.71	1,62	8
VerschiedeneLinke	1.058.437	4,13	29
Rechte insgesamt	11.792.571	46,04	257
RPR	6.057.761	23,65	140
UDF	5.374.563	20,98	109
Verschiedene Rechte	360.247	1,41	8
FN	1.434.884	5,6	1

PS   Parti Socialiste
PCF   Parti Communiste Français
Les Verts: Ökologen
RPR   Rassemblement pour la République
UDF   Union pour la Démocratie Française
FN   Front National

Als Chirac nach dem zweiten Wahlgang vom 1.6.1997 Juppé entlassen musste, war er spürbar erschüttert. "Der Staatspräsident weiß, dass er mit niemandem mehr eine so privilegierte Beziehung aufbauen, eine solche intellektuelle und gefühlsmäßige Nähe erreichen wird wie die, die die beiden Männer in den vergangenen zwei Jahren gepflegt haben" (Allaire/Goulliaud 2002: 252). Es muss letztlich offen bleiben, inwieweit die außerordentlich große Loyalität, die sich beide Politiker gegenseitig oft und oft bewiesen, auf ihre gemeinsame Verstrickung in die RPR-Finanzierungsskandale zurückzuführen ist. Feststeht, dass Juppé bei seiner Verurteilung im Februar 2004 die Verantwortung für Straftaten zugewiesen wurde, in die der Präsident zumindest eingeweiht war.

4. Europapolitik in der Kohabitation 1997-2002

4.1 Jospins Beitrag zur französischen Europapolitik 1997-2002

Wegen der durch die missglückte Parlamentsauflösung bedingten deutlichen Schwäche des Staatspräsidenten konnte Lionel Jospin wie kein anderer Premierminister der V. Republik vor ihm – auch kein "Kohabitationspremier" – politikgestaltend tätig werden. Insbesondere in der Innen-, Wirtschafts- und Sozialpolitik handelte die Regierung der gauche plurielle mit großer Autorität und Bestimmtheit und nahm etliche bedeutende Reformen in Angriff wie beispielsweise die im Wahlkampf versprochene Einführung der 35–Stunden-Woche, die Schaffung von rund 350 000 Arbeitsplätze für Jugendliche im öffentlichen Sektor (emplois jeunes), die Legalisierung nichtehelicher Lebensgemeinschaften (PACS), die Besserstellung der Frauen im politischen Wettbewerb (lois sur la parité), eine Reform der Staatsanwaltschaften sowie Modifikationen am Statut von Neu-Kaledonien und Korsika, die auf ein Mehr an Autonomie hinauslaufen, etc. Doch auch in der Außen- und Europapolitik beanspruchte Jospin seine verfassungsrechtlichen Handlungsmöglichkeiten in vollem Maße, so dass der Mythos der Domaines réservés des Staatspräsidenten endgültig zerstob und sich endlich die verfassungsrechtlich korrekte Auffassung durchsetzte, dass die Außen-, Sicherheits- und Europapolitik zu den "domaines partagés", den zwischen Präsident und Premier geteilten Machtbefugnissen zählt (vgl. Kap. 2).

Doch welche europapolitischen Konzepte und Positionen vertrat Jospin?

4.1.1 Europapolitische Positionen Jospins: "L'Euro oui, mais pas comme ça"

Noch vor dem Machtwechsel 1995, aber in Folge der verheerenden Niederlage der PS bei den Parlamentswahlen 1993 und angesichts der immer schwächer werdenden Stellung Mitterrands, die sich sowohl aus der zweiten Kohabitationskonstellation als auch aus dem physischen Verfall des Staatspräsidenten ergab, begannen sich die europapolitischen Positionen der französischen Sozialisten zu verändern. Dies drückte sich insbesondere in einer kontinuierlich deutlicher werdenden Distanzierung zu den berühmten fünf Konvergenzkriterien des Maastrichter Vertrages aus. Die einstigen Vorkämpfer für die Währungsunion kritisierten immer offener die negativen Auswirkungen der Kriterien auf die staatliche Wachstums- und Beschäftigungspolitik. In der Tat waren die frühen 90er Jahre europaweit geprägt von der Debatte, welche Anstrengungen, Opfer und Einschnitte in die öffentlichen Haushalte die Teilnahme am Euro den einzelnen EU-Mitgliedstaaten abverlangen würde – und in Frankreich war diese Debatte in allen politischen Lagern besonders lebhaft.

Schon auf ihrem Parteitag von Le Bourget im Oktober 1993 gab die PS die Parole aus: "Prolonger et dépasser Maastricht" (Maastricht fortschreiben und überwinden). Um trotz der Konvergenz-Kriterien den Mitgliedstaaten die Möglichkeit zu eröffnen, die herrschende Wirtschafts- und vor allem Beschäftigungskrise zu bekämpfen, traten Frankreichs Sozialisten für eine soziale Ausgestaltung der EU ein. Parteichef Michel Rocard wiederholte die Forderung nach der Einführung der 35-Stunden–Woche und wollte europaweit die Vier-Tage-Woche zur Bekämpfung der Arbeitslosigkeit verwirklicht sehen. Auch der im Vorfeld der Europawahlen von 1994 abgehaltene außerordentliche Parteitag sah im Kampf gegen die Arbeitslosigkeit die absolute Priorität. Hier wurde die Forderung nach einer Koordination der Wirtschaftspolitiken der EU-Mitgliedstaaten erhoben, weil man sich hiervon beschäftigungspolitische Fortschritte erhoffte.

Nachdem Michel Rocard von 1993-1994 und danach Henri Emanuelli kurzfristig die Partei geführt hatten, wurde Lionel Jospin im Februar 1995, also im Vorfeld des Präsidentschaftswahlkampfes, neuer PS-Chef. Dem war ein heftiger Machtkampf innerhalb der PS vorausgegangen, vor allem zwischen "Mitterrandisten" und "Jospinisten". Jospin, der sich nach der Veröffentlichung des Buchs von Péan 1994 kritisch zu Mitterrands Vichy-Vergangenheit geäußert hatte (vgl. Teil II, Kap. 1), wurde daraufhin vom Staatspräsidenten geschnitten. Mitterrand versuchte, ihn aus dem Kampf um seine Nachfolge herauszuhalten. Denn immer offensichtlicher wurde, dass Jospin und die Seinen in der PS eine neue Ära eröffnen, "l'Aprés-Mitterrand" einläuten wollten (Benamou 1996: 118). Als die PS Jospin im Februar 1995 nicht nur zum neuen Generalsekretär, sondern auch zum Präsidentschaftskandidaten kürte, war dies ein deutlichen Zeichen der Distanzierung von der Ära Mitterrand. So verzichtete Jospin, früher enger Vertrauter des Staatspräsidenten, auf dessen Hilfe beim Wahlkampf, was Mitterrand als weiteren Affront auffasste. Jospin habe, schreibt Sylvie Goulard, das Erbe des sozialistischen Staatspräsidenten nur "unter Inventurvorbehalt" akzeptiert; nur wenige Beobachter hätten verstanden, "dass er sich damit auch das Recht vorbehielt, sich von den Prinzipien abzuwenden, die Mitterrand bei seiner Europapolitik beherzigt hatte" (Goulard 2002: 182).

Bald wurde zudem offensichtlich, dass die Europapolitik nicht zu den vorrangigen Anliegen des neuen PS-Chefs gehörte: "Ce n'est pas un Européen de tripes" (Er ist kein eingefleischter Europäer), hieß es von Jospin (Coudurier 1998: 389). Das Motto von Le Bourget spitzt er auf ein "dépasser Maastricht" (Maastricht überwinden) zu und kündigt eine Fokussierung seiner Europapolitik auf die Beschäftigung an: "Je suis profondément européen, mais je m'inquiète d'un certain recul de l'idée européene dans l'opinion publique [...] Il faut plus que jamais que l'Union Européenne se consacre à la lutte commune pour l'emploi, pour la cohésion sociale et contre l'exclusion" (Ich bin überzeugter Europäer, aber das Verblassen des Europa-Gedankens in der öffentlichen Meinung beunruhigt mich [...] Mehr denn je muss sich die EU dem gemeinsamen Kampf für Beschäftigung, für den sozialen Zusammenhalt und gegen die Ausgrenzung widmen) (Jospin zitiert nach Wielgoß 2002: 86).

Nach seinem erstaunlich guten Abschneiden bei den Präsidentschaftswahlen 1995[84] prägte Jospin die europapolitischen Positionen der PS immer deutlicher. Er stellte das Projekt eines europäischen Sozialpaktes (contrat social européen) ins Zentrum seines Konzeptes (Wielgoß: 87), das ansonsten aber nicht sonderlich kohärent war. "Faire l'Europe sans défaire la France" (Europa errichten, ohne Frankreich zu zerstören) lautete Jospins Slogan für die vorgezogene Parlamentswahl 1997. "Anhand derartiger Konzepte ist es schwierig auszumachen, bis zu welchem Grad Jospin zur Teilung der Souveränität bereit wäre", urteilt Goulard zutreffend (2002: 181). Zwar warb die PS – im Gegensatz zur PCF – engagiert für die Einführung des Euro; PS-Generalsekretär Lionel Jospin tat sich im vorgezogenen Parlamentswahlkampf 1997 aber auch durch betont kritische Äußerungen zum Stabilitätspakt hervor, den der Europäische Rat im Dezember 1996 in Dublin beschlossen hatte und der weitestgehend den Vorstellungen des deutschen Finanzministers Theo Waigel entsprach – Jacques Chirac hatte lediglich jeglichen Automatismus bei der Sanktionierung übermäßiger Haushaltsdefizite verhindern können (Keßler 2002: 152). Unter dem Motto: "L'Euro oui, mais pas comme ça" lehnte Jospin den Pakt als "Super-Maastricht" kategorisch ab: "Das ist eine Konzession, die die französische Regierung absurderweise an die Deutschen bzw. an gewisse deutsche Milieus gemacht hat. Folglich habe ich überhaupt keinen Grund, mich daran gebunden zu fühlen". (Jospin zitiert nach Coudurier 1998: 387/388). Nur der durch ein Referendum vom französischen Volk anerkannte Maastricht Vertag habe für ihn Gültigkeit, nicht aber weitere Beschlüsse, die dem Vertrag lediglich angehängt wurden (Allaire/Goulliaud 2002: 295).

---

84 Im ersten Wahlgang hatte Jospin mit 23, 3% der Stimmen besser als Chirac (20,7%) und Balladur (18,5%) abgeschnitten; im zweiten Wahlgang jedoch siegte Chirac mit 52,6,% der Stimmen, während Jospin auf 47,4% kam (vgl. Kap. 1, Tabelle 9).

Im Wahlkampf formulierte die PS dann vier Bedingungen, die erfüllt werden müssten, damit die PS der Euro-Einführung zustimmen könne: So müsse die WWU unbedingt Spanien und Italien umfassen; außerdem dürfe der € im Vergleich zum $ nicht überbewertet werden. Ein Bündnis für Wachstum und Stabilität müsse den Solidaritätspakt ersetzen und ein "gouvernement économique" (Wirtschaftsregierung) als Gegenmacht zur EZB geschaffen werden. Letztlich wollten Jospin und die PS mit ihren vier Bedingungen den befürchteten liberalistische Tendenzen in der künftigen Währungspolitik einen Riegel vorschieben und eine sozial- und wirtschaftspolitische Abfederung der Euro-Bestimmungen des Maastrichter Vertrages erreichen, um die – vom Stabilitätspakt weiter festgezurrte – Fixiertheit der gemeinsamen Währung auf die Geldwertstabilität abzumildern, die um wachstums- und beschäftigungspolitische Zielsetzungen ergänzt werden müsse. Dies sollte mittels eines gouvernement économique erreicht werden, die die EZB bei ihren Entscheidungen unterstützt bzw. ergänzt – eine französische Idee, die bereits im Rahmen der Maastrichter Regierungskonferenz lanciert worden war (vgl. Teil II, Kap. 4.3).

"Die vier Bedingungen dienten insbesondere zur Abgrenzung von der Regierung Juppé, die das Thema ‚soziales Europa' selbst zu besetzen suchte" (Wielgoß 2002: 89). Denn in der Tat hatte Juppé Wachstum und Beschäftigung zum Schwerpunktthema seiner Europapolitik erklärt. Um seine Differenz zu den Neo-Gaullisten zu betonen, ging Jospin mit der Regierung Juppé hart zu Gericht: "Ceux qui acceptent l'euro sans conditions, ceux qui acceptent la dérive libérale de l'Europe, en violation d'ailleurs de l'esprit et de la lettre du traité de Maastricht, ceux-là sont les fosseyeurs de l'idée europénne" (Diejenigen, die den Euro bedingungslos akzeptieren, diejenigen, die in Europa einen exzessiven Liberalismus akzeptieren – der übrigens Geist und Wort des Maastrichter Vertrages verletzt –, sind die Totengräber der europäischen Idee) (Jospin zitiert nach Coudurier 1998: 384). Frankreich, so Jospins Vorwurf an Chirac und Juppé, habe seit zwei Jahren keine Europapolitik mehr und deshalb würden französische Interessen nicht mehr vertreten.

Mit seiner äußerst kritischen Haltung zu den weitgehend von Deutschland diktierten konkreten Modalitäten der Euro-Einführung traf Jospin auch die Einstellung vieler aus dem bürgerlichen Lager, die sich ebenfalls dem deutschen geldpolitischen Diktat nicht unterwerfen wollten (vgl. Kap. 3.4). In der Tat divergierten die deutschen und die französischen Konzeptionen und Erwartungen, die mit der Euro-Einführung verknüpft wurden, gewaltig. Ulrike Guérot spricht von einem "ideologischen Frontverlauf" den sie folgendermaßen umreißt: "Während in Frankreich – über Parteigrenzen hinweg – die ‚linke' WWU-Kritik (Maastricht kostet Arbeitsplätze) das Meinungsbild beherrscht, dominiert in Deutschland (noch) die ‚rechte' WWU-Kritik (Der

Euro wird nicht stabil), und beide Öffentlichkeiten liegen überkreuz: Je mehr die Franzosen die sozialen Konsequenzen der Konvergenzpolitik betonen, desto stärker der Eindruck in Deutschland, Geldpolitik solle zu Beschäftigungszwecken instrumentalisiert werden; je mehr Deutschland dies ablehnt, desto verbreiteter in Frankreich der Vorwurf deutscher ‚monetärer Besessenheit' [...] Insofern brachte Jospin mit seiner Position lang aufgestautes (gesamt-) französisches Mißfallen an der Art und Weise zum Ausdruck, wie Deutschland – einem mehrheitlichen Empfinden zufolge – sein Stabilitätsmodell ohne jede Rücksicht auf soziale Realitäten ‚durchgeboxt' und die Auflagen für die Wirtschafts- und Währungsunion (WWU), z.B. durch den Stabilitätspakt, immer höher geschraubt hat. Die Ära des ‚Nur-Liberalismus' [...], so ein Seufzer der Erleichterung in Frankreich, sein nunmehr vorbei" (Guérot 1997: 229 und 224).

Mit dem Wahlsieg Jospins und der Regierungsübernahme durch die gauche plurielle wird die schon mehrfach erwähnte Spaltung Frankreichs in der Frage der Währungsunion dahingehend überwunden, dass fortan die Rigidität von Konvergenzkriterien und Stabilitätspakt mehrheitlich und parteiübergreifend abgelehnt wird. Dies gilt sowohl für die Linke als auch für die Rechte, wie Chiracs einschlägiges Agieren nach seiner Wiederwahl 2002 deutlich belegt (vgl. Kap. 5.2).

4.1.2 Jospins Einfluss in Amsterdam

Trotz des Wahlkampfgetöses mit seinen Attacken auf den Stabilitätspakt, die insbesondere in Bonn mit größter Sorge aufgenommen wurden, konnten Jospin und seine neue Mannschaft die Amsterdamer Beschlüsse nicht mehr nennenswert beeinflussen. Zwar kam es während der ersten deutsch-französischen Konsultationen, an denen neben Chirac auch Jospin teilnahm und die als 69. Deutsch-französischen Gipfeltreffen im unmittelbaren Vorfeld des Amsterdamer Gipfeltreffens in Poitiers stattfanden, zum offenen Dissens, doch zugleich suchte Jospin nach Wegen, wie er den Stabilitätspakt akzeptieren könnte, ohne des Bruchs seiner Wahlversprechen bezichtigt zu werden.

Zudem drängte der Staatspräsident ihn zur Anerkennung der von Frankreich in Dublin eingegangenen Verpflichtungen zum Stabilitätspakt. Coudurier meint, dass dieses Machtwort Chiracs Jospin durchaus zu Pass kam; denn mit Sicherheit wollte er keineswegs gleich zu Beginn seiner Amtszeit eine europäische Krise auslösen, für die er die politische Verantwortung zu übernehmen hätte. So hatte auch der frühere Premierminister Michel Rocard eindringlich gewarnt: "Si on remettait en cause le calendrier de l'euro, ce serait l'échec et l'arrêt de quarante à cinquante ans de diplomatie. L'Europe redeviendrait terre de rivalités" (Wenn wir den Fahrplan zum Euro in Frage stellen würden, wäre das eine Niederlage und das Ende von 40 bis 50 Jahre diplomatischer Bemühungen. Europa würde wieder in seine Rivalitäten zurückfallen) (Rocard zitiert nach Coudurier 1998: 389). Dies wollte und konnte Jospin nicht riskieren; daher ließ er den Stabilitätspakt passieren, der als Artikel 104 in den Amsterdamer Vertrag aufgenommen wurde. Doch verhalf Jospins anfängliche Widerspenstigkeit einem anderen, ursprünglich von der PS lancierten, inzwischen aber auch von Chirac unterstützen Projekt zum Durchbruch: Es wurde ein eigenes Beschäftigungskapitel als Titel VIII in die reformierten Verträge eingefügt, weiterhin verpflichtete sich der Europäische Rat in Amsterdam dazu, einen Beschäftigfungsgipfel einzurichten, der erstmals für den November 1997 anberaumt wurde. Dies waren Zugeständnisse an Jospin, die vor allem durch das Einlenken Helmut Kohls, ursprünglich vehementer Gegner dieser Vorschläge, ermöglicht wurden. Pragmatiker, der er war, sah Kohl die Notwendigkeit, Jospin für seine Zustimmung zum Stabilitätspakt entgegenzukommen. Auf einer gemeinsamen Pressekonferenz mit Chirac und Jospin[85] anlässlich der deutsch-französischen Konsultationen in Poitiers bekannte der Kanzler hinsichtlich der eben erst bei ihm eingegangenen Forderung Jospins nach einem Beschäftigungspakt: "Wir haben natürlich das Ziel, soviel wie möglich an Einigung zu erreichen. Was wir als Deutsche auf keinen Fall wollen, ist eine Änderung des Stabilitätspakts" (Kohl zitiert nach Kimmel/Jardin 2002: 365/366).

Insgesamt war dieses Treffen durch heftige Auseinandersetzungen über die "makroökonomische und monetäre Ausrichtung der Währungsunion" geprägt (Guérot 2003: 16). Jospin musste sehr schnell erkennen, dass die europapolitischen Notwendigkeiten einen engen Schulterschluss mit Deutschland voraussetzen, und dass er sich bereits geschlossenen Absprachen zu beugen hatte. Daher musste er in Amsterdam den Stabilitätspakt akzeptieren. Somit bewahrheitete sich eine Prognose, die unmittelbar nach dem Machtwechsel in Frankreich aus deutschen diplomatischen Kreisen zu hören war: "François Mitterrand hat zwei Jahre gebraucht, um Europa zu akzeptieren, Jacques Chirac sechs Monate. Jospin wird dafür zwei Monate benötigen", so ein namentlich nicht genannter hoher deutscher Beamter (in Le Monde vom 14.6.1997). De facto waren es nur zwei Wochen.

Abgesehen von Jospins Erfolg in der europäischen Beschäftigungspolitik fällt der neue EU-Vertrag französischerseits gänzlich in die Verantwortung Chirac und Juppés, mithin auch etliche Ergebnisse, die als Niederlage emp-

---

85 In den folgenden Monaten haben Kohl und Jospin sich mehrfach auch privat getroffen; ihr Verhältnis wurde wohl dadurch erleichtert, dass Jospins Außenminister Hubert Védrine dem einflußreichen Kohl-Berater Joachim Bitterlich recht nahe stand (Coudurier 1998: 388). Die guten Beziehungen zu Kohl stärkte übrigens auch Jospins Position in der Kohabitation.

funden wurden wie insbesondere das Scheitern der Reformbemühungen im institutionellen Bereich. Die nur begrenzten Fortschritte des Amsterdamer Vertrags können folglich nicht dem Regierungswechsel hin zur gauche plurielle zur Last gelegt werden; die Verantwortung ist vielmehr bei der ungenügenden deutsch-französischen Führungsrolle zu suchen, die letztlich wegen inkompatibler Europakonzeptionen so schwach war (vgl. Kap. 3.3).

4.1.3 Das europapolitische Paradox der dritten Kohabitation

Trotz des außerordentlich großen politischen Handlungs- und Gestaltungsspielraums, über den Kohabitationspremierminister Jospin verfügte, hat er im Bereich der Außen-, Sicherheits- und Europapolitik seine Machtpotenziale aus verschiedenen Gründen nicht voll ausgereizt und profilierte sich hier vergleichsweise wenig. Zum einen wollte er das Amt des Staatspräsidenten, das er selbst anstrebte, nicht beschädigen. Zum anderen aber blieb der Einfluss, den er und seine Regierung in der Europapolitik faktisch ausübten, eher im Verborgenen. Auf der öffentlichen Bühne, insbesondere der der Europäischen Gipfeltreffen, an der die beiden Häupter der französischen Exekutive regelmäßig gemeinsam teilnahmen, überließ Jospin dem Staatspräsidenten den Vorrang. Dies traf vor allem auf die Präsentation der französischen Positionen und Initiativen bei der Vertragsreform von Nizza zu, dann also, wenn es galt, die Kompetenzkompetenz, d.h. die Vertragsveränderungskompetenz auszuüben (Kessler 1999: 192). Und weil der Staatspräsident die französischen Gipfeldelegationen regelmäßig anführte, war vor allem er für die Öffentlichkeit sichtbar. Nach anfänglichen, kurzzeitigen Schwierigkeiten, wie die Repräsentation Frankreichs nach außen gemeinsam wahrzunehmen sei, habe man – so Jospins langjähriger Kabinettschef Olivier Schrameck – im Interesse Frankreichs sehr bald zum Konsens gefunden (Schrameck 2001: 124). Frankreich sprach forthin mit einer einzigen starken Stimme durch den Mund des Präsidenten, wenngleich die Inhalte sorgfältig zwischen den beiden Häuptern der Exekutive bzw. ihren Apparaten abgestimmt waren. Diese Geschlossenheit in der Außen- und Europapolitik gilt manchen als das Paradox der dritten Kohabitation (Chevallier et al 2002: 470; vgl. Kap. 2).

Die Ausführung der konkreten, tagtäglichen, operativen Europapolitik aber beanspruchte die Regierung ganz für sich. Denn die Mitwirkung an der Politik der Union gehöre nicht bzw. nicht mehr zur Außenpolitik, so die zutreffende Auffassung der Regierung Jospin. Wenn in der "echten" Außenpolitik Übereinstimmung zwischen den beiden Häuptern der Exekutive erzielt werden müsse, damit Frankreichs Interesse angemessen gewahrt werden können, so falle demgegenüber das Gros der europapolitischen Entscheidungen wie beispielsweise die gemeinsame Sozial- und Beschäftigungspolitik, die Steuerharmonisierung, die Wettbewerbspolitik, die Regional- und Strukturpolitik etc. ausschließlich in die Kompetenz der Regierung (Schrameck 2001: 102). Die entsprechenden Beschlüsse wurden in aller Regel in Matignon vorbereitet, allerdings unter Anwesenheit der Mitarbeiter des Präsidenten. Dies dürfte vorrangig auf die Festlegung der Positionen für die Ministerräte zutreffen.

Wenn also für die Öffentlichkeit die Handschrift der Regierung Jospin in der Europapolitik nicht recht transparent wurde, so liegt das zum einen an der erwähnten Wortführerschaft des Präsidenten auf den breit mediatisierten Gipfeltreffen. Zum anderen aber war die konkrete Identifikation der Urheberschaft bestimmter europapolitischer Entscheidungen auch deshalb so schwierig, weil in einer Kohabitationssituation die öffentliche Kritik nicht die ihr eigentlich zukommende Rolle spielen kann: "[...] denn für die Rechte bedeutet unter den heutigen Umständen eine Kritik an der Politik Frankreichs zugleich die Kritik an den Handlungen oder Unterlassungen des Präsidenten; wenn die Linke gewisse Aspekte der präsidentiellen Erklärungen, beispielsweise in der Europapolitik, in Frage stellt, kommt dies einem impliziten Vorwurf an die Regierung gleich, nicht fähig gewesen zu sein, in ausreichendem Maße auf diese einzuwirken" (Schrameck 2001: 125/126). Hier wird ersichtlich, dass die französische Kohabitation wie eine große Koalition (in Deutschland) wirkt, in welcher die Kontrollfunktionen nur unvollständig ausgeübt werden können.

Die Kohabitation 1997 bis 2002 führte letztlich zu einer Arbeitsteilung, die der Regierung das Gros der tagtäglichen europapolitischen Entscheidungen überließ; die Vorrangstellung des Staatspräsidenten in der französischen Europapolitik hingegen kam vor allem bei herausgehobenen Entscheidungen und Weichenstellung, wie insbesondere der Vertragsrevision, zum Tragen. Und davon standen im hier zu untersuchenden Zeitraum etliche an.

4.2 Chiracs Handschrift bei den zentralen europapolitischen Entscheidungen

4.2.1 Chiracs konfrontative Europapolitik

Nach der Vertragsrevision von Amsterdam, in welcher Frankreich seine Positionen nur mit äußerst mäßigem Erfolg hatte einbringen können, ging es Chirac bei der im Mai 1998 anstehenden Bestellung des ersten Präsidenten der Europäischen Zentralbank (EBZ) darum, zu demonstrieren, "daß Frankreich sich in Brüssel noch durchzusetzen weiß" (de la Serre/Lequesne 1998:

334). Und um diesen Beweis sowohl seinem Premierminister als auch seinem eigenen, teilweise europaskeptischen politischen Lager gegenüber antreten zu können, schlug Chirac in seiner Europapolitik nun einen deutlich konfrontativen Kurs ein.

Gegen den unionsweiten Konsens zugunsten Wim Duisenbergs als erstem EZB-Präsidenten drang Chirac auf die Berufung des Gouverneurs der Banque de France, Jean-Claude Trichet. Chirac berief sich dabei auf eine – von Theo Waigel stets dementierte – Absprache, die er mit Kohl getroffen habe: Wenn schon Frankfurt der Sitz der EZB wird, dann müsse der erste EZB-Präsident ein Franzose sein. Rücksichtslos setzte Chirac daher den Kompromiß durch, dass Duisenberg nach der halben Amtszeit zurückzutreten solle, um einem französischen Kandidaten Platz zu machen. Die europäischen Partner, insbesondere Deutschland, waren über das brachiale Vorgehen Chiracs schockiert.

Eine zweite Demonstration seiner vorrangig auf nationale Interessen abhebenden Europapolitik lieferte Chiracs während der Verhandlungen zur Agenda 2000, die die Finanzplanung der EU für die Jahre 2000 bis 2006 der bevorstehenden Osterweiterung anzupassen hatte. Dies sollte nach den Vorstellungen der Kommission und einiger Nettozahlerstaaten wie insbesondere Deutschland, den Niederlanden, Österreich und Schweden durch eine tiefgreifende Reform der gemeinsamen Agrar- und Strukturpolitik geschehen. Zwar gelang es unter deutscher Ratspräsidentschaft dem Europäischen Rat vom 25./26.3.1999 in Berlin, die unmittelbare Handlungsfähigkeit der EU-15 zu garantieren, den Finanzierungsrahmen bis 2006 festzuhalten und auch eine wichtige Neuausrichtung der gemeinsamen Strukturpolitik, die künftig die Fördermittel stärker auf bedürftige Regionen konzentriert, zu beschließen. Eine substantielle und deutlich kostensenkende Reform der Gemeinsamen Agrarpolitik aber, die den Übergang zu einer wirklichen Marktorientierung bedeutet hätte, wurde insbesondere wegen des vehementen Widerstands Frankreichs nicht erreicht. Chirac, der sich selbst publikumswirksam gerne als der Repräsentant des bäuerlichen Frankreichs versteht, verteidigte aufs Energischste die immensen Summen, die Frankreichs Bauern von der EU erhalten: Stattliche 22,3% des EU-Agrarhaushalts flossen damals nach Frankreich. Daher lehnte Chirac die von Deutschland vorgeschlagene sog. Ko-Finanzierung, die 25% der Agrarkosten auf die Mitgliedstaaten rückverlagert und somit den deutschen Beitrag merklich reduziert hätte, kategorisch ab; dies käme einer inakzeptablen Renationalisierung eines Kernbereichs der Integration gleich. Das deutsche Ansinnen geißelte Chirac als "euroskeptisch, ja nationalistisch"; er stimmte lediglich vergleichsweise geringfügigen Senkungen der Getreide-, Rindfleisch- und Milchpreise zu (Müller-Brandeck-Bocquet 2001: 265). Einer substantiellen Reform und damit Kostensenkung widersetzte sich Chirac mit großer Hartnäckigkeit, sodass dies Thema bis ins unmittelbare Vorfeld der Kopenhagener Erweiterungsbeschlüsse im Herbst 2002 als latenter Dauerkonflikt insbesondere zwischen Frankreich und Deutschland weiterschwelte.

4.2.2 Innenpolitische Gründe für den harten Europakurs Chiracs

Trotz Kohabitation gab also der Staatspräsident bei herausragenden europapolitischen Entscheidungen den Ton an. Und dieser Ton wies nicht zuletzt aufgrund innenpolitischer Umstände im Vergleich zum Amsterdamer Kontext immer deutlicher nationale Züge auf. Denn im Vorfeld der Europawahlen des Jahres 1999 hatte der RPR-Hardliner und Exponent eines rechten Souveränismus, der frühere Innenminister Charles Pasqua, die Partei verlassen, um bei den Wahlen zum Europäischen Parlament anzutreten. Zu diesem Zweck tat er sich mit dem UDF-Renegaten Philippe de Villiers zusammen, der – durchaus mit Erfolg – seit 1994 mit seiner "Bewegung für Frankreich" (Mouvement pour la France) eine traditionell rechte, betont konservative und katholische Wählerschaft ansprach. Gemeinsam konnten Pasqua und de Villiers mit ihrem europakritischen Kurs, der einen "europäischen Konstitutionalisierungsprozess, der auf die Stärkung der supranationalen Ebene hinauslaufen soll" ablehnte (Krauß 2000: 52), 13,05% der Wählerstimmen auf sich ziehen und damit die RPR mit ihren nur 12,82% (zusammen mit der DL) klar überflügeln (vgl. Tabelle 11). Als die beiden nach diesem Erfolg eine neue, rechts-souveränistische Partei gründeten, die mit dem Siegel RPF (Rassemblement pour la France) bewußt an de Gaulles erste Sammlungsbewegung RPF (Rassemblement du peuple français) anzuknüpfen versuchte, schien sich ein Umbruch im rechten Parteienlager anzubahnen[86]. Chirac sah seine Chancen bei den Präsidentschaftswahlen 2002 sinken, zumal Pasqua 1999 seine Kandidatur ankündigte – dies geschah, bevor die Justiz mit diversen Ermittlungen gegen ihn und verschiedene seiner Mitarbeiter wegen Bestechung und illegalen Waffengeschäften in Afrika einen Strich durch seine Zukunftspläne machte. Ende der 90er Jahre aber bedrohte Pasqua mit seiner Kritik an der "pensée unique", an der europa-, wirtschafts- und finanzpolitischen Orthodoxie der Chiraquerie, und mit seinen Forderungen nach einer "anderen Politik" (autre politique) die Autorität und die Ambitionen des Staatspräsidenten. Chirac reagierte auf diese Herausforderung in seiner Europapolitik mit betont gaullistischen Positionen, die den Rechtssouveränisten das Wasser abgraben und dem Land beweisen sollte, "daß Frankreich sich in

---

86 Zu den ebenfalls beachtlichen Veränderungen in der liberal-konservativen UDF vgl. Müller-Brandeck-Bocquet/Moreau 2000: 11-114

Tabelle 11: Ergebnisse der französischen Europawahlen 1999

	Anzahl der Stimmen	Stimmen in Prozent	Sitze	Sitze in Prozent
PS	3 873 901	21,95	22	25,29
RPF	2 304 285	13,05	13	14,94
RPR-DL	2 263 476	12,82	12	13,79
Les verts	1 715 450	9,72	9	10,35
UDF	1 638 680	9,28	9	10,35
PCF	1 196 310	6,78	6	6,89
CPNT	1 195 760	6,77	6	6,89
FN	1 005 225	5,69	5	5,75
LO-LCR	914 680	5,18	5	5,75
MNR	578 774	3,28	0	0,00
Miguet	312 478	1,77	0	0,00
MEI	268 288	1,52	0	0,00
Larrouturou	178 027	1,01	0	0,00
Maudrux	124 638	0,71	0	0,00
Frappé	71 500	0,41	0	0,00
JO	5 023	0,03	0	0,00
Cotten	2 639	0,01	0	0,00
Chanut-Sapin	2 483	0,01	0	0,00
Guerrin	1 051	0,01	0	0,00
Allenbach	16	0,00	0	0,00

Erfolreiche Listen
PS : Parti Socialiste
RPF: Rassemblement pour la France
RPR-DL: Gemeinsame Liste des RPR und der Démocratie libérale
Les Verts: Ökologen
UDF: Union pour la Démocratie Française
PCF: Parti Communiste Français
CPNT: Chasse, Pêche, Nature et Traditions, eine rechte, europafeindliche Gruppierung. Führer: Jean Saint-Josse
FN: Front National
LO-LCR: Lutte Ouvrière/Ligue Communiste Révolutionnaire

Brüssel noch durchzusetzen weiß" (de la Serre/Lequesne 1998: 334). Um dieser Machtsicherung im eigenen Lager willen nahm Chirac den zunehmend hörbareren Vorwurf aus europageneigten Kreisen in Kauf, dass Frankreich seit Maastricht keine europapolitische Vision mehr besitze und nicht länger seine traditionelle Rolle als Initiator und Ideengeber für das Integrationswerk ausübe (Goulard 2000: 346; Frankreich sei – so das vernichtende Urteil französischer Europaabgeordneter – die Handbremse im europäischen Integrationsprozess geworden (Müller-Brandeck-Bocquet 2001: 258).

4.2.3 Chiracs Antwort auf Joschka Fischer

Im Mai 2000 stieß der deutsche Außenminister Joschka Fischer mit seiner inzwischen berühmten Rede "Vom Staatenbund zur Föderation – Gedanken über die Finalität der europäischen Integration" vor der Humboldt-Universität zu Berlin eine Debatte über die Zukunft der Europäischen Union an, die seit Jahren im Kreis der Partnerstaaten vernachlässigt worden war und an welcher nach Fischer verschiedene europäische Staats- und Regierungschefs sich ebenfalls beteiligten, so Jacques Delors[87], Tony Blair[88] und Jacques Chirac.

In einer Rede "Notre Europe" vom 27. Juni 2000 im Deutschen Bundestag gab Chirac eine Antwort auf Fischer (abgedruckt in: Dokumente 4/2000: 317-322). In dieser Rede plädierte Chirac dafür, bis in einigen Jahren einen neuen Vertrag zu erarbeiten, "den wir dann als erste ‚europäische Verfassung' bezeichnen könnten". Damit sprach sich Chirac erstmals öffentlich für eine europäische Verfassung aus. Am meisten wurde in dieser Rede beachtet, dass Chirac Fischers Aufruf zur Gründung einer Föderation durch avantgardistische Mitgliedstaaten ein ähnlich klingendes, de facto aber sehr unterschiedliches Konzept entgegenstellt: So spricht Chirac von einer "Pioniersgruppe" (groupe pionier), die die Vertiefung der Integration schneller und weiter vorantreiben könnte als der Rest der Mitgliedstaaten und in deren Zentrum Chirac Frankreich und Deutschland sieht. Wegen dieses Konzeptes der Pioniersgruppe ist Chirac in der Presse anfänglich gelobt worden (Le Monde, 28.6.2000), bei näherem Hinsehen erweist sich jedoch, dass es sich um ein jeglicher Integrationsdynamik bares, visionsloses Konzept handelt. Auf die rhetorische Frage, ob diese Pioniersgruppe einen neuen Vertrag – Kern der avangardistischen Föderationsidee Fischers – abschließen sollte, antwortet Chirac mit Nein. Zudem grenzt er die Potenziale der Pioniersgruppe stark ein; als deren mögliche Arbeitsfelder nennt er eine verbesserte Koordinierung der Wirtschaftspolitiken, Stärkung der Europäischen Sicherheits- und Verteidigungspolitik ESVP sowie die Bekämpfung der Kriminalität. Außerdem soll das Konzept der Pioniersgruppe nur für die Übergangsperiode

---

87 Interview mit Le Monde, 19.1.2000, abgedruckt in: Dokumente 3/2000: 330ff
88 „Europass politische Zukunft", Rede Tony Blairs vom 6.10.2000 in Warschau, abgedruckt in: Internationale Politik 2/2001: 73-80

zum Einsatz kommen, bis ein konsolidierter, eventuell als Verfassung zu bezeichnender neuer Vertrag abgeschlossen ist. Im Grunde wird lediglich eine neue Bezeichnung für die verstärkte Zusammenarbeit besonders integrationswilliger Mitgliedstaaten eingeführt. Chirac, Mitinitiator und großer Anhänger des Konzepts, nutzte die Gelegenheit, um erneut und an prominenter Stelle für ein Europa der abgestuften Integration zu werben. Dies mag legitim sein; es darf aber nicht übersehen werden, dass die Chirac'sche Pioniersgruppe mitnichten ein Synonym für Fischers föderierendes Gravitationszentrum ist – dies haben erste Kommentare zu Chiracs Rede bisweilen suggeriert.

Seine wenig prägnanten institutionellen Vorschläge für die Zeit nach Nizza leitet Chirac mit Betrachtungen zur Bedeutung der Nationen im künftigen Europa ein. "Aus unseren Nationen, in denen wir wurzeln, schöpfen wir unsere Identität. [...] Auch in Zukunft werden die Nationen die wichtigsten Bezugspunkte unserer Völker darstellen. Sie abschaffen zu wollen, wäre genauso absurd wie zu leugnen, dass sie bereits einen Teil ihrer Souveränitätsrechte gemeinsam wahrnehmen und dies auch weiterhin tun werden, weil dies in ihrem Interesse liegt." Daraus habe sich ein einzigartiges Institutionengefüge ergeben, das es zu erhalten, gleichzeitig aber auch zu verbessern gelte. Konkret spricht sich Chirac sodann lediglich zugunsten einer Aufwertung des Europäischen Parlaments und der nationalen Parlamente, einer klaren Kompetenzabgrenzung auf Grundlage des Subsidiaritätsprinzips sowie einer praktikablen Ausgestaltung des Integrationsbeschleunigungsinstruments der verstärkten Zusammenarbeiten aus. Das "Europe-Puissance" schließlich, das sich zu wünschen Chirac bekennt, verlange nach effizienten und legitimen Entscheidungsverfahren, die dem qualifizierten Mehrheitsentscheid die ihm angemessene Rolle einräumen und zugleich das jeweilige Gewicht der Mitgliedstaaten widerspiegeln. Damit unterstreicht Chirac seine bereits mehrfach vorgetragene Forderung, die eine Ausweitung der Mehrheitsregel in der EU an eine Neuwägung der Stimmen im Rat zugunsten der großen Mitgliedstaaten koppeln möchte. Die Rede "Unser Europa" wiederholt also lediglich Chiracs altbekannte Positionen; ihr innovativer Gehalt ist äußerst gering.

Der Verfassungsentwurf, den die RPR am 28. 6. 2000 der Öffentlichkeit vorstellte und von dem mit Sicherheit anzunehmen ist, dass er Chiracs Plazet gefunden hatte, lässt noch viel deutlicher als die Rede des Präsidenten vom 27.6.2000 die Stoßrichtung des seinerzeitigen europapolitischen Denkens der Neo-Gaullisten erkennen. Dies ist mit Ulrike Guérot als "souveränistisch-intergouvernemental" zu bezeichnen (Guérot 2001a: 34.)[89]. Denn der Ent-

---

[89] Auch die liberal-konservative UDF, die ebenfalls zum Präsidentenlager gehört, hat im Oktober 2000 einen Verfassungsvorschlag unterbreitet, der in der Tradition der Partei aber eher „supranational-föderalistisch" ausgerichtet ist (Guérot 2001a: 32).

wurf, der sich deutlich auf einen früheren Vorschlag der RPR-Größen Alain Juppé und Jacques Toubon stützte, sah eine bedeutende Aufwertung des Europäischen Rates zu einem permanenten und mit weitreichenden Kompetenzen ausgestatteten Organ vor, das die Leitlinien der Unionspolitik vorgibt, eine europäische Regierung einsetzt und das Europäische Parlament auflösen kann. Damit griffen die beiden RPR-Politiker das europapolitische Grundverständnis des Staatspräsidenten auf, das dieser ja bereits zu Beginn seiner ersten Amtszeit ausformuliert hatte (vgl. Kap. 3.3.1.). Durch den Ausbau des Europäischen Rates zur zentralen Machtstelle in der Union werden im RPR-Entwurf des Jahres 2000 die Ministerräte und die Kommission überflüssig; sie sollen daher aufgelöst werden. Auch findet sich die Idee wieder, eine zweite Parlamentskammer zu schaffen, die mit nationalen Abgeordneten beschickt werden soll.

Dieser Verfassungsentwurf zeigt somit deutlich auf, dass der Präsident und seine Partei einen radikalen Rückschnitt des supranationalen Prinzips und einen Ausbau des Intergouvernementalismus beabsichtigten. Als konstruktiver, integrationsvertiefender Beitrag zur weiteren Konstitutionalisierung Europas darf er wohl kaum gewertet werden. Sollte er sich im sog. Post-Nizza-Prozess, d.h. im Verfassungsgebungsprozess der EU durchsetzten, so Yves Mény, Direktor des Florenzer Europainstituts, in einem Kommentar, dann wäre dies eine Katastrophe für Europa (Le Monde, 10.5.2002).

4.3 Frankreich in Nizza

Der Vertrag von Nizza, im Dezember 2000 unter französischer Ratspräsidentschaft abgeschlossen, gilt als ein Wendepunkt in der Integrationsgeschichte. Denn im Verlauf der Regierungskonferenz 2000 und mehr noch während des abschließenden Nizzaer Gipfeltreffens zeigte sich, dass diese angestammte Vertragsveränderungsmethode endgültig ausgedient hatte. Sie räumt den einzelstaatlichen Regierungen schlicht einen allzu starken Einfluss auf die Zukunftgestaltung der EU ein (Wessels 2002; Göler/Marhold 2003). Dass sich diese Erkenntnis, die in Spezialistenkreisen seit langem verbreitet ist, sich just Ende 2000 definitiv durchsetzte, ist auch der französischen Ratspräsidentschaft zuzuschreiben, die allenthalben als äußerst undiplomatisch und parteiisch kritisiert wurde. Warum ging Chirac soweit, die klassischen Maklerpflichten des Ratspräsidenten zu verletzten und damit das europapolitische Prestige Frankreichs aufs Spiel zu setzen? Die Antwort kann nur lauten: Weil es in Nizza um viel ging.

Denn in Nizza sollten die Versäumnisse des Amsterdamer Vertrages nachgeholt werden. Deshalb wurde auch nur einen Monat nach Inkrafttreten des Amsterdamer Vertrags zum 1. Mai 1999 auf dem Kölner Gipfeltreffen vom 3./4.6.1999 erneut ein Mandat für eine weitere Vertragsrevision formuliert. Dem Amsterdamer Reformprozess war es trotz mancher Integrationsfortschritte nicht gelungen, die damals schon unter dem Stichwort Erweiterungsfähigkeit der Union debattierten institutionellen Reformen zu beschließen. So war die Regierungskonferenz 1996/1997 nicht fähig gewesen, über die künftige Struktur der Kommission, eine neue Stimmgewichtung im Rat sowie über die Ausweitung des qualifizierten Mehrheitsentscheids zu entscheiden. Damals hatten Verzögerungen im Annäherungsprozess der MOE-Staaten an die Union den Druck von der EU-15 genommen, die Union erweiterungsfähig zu machen (vgl. Kap. 3.3.3). Diese ungelösten Fragen sind als "Amsterdamer Leftovers" in die EU-Geschichte eingegangen. In einem "Protokoll über die Organe im Hinblick auf eine Erweiterung der Union" waren damals aber bereits Lösungsvorschläge festgehalten worden, die die Debatten des Nizza-Prozesses nachhaltig prägen sollten. Außerdem bestimmte das Amsterdamer Protokoll, dass "spätestens ein Jahr vor dem Zeitpunkt, zu dem die Zahl der Mitgliedstaaten der EU 20 überschreiten wird", eine umfassende Überprüfung der "Bestimmungen der Verträge betreffend die Zusammensetzung und die Arbeitsweise der Organe" vorgenommen werden muss (Art. 2 des Protokolls). Seit dem Beschluss des Luxemburger Gipfeltreffens vom Dezember 1997, ab dem Frühjahr 1998 mit sechs Beitrittskandidaten (Polen, Ungarn, Tschechien, Estland, Slowenien und Zypern) Verhandlungen aufzunehmen, war folglich absehbar, dass die Bedingungen der beiden Protokollartikel, nämlich der Beginn der Erweiterung und das Übersteigen des Limits von 20 Mitgliedstaaten voraussichtlich zusammenfallen werden.

Da sich bis 1999 die Perspektive der Osterweiterung also erheblich konkretisiert hatte, konnte nun die Anpassung der EU-Institutionen und Entscheidungsregeln an eine deutlich vergrößerte Mitgliederzahl nicht länger aufgeschoben werden. Doch war klar, dass die Lösung der Leftovers äußerst schwierig werden würde. Schließlich handelte es sich hier um ganz zentrale Fragen nicht nur für die Handlungsfähigkeit einer erweiterten EU und die demokratische Fundierung ihrer Entscheidungsverfahren, sondern auch für die Macht- und Einflussverteilung in Brüssel. Daher formulierten der Europäische Rat von Köln vom Juni und erneut der Europäische Rat von Helsinki vom Dezember 1999 das Mandat der Regierungskonferenz 2000 sehr eng, was weder das Europäische Parlament noch die Kommission guthießen[90].

---

90 So versuchte Romano Prodi durch die Einsetzung einer hochkarätigen Expertenkommission eine Mandatserweiterung zu erzwingen: die Dehaene-Kommission, bestehend aus dem ehemaligen belgischen Premierminister Jean Luc Dehaene, dem Ex-Bundespräsidenten Richard von Weizsäcker und dem ehemaligen britischen Handelsminister Lord David Simon of Highbury, sollte sich zum Umfang der erforderlichen Reformen äußern. In ihren Mitte

Doch die Mitgliedstaaten ließen sich nicht umstimmen; der Europäische Rat von Santa Maria da Feira/Portugal vom Juni 2000 setzte zusätzlich lediglich die Überarbeitung der "Verstärkten Zusammenarbeit" auf die Agenda der Regierungskonferenz. Hier hatte sich Handlungsbedarf insofern ergeben, als in Amsterdam die Anforderungen an eine "Verstärkte Zusammenarbeit" derart hoch angesetzt worden waren, dass das neue Instrument seit dem Inkrafttreten des Vertrages kein einziges Mal zur Anwendung gelangt war.

4.3.1 Frankreichs Präsidentschaftsprogramm: institutioneller Pragmatismus oder Konzeptionslosigkeit?

Frankreichs Entschlossenheit, im Nizzaer Reformprozess eine Revision der ungeliebten Amsterdamer Beschlüsse zu erreichen, stand außer Zweifel. Dies verdeutlichte schon die im Herbst 1997 gemeinsam mit Belgien und Italien abgegebene Erklärung, dass vor dem Abschlussder ersten Beitrittsverhandlungen die Zusammensetzung der Kommission sowie die Stimmwägung im Rat geändert und eine erhebliche Ausweitung der Abstimmungen mit qualifizierter Mehrheit realisiert werden müssten. Frankreich trat in der Regierungskonferenz 2000 folglich für eine Straffung und Verkleinerung der Kommission ein, in welcher nicht jeder Mitgliedstaat permanent über einen Vertreter verfügen würde. Den absehbaren Widerstand sogenannter kleiner Mitgliedstaaten nahm man dabei in Kauf. Um die Handlungsfähigkeit der EU zu verbessern, wollte Frankreich etliche der 72 Artikel der ersten Säule, die nach Amsterdam noch der Einstimmigkeitsregel unterlagen, in den qualifizierten Mehrheitsentscheid überführen; allerdings meldete es nun Vorbehalte insbesondere im Handelsbereich (Dienstleistungen und geistiges Eigentum) an. Das wichtigste institutionelle Reformanliegen Frankreichs aber war, durch eine Stimmneuwägung im Rat das relative Gewicht der großen Mitgliedstaaten, damit natürlich auch Frankreichs, zu sichern. Das vormalige Gleichgewicht sei durch die letzte Erweiterung um Finnland, Schweden und Österreich und insbesondere den Kompromiss von Ioanina gestört worden; damals war vor allem auf Drängen Großbritanniens das Quorum für den qualifizierten Mehrheitsentscheid von 62 auf 65 Ratsstimmen heraufgesetzt worden (vgl. Teil II, Kap. 7.1); dies – so die französische Position – müsse nun endlich korrigiert werden. Frankreich war mithin entschlossen, auch in einer erweiterten Union sein relatives Gewicht zu wahren (Deloche-Gaudez/Lequesne 2000: 333). Diese von Chirac teilweise schon in Amster-

---

1999 vorgelegten, als Dehaene- Bericht bekanntgewordenen Beratungsergebnissen plädierten die drei Weisen dann auch erwartungsgemäß für eine substantielle Ausweitung des Reformauftrags an die Regierungskonferenz.

dam vertretenen Positionen für den institutionellen Reformprozess wurden von Forderungen der Regierung Jospin ergänzt, die sich auf die Vertiefung der gemeinsamen Sozialpolitik und die Stärkung des Euro-11-Rates bezogen – damit verfolgte Jospin weiterhin seine Zielsetzung, den währungspolitischen Entscheidungsmonopol der EZB zu schleifen.

Als Jospin das einvernehmlich mit dem Staatspräsidenten festgehaltene Programm der französischen Ratspräsidentschaft im Mai 2000 der Nationalversammlung vorstellte, bezeichnete er es als pragmatisch und realistisch. De facto war es wenig ehrgeizig. Man wolle die Reformagenda nicht überlasten, so auch Außenminister Hubert Védrine. Eben wegen der Komplexität und Strittigkeit der Amsterdamer Leftover beschränke sich Paris weitestgehend darauf, die Reform der Institutionen zu einem guten Ende zu führen, damit die Osterweiterung schnellstmöglich beginnen könne. "Der französische Vorsitz wird alles daransetzen, dass die Konferenz auf der Tagung des Europäischen Rats in Nizza im Dezember zu einer befriedigenden Einigung gelangt", heißt es im Präsidentschaftsprogramm (abgedruckt in Internationale Politik 8/2000: G 2728). Und weiter: "Die Konferenz muss eine Antwort auf die bei der Ausarbeitung des Amsterdamer Vertrags offen gebliebenen Fragen finden: Wie soll die europäische Kommission in Anbetracht der künftigen Erweiterung zusammengesetzt und organisiert sein? Wie sollen die Stimmen im Rat der Union auf die Mitgliedstaaten aufgeteilt werden, damit die Legitimität der Beschlüsse des Rates sichergestellt ist? Welches Gleichgewicht soll zwischen der Beschlussfassung mit qualifizierter Mehrheit und der Einstimmigkeit, die eine aus 27 oder 28 Mitgliedstaaten bestehende Union handlungsunfähig zu machen droht, bestehen?" Auch eine Verbesserung der Regelungen für die im Amsterdamer Vertrag eingeführte verstärkte Zusammenarbeit wird angemahnt.

Sylvie Goulard hielt diese neue französische Bescheidenheit (modestie) für begrüßenswert, wenn sie denn Ausdruck der Erkenntnis sein sollte, dass Europa sich nicht von einem Prinzen (aus Paris) verordnen lässt, sondern auf kollektiven Spielregeln beruht. Sie hinterfragt diese Bescheidenheit und den neuen Pragmatismus aber auch kritisch, da sie den Verdacht hegt, dass beide lediglich Ausdruck einer Rückbesinnung aufs Nationale, eines Verzichts auf die traditionelle französische Rolle als treibende Kraft und Ideengeber für Europa bedeuten (Goulard 2000: 353). Außerdem würden zu bescheidene Erwartungen an Nizza die Gefahr bergen, dass die traditionelle französische Vision eines solidarischen und politischen Europa zugunsten einer bloßen Freihandelszone à la Großbritannien aufgegeben würde. "Keine ‚großen' Ideen, keine Vision, keine deutsch-französische Initiative, kein Elan [...] Die Leitartikel, die am nächsten Tag in der Presse zu lesen waren, zeigten, wie groß die Enttäuschung war (Goulard 2002: 174).

Anfang des neuen Jahrtausends waren Frankreich allem Anschein nach europapolitische Visionen und integrativer Ehrgeiz abhanden gekommen. Die Kohabitation tat ein Übriges, um diese europapolitische Lauheit zu befördern, band sie doch zwei Politiker zusammen, die – jeder für sich – allenfalls als Vernunfts-, nicht aber als Herzenseuropäer galten.

4.3.2 Chiracs vorrangiges Ziel: L' Europe Puissance

Eine der wichtigsten Aufgaben des französischen Vorsitzes war es, Fortschritte bei der Entwicklung eines Europe Puissance, einer weltweit handlungsfähigen Europäischen Union, die auch über eine ausreichende machtpolitisch-militärische Fundierung verfügt, zu erzielen. Dieses Leitkonzept zieht sich – das wurde schon mehrfach betont – wie ein roter Faden durch die gesamte französische Europapolitik seit de Gaulles Zeiten und wird auch von Chirac im Vorfeld der Regierungskonferenz 2000 erneut aufgegriffen. Europa würde nur dann als Weltmacht und Wertegemeinschaft wahrgenommen, wenn es seine Interessen und Werte notfalls auch militärisch verteidigen könne, erklärte er im Mai 2000 in einer Rede vor der parlamentarischen Versammlung der WEU. Dementsprechend hieß es im französischen Präsidentschaftsprogramm von 2000: "Der Aufbau eines politischen Europas, das auf internationaler Ebene voll handlungsfähig ist, setzt voraus, dass eine Dimension der Sicherheit und der Verteidigung in der Europäischen Union entwickelt wird. [...] Der französische Vorsitz beabsichtigt, die seit der Tagung des Europäischen Rates in Köln unternommenen Anstrengungen entschlossen fortzuführen, damit die Europäische Union ihren Verantwortlichkeiten bei der Krisenbewältigung gerecht werden kann, indem das ihr bereits zur Verfügung stehende Instrumentarium um eine autonome Entscheidungs- und Handlungsfähigkeit im Bereich der Sicherheit und der Verteidigung erweitert wird". Für November 2000 wird eine Beitragskonferenz angekündigt, um das Projekt durch konkrete nationale Verpflichtungen zu konsolidieren. Schließlich will der französische Vorsitz "Denkanstöße zu dem Europa der Rüstung geben, das mit dem Projekt des Aufbaus eines Europas der Verteidigung unauflöslich verknüpft ist".

Demgegenüber waren Chiracs Reformpläne für die GASP weniger ehrgeizig. Hier kam es ihm vor allem darauf an, die Öffnung der GASP für den qualifizierten Mehrheitsentscheid in engen Grenzen zu halten – de facto fielen in Nizza lediglich die Ernennung des Hohen Vertreter für die GASP sowie die von Sonderbeauftragten neu unter diese Entscheidungsregel. Vehement setzte er sich allerdings für die Ermöglichung von verstärkten Zusammenarbeiten sowohl in der GASP als auch – und vor allem – in der ESVP ein. "I think defence is an area where it is natural for more far-reaching cooperation to exist within a small group of countries" (Chirac zitiert nach Boyer 2002: 54). Doch in Nizza ließ sich die verstärkte Zusammenarbeit nur begrenzt in die GASP einführen; so kann bei der Durchführung von gemeinsamen Standpunkten und gemeinsamen Aktionen – also lediglich bei "definitionsgemäß immer befristeten" Materien, wie die Bundesregierung bedauernd kommentierte (Adam 2002: 136) – auf dieses Instrument zurückgegriffen werden. Die ESVP blieb von dieser Möglichkeit gänzlich ausgeschlossen; hier wird erst die im Juni 2004 beschlossene Verfassung einen Durchbruch bringen. Weiterhin setzte sich Chirac – hier gemeinsam mit Schröder – für eine effizientere Entscheidungsstruktur im Krisenfall ein; doch dem Vorstoß, in solchen Fällen dem Hohen Vertreter für die GASP den Vorsitz im dann entscheidungsbefugten Politischen und Sicherheitspolitischen Komitee PSK zu übertragen, war kein Erfolg beschieden (Müller-Brandeck-Bocquet 2002: 194).

Insgesamt belegt das französische Präsidentschaftsprogramm Chiracs Entschlossenheit, das Projekt Europe Puissance nach den nur äußerst bescheidenen Erfolgen, die er hierzu in Amsterdam erzielen konnte, hartnäckig weiterzuverfolgen und den Ausbau der EU zu einem weltweit handlungsfähigen Akteur mit ausreichenden militärischen Fähigkeiten voranzutreiben. Das Projekt Europe Puissance genießt in Frankreich seit Jahrzehnten deshalb einen übergeordneten Stellenwert, weil es dabei im Kern um das Verhältnis zur Nato und zu den USA als deren Führungsmacht geht: Nur ein auch sicherheits- und verteidigungspolitisch autonom handlungsfähiges Europa kann jene "symmetrische Struktur zwischen Europa und den USA" verwirklichen (Meimeth 2002: 236), die seit langem Leitbild der französischen Außen-, Sicherheits- und Europapolitik ist.

Die Umwälzungen der internationalen Politik nach Ende des Ost-West-Konflikts und die sukzessive Ausweitung und Politisierung der Nato-Aufgaben, die Paris widerstrebend hinnehmen musste, hatten in Frankreich im Verlauf der 90er Jahre zu einer "proatlantischen Kurskorrektur" (Meimeth 2002: 236) geführt. Das Versagen Europas im Bosnien-Krieg 1991-1995 (Nadoll 2000) und seine flagrante militärische Unterlegenheit im Vergleich zu den USA, die sich erneut im Kosovo-Krieg 1999 erwiesen hatte, ließen das amerikanische Engagement in Europa nun auch für Frankreich unverzichtbar werden. So kam es zu jener deutlichen Wiederannäherung Frankreichs an die Nato, die bereits unter Mitterrand begonnen und unter Chirac weitergeführt worden war und die in der Rückkehr Frankreichs in Nato-Militärauschuss und Nato-Rat ihren Ausdruck fand (Bozo 1995/1996: 868; vgl. auch Teil II, Kap. 4.3.2.2). Nicht zuletzt wegen des Disputs um den Kommandeur der Allied Forces South Europe mit Sitz in Neapel – Frankreich wollte für diesen für die europäische Sicherheit besonders wichtigen

Posten einen Europäer als Kommandeur durchsetzen, was ihm aber nicht gelang – blieb diese Annäherung bisher unvollendet (Andréani 1998: 89/90). Aber auch diese Annäherung ließ die Zielvorstellung, symmetrische, d.h. gleichberechtigte Beziehungen zwischen der EU und den USA anzustreben, nicht obsolet werden. Im Gegenteil: "Der Aufbau einer weitgehenden strategischen Autonomie der Europäischen Union ist aus Sicht der Regierenden in Paris der einzig mögliche Weg, um das zu erwartende amerikanische Disengagement aufzufangen und zugleich eine entsprechende Risikovorsorge gegen militärtische Eventualfälle zu schaffen" (Meimeht 2002: 235). Präsident Chirac hatte sich also ganz dem Diktum seines langjährigen diplomatischen Beraters Pierre Lellouche angeschlossen: "L'Europa sera stratégique ou ne sera pas". Daher strebt Frankreich hartnäckig nach eigenständigen und autonomen europäischen sicherheits- und verteidigungspolitischen Kapazitäten, die definitiv mehr sein sollen als ein europäischer Pfeiler in der Nato. Chirac tat mit seiner 1996 beschlossenen Militärreform das Seinige, um Frankreich auf die entsprechenden Anforderungen vorzubereiten, indem er die Wehrpflicht aussetzte, die Armee somit professionalisierte und den Aufbau umfangreicher, 50. 000 bis 60.000 Mann starker sog. Projektionskräfte (forces de projection) anstieß.

Mit der Forderung nach europäischer strategischer Autonomie stand Paris lange "als einsamer Rufer in der Wüste" (Meimeth 2002: 232). Doch Ende der 90er Jahre, unter dem Schock des europäischen Versagens in Ex-Jugoslawien, näherten sich einige europäische Staats- und Regierungschefs den französischen Leitvorstellungen eines Europe Puissance an. Zu nennen ist hier insbesondere der Kurswechsel Großbritanniens. Denn nachdem das Vereinigte Königreich über lange Jahre jegliches Ansinnen, die EU auch sicherheits- und verteidigungspolitisch zu einem eigenständigen Akteur auszubauen, blockiert und die Monopolstellung der Nato verteidigt hatte, nahm Tony Blair hier eine Kehrtwende vor. Nachdem Großbritannien sich mit seinem Fernbleiben von der Währungsunion europapolitisch isoliert hatte, wollte Blair die Sicherheits- und Verteidigungspolitik, in welcher sein Land seit jeher eine starke Position einnimmt, nutzen, um sich wieder ins europäische politische Spiel zu bringen. Außerdem schien ihm nach dem Ausscheiden Helmut Kohls aus dem Kanzleramt der Moment geeignet, um die nach britischem Geschmack oft allzu engen deutsch-französischen Beziehungen etwas aufzulockern und angesichts der deutschen Zögerlichkeiten in Sache militärischer Machtanwendung sich Paris als der bessere Partner anzubieten (Müller-Brandeck-Bocquet 2004). So gab Blair auf dem französisch-britischen Gipfeltreffen vom Dezember 1998 in St. Malo seine Bereitschaft bekannt, nun eine Europäische Sicherheits- und Verteidigungspolitik ESVP mitzutragen (Kirchner 2002: 41f.) (Die "Erklärung über die europäische

Verteidigung" vom 4.12.1998 ist abgedruckt in: Internationale Politik, 2-3/1999: 127-128).

Angesichts der europäischen Handlungsunfähigkeit im Kosovo 1998/1999 zeigte sich aber auch die Bundesregierung Schröder/ Fischer in größerem Maße als ihre Vorgängerin dazu bereit, an friedenserhaltenden bzw. -schaffenden militärischen Missionen teilzunehmen. Der Kontinent – so die Erkenntnis von Außenminister Fischer – werde "immer fremdbestimmt" bleiben, wenn die Europäer nicht zu einer gemeinsamen Sicherheits- und Verteidigungspolitik fänden. In seiner programmatischen Rede vor dem Europäischen Parlament am 12.1.1999 erklärte er, dass nun – nach Verwirklichung des ehrgeizigen Projektes der Währungsunion – die Schaffung einer gemeinsamen europäischen Sicherheits- und Verteidigungspolitik die nächste Zukunftsaufgabe der EU sein sollte, die Europa größere internationale Handlungsfähigkeit und eine eigene Identität verleihen könnte (Müller-Brandeck-Bocquet 2002: 193). Dem französischen Konzept des Europe Puissance explizit angeschlossen hat sich Bundeskanzler Schröder dann höchstpersönlich anlässlich seiner Rede vor der französischen Nationalversammlung vom 30.11.1999. Der Kanzler – so schreibt Werner Link – habe "auch ausdrücklich den französischen Begriff ‚Europe puissance' [...] übernommen und sich dieses Konzept vollinhaltlich zu eigen gemacht" (Link 2002: 318). Meimeth vermerkt, dass der Kanzler es auch explizit auf die Außen-, Sicherheits- und Verteidigungspolitik bezogen habe (Meimeth 2002: 238). Dabei wird selbstredend auch die Befürchtung eine Rolle gespielt haben, bei weiterer sicherheits- und verteidigungspolitischer Abstinenz angesichts der britischen Offerten aus der privilegierte Partnerschaft mit Frankreich ver- und an den Rand des künftigen großen Integrationsprojekts gedrängt zu werden. Frankreich bedeutete der Anschluß Deutschlands an das Projekt Europe Puissance eine große Genugtuung, zieht es traditionell doch den verläßlichen und vertrauten deutschen Partner dem distanzierten und oft unberechenbaren britischen Partner vor, zumal es schon immer ein wichtiges außenpolitisches Ziel Frankreichs war, die transatlantische Bindung der Bundesrepublik etwas zu lockern. Dass die gemeinsame Zielsetzung einer europäischen strategischen Autonomie durchaus das Potenzial hat, dies zu erreichen, wird in aller Deutlichkeit aber erst der deutsch-französische Schulterschluss anlässlich der Irakkrise 2003/2004 zeigen (vgl. Kap. 5.4).

Nach den erwähnten Weichenstellungen gingen Planungen und Beschlüsse für die Europäische Sicherheits- und Verteidigungspolitik ESVP mit der vielzitierten "Lichtgeschwindigkeit" (Javier Solana) vonstatten. Nachdem Deutschland während seiner Ratspräsidentschaft im ersten Halbjahr 1999 wertvolle Vorarbeiten geleistet hatte, konnte der Europäische Rat von Helsinki im Dezember 1999 beschließen, bis zum Jahr 2003 Krisenreaktionskräfte mit einem Umfang von 60.000 Soldaten aufzustellen und bis zum März 2000 interimär die für militärisches Krisenmanagement nötigen Gremien einzurichten. Auf der sog. Beitragskonferenz (Capabilities Commitment Conference) vom 20. November 2000 verpflichteten sich die Mitgliedstaaten verbindlich zur Bereitstellung der notwendigen militärischen Kapazitäten. Außerdem identifizierte man die Defizite, die die europäischen Militärkapazitäten aufweisen, und versprach Abhilfe. Damit waren erste wichtige Schritte in Richtung ESVP getan, wenngleich deren konkrete Verortung, insbesondere ihre Beziehungen zur Nato noch lange Zeit offen bzw. strittig blieben[91]. Während des Gipfeltreffens von Nizza sollten all diese Fortschritte abschließend angenommen und teilweise in die Verträge inkorporiert werden (zum Ergebnis vgl. Adam 2002: 134-148). Frankreich als Ratspräsident fiel dabei eine wichtige Rolle zu, die es auch bravourös meisterte – ein Lob, das sich keinesfalls auf den gesamten Nizzaer Gipfel ausweiten läßt; jedenfalls konnten die neuen ESVP-Strukturen vollkommen unkontrovers und in kürzester Zeit einstimmig beschlossen werden.

Die französische Ratspräsidentschaft konnte hier – anders als bei anderen Verhandlungsmaterien des Nizzaer Gipfels – auch deshalb so produktive Arbeit leisten, weil die Zielsetzung eines Europe Puissance selbst innerhalb der Kohabitationsregierung unumstritten war. Sowohl Premier Jospin als auch Außenminister Védrine teilten sie (Védrine 2003: 326-333). Dies belegt einmal mehr, dass das Konzept Europe Puissance Bestandteil jenes "Euro-Gaullismus" (Schubert 1989) ist, der in Frankreich über alle Parteigrenzen hinweg auf Konsens stößt.

4.3.3 Gescheiterter Versuch einer deutsch-französischen Abstimmung für Nizza

Um in Nizza sein pragmatisches Präsidentschaftsprogramm zum Erfolg zu führen, suchte Frankreich den Schulterschluss mit Deutschland. Nach den deutlichen Irritationen, die in Folge des Amtsantritts von Rot-Grün im bilateralen Verhältnis aufgetreten waren und für die beide Seiten mitverantwortlich zeichneten[92], fand man nun zunächst zu konstruktiver Zusammenarbeit zu-

---

91 Die konkreten Modalitärten des Rückgriffs der Europäer auf Nato-Ressourcen im Falle einer amerikanischen Nicht-Beteiligung konnten erst im sog. Berlin-Plus-Abkommen vom 17. März 2003 geklärt werden. Und die Frage nach der Autnonomie von ESVP-Einsätzen von der Nato wurde nach langem und heftigem Streit erst im Dezember 2003 befriedigend gelöst (vgl. Kap. 5.4.2.2).

92 Insbesondere das forsche, undiplomatische Auftreten des Bundesumweltministers Trittin in Sache Wiederaufarbeitung deutscher Brennelemente in La Hague hatte in Frankreich Un-

rück. "Ab dem Sommer 1999 wurde es wieder möglich, die deutsch-französischen Beziehungen zu reaktivieren", schreibt der französische Außenminister Hubert Védrine. "Diese Arbeit habe ich gemeinsam mit Joschka Fischer [...] aufgenommen [...] Wir haben festgestellt, dass – wenn der deutsch-französische Motor erlahmt – nichts ihn ersetzen kann." (Védrine 2000: 99/100). Beide sahen ihre gemeinsame Aufgabe insbesondere in der Entfaltung einer langfristigen Vision für Europa. Dies umfaßte innovative institutionelle Lösungen ebenso wie das Vorantreiben eines Europe Puissance, dem sich – wenngleich mit gewissen Abstrichen vom französischen Credo – die Bundesregierung inzwischen ja angeschlossen hatte.

Angesichts dieser positiven Rahmenbedingungen konnten Europaminister Pierre Moscovici und AA-Staatsminister Christoph Zöpel im Vorfeld des deutsch-französischen Gipfeltreffens in Mainz am 9.6.2000 einen sehr weitgehenden Kompromiss über die institutionellen Reformen der EU finden. Zur Kommissionsstruktur schlug man vor, dass jeder Mitgliedstaat künftig nur einen Kommissar benennt; aus diesem Personenkreis sollte der Kommissionspräsident dann ein Team von maximal 20 Kommissaren zusammenstellen. Den Verlust des zweiten Kommissars, auf den die großen Mitgliedstaaten bisher Anspruch hatten, glaubte man deutsch-französischerseits verschmerzen zu können, ging man doch davon aus, dass der Kommissionspräsident den Kandidaten eines großen Mitgliedstaates nicht würde übergehen können.

Bei der schon in Amsterdam angedachten Reform der Stimmgewichtung im Rat vertrat die rot-grüne Bundesregierung die Auffassung, dass ein vermehrter Rückgriff auf den qualifizierten Mehrheitsentscheid mit einer objektiveren Würdigung der Bevölkerungsgrößen der Mitgliedstaaten verknüpft sein müsse. Die Frage, wie diese Besserstellung konkret zu erreichen sei – über eine Stimmneuwägung im Rat oder über die Einführung der doppelten Mehrheit[93] – ließ sie jedoch offen. Im Amsterdamer "Protokoll über die Organe im Hinblick auf eine Erweiterung der Union" war diese Möglichkeit bereits erwähnt. Chirac aber – das wurde schon mehrfach betont – verfocht seit jeher eine Stimmneuwägung im Rat, um die großen Mitgliedstaaten besser zu stellen. Dieser Forderung nun schloss sich in der Regierungskonferenz 2000 erstmals eine deutsche Regierung an. Zugleich ließ Berlin die Erwartung erkennen, dass auch dem deutschen Bevölkerungsvorsprung von rund

---

willen und Verärgerung hervorgerufen. Zum neuen europapolitischen Selbstverständnis Deutschlands unter Kanzler Schröder vgl. Müller-Brandeck-Bocquet 2002: 162 ff.

93 Entscheidungen nach dem Prinzip der doppelten Mehrheit implizieren ein zweistufiges Abstimmungsverfahren: zunächst eine Abstimmung nach dem Kriterium „Jedem Staat eine Stimme", sodann eine zweite Abstimmung nach dem Kriterium der Bevölkerungszahlen. Ein Entscheid ist nur gültig, wenn er von der Mehrheit der Staaten getragen wird, die zugleich auch die Mehrheit der EU-Bevölkerung repräsentieren.

23 Millionen Menschen vor den anderen großen Mitgliedstaaten Rechnung getragen würde (Goulard 2000: 345). Diesem hochsensiblen Ansinnen nach einer Abkoppelung der deutschen von den französischen (und britischen sowie italienischen) Ratsstimmen nun stimmte Moscovici in seinen Verhandlungen mit Zöpel zu, die exakten Modalitäten dieser Stimmneuwägung blieben jedoch offen. Auch das Verfahren der doppelten Mehrheiten wurde ventiliert.

Eine überraschend weitreichende Lösung fanden die beiden Politiker bei der Ausweitung des qualifizierten Mehrheitsentscheids. Demnach sollten alle Beschlüsse nach dieser Entscheidungsregel fallen, nur in vier Bereichen hielt man an der Einstimmigkeitsregel fest: bei Beschlüssen von primärrechtlichem und konstitutionellem Charakter, bei Beschlüssen mit sicherheits- und verteidigungspolitischem Inhalt sowie bei Beschlüssen, die einen Angriff auf den acquis communautaire zum Inhalt haben – damit wollte Frankreich sich vor radikalen Reformen in der Agrarpolitik schützen. Außerdem einigten sich Moscovici und Zöpel darauf, jedem Mitgliedstaat mindestens vier Mandate im Europäischen Parlament einzuräumen, insgesamt müsse die Mandatsverteilung die Bevölkerungsstärke der Mitgliedstaaten degressiv proportional widerspiegeln. Schließlich wollten beide Länder die verstärkte Zusammenarbeit, die 1997 auf eine deutsch-französische Initiative hin in den Vertrag aufgenommen worden war, durch die Abschaffung des Vetorechts des einzelnen Mitgliedstaates praktikabler gestalten. Außerdem sagte Moscovici zu, den Gebrauch der deutschen Sprache in der EU unterstützen zu wollen[94]; allerdings müssten Englisch und Französisch die einzigen GASP-Sprachen bleiben (Le Monde, 2.6.2000)

Doch mit diesen Zusagen an die Deutschen – insbesondere die Aufgabe der deutsch-französischen Parität betreffend – hatten Moscovici und Außenminister Védrine anscheinend ihre Kompetenzen überschritten. In einem Interview vom Dezember 2003 äußerte Jean-Luc Dehaene, ehemaliger belgischer Regierungschef und Vize-Präsident des Europäischen Verfassungskonvents, die Auffassung, dass die Parität unter den großen Mitgliedstaaten wohl schon in Nizza aufgegeben worden wäre, wenn in Frankreich nicht Kohabitation zwischen Präsident und Premierminister geherrscht hätte: "Keiner der beiden wagte es, als erster die Gleichheit zwischen Frankreich und Deutschland in Frage zu stellen" (in Le Monde, 12.12.2003). Zumindest auf Seiten Chiracs jedoch ließen sich damals keinerlei Anzeichen finden, dass er zu

---

94 1999 war es zu einem veritablen Sprachenstreit gekommen: Nachdem die finnische Ratspräsidentschaft sich geweigert hatte, auf informellen Gipfeln auch ins Deutsche übersetzen zu lassen, boykottierte Berlin mehrfach Sitzungen auf niederrangiger Ebene. Daraufhin suchte Berlin nach Unterstützung in Paris mit der recht offenen Drohung, andernfalls die Verwendung des Englischen auf des Kosten des Französischen zu forcieren.

solch einer bedeutenden und symbolträchtigen Veränderung der europäischen Orthodoxie bereit gewesen wäre. Feststeht aber wiederum, dass der Staatspräsident den Mainzer Kompromiß, dessen offizieller Statuts unklar blieb, nie anerkannte[95]. Als Chirac mit dem Übergang der Ratspräsidentschaft auf Frankreich zum 1. 7.2000 die Europapolitik wieder vermehrt für sich beanspruchte, legte er als erstes dieses Mainzer Kompromisspapier ad acta; der Staatspräsident berief sich fortan auf das Paritätsversprechen, das sich Monnet und Adenauer 1951 gegeben hatten, und das seiner Ansicht nach eine Abkoppelung (décrochage) zwischen den deutschen und französischen Ratsstimmen für immer verbietet. Daraufhin wurde der Ton zwischen Paris und Berlin merklich schärfer. In Sache Stimmneuwägung und Abkoppelung machte Berlin einen Rückzieher, indem man zu verstehen gab, dass man hierin keine deutsche Priorität sah. "Im Ernstfall können wir auch mit dem heutigen System für uns günstige Mehrheiten erreichen [...] Wir verfügen über ausreichend gute Beziehungen zu allen, insbesondere zu den kleinen Mitgliedstaaten, die uns immer unterstützt haben", wurde ein deutscher Diplomat zitiert (in Le Monde, 29.11.2000).

Dennoch trug auch Berlin, das eine sowohl kohabitations- als auch wahlkampfbedingte Lähmung der französischen Europapolitik bis ins Jahr 2002 hinein befürchtete, zu den Verstimmungen im unmittelbaren Vorfeld von Nizza bei. Nachdem Staatspräsident Chirac im September 2000 in der sog. "Affaire Méry" wegen illegaler Parteifinanzierung in seiner Zeit als Pariser Bürgermeister schwer in Bedrängnis geraten war[96], mehrten sich in Berlin die Zweifel, ob er als Sieger aus den kommenden Präsidentschaftswahlen hervorgehen würde. Folglich begann man in Berlin immer deutlicher auf Jospin als künftigen Staatspräsidenten zu setzen. Dies musste die Beziehungen zu Chirac zwangsläufig trüben. Doch auch die persönlichen Beziehungen zwischen Schröder und Jospin galten als äußerst mittelmäßig; selbst auf Ebene der Europaminister häuften sich die Schwierigkeiten, nachdem Staatssekretär Christoph Zöpel von seinen Aufgaben entbunden und von Günter Pleugen ersetzt worden war. Moscovici, dem "Die Zeit" Anfang November 2000 Arroganz und mangelndes Interesse an Europa vorgeworfen hatte, beklagte sich, in Berlin nun keinen Gesprächspartner mehr zu haben. Das eigentliche Problem zwischen Paris und Berlin sei, so resümiert Arnaud Leparmentier, dass das vereinte Deutschland zunehmend die französische Dominanz in den

---

95 So Arnaud Leparmentier, Auslandskorrespondent für Le Monde in Berlin, der über den Mainzer Kompromiß berichtet hatte, in einem Telefoninterview mit der Verfasserin.
96 Mitte 2000 tauchte im Rahmen der richterlichen Untersuchungen zu möglicherweise illegalen Finanzierungspraktiken der RPR posthum ein Videoband des Jean-Claude Méry, eines früheren äußerst aktiven Spendensammler der RPR, auf, in welchem Méry Chirac der konkreten Mitwisserschaft an den illegalen Finanzierungspraktiken der RPR bezichtigte.

besonderen bilateralen Beziehungen in Frage stelle: "Résultat, les Allemands se rebiffent, parfois de manière brutale, persuadés d'être les mal-aimés de l'Europe" (Resultat: Die Deutschen begehren auf, manchmal auf brutale Art und Weise, sie sind überzeugt, dass Europa sie nicht liebt) (Le Monde, 29.11.2000).

Angesichts dieser Schwierigkeiten und wechselseitiger Verdächtigungen war mit Blick auf Nizza an eine gemeinsame deutsch-französische Initiative, die den EU-Partnerstaaten als Richtwert der möglichen und notwendigen Fortschritte hätte dienen können, nicht mehr zu denken. Nicht zuletzt weil der "unersetzliche" deutsch-französische Motor (Védrine) nicht recht funktionierte, wurde der Europäische Rat von Nizza im Dezember 2000 zu einem Debakel, das allen Mitgliedstaaten die Grenzen der Regierungskonferenzmethode zur Reform der Unionsverträge vor Augen führte; man zog daraus die Konsequenz, dass künftig ein Konvent mit starker Beteiligung von nationalen und europäischen Parlamentariern in die Weiterentwicklung der Integration eingebunden werden müsse.

4.3.3.1 Das Ergebnis von Nizza

Wenn das als Gipfel der Teppichhändler (FAZ, 12.12.2000) gescholtene Treffen der europäischen Staats- und Regierungschefs in ungewohnt kalter und konfliktgeladener Atmosphäre stattfand, und von nahezu allen Mitgliedstaaten schonungslos nationale Interessen verteidigt wurden, so ist dies zu einem Gutteil der allenthalben als chaotisch und undiplomatisch kritisierten französischen Verhandlungsführung und der Unbeugsamkeit des französischen Staatspräsidenten anzulasten. Der bislang längste Reformgipfel der EU drohte mehrfach zu scheitern, was eben auch daran lag, dass Chirac nicht bereit war, die Maklerpflichten eines Ratspräsidenten wahrzunehmen und sich vielmehr auf die Durchsetzung französischer Positionen versteifte. Gemäß dem impliziten Abkommen mit Jospin, dass der Staatspräsident in der Europapolitik immer dann dominiert, wenn es um die Ausübung der Kompetenzkompetenz, sprich um die Reform und Weiterentwicklung der EU geht, kann der Premierminister kaum für diese unglückliche Rolle Frankreichs auf dem Nizzaer Gipfeltreffen verantwortlich gemacht werden; das hat allein Chirac sich zu Sculden kommen lassen.

Wegen all der ungünstigen Konstellationen ist in Nizza die Lösung der Amsterdamer Leftover eher schlecht als recht gelungen. Zweifellos ist die Formel, die der ehemalige Präsident des Europäischen Parlaments, Klaus Hänsch, zur Charakterisierung der institutionellen Reformergebnisse verwendet, zutreffend: Maximum des Erreichbaren – Minimum des Notwendigen (Hänsch 2001). Das Amsterdamer Leftover der Ausweitung des qualifizierten Mehrheitsentscheids im Rat konnte insofern zumindest formal gelöst werden, als für 41 von insgesamt 72 Materien die Einstimmigkeitsregel aufgehoben werden konnte. Diese Innovation bezieht sich in 10 Fällen auf Personalentscheidungen. So werden künftig der Hohe Vertreter für die GASP, Sonderbeauftragte der EU, der Kommissionspräsident und die Kommissare, die Mitglieder des Wirtschafts- und Sozialausschusses sowie die des Ausschusses der Regionen mit qualifizierter Mehrheit eingesetzt. "Bei der Ausweitung der Mehrheitsentscheidungen fehlen die Harmonisierung der Steuern und die soziale Dimension des Binnenmarktes. Das ist zweifellos ein schwerer Mangel. In der Asyl- und Einwanderungspolitik (durch Deutschland), bei der Gestaltung und Ausstattung der Struktur- und Kohäsionsfonds (durch Spanien) und in der Außenhandelspolitik (durch Frankreich) wurde der Schritt von der Einstimmigkeit zu Mehrheitsentscheidungen durch Aufschübe und Ausnahmen verzögert und verzettelt, aber immerhin nicht vereitelt", urteilt Hänsch (2001: 95). Allerdings wurde in nur sechs Fällen der Mehrheitsentscheid mit dem Kodezisionsverfahren gekoppelt, so dass die Forderung des Europäischen Parlaments nach einer automatischen Verknüpfung beider Entscheidungsverfahren noch immer unerfüllt bleibt.

Bei der Frage der künftigen Kommissionsgröße wurde de facto ein neues, ein "Nizzaer Leftover" produziert: Zwar gilt laut Art. 213 EGV ab dem 1.1.2005 das Prinzip "ein Staat – ein Kommissar". Wenn die Union 27 Mitgliedstaaten umfaßt, erhält dieser Artikel gemäß Art. 4 Abs. 2 des "Protokolls über die Erweiterung der EU" jedoch folgende Fassung: "Die Zahl der Mitglieder der Kommission liegt unter der Zahl der Mitgliedstaten. Die Mitglieder der Kommission werden auf der Grundlage einer gleichberechtigten Rotation ausgewählt, deren Einzelheiten vom Rat einstimmig festgelegt werden. Die Zahl der Mitglieder der Kommission wird vom Rat einstimmig festgesetzt". Angesichts der schon erwähnten deutlichen Konfrontationen zwischen großen und kleinen Mitgliedstaaten in dieser Frage muss offen bleiben, ob die Durchsetzung des Rotationsprinzips im Kreise von 27 Mitgliedstaaten je wird gelingen könnte. Daher kann und sollte man hier von einem "Nizzaer Leftover" sprechen.

Als Nizzaer Mehrwert ist demgegenüber die Stärkung der Position des Kommissionspräsidenten zu bewerten. Er verfügt nun über eine Art Richtlinienkompetenz sowie die Organisationsgewalt; auch kann er Vizepräsidenten ernennen und den Rücktritt eines Kommissars erwirken (Art. 217 Abs. 3 und 4 EGV). Damit ist die Unabhängigkeit der Kommission angewachsen, zumal die künftige Wahl des Präsidenten mit qualifizierter Mehrheit den Zugriff der Mitgliedstaaten auf die Kommissionszusammensetzung deutlich schmälert. Allerdings ist zu bedenken, dass – wie Jörg Monar anführt – "die Staats- und Regierungschefs [...] natürlich nicht gezwungen (sind), mit qualifizierter Mehrheit abzustimmen" (Monar 2001: 118).

Weiterhin konnte in Nizza eine neue Stimmwägung im Rat beschlossen werden (vgl. Tabelle 12). Diese strittigste aller Nizzaer Entscheidungen nimmt eine im Vergleich zur vorherigen Lage größere Spreizung der Stimmen zwischen großen und kleinen Mitgliedstaaten vor, so dass den Bevölkerungsgrößen der einzelnen EU-Staaten besser als zuvor Rechnung getragen wird.

Die deutlichste Unausgewogenheit dieser neuen Stimmwägung besteht in der Tatsache, dass innerhalb der vier großen Mitgliedstaaten keine Stimmdifferenzierung stattfindet. Das Beharren Chiracs auf der deutsch-französischen Parität ließ die gesamte Stimmneuwägung zu einem bisweilen grotesken Unterfangen werden: Spanien mit einem Bevölkerungsrückstand von knapp 20 Millionen Einwohnern auf Frankreich verlangte auch zu den Großen zu zählen, wo doch trotz des Unterschieds von 23 Millionen deutsch-französische Stimmenparität herrsche. Spanien mit seinen 39 Millionen Einwohnern erhielt schließlich – von Chirac vehement unterstützt – großzügige 27 Ratsstimmen. Und Belgiens Regierungschef Guy Verhofstadt mokierte sich, dass 5 Millionen mehr Menschen den Niederlanden im Vergleich zu Belgien eine zusätzliche Ratsstimme brächte, während 23 Millionen Deutsche nicht eine einzige Stimme "wert" seien. Grotesk waren die Verhandlungen über die Stimmneuwägung auch deshalb, weil Ratspräsident Chirac zunächst versucht hatte, den Beitrittsländern weniger Stimmen zuzuweisen als den derzeitigen EU-Mitgliedstaaten. Zwar konnte dieser Affront von den anderen Staats- und Regierungschefs verhindert werden – Kanzler Schröder setzte sich vehement für Polens Interessen ein, das mit 38,5 Millionen Einwohnern letztendlich Spanien gleichgestellt wurde und ebenfalls 27 Ratsstimmen erhielt. Gleichwohl hat die Stimmneuwägung zu keiner "gerechten" Lösung geführt. Expost frappiert die Ironie der Geschichte, denn just jene beiden Staaten, die in Nizza auf Fürsprache Chiracs – das gilt für Spanien – und Schröders – das gilt für Polen – hin den Großen fast gleichgestellt worden waren, verhinderten Ende 2003 mit der Parole "Nizza oder der Tod" die Verabschiedung der Europäischen Verfassung – sehr zum Unwillen ihrer einstigen Förderer (vgl. Kap. 4.4.2).

Doch für die Verteidigung der formalen deutsch-französischen Parität zahlte Chirac einen hohen Preis; denn um den Gipfel zu retten, musste er die Lösung einer fakultativen doppelten Mehrheit passieren lassen: Ab 2005 kann jeder Mitgliedstaat überprüfen lassen, ob ein Mehrheitsbeschluss auch 62 Prozent der EU-Bevölkerung hinter sich hat. Somit kann Deutschland in Zukunft mit nur zwei anderen großen Mitgliedstaaten das Blockierungsquorum von 38% der EU-Bevölkerung erreichen. Folglich ist die Parität zwischen Deutschland und den drei anderen Großen de facto außer Kraft gesetzt worden. "Ohne Arroganz, mit größter Feinfühligkeit für die Partner-Gegner hat Berlin faktisch die Ketten der historischen Parität mit Frankreich durchschlagen", kommentierte La Repubblica (zitiert nach FAZ, 12.12.2000). Geradezu bizarr mutet auch die Mandatsverteilung im Europäischen Parlament an, die die EU-Kandidaten Ungarn und Tschechische Republik im Vergleich zu Portugal und Belgien klar benachteilige. Tschechien mit 10,295 Mio. Einwohnern und Ungarn mit 10,114 Mio. erhielten je 20 EP-Mandate, während Belgien mit 10,204 Mio. und Portugal mit 9,968 Mio. Einwohnern jeweils über 22 EP-Mandate verfügten, eine eindeutige Diskriminierung der Kandidatenstaaten, die der Europäische Rat von Nizza nicht mehr zu korrigieren vermochte – dies geschah erst während des Kopenhagener Erweiterungsgipfels im Oktober 2003, als man die Parlamentssitze all dieser Staaten einheitlich auf 24 anhob. Von diesem Nizzaer faux pas abgesehen ist die neue Mandatsverteilung jedoch zu begrüßen, da sie ab der Legislaturperiode 2004-2009 den Bevölkerungszahlen der Mitgliedstaaten deutlicher als bisher Rechnung trägt; allerdings bleiben die kleinen Mitgliedstaaten weiterhin klar überrepräsentiert. Außer Deutschland und Luxemburg mussten alle anderen derzeitigen EU-Staaten eine Verringerung ihrer EP-Mandate hinnehmen, was seither in Frankreich als deutsche "Überrepräsentation" interpretiert wird, die es bei einer späteren Vertragsrevision wieder zu korrigieren gelte[97]. Dies ist während der Verhandlungen zur europäischen Verfassung im Juni 2004 insofern geschehen, als Kanzler Schröder dem künftigen Verzicht Deutschlands auf drei seiner derzeit 99 Abgeordneten zugestimmt hat.

Durchsetzen konnte sich Frankreich – hierin vor allem von Deutschland unterstützt – mit der Vereinfachung der Handhabung des "Integrationsbeschleunigungsinstruments" der "Verstärkten Zusammenarbeit": Künftig entfällt das Vetorecht des einzelnen Mitgliedstaates, die Mindestteilnehmerzahl von acht Mitgliedstaaten wurde beibehalten. Da diese Schwelle auch angesichts der jüngsten Erweiterung bestehen bleibt, wird deutlich, dass die Union sich darauf einstellt, künftig in verstärktem Maße auf dieses Instrument zurückgreifen zu müssen. "Verstärkte Zusammenarbeiten" sind nun auch in der GASP möglich, wenn auch nur bei "Gemeinsame Aktionen" und "Gemeinsamen Standpunkte", nicht aber bei den deutlich wichtigeren "Gemeinsamen Strategien". Schließlich bleiben "Verstärkte Zusammenarbeiten" in militärischen und verteidigungspolitischen Bereichen grundsätzlich ausgeschlossen. Hier schlug sich vor allem der Widerstand Großbritanniens nieder, das unbedingt jegliche von ihm nicht via Veto kontrollierbare eventuelle Eigendynamik in GASP und ESVP zu verhindern wußte.

---

97 Mit 17,09% der EU-27-Bevölkerung hält Deutschland nach Nizza 13,52% der EP-Mandate wohingegen Frankreich mit 12,23% an der EU-27-Bevölkerung nur über 9,84% der EP-Mandate verfügt.

· Wie angesichts des französischen Engagements zugunsten einer international handlungsfähigen EU und des Programms der Ratspräsidentschaft zu erwarten war, hat Frankreich den Beschluß über die neuen Strukturen der seit dem Helsinkier Gipfel vom Dezember 1999 forcierten ESVP sorgfältig und erfolgreich vorbereitet. Die neuen Strukturen sind teilweise – wie die Einrichtung eines Politischen und Sicherheitspolitischen Komitees (PSK) – im Vertrag selbst verankert (Art. 25 EUV), teilweise aber auch – wie der neue Militärausschss, der sich aus den Generalstabschefs (Chods) der EU-Mitgliedstaaten zusammensetzt, sowie der rund 130 Mitarbeiter zählende Militärstab – außerhalb der Verträge, d.h. lediglich im Bericht der französischen Ratspräsidentschaft festgelegt. Denn die Verankerung dieser sicherheits- und verteidigungspolitischen Strukturen waren für einige paktungebundene EU-Mitgliedstaaten nicht zustimmungsfähig. Dennoch wurden die entsprechenden Beschlüsse in Nizza vollkommen unkontrovers und in äußerst kurzer Zeit einstimmig verabschiedet, was – ebenso wie die Beitragskonferenz vom 20./21.11.2000 – als Erfolg für die französische Ratspräsidentschaft und als Zeichen ihres einschlägigen Engagements gewertet werden kann (vgl. Kap. 4.3.2).

4.3.3.2 Die Nizzaer Bilanz aus französischer Sicht

Auf dem Nizzaer Reformgipfel war es Frankreich durchaus gelungen, Teile seiner zentralen Vorstellungen über die angemessene Reform der EU-Insitutionen sowie über die Machtverteilung in Brüssel durchzusetzen. Wenn auch auf wenig überzeugende Weise, so war doch die Verkleinerung und damit Straffung der Kommission eingeleitet, der qualifizierte Mehrheitsentscheid war ausgeweitet worden, ohne dass Frankreich in für wichtig erachteten Fragen wie der GASP/ESVP, Teilen der Außenhandelspolitik sowie der Wahrung des acquis communautaire auf sein Vetorecht hätte verzichten müssen; auch die "Verstärkte Zusammenarbeit" konnte vereinfacht werden. Anders als noch in Amsterdam hatte man überdies das wichtigste nationale Anliegen, eine die großen Mitgliedstaaten besser stellende Stimmneuwägung im Rat, erreichen können. Und mit der Aufrechterhaltung der Parität mit Deutschland konnte man die eigene Position als großer Mitgliedstaat mit Führungsanspruch verteidigen. Nicht durchsetzen ließen sich zum damaligen Zeitpunkt das Konzept und die Funktion eines EU-Präsidenten – hier musste Chirac sich bis zu den Konventsberatungen gedulden.

Doch diese erfolgreiche nationale Interessensmaximierung hatte durchaus Züge eines Pyrrhussieges: Denn durch die Einführung der doppelten Mehrheit war die deutsch-französische Parität faktisch ja doch ausgehebelt worden; zum anderen hatte sie ihren Preis insofern, als die deutsch-französischen Beziehungen durch Chiracs kompromißlosen Verhandlungsstil deutlich belastet wurden. Dieser Stil stieß auch insbesondere in den Kandidatenstaaten, die sich zum Teil beträchtlich von Chirac brüskiert fühlten, auf Unwillen und legte den Grundstein für jene Frankreichkritische Haltung, die sich dann u.a. im Frühjahr 2003 im Kontext der Irak-Krise entladen sollte. Kurz: Chirac hatte in erheblichem Ausmaß französisches Prestige verspielt.

Insgesamt betrachtet war aber Chiracs Durchsetzung nationaler Interessen in Nizza vor allem deshalb ein Pyrrhus-Sieg, weil dem neuen Vertrag dadurch von Beginn an nur eine sehr kurze Gültigkeitsdauer zuerkannt wurde. Insbesondere auf Betreiben der Deutschen und Italiener beschloss der Europäische Rat in seiner Erklärung 23 "Zur Zukunft der Europäischen Union" noch in Nizza, im Jahr 2004 erneut eine Reformkonferenz einzuberufen, was nicht nur als Bedarf baldiger Korrekturen am neuen Unionsvertrag interpretiert werden muss, sondern auch verdeutlicht, dass die unter französischer Ratspräsidentschaft erreichte Reform die Zukunftssicherung nicht zu leisten vermag. Deutschland und Italien war es somit gelungen, ihre europapolitischen Ambitionen in die Erklärung 23 einfließen zu lassen und damit eine regelrechte Konstitutionalisierung der EU als nächste, unmittelbar anstehende Integrationsetappe vorzugeben; denn alle Themen, die diese Erklärung auf die Agenda des sog. Post-Nizza-Prozesses setzte: Vereinfachung der Verträge, Abgrenzung zwischen den Zuständigkeiten der EU und ihrer Mitgliedstaaten, Klärung des Status' der in Nizza feierlich proklamierten Grundrechtscharta sowie die mögliche Einbindung der nationalen Parlamente in den europäischen Entscheidungsprozess, laufen mehr oder weniger offensichtlich und zwangsläufig auf einen veritablen Verfassungsgebungsprozess für Europa hinaus. Mit der Definition dieses neuen Zielhorizonts für die EU hat Deutschland nicht nur implizit den mangelnden Ehrgeiz und Integrationswillen des französischen Ratspräsidenten in Nizza kritisiert, sondern auch den eigenen Führungsanspruch untermauert. Diesem war seit der Regierungsübernahme durch Rot-Grün 1998 in zunehmendem Maße Ausdruck verliehen worden, zum einen durch die aktive Rolle, die Deutschland beim Ausbau von GASP und ESVP wahrnahm, zum anderen durch diverse deutsche Vorstöße und Vorschläge zur Finalität der Union, wie sie insbesondere Außenminister Fischer in seiner berühmten Humbolt-Rede vom Mai 2000 vorgetragen hatte (vgl. Kap. 4.2.3).

4.4 Stillstand in der französischen Europapolitik ?

Diesem neuen deutschen Führungsanspruch hatte Chiracs Frankreich zunächst nur wenig entgegenzusetzen. Dem Land und seiner Führungsmannschaft schien jeglicher europapolitischer Ehrgeiz, jegliche Vision für ein vereintes Europa abhanden gekommen zu sein. Daher wurde der französischen Europapolitik linksrheinisch regelrecht der Prozess gemacht.

4.4.1 Die französische Europapolitik in der Kritik

Nach dem Fiasko von Nizza zeigten sich Teile der öffentlichen bzw. veröffentlichten Meinung in Frankreich tief beunruhigt von der Verschlechterung der deutsch-französischen Beziehungen und dem Ansehens- und Bedeutungsverlust, den die Ratspräsidentschaft dem Land zugefügt hatte. Man beklagte die Visions- und Konzeptionslosigkeit der Europapolitik Frankreichs, das sich ja immer als Initiator und Ideengeber für die Integration verstanden hatte – dies war jahrzehntelang eine wichtige Quelle gewesen, aus welcher sich der französische Führungsanspruch in Europa speiste.

In einem mit "Nizza: ein diplomatisches Suez" betitelten Artikel geißelte François Heisbourg das Versagen der Regierung Chirac/Jospin. Frankreich alleine habe das "abracadabrantesque"[98] Ergebnis des Gipfels zu verantworten; dieses französische Versagen gefährde die europäische Integration in ihrer Gesamtheit. Während Frankreich gegen die Abkoppelung der Ratsstimmen mit Deutschland gekämpft habe, ohne die Anerkennung des demographischen Faktors verhindern zu können, habe "le vrai décrochage" (die echte Abkoppelung) stattgefunden, "à savoir la perte de confiance entre la France et l'Allemagne, évolution dont nous apprendrons à payer le prix dorénavant" (nämlich der Verlust des Vertrauens zwischen Deutschland und Frankreich, eine Entwicklung, deren Preis zu zahlen wir noch lernen müssen). Denn seit der Wiedervereinigung sei Deutschland in jeder Beziehung zur Zentralmacht der EU avanciert, von der Frankreich nun abhängiger sei als dies umgekehrt der Fall wäre. Folglich seien auf französischer Seite auf allen Ebenen die Verhaltensmuster in Frage zu stellen. "Unsere Kultur einer ‚grande nation' à la Louis XIV ist inzwischen ein schweres Handikap geworden, das die intelligente Vertretung unserer Interessen und unserer Werte auf der immensen Baustelle erschwert, die die europäische Integration geworden ist". In einem Land wie Frankreich, so Heisbourg abschließend, in dem die wichtigsten Hoheitsträger eine so herausgehobene Rolle spielen, müsste die beispielgebende Initiative von ganz oben kommen (Heisbourg, Le Monde, 26.12.2000).

---

98 Hier handelt es sich um eine Anspielung auf eine Äußerung Chiracs, mit welcher dieser im September 2000 die posthumen Anschuldigungen des ehemaligen RPR-Financiers Claude Méry zurückgewiesen hatte; diese seien vollkommen haltlose, maßlos übergezogene, eben „abracadabrantesque" Hirngespinste.

Haupttenor dieser harten und fundamentalen Kritik an der aktuellen französischen Europapolitik ist, dass Frankreich seit Maastricht keine europapolitische Vision mehr entwickelt hat. Frankreich habe – so der Vorwurf Henri Bressons – inzwischen massiv an europäischem Einfluss verloren (Le Monde, 12.1.2001 und 1.2.2001). Insbesondere den Vorstößen der Regierung Schröder habe Frankreich nichts entgegenzusetzen. Es verlange vielmehr nach einer Denkpause. "La France hésite" (Frankreich zögert), schreibt Bresson und zielt damit sowohl auf das rechte als auch das linke Lager. Denn nicht nur das Elysée sei derzeit regelrecht gelähmt, auch Jospin schweige und Außenminister Védrine stehe der von den Deutschen geforderten außen- und sicherheitspolitischen Vertiefung der Integration äußerst skeptisch gegenüber, da er einen Verlust französischen Handlungsspielraums nicht hinnehmen wolle. Das Grundproblem sei, so Laurent Zuecchini in einem mit "L'Europe à l'heure de la panne franco-allemande" (Europa im Zeichen der deutsch-französischen Panne) überschriebenen Artikel, dass Frankreich sich noch immer nicht an das neue "komplexfreie" Deutschland gewöhnt habe, sondern sich darauf konzentriere, in Europa einen Status zu erhalten, von dem es weiß, dass er nicht mehr der politischen Realität entspricht. Daher habe Frankreich den deutschen Vorschlägen für ein Mehr an Integration nichts entgegenzusetzen (Zecchini, Le Monde, 25.1.2001). Derzeit sei Frankreich die Handbremse, die den deutschen Motor stoppen wolle, kritisierten die französischen Europaabgeordneten der Grünen (Le Monde, 8.5.2001).

In eben diese Kerbe schlägt auch Yves Mény, indem er fragt: "Que veut la France? Quelle Europe souhaite-t-elle? [...] Qu'avons nous à offrir à l'Europe? (Was will Frankreich? Welches Europa wünscht es sich? [...] Was haben wir Europa anzubieten?). Frankreich müsse dringend seine Stimme in der europäischen Debatte erheben, die heute von Deutschland dominiert wird – "le train Bruxelles-Berlin ne passe pas par Paris (denn der Zug Brüssel-Berlin fährt nicht über Paris), so der Titel seines Artikels (Le Monde, 10.5.2001). Im Gegensatz zu früheren Zeiten sei es heute Frankreich, so analysiert Daniel Vernet, das von Deutschland dazu aufgefordert werden müsse, sich entschlossen für die europäische Integration einzusetzen. Dabei gehe es aber nicht mehr um die Währung. Der Souveränitätsverzicht, der nun verlangt wird, bezieht sich auf ein weiteres Fundament des Nationalstaates, wohl auf die letzte Bastion nationaler Souveränität, nämlich auf die Außenpolitik. "Die europäische Frage, die das emanzipierte Deutschland des Kanzlers Schröder aufwirft", schreibt Vernet, "ist immer die gleiche: Wollen wir zum Preis von Souveränitätstransfers ein effizientes Europa oder versuchen wir, uns einen maximalen nationalen Einfluß zu bewahren, mit dem Risiko allerdings, dadurch auf den europäischen Hebel verzichten zu müssen?" (Vernet, Le Monde, 1.2.2001). Hier scheint Vernet implizit auf jenen Widerspruch französischer Europapolitik anzuspielen, der auch nach Auffassung der Verfasserin das Grunddilemma französischer Europapolitik ist, nämlich jener "Widerspruch zwischen einem exzessiven Ehrgeiz für ein Europa, das man nicht nur stark, sondern auch unabhängig sehen möchte, und einer exzessiven Zurückhaltung, wenn es darum geht, Souveränitäten zu teilen" (Toulemon 1999: 584). "In Paris", so Vernet, "auf beiden Einfluß der Seine, ist man geneigt zu glauben, dass der französische Einfluß noch lange Zeit stärker sein wird als ein Europa, das auf permanenten Kompromissen beruht".

Der auf das Debakel von Nizza folgenden hochkritischen Bestandsaufnahme französischer Europapolitik unter Chirac setzte Laurent Zecchini die Spitze auf, als er Anfang 2001 wissen wollte: "La France est-elle encore européenne?" (Ist Frankreich noch europäisch?) (Zecchini, Le Monde, 9.2.2001).

4.4.2 Innenpolitik hat Vorrang

Während in europageneigten Kreisen der französischen Europapolitik also der Prozess gemacht wurde, konzentrierte sich die politische Klasse gänzlich auf die kommenden Wahlgänge – im März 2001 standen bereits die Kommunalwahlen an. Aber selbstredend war es vor allem das Superwahljahr 2002, das Frankreich zunehmend lähmte. Die Innenpolitik gewann somit eindeutig die Oberhand. Um die Europapolitik wurde es zunächst sehr still. Denn das politische Frankreich debattierte leidenschaftlich die Frage, durch welche Wahlabfolge – zuerst Präsidentschaftswahlen und darauffolgende Parlamentswahlen oder umgekehrt – sich in Zukunft eine Kohabitation, die inzwischen von allen Seiten als gravierende Belastung französischer Politik empfunden wurde, am besten vermeiden ließe. Es bildete sich der Konsens heraus, dass dies wohl am ehesten der Fall wäre, wenn zunächst der Präsident gewählt würde, dem die Nation dann aller Voraussicht nach auch eine Parlamentsmehrheit seiner politischen Couleur an die Seite stellen würde. Im April 2001 beschloß daher die Nationalversammlung, den Wahlkalender umzudrehen: Anstatt der eigentlich als erstes anstehenden Parlamentswahlen sollte im April/Mai 2002 zuerst der Präsident und einen Monat später die Nationalversammlung neu gewählt werden. Diese Maßnahme erhielt zusätzliche Berechtigung durch die im September 2000 per Referendum beschlossene Einführung des Quinquennat: Da durch die Verkürzung der präsidentiellen Amtszeit von ursprünglich sieben auf fünf Jahre das Mandat des Staatspräsidenten nun die gleiche Dauer aufweist wie die Legislaturperiode und ab 2002 mit dieser zusammenfällt, kann in der Tat jeder künftige neugewählte Präsident darauf setzen, dass die Wähler ihm nur einen Monat nach seiner eigenen Wahl auch ein Parlament schaffen, mit dem er effizient zusammenarbeiten kann[99].

Während des gesamten Jahres 2001, ja bis zum Wahlabend des 21. April 2002, ging ganz Frankreich davon aus, dass sich Staatspräsident und Premier in der Stichwahl vom 5. Mai 2002 gegenüberstehen würden und dass beide sich annähernd gleich große Chancen auf den Wahlsieg ausrechnen konnten. Daher gab es für das politische Frankreich nichts Spannenderes, als das sich anbahnende Kopf an Kopf Rennen zwischen Chirac und Jospin in allen Einzelheiten zu verfolgen. Selbstredend kam dabei der Beobachtung und Auswertung des Kräfteverhältnisses zwischen beiden Häuptern der Exekutive in ihrer Zwangsehe der Kohabitation ein besonders hoher Stellenwert zu. So wurde man Zeuge davon, wie die anfänglich recht konfliktfreie Kohabitation zunehmend härter und konfrontativer wurde (vgl. Kap. 2.2). Chirac sah sich nicht nur wegen der – bereits erwähnten – Umbrüche in seinem Parteienlager zunehmend zu einer stärker neo-gaullistischen Profilierung gezwungen, was seinen Ton dem sozialistischen Regierungschef gegenüber notgedrungen schärfer werden ließ; vielmehr musste er im Wettkampf mit "seinem" Premier auch den Vorrang des Staatspräsidenten vor dem Regierungschef hervorkehren, um sich – nicht nur in konservativen Kreisen – als Erbe und Bewahrer der Verfassungsordnung de Gaulles zu bewähren. So kritisierte er die Regierungspolitik in zunehmend schärferem Ton, beispielsweise in der Fiskalpolitik, in welcher er von der auf Haushaltskonsolidierung fixierten Regierung deutliche Steuersenkungen verlangte. Auch deren Politik der 35-Stunden Woche geißelte er harsch. In der Innenpolitik griff er Jospins Korsika-Politik und die gesetzliche Neugestaltung nicht-ehelicher Lebensgemeinschaften (Pacs) frontal an.

Premierminister Jospin wies den Staatspräsidenten wiederholt auf die Zuständigkeiten seiner Regierung in der Innenpolitik hin, die er de facto auch ausübte. Dabei konnte Jospin selbstbewußt auf die Erfolge seiner Linkskoalitionsregierung gauche plurielle verweisen. Diese waren vor allem im wirtschafts- und arbeitsmarktpolitischen Bereich beachtlich: Mit Wachstumsraten des BIP von 2% in 1997, 3,2% in 1998, 2,7% in 1999 und 2,9% in 2000 ließ sich die Arbeitslosigkeit von 12,8% in 1997 auf 9,8% in 2000 zurückführen. Allein im Jahr 2000 konnten 500.000 neue Arbeitsplätze geschaffen werden, nicht zuletzt durch die Einführung der 35-Stunden-Woche und arbeitspolitische Maßnahmen der Regierung insbesondere für jugendliche Arbeitslose

---

99 Hier ist aber zu beachten, dass eine einzige vorgezogene Parlamentsauflösung wie beispielsweise die des Jahres 1997 den zeitlichen Gleichklang von präsidentiellem Mandat und Legislaturperiode wieder dauerhaft aus den Angeln heben könnte. Allerdings reduziert die nur fünfjährige Amtszeit den Reiz, die Nationalversammlung aufzulösen, da der gewünschte Effekt sich nur für eine vergleichsweise kurze Zeitspanne einstellen kann.

(emplois jeunes). Die Neuverschuldung konnte von 3% in 1997 auf 1,3% in 2000 reduziert werden. Ab dem Frühsommer 2001 allerdings bekam auch Frankreich die Auswirkungen der sich anbahnenden weltweiten Rezession zu spüren. Ab April 2001 stiegen die Arbeitslosenzahlen wieder leicht an, die Regierung war darüber hinaus gezwungen, mehrfach ihre Wachstumsprognosen für 2002 nach unten zu korrigieren.

Jospin, schreibt Ziebura, sei "im Kern ein traditioneller Sozialist, der am Primat des Staates und der Politik über den Markt festhielt und daher dem Liberalismus grundsätzlich skeptisch gegenüberstand, zugleich aber der Ökonomie half, sich immer mehr dem Weltmarkt zu öffnen. Er hat mehr privatisiert als seine konservativen Vorgänger, stärker als der Gaullist Juppé Steuern und Abgaben der Unternehmen gesenkt und die Flexibilisierung des Arbeitsmarktes vorangebracht". Diesen Teil seiner Reformpolitik aber habe Jospin eher verschämt betrieben, wohingegen er den "anderen Teil seiner Politik, den Ausbau des Sozialstaates (Schutz der Ärmsten, Maßnahmen gegen Exklusion, kostenlose medizinische Betreuung für Bedürftige usw.), insbesondere aber den Kampf gegen die Arbeitslosigkeit" öffentlichkeitswirksam in den Vordergrund gestellt habe (Ziebura 2002: 318). Diese besondere Politik-Mixtur hat seiner Wirtschafts- und Arbeitsmarktpolitik beachtliche Erfolge beschert, Jospin im Wahlkampf aber bei der Vermittlung seiner Leistungen Probleme bereitet.

Die Maßnahmen der gauche plurielle zur Modernisierung der französischen Gesellschaft (Neuregelung nicht-ehelicher Lebensgemeinschaften – Pacs, Verbesserung der Chancen von Frauen beim Kampf um Wahlämter (loi sur la parité) sowie ihr Bemühen, im sog. "processus de Matignon" eine Lösung für das langjährige, leidige Korsika-Problem zu finden) wurde von der Bevölkerung mehrheitlich gut geheißen. Jospin war daher der Premierminister der V. Republik, der die besten und vor allem stabilsten Umfragewerte aufweisen konnte. Ende September 2001 waren 63% der Bevölkerung mit seiner Arbeit und Amtsführung zufrieden; in seiner Beliebtheit wurde der Premierminister allerdings regelmäßig vom Staatspräsidenten übertroffen, der zum gleichen Zeitpunkt auf 74% an positiver Einstellung stieß (Le Monde vom 28.9.2001)[100]. Chirac sei einfach der sympathische Typ, den die Franzosen lieben, meinen Chevallier et al (2002: 474).

Während des Jahres 2001 hatten sowohl Chirac als auch Jospin Belastungen durchzustehen, die sich in Endeffekt zwar nicht auf ihre Wahlergebnisse auswirken sollten, die aber gleichwohl die Beobachtung ihres Kopf-an-Kopf-Rennens spannend gestaltete und Frankreichs Fixierung auf sich selbst

---

100 Diese Daten wurden allerdings nach den Terroranschlägen in den USA vom 11. September 2001 erhoben und drücken eine deutliche Solidarisierung der Franzosen mit ihren führenden Politikern aus

teilweise erklären konnte. So musste Lionel Jospins am 6.6. 2001 sich – durch Veröffentlichungen in der Presse gezwungen – dazu bekennen, jahrelang und noch als prominentes Parteimitglied der PS einer trotzkistischen Bewegung angehört zu haben. Sofort nach der Enthüllung hatte die Umgebung des Staatspräsidenten verbreiten lassen, dass diese Informationen Jospin als Präsidentschaftskandidaten "destabilisieren" würden (Le Monde, 13.6.2001); hier war wohl der Wunsch Vater des Gedankens, denn die öffentliche Aufregung legte sich nach kurzer Zeit wieder. Gravierender als durch diese Episode sollten Jospins Wahlchancen – wie sich im April 2002 dann zeigte – durch die Fahnenflucht von Jospins erstem Innenminister, Jean-Pierre Chevènement, beeinträchtigt werden. Denn der MDC-Chef Chevènement legte im Frühjahr 2001 aus Protest gegen die nach seiner Auffassung die Einheit der Republik gefährdenden Korsika-Politik der Regierung sein Amt nieder und kündigte bald darauf seine eigene Präsidentschaftskandidatur an[101].

Auch Staatspräsident Chirac war besonderen Belastungen ausgesetzt; im Gegensatz zu der kurzlebigen Trotzkisten-Affäre Jospins schwebte über seiner Kandidatur lange Zeit ein wahres Damokles-Schwert. Denn seit Mitte 2000 konkretisierten sich die Verdachtsmomente, dass Chirac in seiner früheren Funktion als langjähriger Bürgermeister von Paris in mehrere illegale Finanzierungsoperationen seiner RPR direkt involviert sein könnte. Der Staatspräsident, der sich immer auf die weitreichenden Immunitätsregeln der Verfassung zugunsten des Staatschefs berufen hatte, sah sich im Frühsommer 2001 mit der Gefahr konfrontiert, auf Grundlage der Recherchen des damals landesweit bekannten Untersuchungsrichters Eric Halphen vor die eigens für Verfahren gegen den Staatspräsidenten konstruierte Haute Cour de Justice gerufen zu werden. Insbesondere die auf Video festgehaltenen Enthüllungen des verstorbenen früheren RPR-Spendensammlers Méry belasteten Chirac schwer. Doch nachdem ein Pariser Berufungsgericht im September 2001 bereits Halphen den Fall entzogen hatte, stellte das höchste Zivilgericht Frankreichs, der Kassationsgerichtshof, am 10.10.2001 die strafrechtliche Immunität des Staatspräsidenten während seiner Amtszeit definitiv fest. Somit können gegen einen amtierenden Staatschef keine Ermittlungen eingeleitet werden. Wie der erste Oberstaatsanwalt jedoch klarmachte, verjähren die betreffenden Sachverhalte nicht, so dass die Justiz nach Ablauf des präsiden-

---

101 Im ersten Durchgang der Präsidentschaftswahlen vom 21.4.2002 erhielt Chevènement 5,33% der Stimmen, während Jospin mit seinen 16,18% nur äußerst knapp hinter Jean-Marie Le Pen, der 16,86% der Stimmen im ersten Wahldurchgang erhielt, lag. Hätte Chevènement auf eine Kandidatur verzichtet, so hätte die Katastrophe vom 21.4.2002 sicher verhindert werden können, die Le Pen in die Stichwahl mit Chirac am 5.5. katapultierte (vgl. Tabelle 13, Kap. 5.1).

tiellen Mandats Ermittlungen einleiten kann. Die PS-Fraktion kündigte daraufhin an, einen Vorschlag für eine Verfassungsänderung, die die Immunität des Staatspräsidenten neu regeln und wesentlich beschneiden soll, im Parlament einzubringen. Nach der Wahl kündigte die siegreiche bürgerlich-konservative Parlamentsmehrheit an, das Projekt aufzugreifen (Le Monde, 25.6.2003), hat bisher jedoch keine konkreten Schritte unternommen.

Bis zum Winter 2001/2002 aber hatten sowohl Staatspräsident als auch Premierminister diese – zugegebenermaßen ungleich gravierenden – Belastungen überstanden, so dass sie sich ganz ihrem Duell widmen konnten, in dem das Prinzip Null-Toleranz galt, wie PS-Generalsekretär François Hollande im Juni 2001 anmerkte, und das ihre Zwangsehe zu einer "cohabitation meurtrière" oder "cohabitation de combat" werden ließ (Le Monde, 17.7.2001) (vgl. Kap. 2.2).

Der der Innenpolitik geschuldete weitgehende Stillstand französischer Europapolitik im Zeitraum Anfang 2001 bis Mai 2002 hinderte Frankreich jedoch nicht daran, zu den wichtigen Beschlüssen der Gipfeltreffen in Göteborg (Juni 2001), Laeken (Dezember 2001) sowie Sevilla (Juni 2002) beizutragen, die den Verfassungsgebungsprozess der EU sowie eine Reform des Ministerrats vorantrieben. Trotz weitgehendem Stillstand traf Chirac Ende 2001 eine weitere wichtige europapolitische Entscheidung, als er sich vehement für seinen Amtsvorgänger Valéry Giscard d'Estaing als Präsident des im Februar 2002 konstituierten "Konvents zur Zukunft der Europäischen Union" einsetzte, die bis zum Sommer 2003 einen europäischen Verfassungsentwurf ausarbeitete. Die anderen europäischen Staats- und Regierungschefs beugten sich Chiracs Willen, wohl nicht ahnend, in welchem Ausmaß die Wahl des Konventspräsidenten sich präjudizierend auf die Arbeiten dieses Gremiums auswirken würde. Denn Giscard d'Estaing hat den Konventsprozess, seine Beratungen und Beschlüsse sehr nachhaltig in Sinne seiner eigenen Vorstellungen, die denen der Staats- und Regierungschefs vor allem der großen Mitgliedstaaten nahestehen, geprägt. Allerdings war auch diese wichtige europapolitische Entscheidung Chiracs letztlich innenpolitischen Erwägungen entsprungen. Denn im Herbst 2001 streute Giscard Andeutungen aus, er werde möglicherweise 2002 erneut für die Präsidentschaft kandidieren. Nachdem der frühere Staatspräsidenten bereits im Vorjahr Chirac schwer in Bedrängnis gebracht hatte, als er sehr öffentlichkeitswirksam die Kampagne zur Einführung des Quinquennats anstieß und so den Amtsinhaber, der diese Verfassungsänderung ursprünglich nicht wollte, zwang sich dem Vorhaben anzuschließen, schrillten nun im Elysée die Alarmglocken. Welch elegante Lösung bot da doch die Gelegenheit, Giscard d'Estaing auf das hochangesehene Amt des Konventspräsidenten wegzuloben und ihn damit gekonnt aus der Konkurrenz um die Präsidentschaft zu entfernen!

4.4.3 Jospins europapolitische Grundsatzrede vom 28.5.2001 – ein Befreiungsschlag?

Ebenfalls den bevorstehenden Präsidentschaftswahlen war der Versuch Jospins vom Mai 2001 geschuldet, sein lange Zeit persönlichkeits- und kohabitationbedingt diffus gebliebenes europapolitisches Profil zu schärfen, um sich auch in diesem Politikfeld mit dem Präsidenten messen zu können. Seine Grundsatzrede vom 28.5.2001 sollte also ein Befreiungsschlag im Duell um die europapolitische Deutungshoheit werden, was allerdings gründlich mißlang. Denn die Sache war schlecht eingefädelt.

Monate lang hatte Europaminister Moscovici eine solche europapolitische Grundsatzrede Jospins angekündigt, zunächst für die Zeit nach der Ratspräsidentschaft, dann nach den Kommunalwahlen im März 2001; aber Jospin ließ sich Zeit. "Die Konkurrenz mit dem Amtsinhaber um den Chefsessel im Elysée-Palast und der Zwang zum Zusammenhalt der ‚gauche plurielle' ließen kühne europapolitische Initiativen als riskant erscheinen [...] Für den französischen Regierungschef stellte sich die Europapolitik offenkundig als schwieriges Terrain dar" (Kreile 2001: 252). Das Schweigen Jospins, das von der französischen Öffentlichkeit zunehmend als "ohrenbetäubend" (Der Spiegel 19/2001) und untragbar empfunden wurde, zeigte überdeutlich die europapolitische Konzeptions- und Visionslosigkeit auch der französischen Linken zu einem Zeitpunkt auf, als in Deutschland zahlreiche ehrgeizige und integrationsvertiefende Vorschläge vorgetragen wurden (Müller-Brandeck-Bocquet 2002: 206-213). Weder das präsidentielle Lager noch die PS - die französischen Grünen hingegen waren seit Daniel Cohn-Bendits Einzug ins Europäische Parlament als Vertreter Frankreichs merklich engagierter – hatten dieser deutschen Leadership im Reformdiskurs etwas entgegenzusetzen, womit sich der in der veröffentlichten Meinung artikulierte Vorwurf, Frankreich sei in der Europapolitik irrelevant geworden, zu bestätigen schien (vgl. Kap. 4.4.1). Doch die Verlautbarungen der sozialistischen Minister Védrine und Moscovici zeigten deutlich auf, dass Fischers Föderations-Gedanke aus seiner Rede vom 12.5.2000 an der Humboldt-Universität zu Berlin und mehr noch Schröders Europa-Papier "Verantwortung für Europa", das der Kanzler am 30.4.2001 als Leitantrag für den darauffolgenden SPD-Bundesparteitag vorgelegt hatte und das weitreichende, auf eine europäische Föderation zulaufende Ziele absteckte, in den Reihen der PS und beim Premierminister auf große Vorbehalte bzw. gar Widerstand stießen. Die PS-Größen griffen vor allem jene Vorschläge Schröders scharf an, die unter dem Stichwort "Aufgaben klar zuweisen" vorgelegt wurden. In seinem Leitantrag hatte Schröder sich für eine nachvollziehbare Abgrenzung der Kompetenzen von EU und Mitgliedstaaten ausgesprochen. Explizit hatte der Kanzler eine Rückverlagerung von Aufgaben, "die durch die Mitgliedstaaten gemäß des Subsidiaritätsprinzips sachgerechter wahrgenommen werden können", verlangt. "Dies gilt besonders" – und dies war nun in den Augen Frankreichs der Stein des Anstoßes – "für die Kompetenzen der EU in den Bereichen Agrar- und Strukturpolitik". Unter dem Titel "L'Allemagne égoiste de M. Schröder" quittierte Le Monde des Kanzlers Forderungen nach kostensenkenden Kompetenzrückverlagerungen (Le Monde, 13./14.5.2001).

Aber auch das sehr dem deutschen Modell nachempfundene föderale Institutionengefüge, das sowohl Schröder als auch Bundespräsident Rau in einer Rede vor dem Europäischen Parlament am 4.4.2001 vorgeschlagen hatten, wurde von Védrine umgehend als unausgewogen und inakzeptabel zurückgewiesen. Der französische Außenminister hatte sich übrigens bereits im Juni 2000 in einer in Brieform verfaßten "Antwort an Joschka Fischer" mit den visionären Vorschlägen des deutschen Außenministers auseinandergesetzt; dort war insbesondere deutlich geworden, dass Védrine den Fischer'schen Föderationsgedanken nur dann als diskutabel erachtete, wenn nicht das klassische Föderationsmodell gemeint wäre: "In diesem Falle steuern wir auf eine Blockade zu". Nur das Konzept einer Föderation der Nationalstaaten im Sinne Jacques Delors sei ein vielversprechender Gedanke, den es zu verfolgen gelte (Le Monde, 11./12.6.2000). Folglich mussten die im Vergleich zu Fischer noch viel eindeutiger föderal angelegten Vorschläge Schröders und Raus auf noch größere Ablehnung seitens Védrines stoßen. Moscovici nannte sie "sehr weitgehend in einem etwas deutschen, das heißt sehr föderalistischen Sinn. Ich glaube nicht, dass dies der Kern des europäischen Denkens sein kann" (Le Monde, 8.5.2001). Selbstredend hatte auch Chirac das Schröder-Papier umgehend und mit aller Deutlichkeit zurückgewiesen. Die weitreichenden, föderalistischen Pläne des Kanzlers standen seinen Europavorstellungen diametral entgegen.

Das Terrain war also abgesteckt: Die PS hatte deutlich gemacht, dass sie den substantiellen Umbau der EU zu einem föderalen Gebilde nicht mittragen würde – Positionen, die über den Tag hinaus Gültigkeit haben. Als Jospin sich am 28. 5. 2001 in den europapolitischen Diskurs einschaltete, begann er seiner Ausführungen mit dem Bekenntnis: "Ich bin Franzose, ich fühle mich als Europäer" (abgedruckt in: Le Monde, 29.5.2001 und Dokumente 3/2001: 214-221). Mit keinem Wort erwähnte er die deutsch-französischen Beziehungen, die in offiziellen Verlautbarungen diesseits und jenseits des Rheins doch üblicherweise als Voraussetzung zukunftsfähiger Europapolitik gewürdigt werden. In einer mehr als einstündigen Rede über Europa sei dies "une première", kritisiert Daniel Vernet (Le Monde, 2.6.2001).

In der Tradition der französischen Sozialisten klagte Jospin zunächst vehement eine Debatte über das politische Projekt Europa, über seine Inhalte und Zielsetzungen ein: "L'Europe est d'abord [...] un contenu avant d'être un contenant" (Europa ist zuerst Inhalt, dann erst Form). Die Projektion des europäischen Gesellschaftsmodells und seiner Werte nahmen in seinen Ausführungen somit den ersten und wichtigsten Platz ein. Zum Ausbau dieses "projet de société" forderte Jospin die europaweite Harmonisierung der Arbeitnehmerrechte auf hohem Niveau, die Schaffung eines veritablen europäischen Sozialrechts, den Kampf gegen Steuerdumping bis hin zur Harmonisierung der Steuergesetzgebung und die Aufrechterhaltung effizienter öffentlicher Dienste. Die starke Rolle des Staates, die für Jospin inhärenter Bestandteil des europäischen Gesellschaftsmodells ist, spiegelte sich in seiner – wenig überraschenden, da seit 1997 den Kern seines europapolitischen Credos ausdrückenden – Forderung nach einer Wirtschaftsregierung für die Eurozone sowie nach der Errichtung eines Konjunkturfonds wider, der den Mitgliedstaaten bei der Bewältigung wirtschaftlicher Krisen helfen soll. Auch unterbreitete Jospin etliche Vorschläge für eine weitere Vergemeinschaftung der dritten Säule des EU-Vertrags (Justiz und Inneres), etwa für die Schaffung eines gemeinsamen Grenzschutzes und einer europäischen Staatsanwaltschaft.

Sein Bekenntnis zu einem starken Europa, das Einfluß auf den Gang der Welt ausübt, kleidete Jospin vorrangig in die Forderung nach einer größeren Rolle Europas bei der Regulierung der Weltwirtschaft und der Verteidigung seines Gesellschaftsmodells. Weiterhin bekennt er sich zu einem außen- und sicherheitspolitisch handlungsfähigen Europa, was unterstreicht, dass auch der Premierminister das Projekt Europe Puissance unterstützt. Seine Vorschläge zur Vertiefung der GASP blieben dagegen äußerst bescheiden. Denn mit der Aufforderung, die "gemeinsamen Strategien" besser zu nutzen, die Kohärenz der mitgliedstaatlichen Diplomatien zu erhöhen und die Rolle des Hohen Vertreters für die GASP zu stärken, erteilte Jospin der Vision einer substantiellen Vergemeinschaftung der zweiten Säule des EU-Vertrags eine klare Absage. Hier scheint wieder der bekannte französische Widerspruch auf, diese Diskrepanz zwischen Wunsch und Tat.

Erst im letzten Teil seiner Grundsatzrede ging Jospin auf die politischen und institutionellen Fragen der Zukunft Europas ein, die im Zentrum der damaligen Debatte standen. Die Passage "Das politische Europa" war daher der Teil seiner Ausführungen, der mit der größten Spannung erwartet wurde – und der Jospin nun definitiv als Zauderer, als wenig kühnen, nur sehr bedingt innovativen Europapolitiker auswies. "Il manqua ostensiblement d'appétit pour l'Europe" (Ganz offensichtlich fehlte ihm der Appetit auf Europa), wird Claire Tréan im Rückblick auf Jospins Europarede später urteilen (Le Monde, 23./24.6.2002). Jospin, der Europa bauen will ohne Frankreich aufzulösen ("Faire l'Europe sans défaire la France"), hält am Gleichgewicht der bestehenden Organe – Rat, Kommission und EP – fest; dieses Gleichgewicht sei essentiell. Damit sind weitreichende Veränderungen des politischen Systems der EU – wie in den deutschen Vorschlägen verschiedentlich angeregt – ausgeschlossen. Konkret bekennt sich Jospin zu der "schönen Idee einer Föderation der Nationalstaaten" wie Jacques Delors sie geprägt hat und die er als "eine schrittweise und kontrollierte Teilung von Befugnissen und deren Übertragung auf die Union" interpretiert. Ohne Namen zu nennen, lehnt der Premierminister aber solche Föderalismuskonzepte ab, die die aktuellen EU-Mitgliedstaaten auf die Bedeutung von deutschen Ländern oder amerikanischen Bundesstaaten reduzieren würden. "Frankreich wie auch andere europäische Nationen werden eine solche Stellung ebensowenig akzeptieren wie ein derartiges Föderalismuskonzept".

Bemerkenswerterweise erklärt Jospin nicht, ob und inwiefern die "schöne Idee einer Föderation der Nationalstaaten" einen Fortschritt zum Status quo in der EU darstellt. Vor allem baut er kein dynamisches Element in sein Konzept ein. So sucht man vergebens nach einem integrationsfördernden Prinzip im Stil des Fischer'schen Gravitationszentrums. Die wichtige Rolle, die Jospin der in Nizza reformierten "verstärkten Zusammenarbeit" in einer erweiterten EU einräumt, kann dieses Defizit nicht beheben. Denn im Gegensatz zu Fischer erwartet Jospin von diesem Instrument keinen Magneteffekt, der die Föderierung vorantreiben könnte. Damit bleibt der Innovationswille Jospins sehr verhalten; dies zeigen seine Reformvorschläge auf, die zumeist an bereits bekannte Gedanken ganz unterschiedlicher Provenienz anknüpfen und die mithin seine Grundsatzrede de facto als Wahlkampfrede ausweisen. So spricht sich Jospin für eine Kompetenzabgrenzung zwischen der Union und den Mitgliedstaaten nach dem Subsidiaritätsprinzip sowie für eine Vereinfachung der Verträge aus – hiermit übernimmt er Teile der "Erklärung zur Zukunft der Union" des Europäischen Rates von Nizza. Die Kompetenzabgrenzung dürfe jedoch keinesfalls zur Renationalisierung heutiger Gemeinschaftspolitiken führen. Ohne den Namen Schröder zu nennen bezeichnet Jospin es als paradox, einerseits für eine Vertiefung der Integration zu plädieren und andererseits die Agrar- und Strukturpolitik der EU wieder auf die Mitgliedstaaten rückübertragen zu wollen.

Fischers, Raus und Schröders Konzepte sind dann spürbar auch der Hintergrund, vor welchem Jospin seine konkreten institutionellen Reformvorschläge unterbreitet: Er optiert für eine Stärkung bzw. Politisierung der Kommission, da deren Präsident künftig von der stärksten Formation im Europäischen Parlament gestellt werden soll. Allerdings bleibt er die Erklärung schuldig, worin der Vorteil dieser Maßnahme besteht, da er ansonsten keine weitere Aufwertung der Kommission oder des Europäischen Parlaments vorsieht. Demgegenüber zielen Jospins Vorschläge für den Europäischen Rat eindeutig auf dessen weitere Stärkung ab: So soll dieses Organ sich künftig zweimonatlich treffen und auf Vorschlag von Kommission und Europäischem Parlament ein mehrjähriges Regierungsprogramm (programme de législature) entwerfen. Außerdem möchte Jospin dem Europäischen Rat das Recht einräumen, auf Vorschlag der Kommission oder der Mitgliedstaaten das Europäische Parlament aufzulösen. Dies ist eine sehr französische Regelung der Parlamentsauflösung, die ja konsistenterweise dem Kommissionspräsidenten zustehen müßte. Doch auch in Frankreich verfügt nicht der Chef der Exekutive, sondern der Staatspräsident über das Auflösungsrecht.

Jospins innovativster, ebenfalls von Delors sowie dem Quermonne-Bericht aus dem Jahr 1999 inspirierter Vorschlag bezieht sich auf die Einrichtung eines permanent tagenden "Ständigen Ministerrates", dessen Mitglieder als stellvertretende Regierungschefs die Europapolitiken ihrer nationalen Regierungen koordinieren sollten. Dieser ständige Ministerrat würde in seiner Funktion als Mit-Gesetzgeber mit dem EP grundsätzlich mit qualifizierter Mehrheit entscheiden. In der Tat könnten diese Innovationen erheblich zu einer größeren Kohärenz und (auch zeitlichen) Effizienz in den europapolitischen Entscheidungsprozessen beitragen. Allerdings ist hier ein gewisser Widerspruch zwischen Jospins Forderungen nach einer Stärkung und Politisierung der Kommission einerseits und nach der weiteren Aufwertung des Europäischen Rates und der Schaffung eines ständigen Ministerrats, der ja ebenfalls das Gewicht der nationalen Regierungen im europapolitischen Entscheidungsprozeß eher noch vergrößern dürfte, andererseits nicht zu übersehen.

Dem konservativen sowie dem links- und rechtssouveränistischen Lager entliehen ist Jospins Forderung nach der besseren europapolitischen Einbindung der nationalen Parlamente. Allerdings möchte er diese nicht zu einer zweiten europäischen Parlamentskammer aufwerten. Um die Entscheidungsprozesse nicht weiter zu verkomplizieren, schlägt Jospin die Schaffung einer "Konferenz der Parlamente" vor, in welcher nationale und europäische Parlamentarier in ein oder zwei jährlichen Sitzungsperioden den Stand der Union und insbesondere die Respektierung des Subsidiaritätsprinzips erörtern würden.

Das abschließende Bekenntnis Jospins zur Ausarbeitung einer europäischen Verfassung, die der Grundrechtscharta einen herausgehobenen Stellenwert zuweisen müsse, und sein Plädoyer für einen Konvent, der anstelle des bisher üblichen Regierungskonferenzverfahrens diesen Verfassungstext vorbereiten solle, gehören zu den wenigen Gemeinsamkeiten, die Jospins Grundsatzrede mit den europapolitischen Konzepten seiner deutschen Partner aufweist. Doch im Mai 2001 gehörten diese Positionen bereits zu europapolitischen Gemeinplätzen.

Insgesamt betrachtet unterschied sich die Jospin'sche Blaupause für Europa von den deutschen Vorstößen vor allem dadurch, dass sie die intergouvernementale Komponente im europäischen Institutionengefüge durch die Aufwertung des Europäischen Rates deutlich stärken will. Dadurch werden die anderen durchaus integrations- und effizienzfördernden Reformvorschläge wie die Politisierung der Kommission, die Einrichtung eines Ständigen Ministerrats und der Übergang zum qualifizierten Mehrheitsentscheid als Regelfall in der Gesetzgebung wieder relativiert. Zwar ist zutreffend, wie Kreile schreibt, dass sich auch Konvergenzen zu deutschen Positionen, insbesondere zum SPD-Leitantrag finden lassen. "So hat Schröder sich in allgemeiner Form mit Jospins Vision von Europa als Gesellschaftsmodell einverstanden erklärt" (Kreile 2001: 255). Die Vorstellungen beispielsweise zur Weiterentwicklung der dritten Säule (Justiz und Inneres), d.h. seine Vorschläge zur Schaffung eines gemeinsamen Grenzschutzes und einer europäischen Staatsanwaltschaft sind durchaus mit den deutschen Überlegungen kompatibel. Im zentralen Bereich des künftigen Institutionengefüges hingegen blieb auch der Sozialist Jospin der französischen Vorliebe für den Intergouvernementalismus treu, so dass hier die Anschlußfähigkeit zu deutschen Konzepten kaum gegeben war. Jospins Konzept bot jedoch – auch hierin ist Kreile zuzustimmen – "vermutlich mehr Anknüpfungspunkte für Praktiker des ‚constitutional engineering' in anderen EU-Staaten als der SPD-Leitantrag, weil es eklektischer und weniger einem kohärenten Institutionenmodell verpflichtet ist" (Kreile 2001: 255).

Bezeichnenderweise verbleibt auch ein von SPD und französischer PS Ende Januar 2002 vorgelegtes Papier "Gemeinsam die Zukunft Europas gestalten" trotz des ehrgeizigen Titels weitgehend in Gemeinplätzen stecken. Zwar wird dazu aufgerufen, die Chance des 2004-Prozesses zu nutzen, "um der EU einen auf der Charta der Grundrechte beruhenden Verfassungsvertrag zu geben, der die jeweiligen Zuständigkeitsbereiche der Union und ihrer Mitgliedstaaten festlegt und die Befugnisse der Gemeinschaftsorgane stärkt"; auch gilt die Zielsetzung: "Wir wollen aus Europa eine Politische Union mit föderalem Charakter machen". Aber es fehlt jeglicher Hinweis darauf, mit welcher institutionellen Blaupause – einer eher intergouvernementalen oder einer eher supranationalparlamentarischen – dieses Ziel konkret angestrebt werden könnte.

Somit war Ende 2001/Anfang 2002 klar, dass auch im Falle der Wahl Lionel Jospins zum Staatspräsidenten der "deutsch-französische Motor der Integration" Schwierigkeiten haben würde, das Projekt der europäischen Verfassungsgebung durch gemeinsame positive Impulse voranzutreiben. Doch es kam ganz anders.

5. Enfin seul - Chiracs Europapolitik in der dritten Phase (ab Mai 2002)

Der äußerst befremdliche, ja schockierende Ausgang des ersten Durchgangs der Präsidentschaftswahlen vom 21. April 2002, der die Stichwahl vom 5.Mai 2002 zwischen Chirac und Le Pen präjudizierte, hat erhebliche Auswirkungen auf die aktuelle französische Europapolitik. Daher muss von den Umständen der Wiederwahl Jacques Chiracs berichtet werden.

5.1 Präsidentschafts- und Parlamentswahlen 2002: Grundlagen für ein gaullistisches Quinquennat

5.1.1 Die Präsidentschaftswahlen

Angesichts der Terroranschläge auf New York und Washington vom 11.9.2001 wurde der Wahlkampf neben steuer- und finanzpolitischen Fragen zunehmend vom Thema der inneren Sicherheit beherrscht; europapolitische Fragen spielten keine nennenswerte Rolle. Zwar hatte Chirac am 6.3.2002 in Straßburg eine programmatische Rede gehalten, die seine europapolitischen Konzepte und Ambitionen klar wiedergab; doch da die Medien weitestgehend auf die "affaires" und Themen der Innenpolitik konzentriert waren, wurde diese Rede wenig beachtet, in welcher sich Chirac für ein starkes, solidarisches, demokratisches und effizientes Europa mit einem Unions-Präsidenten und besserer Einbindung der nationalen Parlamente aussprach. So entstand in der Öffentlichkeit der Eindruck, dass nur diejenigen Europa im Wahlkampf thematisiert hatten, die es bekämpften wie insbesondere Jean-Marie Le Pen, Chef der rechtsextremen Front National. In der Tat hatte Le Pen dieses Feld ausgiebig beackert und für den Fall seines Wahlsieges den Austritt Frankreichs aus der EU und der Währungsunion angekündigt[102].

---

102 Le Pen schlug vor, diesen Austritt durch fünf Referenden zu verwirklichen; so sollte ein Referendum über die Wiedereinführung des Francs entscheiden, ein zweites über die Rückkehr aller Immigranten in ihre Heimatländer, ein drittes über die Verankerung der „préférence nationale" etc.

Tabelle 12: Französische Präsidentschaftswahlen 2002

Kandidaten	1. Wahlgang	2. Wahlgang
J. Chirac (RPR)	19,88%	82,21%
J-M. Le Pen (FN)	16,86%	17,79%
L. Jospin (PS)	16,18%	
F. Bayrou (UDF)	6,84%	
A. Laguiller (LO)	5,72%	
J-P. Chevenement (MDC)	5,33%	
N. Mamere (Verts)	5,25%	
O. Besancenot (LCR)	4,25%	
J. Saint Jossé (CP&T)	4,23%	
A. Madelin (DL)	3,91%	
R. Hue (PC)	3,37%	
B. Megret (MNR)	2,34%	
C. Taubira (PRG)	2,32%	
C. Lepage (Cap21)	1,88%	
C. Boutin	1,19%	
D. Gluckstein (PT)	0,47%	
Wahlenthaltung	28,40%	20,29%
Ungültige Stimmenabgabe	3,02%	4,28%

Kurz vor dem Urnengang ging ganz Frankreich von einem Kopf-an-Kopf-Rennen zwischen Chirac und Jospin aus. So veranschlagten die beiden letzten Umfragen vor dem ersten Wahlgang, die am 10./11.4. bzw. 17./18.4.2002 erhoben wurden, für Chirac einen Stimmenanteil von 21 bzw. 19,5%, während Jospin auf 19 bzw. 18% geschätzt wurde. Für Jean-Marie Le Pen wurden 12 bzw. 14% angegeben. Doch die am 21. April 2002 erzielten Wahlergebnisse differierten hiervon nicht unerheblich; denn des Wählers Votum bescherte Jacques Chirac das schlechteste Wahlergebnis eines amtierenden Staatspräsidenten seit Beginn der V, Republik, katapultierte zum Entsetzen vieler Franzosen Le Pen in die Stichwahl und besiegelte den Untergang Jospins.

Für dieses katastrophale Wahlergebnis waren wohl drei Gründe ausschlaggebend. So nahmen 28,4% der Wahlberechtigten an dem Urnengang nicht teil – ein neuer negativer Rekord bei Präsidentschaftswahlen. Zweitens goss das dominante Wahlkampfthema der inneren Sicherheit Wasser auf die Mühlen der Rechtsextremen, so dass Le Pen nicht nur die letzten Prognosen, sondern auch seine bisher bei Präsidentschaftswahlen erzielten Ergebnisse deutlich übertraf. Während er bei den Präsidentschaftswahlen 1988 14,4% und 1995 15,1% der Stimmen auf sich vereinigen konnte, zog er 2002 16,86% der Wähler an – und dies, obgleich die FN im Januar 1999 wegen harter Differenzen zwischen Le Pen und seinem langjährigen Weggefährten Buno Mégret auseinandergebrochen war. An den Europawahlen 1999 hatte Mégret mit seinem neuen Mouvement National Républicain erstmals unabhängig von der FN teilgenommen, war aber mit 3,28% an der 5%-Hürde gescheitert. Aber auch Le Pens FN hatte 1999 nur 5,69% der Stimmen erzielen können (vgl. Tabelle 11, Kap. 4.2.2), so dass sein persönliches Ergebnis 2002 für die meisten Beobachter völlig überraschend kam.

Drittens schließlich ist die große Zersplitterung des Kandidatenfeldes für das schockierende Ergebnis vom 21.4. 2002 verantwortlich zu machen. Waren bei der Präsidentschaftswahl 1995 im bürgerlich-konservativen Lager drei Kandidaten angetreten, so waren es diesmal fünf: neben Chirac auch François Bayrou, Chef der liberal-konservativen UDF, Alain Madelin, Chef der liberal-konservativen, 1997 als Abspaltung von der UDF gegründeten Démocratie libérale, die frühere konservative Umweltministerin Corinne le Page sowie Christine Boutin, früheres UDF-Mitglied. Als dem Präsidentschaftslager noch nahestehend könnte man auch den Kandidaten Jean Saint-Josse von der Bewegung Chasse, Pêche, Nature et traditions (CPNT) bezeichnen, die bei den Europawahlen 1999 mit 6,77% erstmals beachtliche Erfolge eingefahren hatte. Die große Anzahl der Konkurrenten hat somit zum erstaunlich schlechten Abschneiden Chiracs am 21.4. beigetragen.

Aber selbstredend hat sich die Zersplitterung im gemäßigten linken Lager ungleich größere und negativere Folgen gezeigt: Während 1995 nur Jospin um die Gunst der gemäßigt linken Wählerschaft warb, waren es 2002 drei: neben Jospin auch der Links-Souveränist Chevènement sowie die Kandidatin der ansonsten engstens mit der PS zusammenarbeitenden Parti Radical de Gauche-PRG, die aus Guyana stammende Christiane Toubira. Es waren die Prozente dieser beiden Kandidaten, d.h. ihre 5,33 bzw. 2,32% der Stimmen, die Jospin das Genick gebrochen haben.

Während wie auch 1995 die Grünen und die PCF mit je einem Kandidaten angetreten waren (für Les Verts Noel Mamère und für die Kommunisten Robert Hue), kam die extreme Linke statt einer Kandidatur wie 1995 auf deren drei: Daniel Gluckstein, Olivier Besancenot und die unvermeidliche Arlette Laguiller. Auf der extremen Rechten traten die beiden "frères ennemis", Jean-Marie Le Pen und Bruno Mégret, an. Es ist das insgesamt wohl erstaunlichste Ergebnis dieses Wahlgangs vom 21.4.2002, dass insgesamt rund 19,2% der Wähler für einen rechtsextremen und 10,4% für einen linksextremen Kandidaten votiert haben, die beiden extremen Ränder zusammen also fast ein Drittel der französischen Wählerschaft auf sich vereinen konnten. Für den linken Rand mag als Erklärung dienen, dass "Jospins Aufforderung an die Linke, ein Bündnis zwischen Ausgeschlossenen, ‚classes populaires' und Mittelklassen zu schließen" ins Leere gelaufen war. "Auch gegenüber den neuen sozialen Bewegungen der Antiglobalisierer verhielt er sich distanziert [...] So hat er weder diesen Teil der Gesellschaft, noch die sich modernisierende Bourgeoisie überzeugen können. Er setzte sich zwischen alle Stühle" (Ziebura 2002: 319). Selbst im Wahlkampf wich Jospin zu sehr von den klassischen, klar linken Positionen der PS ab. So hatte er zunächst verkündet, er habe kein sozialistisches oder sozialdemokratisches Wahlprogramm. "In böser Vorahnung" versuchte die PS dies in letzter Minute noch zu korrigieren (Steinhilber 2002: 712), aber da hatten viele PS-Wähler sich wohl bereits der Linksextremen zugewandt. Beim Ergebnis der Extremen insgesamt darf die geringe Wahlbeteiligung nicht vergessen werden, die sich erfahrungsgemäß vor allem zu Lasten der gemäßigten politischen Kräfte auswirkt, da diese größere Schwierigkeiten haben, ihre Anhänger zu motivieren als die Extremisten.

Nach dem Schock, den das Wahlergebnis vom 21.4.2002 auslöste, kam es während der zwei Wochen bis zur Stichwahl am 5.5. im ganzen Land fast täglich zu gigantischen Demonstrationen gegen Le Pen. Insbesondere Jugendliche, die sich zuvor von der Politik angeödet gefühlt und wohl großteils auch nicht gewählt hatten, mobilisierten sich und schleuderten Le Pen und dem FN ihr "Non" entgegen. Während alle politischen Persönlichkeiten aus dem linken Lager, Kommunisten, Grüne und Chevènement inbegriffen, mit großem Pathos dazu auf riefen, in der Stichwahl für Chirac, bzw. für die Demokratie und die Republik zu stimmen, verzichtete die gemäßigte Rechte auf Aufrufe an ihre Wählerschaft, an einer der Großdemonstrationen, die in Paris bis zu 1 Mio. Menschen mobilisierten, teilzunehmen. "Es gehört nicht zu unserer politischen Kultur zu demonstrieren" hieß es im Präsidentschaftslager (Le Monde, 3.5.2002).

Erwartungsgemäß siegte Chirac bei der Stichwahl am 5.5.2002 haushoch mit 82,21% der abgegebenen Stimmen.

Wahlanalysen ergaben, dass rund 10 Mio. Stimmberechtigte aus dem linken oder extremlinken Lager am 5.5. für Chirac gestimmt hatten, während Le Pen mit über 5,5 Mio. Stimmen sein Ergebnis im Vergleich zum ersten Wahlgang um rund 720.000 Stimmen verbessern konnte, d.h. er hat zum einen die Wähler Mégrets gewonnen und darüber hinaus noch 54.000 Stimmen (Le Monde, 10.5.2002). Angesichts der Lage flüchteten aber erneut zahlreiche Franzosen in die Wahlenthaltung (20,29%) oder versuchten mittels eines ungültigen Stimmzettels ihren Protest auszudrücken (4,28%).

Am Wahlabend erklärte Chirac – in Anspielung auf eine berühmte Rede de Gaulles "Je vous ai compris"– er habe die Franzosen verstanden. Die Übergangsregierung aber, die er dann wenige Tage später berief, band keine Persönlichkeit der vormaligen gauche plurielle ein, allerdings waren vier Minister parteilos.

5.1.2 Die Parlamentswahlen vom Juni 2002

Vier Wochen nach der Stichwahl fand der erste Durchgang der Parlamentswahlen statt. Selbstredend warb der haushoch – das Adjektiv triumphal verbietet sich angesichts der Umstände wohl – wiedergewählte Staatspräsident für eine rechte Parlamentsmehrheit, damit er künftig seine Politik nach neogaullistischen Vorstellungen gestalten könne. Demgegenüber hatte das linke Lager, von dem Ausscheiden und dem Rücktritt Jospins von allen Ämtern noch am 21.4. zunächst geschockt und gelähmt, das Problem, für eine erneute Kohabitation zu werben, nachdem man doch im Präsidentschaftswahlkampf eine solche Konstellation als das größte aller politischen Übel gebrandmarkt hatte.

Die Rekordzahl von 8.633 Kandidaten, die sich um die 577 Mandate der Nationalversammlung bewarben, ließ erneut die Gefahr einer Zersplitterung der politischen Kräfte befürchten. Dabei war dieser Rekord vor allem den neuen Bestimmungen zur Parteienfinanzierung geschuldet: Denn die Parteien, die mindestens 50 Kandidaten in 30 verschiedenen Departements aufstellen, erhalten für jede Stimme, die sie beim 1. Wahldurchgang erzielen können, 1,66 € pro Jahr (+ 45.398 € pro gewähltem Abgeordneten/Jahr, Le Monde, 22.5.2002). Doch die Vielzahl der Kandidaten war deshalb nicht ohne Risiko, weil sie angesichts der Wahlerfolge der FN bei der Präsidentschaftswahl die Gefahr sog. Triangulaire erhöhte, also eine Konstellation im zweiten Wahlgang begünstigte, bei der anstatt der traditionellen zwei sich drei Kandidaten gegenüberstehen, einer aus dem rechten, einer aus dem linken und einer aus dem rechtsextremen Lager[103]. Die Wahlergebnisse Le Pens vom 5.5.2002 hochrechnend, ging man von 237 Wahlkreisen aus, wo ein FN-Kandidat am zweiten Durchgang der Parlamentswahlen präsent sein könnte (Le Monde, 9./10.6.2002).

Bemerkenswert am ersten Durchgang der Parlamentswahlen war weiterhin, dass dem Gesetz vom 6.6.2000 über den gleichen Zugang von Männern und Frauen zu Wahlämtern (Loi sur la Parité) nicht entsprochen Ddamals waren nur 20% der Kandidaten weiblichen Geschlechts gewesen (Le Monde,

---

[103] Nach dem französischen Wahlrecht (scrutin majoritaire uninominal à deux tours) können am zweiten Wahlgang nur die Kandidaten teilnehmen, die 12,5% der Stimmen im 1. Durchgang erreicht haben. Bei den Parlamentswahlen von 1997 waren die Triangulaires wahlentscheidend gewesen, da sie mehrheitlich vom linken Lager gewonnen wurden.

21.5.2002). Damit kommen insbesondere auf die großen Parteien, die ihre bewährten Abgeordneten nicht zu Gunsten (unbekannter) Frauen aus dem Rennen nehmen wollten, hohe Geldstrafen zu[104].

Doch im ersten Wahlgang sorgten die Wähler wiederum für einige Überraschungen. Erneut fällt die hohe Wahlenthaltung auf: Mit 35, 58% wurde ein historischer Wert erreicht. Doch diesmal schadete dies vor allem den extremen Rändern, die sehr stark einbrachen. Außerdem zeigt sich in den beiden gemäßigten Lagern eine sehr deutliche Konzentration auf je eine Partei. So zog innerhalb des rechten Lagers, das 43,66% der abgegebenen Stimmen erhielt, die neue Chirac'sche Parteiformation UMP (Union pour la majorité présidentielle, inzwischen in Union pour un mouvement populaire umgetauft) allein 34,23% auf sich. Und auch im linken Lager, das insgesamt nur 37,47% der abgegebenen Stimmen erhielt, bildet die PS mit 23,78% eindeutig die stärkste Partei, während die Kommunisten (4,91%), aber auch die Grünen (4,44%) nur sehr bescheiden abschnitten.

Die FN erzielte mit 11,11% der Stimmen ein um gute 6% schlechteres Ergebnis als Le Pen selbst am 5.5. Die FN war von der Wahlenthaltung besonders stark betroffen. So schlug eine ihrer Hochburgen, der Wahlkreis Forbach im Departement Moselle mit 49,85% Wahlenthaltung alle nationalen Rekorde (Le Monde, 12.6.2002). Folglich konnte die FN auch nicht – wie befürchtet – in hunderten, sondern lediglich in 37 Wahlkreisen einen Kandidaten in den zweiten. Durchgang schicken. De facto kam es nur zu 10 Triangulaires mit FN-Beteiligung[105]. Die extreme Linke war mit 2,86% der abgegebenen Stimmen gnadenlos untergegangen. Wegen der großen Kandidatenzahl konnte im ersten Wahlgang vom 9.6.2002 lediglich 58 der 577 Parlamentssitze vergeben werden.

Der zweite Wahlgang vom 16.6. bestätigte dann den Trend zur Konzentration auf eine Partei pro politischem Lager und zu geringer Wahlbeteiligung. Mit 39,71% Wahlenthaltung wurde ein neuer, trauriger Rekord in der V. Republik erreicht. Erwartungsgemäß erzielte die gemäßigte Rechte die absolute Mehrheit: Sie hält nun 399 der 577 Mandate, davon allein die UMP um Chirac mit 48,8% der abgegebenen Stimmen 369. Bayrous UDF erzielte mit 2,8% der Stimmen 22 Mandate und wird mithin als einzige Formation im

---

104 Für die großen Parteien rechnet es sich dennoch, eher auf die Erfolgsaussichten eines Kandidaten als auf sein Geschlecht zu setzen. Denn für jeden gewählten Abgeordneten erhalten sie – wie bereits erwähnt – 45.398 € pro Jahr. Da läßt sich der Abschlag für die Verletzung des Paritätsgesetzes verkraften (Le Monde, 18.6.2002)
105 Weiterhin stand in 19 Wahlkreisen ein FN-Kandidat einem Repräsentanten der gemäßigten Rechten im Duell gegenüber, 8 Duelle gab es mit einem linken Kandidaten (Le Monde, 11.6.2002).

bürgerlichen Lager neben der UMP eine selbständige Parlamentsfraktion bilden.

Das ehemalige Regierungslager erhielt nur 178 Parlamentssitze: Mit 35,38% der abgegebenen Stimmen erzielte die PS 141 Mandate, während die Grünen drei und die PC 21 Sitze erobern konnte, was es letzterer noch ermöglicht, eine eigenständige Parlamentsfraktion zu bilden. Keine extreme Partei erzielte ein Mandat; auch die FN nicht, die alle 27 Duelle und 10 Triangulaires verlor. Auch Chevènements Pôle Républicain blieb ohne Mandat.

Tabelle 13: Wahlen zur Nationalversammlung 2002
Ergebnisse des 2. Wahlgangs (577 Wahlbezirke):

Wahlberechtigte	Wähler	Gültige Stimmen	Wahlenthaltung
36.788.231	22.178.500	21.212.502	39,71%

	Erhaltene Stimmen	%	Anzahl der Sitze
Rechte insgesamt	11.206.086	52,83	399
UMP	10.368.555	48,88	369
UDF	594.761	2,80	22
Verschiedene Rechte	212.422	1,00	8
Linke insgesamt	9.613.643	45,32	178
PS	7.505.582	35,38	141
PCF	648.758	3,06	21
Verschiedene Linke, darunter Les Verts	1.489.651	7,02	16
Front National	392.773	1,85	0

UMP	Union pour un Mouvement Populaire
PS	Parti Socialiste
UDF	Union pour la Démocratie Française
PCF	Parti Communiste Français
FN	Front National
Les Verts	Ökologen
Quelle:	Eigene Zusammenstellung aus Le Monde

Von den Parlamentswahlen 2002 gehen zumindest zwei Botschaften aus. Zum einen wollten die Wähler die Kohabitation, die de facto wie eine große Koalition wirkt, beenden und Chirac noch einmal die Chance geben, zu zeigen, was er ohne diese Bremse für Frankreich erreichen kann. Zum anderen hatten sich im Frühsommer 2002 im Vergleich zu 1997 die Prioritäten der Wähler verändert. 1997 habe Frankreich die Linke gewählt, um die Arbeitslosigkeit abzubauen, 2002 hingegen die Rechte, um dem Problem der inneren Sicherheit Herr zu werden, kommentierte Colombani (Le Monde, 18.6.2002).

Nach den Wahlen 2002 hielten Jacques Chirac und seine UMP die gesamte politische Macht in Frankreich in Händen, denn neben dem Elysée und der Nationalversammlung verfügten sie auch über stabile Mehrheiten im Senat, den Regionen, Departements und Kommunen – erst die Regional- und Europawahlen von 2004 brachten einen spürbaren Machtverlust. Zu Beginn der zweiten Amtszeit wurde daher angekündigt, dass nun auf das erste unglückselige Septennat ein triumphales, zupackendes Quinquennat folgen werde.

5.2 Was ist europapolitisch von dem "Enfin seul" zu erwarten? Frankreichs Positionen im "Konvent zur Zukunft der Europäischen Union"

In Folge der Wahlen wurde von manchen Beobachtern befürchtet, dass Le Pens Schatten nun "über der französischen Innenpolitik der nächsten Jahre liegen" werde. "Das Land wird in nächster Zeit mit innenpolitischen Aufräum- und Krisenbewältigungsaufgaben beschäftigt sein und wenig Energie und Aufmerksamkeit auf die Außen- und Europapolitik verwenden. [...] Eine europapolitisch mutige und offensive Positionsbestimmung kann in Anbetracht der nun in Frankreich bevorstehenden nationalen Nabelschau als unwahrscheinlich gelten", meinte beispielsweise Joachim Schild. Frankreich werde ein schwieriger Partner in Europa sein (Schild 2002a: 708, 710/711). Auch Gilbert Ziebura sah harte Zeiten voraus: Die wachsende Fundamentalopposition aus Souveränisten, Euroskeptikern und Globalisierungsgegnern habe zu einer "Distanzierung gegenüber dem Integrationsprozeß" geführt (Ziebura 2003: 307). Jacques Delors, Altmeister der französischen Europapolitik, warf der Staatsspitze gar europapolitisches Versagen vor. Seit sieben Jahren habe Frankreich keine Europapolitik mehr, die verantwortlichen Politiker verträten konstant eine defensive und zögerliche Haltung. Im Gegensatz zu früheren Führern, die gezeigt hätten, dass Frankreich sich dann selbst am treuesten ist, seine "vocation" (Berufung) dann am besten erfüllt, wenn es zu den aktivsten, den innovativsten Staaten Europas gehört, würde die heutige Staatsspitze Europa wie eine ansteckende Krankheit behandeln, deren negative Auswirkungen es zu begrenzen gelte (Delors, Le Monde, 3.5.2002). Im Folgenden gilt es zu überprüfen, ob sich diese Befürchtungen bewahrheitet haben.

Nach den Erfahrungen der Kohabitation mit Lionel Jospin, die in der Außen- und Europapolitik die präsidentielle Vorrangstellung zwar nicht grundsätzlich in Frage gestellt, gleichwohl aber den Mythos von der "domaine réservé" endgültig zerstört hatte (vgl. Kap. 2.2), konnte der Staatspräsident bei seinem ersten Auslandsbesuch nach seiner Wiederwahl seine Befriedigung darüber nicht verhehlen, nun nicht mehr konstant mit seinem Premierminister im Schlepptau auftreten zu müssen. "En politique étrangère, enfin seul" (In der Außenpolitik endlich wieder allein) betitelte Claire Tréan daher eine erste Berichterstattung zum außenpolitischen Profil der zweiten Amtszeit Chiracs (Le Monde, 23./24.6.2002). Die nun wieder hergestellte Geschlossenheit der Exekutive werde – so die Erwartung – mit Sicherheit der Außen- und Europapolitik neue Impulse verleihen und entsprechende Initiativen erleichtern. Denn de facto hatte die Regierung Jospin aufgrund ihrer budgetären Zuständigkeiten die präsidentiellen außenpolitischen Ambitionen in zwei Bereichen spürbar beschnitten: Chiracs kostenintensive Vorhaben in der Entwicklungshilfe- und der Sicherheits- und Verteidigungspolitik waren teilweise der strikten Haushaltsdisziplin der gauche plurielle zum Opfer gefallen. Beide Vorhaben gehören für Chirac aber unweigerlich zur Entfaltung eines international starken, handlungsfähigen Europas, eines Europe Puissance eben. Daher werde sich nun, da die Zwänge einer Kohabitation entfallen sind, die zweite Amtszeit Chiracs in großem Maße der Europapolitik widmen. "Le quinquennat sera européen" verlautete aus dem Elysée (Le Monde, 23./24.6.2002).

Doch welche Zielvorstellungen und Konzepte sollten diese "große" neue Europapolitik inspirieren und anleiten? Hier meinte Claire Tréan, dass Chirac seine im Wahlkampfgetöse weitgehend untergegangene Straßburger Europarede vom 6.3.2002 wiederholen sollte. In der Tat hatte Chirac dort die wesentlichen Eckpfeiler seiner künftigen Europapolitik skizziert, die nach der Wiederwahl – so Chirac am 29.8.2002 in einer Rede vor dem französischen diplomatischen Korps – der Fahrplan seiner zweiten Amtszeit werden wird: "A Strasbourg, le 6 mars dernier, j'ai proposé aux Français ma vision de l'Europe. C'est désormais notre feuille de route" (Letzten März, in Straßburg, habe ich den Franzosen meine Vision von Europa vorgestellt. Das ist nun unsere Marschroute)[106].

In dieser Straßburger Rede vom 6.3.2002 hatte Chirac – unter mehrfachen Verweisen auf seinen Auftritt vor dem Deutschen Bundestag vom 27.6.2000 – seine europapolitischen Vorstellungen skizziert, die folglich nun die grobe Marschroute für die französischen Positionen im gleichzeitig beginnenden Verfassungsgebungsprozess vorgaben. Dabei ist zunächst schon einmal bemerkenswert, dass Frankreich der Konventsmethode als neue Modalität der Vertragsfortentwicklung bzw. -reform zustimmt. Denn selbstre-

---

106 http://www.elysee.fr/cgi-bin/auracom/a...le?aur_file=discours/2002/0208AMB.html

dend war Frankreich bisher ein überzeugter Verfechter der Regierungskonferenzmethode, die die herausgehobene Position der Staaten als "Herren der Verträge" garantierte. Doch nach dem Debakel von Nizza konnte auch Chirac sich dem allgemeinen Meinungsumschwung zugunsten der Konventsmethode nicht entziehen. Allerdings machten er sowie die französischen Konventsmitglieder Pierre Moscovici (Regierungsvertreter)[107], Alain Barrau (Nationalversammlung) und Hubert Haenel (Senat) sehr bald klar, dass sie die Konventsarbeiten als "unverbindliche Zwischenetappe auf dem Weg zur nachfolgenden Regierungskonferenz" betrachteten. "Die Regierungskonferenz ist das einzige Entscheidungsorgan" (Schild 2002b: 7).

In seiner Straßburger Rede hatte Chirac drei Schwerpunkte gesetzt, deren erster symptomatischerweise das Konzept eines "starken Europas, das auf der internationalen Ebene zählt" entfaltet. Die Stimme Europas, so Chirac, sei die des Friedens, da der Kontinent den Krieg zu gut kenne. Europa müsse einer der großen internationalen Akteure werden und für die Schaffung einer multipolaren Weltordnung sorgen. Dazu müsse eine feierliche Deklaration erarbeitet werden, die die großen Leitlinien der europäischen Außenpolitik umreißt, damit Europas Anliegen, wie z.B. Sicherheit, Umweltschutz und Entwicklungshilfe besser verstanden werden. Denn – so Chiracs rhetorische Frage – ist es nicht wünschenswert, dass angesichts der beträchtlichen Macht der USA ein echter, gleichberechtigter, die zentralen internationalen Themen umfassender Dialog zwischen Amerikanern und Europäern möglich wird? Die Vision eines Europe Puissance, das gesteht der Staatspräsident ein, sei vorrangig eine französische Ambition. Diesen Ehrgeiz müsse Frankreich künftig mit den anderen Mitgliedstaaten teilen, wobei Frankreich, gemeinsam mit seinen wichtigsten Partnern, der Impulsgeber werden sollte.

Zum zweiten entwirft Chirac das Bild eines sozialen und dynamischen Europas, das zur Sicherheit und zum Wohlstand Frankreichs beitragen soll. Hier sticht vor allem der – inzwischen klassisch französische – Vorschlag heraus, die EZB in die Definition einer langfristig angelegten gemeinsamen Wirtschaftspolitik einzubinden, "die die bloße Haushaltssanierung überwindet". Drittens schließlich spricht sich Chirac für ein demokratisches und effizientes Europas aus. Um die Legitimität der EU zu stärken, plädiert er erneut für eine stärkere Einbindung der nationalen Parlamente in den europäischen Entscheidungsprozess. "Oft haben unsere Mitbürger den Eindruck, dass die europäischen Entscheidungen in weiter Ferne getroffen werden. Sie haben

---

[107] Im November 2002 übernahm Außenminister de Villepin den Konventssitz des französischen Regierungsvertreters; zeitgleich wurde Peter Glotz als deutscher Regierungsvertreter von Joschka Fischer abgelöst. Auch weitere Mitgliedstaaten schickten nun ihre Außenminister höchstpersönlich in den Konvent, was andeutete, dass die Arbeiten in die entscheidende Phase getreten waren.

Recht [...] Die nationalen Parlamente müssen enger in das europäische Einigungswerk eingebunden werden". An dieser Stelle äußert Chirac auch den Vorschlag, nationale Parlamentarier mit der Kontrolle des Subsidiaritätsprinzips zu betrauen. Weiterhin bekennt er sich zu der Notwendigkeit, eine klare Kompetenzabgrenzung zwischen der EU und ihren Mitgliedstaaten zu erarbeiten, eine Aufgabe, die der "Konvent zur Zukunft der Europäischen Union" vorrangig zu lösen habe. "Dies sollte zu Korrekturen an der oft beklagten Neigung der Union führen, alles exzessiv und realitätsfern regeln zu wollen, einer Tendenz, die die Union unpopulär macht [...] Europa sollte sich wirklich nicht um alles in jedem Bereich kümmern [...] Das jedenfalls ist die Vorstellung, die ich vom Subsidiaritätsprinzip habe".

Nachdem er sich bereits in seiner Berliner Rede der Schaffung einer Europäischen Verfassung gegenüber aufgeschlossen gezeigt hatte, wiederholt Chirac nun diese Zielsetzung der Union; dies solle im Rahmen des "Konvents zur Zukunft der europäischen Union" geschehen und in Frankreich der Bevölkerung per Referendum zur Annahme vorgelegt werden. Bei der anstehenden Institutionenreform müsse vorrangig die politische Führung der EU gestärkt werden. Dies sei die Aufgabe des Europäischen Rats. Da angesichts der bevorstehenden Osterweiterung die halbjährlich wechselnde Ratspräsidentschaft nicht mehr tragbar sei, müsse – so Chirac – die Union einen Präsidenten erhalten: "Je l'avais proposé dans le passé, je le propose à nouveau: plaçons à la tête du Conseil Européen une personnalité élue par ses membres pour une durée suffisante. Ce Président incarnerait l'Europe aux yeux du reste du monde et conférait au système institutionnel la stabilité dont l'Union a besoin pour être forte". (Ich habe dies bereits in der Vergangenheit vorgeschlagen und ich wiederhole diesen Vorschlag: Laßt uns an die Spitze des Europäischen Rats eine Persönlichkeit stellen, die von seinen Mitgliedern für eine gewisse Dauer gewählt wird. Dieser Präsident würde in den Augen des Rests der Welt Europa verkörpern und dem institutionellen Gefüge die Stabilität verschaffen, die die Union braucht, um stark zu sein). Die Kommission möchte Chirac verkleinern, um ihre Effizienz zu steigern. Sie müsse aber weiterhin unabhängig sein; damit will Chirac wohl andeuten, dass er die Forderung ablehnt, das Europäische Parlament solle den Kommissionspräsidenten selbständig wählen – was mit einer Politisierung der Kommission gemäß der Parlamentsmehrheit verknüpft wäre; dies möchte Chirac vermeiden.

Chiracs vorrangige Zielsetzung der Stärkung der europäischen Regierungsfähigkeit setzt auch eine grundlegende Reform des Ministerrats voraus, weil nur ein effizient arbeitender Rat die Vormachtstellung des Europäischen Rats im institutionellen Dreieck der EU-Institutionen sichern kann. Deshalb unterbreitet der Staatspräsident auch hierzu einige Vorschläge. So soll der

Rat grundsätzlich mit qualifizierter Mehrheit entscheiden und sein Vorsitz neu geregelt werden; dieser könne entweder "unter der Aufsicht des EU-Präsidenten" durch den Generalsekretär des Rates oder durch ein repräsentatives Kollegium der Mitgliedstaaten ausgeübt werden[108].

Schließlich betont Chirac die Bedeutung der deutsch-französischen Beziehungen für die europäische Integration und kündigt für den 40. Jahrestag des Eylsée-Vertrages eine Neubegründung der deutsch-französischen Partnerschaft an; entsprechende Initiativen werde er bald dem deutschen Kanzler unterbreiten. Ebenfalls vorrangig an den deutschen Kanzler richtet sich – wenn auch implizit – jene Passage der Rede, in der Chirac Widerstand gegen jeglichen Angriff auf die gemeinsamen Agrar- und Regionalpolitik ankündigt. Er werde aufmerksam darüber wachen, "dass weder die eine noch die andere (Politik) in ihrer Zielsetzung grundlegend verändert oder abgebaut wird".

Abschließend erklärt der Präsident, er werde niemals ein Europa akzeptieren, das sich in einen Superstaat verwandle oder das seine Institutionen am Vorbild der Vereinigten Staaten von Amerika ausrichte. Die Union müsse die einzelnen Nationen respektieren: "La nation, réalité incontournable, plus que jamais vivante, restera pour les temps qui viennent, le premier moteur de l'histoire" (Die Nation, diese unumgängliche Realität, ist lebendiger als jemals zuvor und wird für die kommenden Jahre der wichtigste Motor der Geschichte bleiben).

Diese Straßburger Rede, noch zu Zeiten der Kohabitation mit Jospin vorgetragen, beschreibt Chiracs europapolitische Position zum Konventsprozess, der nur eine Woche zuvor seinen Anfang genommen hatte. Nach den Wahlentscheidungen des Frühsommers 2002 werden diese Inhalte zur allein ausschlaggebenden Marschroute für Frankreichs Europapolitik. In seiner Rede vom 29.8. 02 vor dem diplomatischen Korps wiederholte Chirac diese Inhalte, die ja alle Themen der Erklärung 23 behandelten, und fügte als einziges neues Element die Schaffung der Position eines europäischen Außenministers hinzu, der dem Präsidenten des Europäischen Rates zuarbeiten sollte. Damit waren die Leitlinien der neuen französischen Europapolitik vorgegeben, die bis heute gültig sind. Die mit diesen beiden Reden festgezurrte französische Standortbestimmung für die Frühphase des Konventsprozesses läßt sich als

---

108 Da der Rat seit Jahren seinen zahlreichen, durch den Ausbau der GASP zusätzlich deutlich angewachsenen Aufgaben immer weniger gerecht werden kann, ist allenthalben die Unzufriedenheit mit dem zentralen Lenkungsorgan der Union angestiegen. So beauftragte der Europäische Rat von Göteborg im Frühjahr 2001 Solana damit, Vorschläge auszuarbeiten, wie die Effizienz des Rats und seine Zuarbeit zum Europäischen Rat verbessert werden könnte. Solana legte seinen Bericht "Preparing the Council for Enlargement" am 1.3.2002, also wenige Tage vor Chiracs Straßburger Rede vor (vgl. Müller-Brandeck-Bocquet 2002b: 78f).

durch und durch "chiraquienne" bezeichnen: Im Institutionengefüge soll mit der Bestallung eines Unions-Präsidenten und der Effizientsteigerung der Ratsstrukturen die Intergouvernementalität weiter ausgebaut und mithin die Rolle der Kommission tendenziell abgewertet sowie mittels einer besseren Einbeziehung der einzelstaatlichen Parlamente die Legitimität der Union über die nationale Schiene gestärkt werden. Auf Chiracs Europakonzeption trifft somit die Charakterisierung voll und ganz zu, die Joachim Schild vorschlägt: "Während seine europäischen politischen Ambitionen (Frankreich) in die Gruppe der integrationsoffenen Mitgliedstaaten einreihen, entsprechen seine Vorstellungen über die Fortentwicklung der EU-Institutionen eher denen der Gruppe der vorsichtigen ‚Intergouvernementalisten'" (Schild 2002b: 5). Dies ist lediglich eine andere Fasson, jenes grundlegende Dilemma der französischen Europapolitik auszudrücken, das sich überdeutlich auch an den aktuellen Chirac'schen Konzeptionen aufzeigen läßt, nämlich jenen schon mehrfach erwähnten "Widerspruch zwischen einem exzessiven Ehrgeiz für ein Europa, das man nicht nur stark, sondern auch unabhängig sehen möchte, und einer exzessiven Zurückhaltung, wenn es darum geht, Souveränitäten zu teilen" (Toulemon 1999: 584). In den Worten von Florence Deloche-Gaudez handelt es sich um den "Widerspruch zwischen der außenpolitischen Rhetorik Frankreichs und seinen institutionellen Präferenzen" (2002: 124).

Die Chirac'schen Positionen vertrat dann auch Premierminister Jean-Pierre Raffarin in seiner ersten Regierungserklärung vom 3.7.2002. Nach dem fünfjährigen, teils kohabitationsbedingten Immobilismus der französischen Europapolitik hat der neue Premier aber enttäuscht. Denn Raffarin – so Daniel Vernet kritisch – habe keine eigenständigen Ideen entwickelt, sondern sich gänzlich auf des Staatspräsidenten Positionen berufen, insbesondere auf dessen Weigerung, vor 2006 eine grundlegende Reform der Gemeinsamen Agrarpolitik anzugehen. Hier zeigt sich die Auswirkung des "enfin seul" sehr deutlich in der erneuten außen- und europapolitischen Unterordnung des Premierministers unter den Staatspräsidenten (vgl. Kap. 2.3). Ein weiterer Beleg hierfür ist, dass die damalige Europaministerin Noëlle Lenoir, die als "ministre déléguée aux affaires européennes", als zugeordnete Ministerin, direkt dem Premierminister unterstellt ist, kaum mit eigenen Ideen in Erscheinung trat. In einem Leitartikel vom 11.9.2002 "Demain, l'Europe Puissance" griff sie lediglich Chiracs Leitmotiv für ein starkes Europa im 21. Jahrhundert auf (Le Monde, 11.9.2002)[109]. Die Partner Frankreichs versuchten derzeit, so wieder Vernet, die europapolitischen Signale zu interpretieren, die Chirac seit seiner Wiederwahl aussendet. "Sie müssen feststellen, dass die meisten (Signale) eine harte, ja korporatistische Verteidigung nationaler

---

109 Im Zuge der Regierungsumbildung in Folge der Regionalwahlen vom Frühjahr 2004 wurde Claudie Haigneré, Ärztin und Astronautin, neue französische Europaministerin.

Interessen befürchten lassen, ohne jegliches große europäische ‚Design', das sie gemeinhin Frankreich zugute halten. Sie hoffen, noch eines Besseren belehrt zu werden (Vernet in Le Monde, 6.7.2002).

In der Tat häuften sich ab Sommer 2002 die Konflikte zwischen Frankreich und der EU. Anlaß dazu waren die Weigerungen aus Paris, den Stabilitätspakt zu respektieren und die Liberalisierung des Energiesektors nach den Gemeinschaftsvorgaben anzupacken; die harte Haltung in der Gemeinsamen Agrarpolitik, die in den Reden vom 6.2. und vom 29.8.2002 deutlich angekündigt worden war, führte ebenfalls zu Problemen mit der Kommission, so dass sich Romano Prodi im Oktober 2002 über Frankreichs mangelhafte Dialogbereitschaft beklagte. Frankreich laufe Gefahr, sich in der EU zu isolieren (Le Monde, 18.10.2002).

5.3 Relance des deutsch-französischen Motors

5.3.1 Die Krise der deutsch-französischen Beziehungen

Die deutsch-französischen Beziehungen hatten im Verlauf der 90er Jahre viel von ihrem Glanz und ihrer Kraft verloren und waren daher nur mehr sehr bedingt in der Lage, als Motor der Integration zu fungieren, der die anderen Mitgliedstaaten auf dem Weg zur weiteren Einigung Europas hätte mitziehen können. Diese Stagnation – manche sprechen gar von Regression in den deutsch-französischen Beziehungen – ist von vielen Beobachtern kritisch kommentiert und vor allem bedauert worden (Stark 2001; Guérot 2001 und 2003; Kimmel 2002; von Oppeln 2003; Koopmann 2003); Giscard d'Estaing klagte gar, dass es "derzeit keinerlei deutsch-französische Intimität" mehr gäbe (in Le Monde, 10.2.2001). Auch Helmut Schmidt stieß bisweilen in diese Kerbe. "Mit der Verwirklichung der WWU kam Deutschland und Frankreich das gemeinsame Projekt abhanden [...] Für die Politische Union, die in Maastricht nur am Rande behandelt worden war, gab und gibt es kein überzeugendes bilaterales Konzept – weder in Amsterdam noch in Nizza", konstatiert Ulrike Guérot schonungslos. "Die Folge war ein Leerlauf in den deutsch-französischen Beziehungen" (Guérot 2003: 15).

Die bilateralen Beziehungen verschlechterten sich nach den Machtwechseln in beiden Ländern 1995 und 1998 zusätzlich; mit Nizza Ende 2000 war ohne Zweifel ein Tiefstand erreicht. Hans Stark spricht hier von der "wohl tiefsten Vertrauenskrise zwischen Deutschland und Frankreich seit 1974" (Stark 2001: 289). Allerdings ist ihm zuzustimmen, wenn er vor einer "Mythifizierung" der Periode 1974-2000 warnt; in der Tat hat es zu jeder Zeit immer wieder heftige Auseinandersetzungen zwischen den beiden Staaten gegeben, besonders oft zu Finanzierungsfragen. Aber – so Stark – diese Konflikte konnten stets vor wichtigen Gipfeln des Europäischen Rats im Rahmen der bilateralen Treffen abgeklärt und in gemeinsame Vorschläge und Initiativen zum Fortgang der Integration umgemünzt werden. Vor Nizza aber habe diese Strategie nicht gefruchtet; weder der deutsch-französische Gipfel von Rambouillet, noch die von Mainz, Vittel und Hannover haben zu einer gemeinsamen Position für die in Nizza zu entscheidenden Fragen geführt (Stark 2001: 292). Es sei zu befürchten, dass die deutsch-französische "Malaise" auch weiterhin zu Spannungen zwischen beiden Staaten Anlass geben wird. "Die Deutschen werfen den Franzosen vor, nostalgisch der Vergangenheit nachzuhängen, sie verstehen aber nicht, dass für die Franzosen das Deutschland Schröders, zu Recht oder zu Unrecht, das Bild eines Landes abgibt, das sehr verschieden ist von dem, das sie vor 1998 kannten [...] Nizza wird vermutlich tiefe Spuren hinterlassen, weil es für Frankreich ein neues Verhalten Deutschlands und für die Bundesrepublik die französische Weigerung versinnbildlicht, die Realitäten der ‚post-cold-war'-Epoche anzuerkennen." (Stark 2001: 296/7).

Die Gründe für die aktuellen Schwierigkeiten in der deutschfranzösischen Zusammenarbeit – so analysiert Sabine von Oppeln – "sind zum einen in den grundlegend veränderten Rahmenbedingungen und zum anderen in der nachlassenden Gestaltungsfähigkeit europäischer, französischer und deutscher Politik zu finden". Die Auflösung der die Jahrzehnte des Kalten Krieges kennzeichnenden Bipolarität und der Wandel der internationalen Konfliktstrukturen und Bedrohungsszenarien stellt die europäischen Länder vor die Herausforderung einer Neubestimmung ihrer Politik. "Allein die Notwendigkeit der Neuorientierung führt nicht selten zu Unsicherheiten und Mißverständnissen" (von Oppeln 2003: 12). Außerdem stünden sich Deutschland und Frankreich inzwischen als gleichberechtigte Partner gegenüber, "die immer dann in Konflikt geraten, wenn es nicht um Kooperation im Sinne übergeordneter gemeinsamer Interessen, sondern um die Suche nach einem neuen Gleichgewicht nationaler Interessen geht". Schließlich wird diese Suche dadurch erschwert, dass sich in der erweiterten Union die "Exklusivität und privilegierte Rolle des deutsch-französischen Bilateralismus relativiert" haben und die Bindungen und Partnerschaften nun breiter gestreut seien (von Oppeln 2003: 12/13).

Nach Nizza wurden sich die Führer beider Länder dieser Situation bewußt; davon zeugt der bereits im Januar 2001 angestoßene sog. Blaesheim-Prozess: Während eines gemeinsamen, zur Versöhnung angesetzten Abendessens im elsäßischen Blaesheim am 31.1.2001 verpflichteten sich Chirac und Schröder nebst beidseitiger Außenminister, sich künftig zusätzlich zum vom Elysée-Vertrag vereinbarten Tagungsrhythmus regelmäßig, nämlich in einem sechs- bis achtwöchigen Turnus informell zu treffen. Diese Bemühungen trugen Ende 2003 wohl erste Früchte; denn auf dem deutsch-französischen Gipfel von Nantes am 23.11.2001 konnte in einer Vielzahl der in der Erklärung 23 angesprochenen Themen bereits eine übereinstimmende Haltung gefunden werden; allerdings handelte es sich hier um recht vage gehaltene Aussagen (Vogel 2002: 6). In seiner Straßburger Rede vom 6.3.2002 ging Chirac dann einen Schritt weiter, indem er vorschlug, im Vorfeld des 40. Jahrestages des Elysée-Vertrages einen neuen Gründungsvertrag (un nouveau pacte fondateur) abzuschließen, der für die deutsch-französische Partnerschaft einen qualitativen Sprung bringen solle. Hiermit griff Chirac eine Idee auf, die schon Premierminister Balladur Ende 1994 geäußert hatte, als er mit Deutschland einen neuen Elysée-Vertrag abschließen wollte, der die Beziehungen nach Ende des Ost-West-Konflikts den veränderten Rahmenbedingungen anpassen sollte. Der Vorschlag war damals im beginnenden Präsidentschaftswahlkampf untergegangen. Auf einem Blaesheim-Treffen am 27.5.2002 wiederholte Chirac seine Idee und auch Gerhard Schröder sprach von einer "Anpassung des Elysée-Vertrages an die neuen Realitäten" (Koopmann 2003: 30). Aber in den mit den bilateralen Beziehungen vertrauten Kreisen – so schreibt Daniel Vernet – bestehe Einvernehmen darüber, dass es sich hier um eine schlechte gute Idee handele; man täte alles, um sie bereits im Keim zu ersticken. Denn der beidseitigen Verträge und Abkommen seien Legion; was heutzutage fehle, sei der politische Wille zu fruchtbarer Zusammenarbeit (Le Monde, 6.7.2002).

So wurden Chiracs hochfliegende Pläne bereits während der 79. deutsch-französischen Konsultationen in Schwerin im Juli 2002 wieder aufgegeben; man einigte sich darauf, bis zum 40. Jahrestags des Elysée-Vertrages, der am 22.1.2003 anstand, keine staatsrechtliche Erneuerung der Beziehungen zu versuchen, sondern lediglich eine starke politische Erklärung zu erarbeiten. Neben drei binationalen Arbeitsgruppen, die die Abstimmung in den zentralen Themen Osterweiterung, Reform der EU-Institutionen und Weiterentwicklung der ESVP voanbringen sollten, wurde auch ein Arbeitsstab eingerichtet, der ausschließlich für die Vorbereitungen dieses 40. Jahrestags gedacht war (Vogel 2002:11).

5.3.2 Die Gemeinsame Initiativenflut von 2002/2003

Trotz der "schleichenden Entfremdung" (Guérot 2003: 19), trotz der "krisenhaften Entwicklung der deutsch-französischen Zusammenarbeit" der letzten Jahre (von Oppeln 2003: 11), trotz der "Blockade des deutsch-französischen Motors" (Koopmann 2003: 19) entfaltete der Jahrestag de facto eine sehr beachtliche Dynamik für die beidseitigen privilegierten Beziehungen. In Berlin und Paris war man sich nämlich darüber im Klaren, dass der im Februar 2002 eröffnete Konventsprozess sowie die bevorstehende Osterweiterung dringend der engagierten Unterstützung und Hilfe des deutsch-französischen Integrationsmotors bedurften, um erfolgreich sein zu können. Daher bemühte man sich ab dem Herbst 2002 sehr ernsthaft um eine Relance der bilateralen Beziehungen. So kam es im Vorfeld des 40. Jahrestag des Elysée-Vertrags zu einer regelrechten "Initiativenflut" (Koopmann 2003: 30). Diese wurde durch die vorausgegangenen Wahlentscheidungen in beiden Ländernerst möglich gemacht: Während man in Berlin lange auf eine Ablösung Chiracs im Elysée setzte, machte der Staatspräsident aus seiner Präferenz für den Kanzlerkandidaten Edmund Stoiber kein Geheimnis. Doch da die Wähler in beiden Ländern letztlich anders entschieden, waren Schröder und Chirac fortan zur Kooperation verdammt, wenn sie Europa voranbringen und ihre jeweiligen Interessen auch in der neuen, vergrößerten EU gewahrt wissen wollten.

Einen ersten Test für die Tragfähigkeit der angekündigten deutsch-französischen Relance stellte der Brüsseler Gipfel vom Oktober 2002 dar, der – da er Finanzfragen gewidmet war – als die letzte große Hürde für die Osterweiterung galt. Wie immer bei Finanzierungsfragen der EU standen auch hier deutlich divergierende deutsch-französische Interessen im Zentrum der Auseinandersetzungen. "Die Interessen von Deutschland als größtem Nettozahler und Frankreich als eines der Länder, die finanziell massiv von der Gemeinsamen Agrarpolitik profitieren, könnten gegensätzlicher nicht sein" (Guérot 2003: 17). Im Vergleich zu früheren Jahren trat 2002 dieser Gegensatz eher noch deutlicher zu Tage, da Kanzler Schröder seit seinem Amtsantritt offensiver und direkter als seine Vorgänger für eine Senkung des deutschen EU-Beitrags kämpft. So hatte er kurz nach seiner Wahl 1998 bereits erklärt, dass die Zeiten, in welchen "die notwendigen Kompromisse zustande kamen, weil die Deutschen sie bezahlt haben" definitiv "an ihr Ende gekommen" seien (Müller-Brandeck-Bocquet 2002: 171). Weil er 1999 in Berlin im Rahmen der Agenda 2000-Verhandlungen nur eine geringfügige Minderung des deutschen Beitrag erreichen konnte, ging es ihm im Oktober 2002 darum, die Agrarausgaben, die mit 44% den Löwenanteil des EU-Haushalts ausmachen, durch eine grundlegende Reform der Direktzahlungen dauerhaft zu senken. Berlin und Den Haag wollten die Direktzahlungen auch in den heutigen Mitgliedstaaten ganz streichen, ehe die Beitrittskandidaten "auf den Geschmack kommen" (Süddeutsche Zeitung, 20.2.2002).

Chirac aber lehnte im Vorfeld des Brüssler Gipfels jegliche inhaltliche Reform der Gemeinsamen Agrarpolitik vor 2006 kategorisch ab[110]. Dabei berief er sich auf die Berliner Agenda 2000-Beschlüsse, die den Finanzrahmen bis 2006 abgesteckt und die Gemeinsame Agrarpolitik weitgehend unangetastet gelassen hatten (vgl. Kap. 4.2.1). Frankreich wolle – so hieß es aus Paris – "bis 2006 nur Berlin und nichts anderes als Berlin angewandt wissen" (Pressekonferenz von D. de Villepin und J. Chirac am 25.10.2002 in Brüssel, abgedruckt in Dokumente 2/03: 36). Chirac wollte erneut demonstrieren, dass er die Interessen der französischen Bauern, denen er sich seit seinen weit zurückliegenden Tagen als Landwirtschaftsminister Pompidous engstens verbunden fühlt, zu wahren weiß und dafür so manchen Streit insbesondere auch mit Deutschland in Kauf nimmt.

Doch nachdem der Streit lange getobt hatte, konnte man sich im Oktober 2002 auf eine Lösung einigen, der auf einem deutsch-französischen Kompromiss beruht: Während Paris sich mit der Forderung durchsetzte, dass bis 2006 alles beim Alten bleibt und somit eine substantielle Agrarreform erneut vertagt wird, erreichte Berlin die langfristige Deckelung der Agrarausgaben auf dem Niveau von 2006[111]. Für die Beitrittskandidaten, die – wie von der Kommission geplant – durch ein sog. phasing-in in die Direktzahlungen einbezogen werden, sind für den Zeitraum 2004 bis 2006 40,9 Mrd. € vorgesehen, d.h. 0,15% des BIP der EU. Damit sei die Osterweiterung billig zu haben gewesen, meinten Kommissionsvertreter. Der wichtigste Erfolg der Einigung sei aber, dass Berlin und Paris "die historisch und politisch wichtigste Herausforderung für die Union, die Osterweiterung, nicht an der Agrarfrage (haben) scheitern lassen" (Guérot 2003: 17). Daraufhin konnte der Europäische Rat von Kopenhagen vom 12./13.12.2002 feierlich die Erweiterung der EU um 8 MOE-Staaten plus Zypern und Malta zum 1.5.2004 beschließen.

Mit diesem Finanzkompromiss war der Weg für eine nachhaltige Verbesserrung der deutsch-französischen Beziehungen freigeräumt, eine Verbesserung, der man angesichts der bevorstehenden Ereignisse dringend bedurfte. So kam es zu der bereits angesprochenen deutsch-französischen Initiativenflut; diese bestand konkret aus fünf gemeinsamen Vorschlägen, mit welchen die beiden Staaten ihre privilegierten Beziehungen ausbauen und vor allem den "Konvent zur Zukunft der Europäischen Union" bei seiner schwierigen und ehrgeizigen Arbeit unterstützen wollten. Am 22.11.2002 legten die Außenminister de Villepin und Fischer "Gemeinsame deutsch-französische Vorschläge zum Bereich Europäische Sicherheits- und Verteidigungspolitik"

---

110 Frankreich – daran sei nochmals erinnert – erhält 22% des EU-Agrarhaushalts und ist damit der erste Profiteur der GAP.
111 Ab 2007 jedoch ist ein einprozentiger Inflationsausgleich vorgesehen.

vor, am 28.11.20002 zum "Raum der Freiheit, der Sicherheit und des Rechts", am 20.12. 2002 leisteten sie einen Beitrag zur "Stärkung der wirtschaftspolitischen Zusammenarbeit", am 15.1.2003 wurde ein Beitrag zum "institutionellen Aufbau der Union" bekanntgegeben, und am 22.1.2003 schließlich feierlich die "Gemeinsame Erklärung zum 40. Jahrestag des Elysée-Vertrags" abgegeben (alle Initiativen sind abgedruckt in Dokumente 2/03: 37-51).

In dem der gemeinsamen Sicherheits- und Verteidigungspolitik gewidmeten Vorschlag ist hervorzuheben, dass man sich generell zur Perspektive einer gemeinsamen Verteidigung bekennt und die Union zur Entwicklung einer globalen Vision ihrer Sicherheit auffordert[112]. Konkret schlagen Fischer und de Villepin vor, das Instrument der verstärkten Zusammenarbeit auch für die ESVP nutzbar zu machen und zugleich den Schwellenwert der erforderlichen Teilnehmerzahl herunterzusetzen. "Denkbar wäre verstärkte Zusammenarbeit insbesondere: in Bezug auf multilaterale Streitkräfte mit integrierten Führungskapazitäten [...] bei der Rüstung und den Fähigkeiten; bei der Verwaltung der Humanressourcen, der Ausbildung und der Erarbeitung gemeinsamer Doktrinen" (Dokumente 2/03: 37). Solch verstärkte Zusammenarbeiten sollen mit qualifizierter Mehrheit beschlossen werden können; bei der Einleitung und Durchführung militärischer Operationen hingegen soll die Einstimmigkeit erforderlich sein, allerdings mit der Möglichkeit zu konstruktiver Enthaltung. Schließlich fordern beide Staaten die Stärkung der militärischen Fähigkeiten ein: "Über die Entwicklung einer europäischen Sicherheitskultur hinaus erfordert dies eine bessere Ressourcenallokation sowie vermehrte Anstrengungen zur Ausrüstung unserer Streitkräfte".

Hier nun setzt die Kritik von Koopmann an: Da Europa als internationaler Akteur letztlich an seiner Fähigkeit, im Konfliktfall militärisch handeln zu können, gemessen werde, hätten Deutschland und Frankreich den Schritt zur Abschaffung des Vetorechts bei Entscheidungen über den Einsatz militärischer Mittel tun müssen. Und er fordert beide Staaten auf, dies Versäumnis noch im Rahmen des Konventsprozesses zu korrigieren (Koopmann 2003: 23/24). Angesichts der beachtlichen Diskrepanzen in den außen- und sicherheitspolitischen Grundpositionen der EU-Mitgliedstaaten, die die GASP bisher zu einem bekanntlich nur bedingt erfolgreichen Unterfangen gemacht haben, sowie angesichts des Standes der ja noch jungen ESVP scheint es jedoch verfrüht und überambitioniert, die Entscheidung über den Einsatz militärischer Mittel, d.h. eventuell über Leben und Tod der betroffenen Soldaten, in den qualifizierten Mehrheitsentscheid zu geben – selbst im Rahmen

---

112 Damit griff man auch die Erklärung des deutsch-französischen Verteidigungs- und Sicherheitsrats von Freiburg vom 12.6.2001 auf (abgedruckt in Kimmel/Jardin 2002: 412-414).

einer verstärkten Zusammenarbeit, die ja zwangsläufig die engagiertesten und handlungswilligsten Mitgliedstaaten zusammenbindet. Der "deutsch-französische Beitrag zum institutionellen Aufbau der Union" vom 15.1.2003 hat besonders große Beachtung gefunden. Kern der Initiative war es, die Führung der EU einer Doppelspitze anzuvertrauen: Neben dem Kommissionspräsidenten, der vom EP gewählt und vom Europäischen Rat mit qualifizierter Mehrheit bestätigt wird, soll künftig ein aus der Mitte des Europäischen Rats mit qualifizierter Mehrheit für zweieinhalb bzw. fünf Jahre gewählter Präsident stehen, der den Sitzungen und Arbeiten des Europäischen Rats vorsteht und der die EU auf internationaler Ebene vertritt. Ihm wird "für die operative Außen- und Sicherheitspolitik" ein Europäischer Außenminister zur Seite gestellt, der über ein formelles Initiativrecht verfügen und den permanenten Vorsitz im Rat für Außenbeziehungen und Verteidigung innehaben soll. Dieses neue Amt wird die heutigen Funktionen des Hohen Vertreters für die GASP (Javier Solana) und des Kommissars für Auswärtige Angelegenheiten (Chris Patten) verschmelzen; das ist die sog. Doppelhutlösung, für die Fischer sich vehement eingesetzt hatte. Nach den deutsch-französischen Vorstellungen soll der künftige Europäische Außenminister von einem "Europäischen Diplomatischen Dienst unterstützt werden, der die Generaldirektion Außenbeziehungen der Kommission sowie eine neu zu schaffende außenpolitische Einheit umfaßt" (Dokumente 2/02: 45). Die Initiative wiederholt die schon im gemeinsamen Vorschlag für die Sicherheits- und Verteidigungspolitik vom 22.11.2002 vorgesehenen Entscheidungsmodalitäten: in der Regel soll in der GASP mit qualifizierter Mehrheit entschieden werden, für militärische oder verteidigungspolitische Beschlüsse jedoch wird Einstimmigkeit gefordert. Schließlich wird erneut angemahnt, das Instrument der verstärkten Zusammenarbeit auch der ESVP zu öffnen.

Bekanntlich plädiert Chirac schon seit Jahren für einen aus den Reihen des Europäischen Rats hervorgehenden EU-Präsidenten, der das intergouvernementale Element in der EU zwangsläufig stärken würde. Seit längerem vertraten diesen Ansatz auch Spaniens Aznar und Großbritanniens Blair. In dem sog. ABC-Vorschlag – A wie Aznar, B wie Blair und C wie Chirac –, der in den Konvent eingespeist wurde und auch die Unterstützung von Konventspräsident Giscard d'Estaing fand, wurde präzisiert, dass der künftige EU-Präsident ein ehemaliger Regierungschef sein sollte[113]. Die Position eines EU-Präsidenten widerspricht jedoch der deutschen Europa-Orthodoxie

---

[113] Das war insofern pikant, als damals sowohl Blair als auch Aznar Ambitionen auf das Amt nachgesagt wurden, Solana aber, der nie Regierungschef war, wäre somit aus dem Rennen gewesen (Müller-Brandeck-Bocquet 2002b: 77).

diametral[114], so dass zu fragen ist, warum sich Schröder und Fischer darauf einließen. Insbesondere die in dem Vorschlag angelegten Rivialitäten zwischen der angedachten EU-Doppelspitze, aber auch zwischen EU-Präsident und Europäischem Außenminister wurden kritisch kommentiert (Koopmann 2003: 29/30). Bei der Ausgestaltung der EU-Spitze führe Deutschland "eine Art Rückzugsgefecht" (Guérot 2003: 19). EVP-MdEP Elmar Brok wertete die Initiative gar als "Anfang vom Ende des gemeinsamen Europas" (Das Parlament, 20.1.2003 und 2003: 19). Hier ist jedoch zu bedenken, dass Frankreich in einigen für Deutschland zentralen Fragen eingelenkt hat, so bei der Wahl des Kommissionspräsidenten durch das EP und bei der Generalisierung des Mitentscheidungsverfahrens bei allen Materien, wo der Rat mit qualifizierter Mehrheit beschließt. Das größte französische Zugeständnis im Bereich der GASP aber ist bei der Akzeptanz der Funktion des Europäischen Außenministers zu erkennen und dessen Anbindung an die Kommission via Doppelhutlösung. Gleichwohl handelt es sich hier um einen Vorschlag, der "Interpretationsmöglichkeiten nach beiden Seiten offen lässt", ein Spielraum, von dem "Kompromisse leben": Denn während der Doppelhut des Außenministers den Deutschen als Garant der "Verklammerung der zweiten mit der ersten Säule" gilt, ist Frankreich vor allem daran gelegen, die Kommission aus den "klassischen Bereichen der Außen- und Sicherheitspolitik" abzudrängen (Jopp/Matl 2003: 102). Diese dem Vorschlag inhärente Interpretationsbandbreite veranschaulichten umgehend die Außenminister Fischer und de Villepin, als sie den gemeinsamen Vorschlag vor dem Konvent verteidigten: Während nach französischer Lesart der künftige Präsident des Europäischen Rats die EU auf internationaler Ebene vertreten soll, käme diese Aufgabe laut Fischer dem künftigen EU-Außenminister zu (Süddeutsche Zeitung, 22.1.2003). Schließlich enthielt die deutsch-französische Initiative vom

---

114 Diese sieht den Ausbau der Kommission zur europäischen Exekutive und den Umbau des Rats zu einer Staatenkammer vor, die gleichberechtigt neben dem EP stünde. In seiner Humboldt-Rede vom 12.5.2000 hatte Fischer offen gelassen, wie die nationalstaatliche Ebene, sprich die einzelnen nationalen Regierungen in die künftige Architektur Europas eingebunden werden sollten. Er eröffnete die Option, sie entweder in einer zweiten Parlamentskammer als Staatenkammer einzubinden; zum anderen aber ventiliert er auch den Gedanken, die künftige Exekutive aus dem Europäischen Rat hervorgehen zu lassen. Schröder hingegen vertrat in seinem SPD-Leitantrag vom 30.4.2001 einen klassisch deutschen, nämlich föderal angelegten Ansatz; gemäß dieser deutschen Orthodoxie soll die Kommission zur Exekutive ausgebaut und der Ministerrat zur Staatenkammer im bikameralen künftigen Parlament werden. Allerdings hat die Bundesregierung inzwischen deutlich gemacht, dass sie für die Staaten in solch einer zweiten Kammer eine bedeutendere Rolle und ein größeres Gewicht veranschlagt, als sie die deutschen Bundesländer im Bundesrat innehaben. Im Verlauf des Jahres 2002 hatte auch Schröder Sympathie für den Vorschlag bekundet, einen EU-Präsidenten zu bestallen,.

15.1.2003 auch den Vorschlag, dass Beschlüsse im Bereich der GASP generell mit qualifizierter Mehrheit gefasst werden. Macht "ein Mitgliedstaat ein nationales Interesse gegen die Beschlussfassung geltend", so kann in letzter Instanz der Europäische Rat mit qualifizierter Mehrheit entscheiden. Hier hat Frankreich einen gewaltigen Abstrich an seiner seit Mitterrand gehegten Präferenz für die intergouvernementale Entscheidungsmethode in der GASP vorgenommen.

Trotz mancher Interpretationsdivergenzen waren Berlin diese französischen Zugeständnisse offenbar das Ja zur umstrittenen Position eines EU-Präsidenten wert. "Bei globaler Betrachtung des Kompromisspakets hat es den Anschein, als habe die französische Regierung mit Blick auf die Stärkung von Kommission und Parlament bei ihren Positionen mehr Abstriche gemacht als die deutsche", schreiben Jopp und Matl. Sie verweisen gleichzeitig aber darauf, dass die Etablierung der neuen europäischen "Dreifaltigkeit", bestehend aus EU- und Kommissionspräsident sowie aus dem Außenminister, mutmaßlich zu "Verschiebungen und Effizienzsteigerungen zugunsten des Rats und intergouvernementaler Strukturen" führen wird (Jopp/Matl 2003: 106). Mithin waren die Abstriche, die beide Staaten in der gemeinsamen Initiative an ihren jeweiligen nationalen Orthodoxien vornehmen mussten, in etwa gleich groß.

Zur Lösung des in Nizza so heftig umstrittenen Problems der Stimmwägung im Rat aber finden sich weder in der Straßburger Chirac-Rede noch im deutsch-französischen Beitrag vom 15.1.2003 Einlassungen. Die Ausgestaltung des qualifizierten Mehrheitsentscheids nach dem Prinzip der doppelten Mehrheit wurde nicht vom deutsch-französischen Tandem, sondern vom Konventspräsidium in den Beratungsprozeß gegeben.

Schließlich zählt zu dieser "Initiativenflut", die ab dem Herbst 2002 die Vitalität der deutsch-französischen Beziehungen belegen sollte, noch die gemeinsame Erklärung zum 40. Jahrestag des Elysée-Vertrags. In der Erklärung wird zunächst die deutsch-französische Freundschaft als im Dienste Europas stehend charakterisiert und kurz rekapituliert; unter der Überschrift "Unsere gemeinsame Verantwortung für Europa" wird sodann die Ausrichtung der deutsch-französischen "Schicksalsgemeinschaft" auf eine vertiefte und erweiterte Europäische Union betont. Die verschiedenen Initiativen, die sich an den Konvent richteten, werden in sehr kondensierter Form und recht abstrakt erneut wiederholt. Den erwartungsgemäß wichtigsten Teil der Erklärung machen jene Passagen aus, die die "Solidarität zwischen Deutschland und Frankreich" durch ihre bilaterale Zusammenarbeit in der Europäischen Union in "exemplarischer Weise" zu intensivieren versuchen (Dokumente 2/03: 48). Unter den zahlreichen einschlägigen Vorschlägen ist besonders hervorzuheben, dass an die Einführung einer gemeinsamen Staatsbürgerschaft für Deutsche und Franzosen gedacht wird. Weiterhin wird ein verstärkter bilateraler Abstimmungsprozess angekündigt; so sollen die deutsch-französischen Gipfeltreffen künftig die Form eines deutsch-französischen Ministerrats annehmen. Auch wird "in jedem Land ein Beauftragter (Generalsekretär) für die deutsch-französische Zusammenarbeit" ernannt, der "persönlich beim Kanzleramt resp. Premierminister angesiedelt ist und über geeignete Strukturen im Außenministerium" verfügt. "Der Beauftragte koordiniert die Vorbereitung, Durchführung und weitere Behandlung der Beschlüsse der politischen Abstimmungsgremien und die Annäherung unserer beiden Länder in den europäischen Gremien. Ihm steht ein Vertreter aus dem Partnerland zur Seite. Der Beauftragte für die deutsch-französische Zusammenarbeit nimmt am deutsch-französischen Ministerrat teil" (Dokumente 2/03: 50/51).

Nach dieser deutsch-französischen Initiativenflut stellt sich nun die Frage, ob damit die in den vergangenen Jahren breit diskutierten und weiter oben ausführlich analysierten Krisenserscheinungen in den deutsch-französischen Beziehungen als überwunden gelten können ? Eher nein, meint Sabine von Oppeln, nach wie vor fehlten Visionen und ein neues gemeinsames Projekt; sie zieht eine magere Bilanz des Jahrestages: "Insgesamt können die deutsch-französischen Beiträge im Konvent als Zeichen für ein verstärktes Bemühen, nicht aber als hinreichender Beleg für eine Stärkung der europapolitischen Gestaltungskraft gesehen werden". Besonders kritisch bewertet sie die Betonung der Exklusivität der deutsch-französischen Beziehungen, dieser "Anspruch einer privilegierten Rolle beider Länder im Rahmen der Europäischen Union" (von Oppeln 2003: 16). Exakt dieses Signal des Jahrestages sei bei den europäischen Partnern auf Unverständnis gestoßen. In die gleiche Kerbe schlägt auch Koopmann, der anmerkt, "dass das deutsch-französische Sonderverhältnis schon heute von aktuellen und künftigen Mitgliedern nicht mehr nur als Segen des europäischen Integrationsprozesses betrachtet wird". Das exklusive deutsch-französische Sonderverhältnis stieße zunehmend auf Kritik (Koopmann 2003: 31/32).

Inzwischen hat sich aber erwiesen, dass die deutsch-französischen Initiativen trotz aller Kritik in Konvent und Öffentlichkeit einen letztendlich tragfähigen Kompromiss darstellen: Zum einen ist er weitgehend unverändert in den im Juli 2003 endgültig vorgelegten Verfassungsentwurf des Konvents eingegangen – das Mehrheitsprinzip als Entscheidungsregel in der GASP wurde allerdings gestrichen[115]; zum anderen wurde der Kompromiss, ob-

---

115 Der im deutsch-französischen Vorschlag vom 15.1.03 enthaltene Übergang zu Mehrheitsentscheidungen in der GASP fand im Konvent nicht den nötigen Rückhalt. Insbesondere Großbritannien, unterstützt v.a. von mehreren Kandidatenstaaten, hatte auf Einstimmigkeit bei allen GASP-Entscheidungen bestanden. Aber auch Chirac war inzwischen wieder von

gleich er beiden Seiten substantielle Abstriche an den nationalen Präferenzen abnötigte, von Paris und Berlin konsequent eingehalten. Insgesamt hat die "Initiativenflut" zu einem neuen deutsch-französischen Gleichklang geführt, der in der Geschichte seinesgleichen sucht. Jedenfalls sprachen Deutschland und Frankreich in der Folgezeit in Brüssel mit einer Stimme, kein Blatt passte zwischen ihre Positionen– man denke an die Vehemenz und Verve, mit der beide Staaten im Rahmen der am 4.10.2003 eröffneten Regierungskonferenz gemeinsam den Verfassungsentwurf verteidigten.

5.4 Der Irak-Konflikt als Katalysator deutsch-französischer Gemeinsamkeiten

Mit der Initiativenflut zum Jahreswechsel 2002/2003 begann eine neue Phase der deutsch-französischen Beziehungen, die nach den Jahren der Distanz zu einem außerordentlich großen, weitreichenden bilateralen Gleichklang führte. Dieser neuerliche Gleichklang bleibt unverständlich, wenn er analytisch nicht in den höchst turbulenten internationalen Kontext eingeschrieben wird, in welchem er entstand, nämlich in den Kontext des lange angekündigten Irak-Krieges, den die USA, Großbritannien und andere Mitglieder der "coalition of the willings" seit Sommer 2002 vorbereiteten und der die internationale Staatengemeinschaft und insbesondere Europa tief spaltete. Frankreich und Deutschland fanden in diesem internationalen Streitpunkt zu engstens abgestimmten gemeinsamen Positionen, so dass sie sowohl in der Kriegs- als auch der Nachkriegsphase gemeinsam das Lager der Kriegsgegner anführten. Diese Gemeinsamkeit, die für beide Staaten zu gravierenden Belastungen im transatlantischen Verhältnis führte, konnte nur auf der Grundlage der jüngst wiederbelebten und verbesserten bilateralen Beziehungen erfolgen, beflügelte ihrerseits aber wiederum die Bereitschaft zu engster Kooperation, besonders auch in der Europapolitik. Wir haben es also mit zwei sich gegenseitig ermöglichenden und verstärkenden Phänomenen zu tun, die erst zusammengenommen den ausgeprägten deutsch-französischen Gleichklang sowohl in der Irak- als auch in der Europapolitik erlaubten. Wenn also zweifelsfrei davon ausgegangen werden kann, dass hier ein überaus enger wechselseitiger Zusammenhang besteht, so müssen die exakten Kausalitäten der Entstehung dieses doppelten Gleichklangs doch offen bleiben.

---

dem deutsch-französischen Vorschlag abgerückt, hatten doch 14 der bald 25 EU-Mitglieder den Irak-Krieg unterstützt; weder die britisch-spanische noch die deutsch-französische Position hätte eine qualifizierte Mehrheit erreichen können. Konventpräsident Giscard d'Estaing lehnte den Mehrheitsentscheid in der GASP ebenfalls ab (Der Spiegel 13/03: 66).

5.4.1 Das deutsche und das französische Nein zum Irak-Krieg

Im Irak-Konflikt ging es letztlich um die Frage, wer mit welcher Begründung in der heutigen von Terrorismus und Massenvernichtungswaffen bedrohten Welt legitimerweise über den Einsatz militärischer Gewalt entscheiden darf; somit wurden in diesem Konflikt die Grundregeln der internationalen Ordnung im eben erst angebrochenen 21. Jahrhundert und insbesondere die Möglichkeiten und Grenzen der einzig verbliebenen Weltmacht USA verhandelt. Es ist nun ein absolutes Novum, dass Frankreich und Deutschland sich in einem bedeutenden internationalen Konflikt gemeinsam gegen die USA stellten. Dies darf als der gemeinsame Anspruch auf Mitspracherechte bei der Gestaltung der neuen internationalen Ordnung interpretiert werden.

Während Frankreich seit jeher solche Rechte für sich reklamiert und auch wahrnimmt, was regelmäßig zu gewissen Spannungen im Verhältnis zu den USA führt, betrat die Bundesrepublik in ihrer jüngsten Irakpolitik Neuland. So bedeuteten die Positionsbeziehung gegen die USA und der Schulterschluss mit Frankreich für Deutschland ein Novum und die Abkehr von der fast 50 Jahre geübten Praxis einer Balancepolitik zwischen Washington und Paris. Diese Zweigleisigkeit deutscher Außenpolitik, diese konstant zwischen Amerika und Frankreich vermittelnde und ausgleichende Brückenfunktion, diese "Maxime [...], sich nicht zwischen Paris und Washington entscheiden zu müssen und jede derartige Situation nach Kräften zu vermeiden" (Maull 2003: 10), war das "Gütesiegel bundesrepublikanischer Politik" (Ritzenhofen 2003:6). Doch die Regierung Schröder/Fischer hat in der Außen- und Europapolitik einen neuen, selbstbewussteren und eigenständigeren Kurs eingeschlagen, der ein Jahrzehnt nach der Wiedervereinigung das größere internationale Gewicht der Bundesrepublik abbilden und in gesteigerte Handlungsfähigkeit transformieren soll. Kurz: Deutschland strebt eine aktive, aber auch gewichtigere internationale Rolle an (Schöllgen 2004). Die offene Ablehnung einer deutschen Beteiligung an einem eventuellen Irak-Krieg und damit die Brüskierung der USA sind jedoch keineswegs nur außenpolitischen Beweggründen wie beispielsweise dem Schutz der durch ihre diversen Auslandseinsätze bereits hoch belasteten Bundeswehr geschuldet; vielmehr setzte der seit längerem hochgradig über die Bush-Admindistration verärgerte Kanzler[116] seine kriegsablehnende Position auch höchst stimmbringend im deutschen Wahlkampf 2002 ein. Zwar gewann Schröder nicht zuletzt deswegen

---

[116] Neben der Kooperationsverweigerung der Bush-Administration in allen wichtigen internationalen Fragen vom Internationalen Strafgerichtshof bis zum Kyoto-Protokoll lastete Schröder im Sommer 2002 dem US-Präsidenten vor allem die mangelnde Anerkennung des deutschen Beitrags im internationalen Kampf gegen den Terrorismus an; schließlich hatte Schröder für den Afghanistan-Einsatz seine Kanzlerschaft aufs Spiel gesetzt.

im September die Bundestagswahlen; doch drohte ihm zunächst die internationale Isolation, zumal er mit seiner Goslaer Aussage vom 21.1.2003 "Rechnet nicht damit, dass Deutschland einer den Krieg legitimierenden Resolution zustimmen wird" die Autorität des UN-Sicherheitsrates untergrub, dessen Inspektoren ihren Bericht über die Massenvernichtungswaffen des Irak zum damaligen Zeitpunkt noch gar nicht abgeliefert hatten. Die Kritik am sog. deutschen Weg geißelt zwar zu Recht diesen "faux pas" des Kanzlers (Hacke 2003: 8-16; Maull 2003: 9), übersieht aber, dass das deutsche Nein einem eindeutig völkerrechtswidrigen Krieg galt.

Deutschlands Widerstand gegen einen Irak-Krieg, der zwar von der Mehrheit der europäischen Bevölkerung, nicht aber von deren Regierungen mitgetragen wurde[117], erfuhr eine beträchtliche Aufwertung, als Frankreich sich ihm sukzessive anschloss. Dabei waren die Beweggründe in Frankreich deutlich anders gelagert. Bis zum Jahreswechsel 02/03 hatte sich Jacques Chirac noch keineswegs auf einen Anti-Kriegskurs festgelegt. Wie die USA war auch Frankreich nicht gewillt, den irakischen Bruch der UN-Resolutionen tatenlos hinzunehmen. Daher stimmte Chirac in seiner Neujahrsansprache die französischen Streitkräfte auf eine Beteiligung an einem eventuell nötigen Waffengang gegen den Irak ein. Nachdem Colin Powell und Tony Blair den US-Präsidenten dazu bringen konnten, den UN-Sicherheitsrat mit dem Irak-Problem zu befassen, ging es Chirac in seiner "bataille onusienne", seiner UNO-Schlacht (Le Monde, 18.3.2003), prinzipiell darum, die Autorität der UNO und ihr Gewaltmonopol zu verteidigen. Gleichzeitig nutzte der französische Staatspräsident höchst geschickt die Chance, das internationale Gewicht seines Landes zur Geltung zu bringen. Da ein Gutteil der vormaligen außenpolitischen Machtattribute Frankreichs (Atomwaffen, Status als Siegermacht des Zweiten Weltkrieges mit Mitspracherechten in Bezug auf Deutschland, Ständiger UN-Sicherheitsratssitz, Präsenz in Afrika sowie eine herausgehobene Rolle im europäischen Einigungsprozess, vgl. Fromont-Meurice 2000: 319) inzwischen verloren gegangen sind, drängt sich die Verteidigung der UN als höchste internationale Autorität aus französischer Sicht geradezu auf. Denn nur in der UN ist Frankreich den USA als ständiges Sicherheitsratsmitglied mit Veto-Recht vollkommen ebenbürtig. Würde die UN aber – so wie die Bush-Administration dies mehrfach anklingen ließ – irrelevant, dann wäre auch dieses zentrale Machtinstrument französischer Außenpolitik entwertet. Doch der ständige Sicherheitsratssitz ist nicht nur ein probates Machtmittel den USA, sondern auch Deutschland gegenüber. Chirac, dem im Laufe seiner ersten Amtszeit

---

117 Die Kriegsablehnung war in den Staaten besonders groß, deren Regierungen die USA unterstützten; so lehnten Anfang 2003 90% der Briten, 91% der Spanier und 72% der Polen einen Irak-Krieg ohne UN-Mandat ab, Le Monde, 14.2.03.

immer wieder vorgeworfen wurde, er setze dem wachsenden außen- und europapolitischen Einfluss des vereinten Deutschland zu wenig entgegen (vgl. Kap. 4.4.1), sah hier die Gelegenheit, die Rangordnung zwischen beiden Ländern wieder herzustellen: Denn während ein Nein des nicht-ständigen Sicherheitsratsmitglieds Deutschland[118] hätte überstimmt werden können, besitzt Frankreich Vetomacht. Dass Chirac in seiner "bataille onusienne" offensichtlich nicht nur uneigennützige Zielsetzungen verfolgte, tut der Ehr- und Ernsthaftigkeit seines Kampfes jedoch keinen Abbruch. Hinzu kam die aufrichtige Sorge über das von Bush in seiner neuen nationalen Sicherheitsdoktrin vom September 2002 erhobene Ansinnen, für die USA – und nur für sie – das Recht auf Präventivkriege zu beanspruchen. Unzweifelhaft hat "Frankreich mit seiner Politik den VN einen wirklichen Dienst erwiesen" (Müller 2003: 173). Es soll aber nicht verschwiegen werden, dass auch für Chirac seine Irak-Politik sich innenpolitisch auszahlte. Denn erstmals seit der unsäglichen Präsidentschaftswahl vom April und Mai 2002 konnte Chirac nun jene 80% der Franzosen hinter sich scharen, die damals in ihrer Verzweiflung über das Vorrücken Jean Marie Le Pens in die Stichwahl für ihn gestimmt hatten. Die gesamte Linke und das Gros der Rechten unterstützten die Irakpolitik des Staatspräsidenten. Auf den Höhepunkt dieser nationalen Solidarisierung im Sommer 2003 war gar von einer erneuten Kandidatur Chiracs bei den Präsidentschaftswahlen 2007 die Rede.

Zunächst brachte Chirac das gesamte diplomatische Geschick seines Landes zum Tragen, als er in den zähen Auseinandersetzungen um die berühmte Resolution 1441 es verstand, jeglichen kriegslegitimierenden Automatismus auszuschließen bzw. einen ausreichend unbestimmten Wortlaut durchzusetzen, der auch die amerikanische Sichtweise abdeckte, die einen weiteren Beschluss des Sicherheitsrates vor einem Waffengang für entbehrlich hielt. Erst als die Angelsachsen im Januar 2003 begannen, eine zweite, nun eindeutig kriegslegitimierende Resolution auszuarbeiten, ohne dass die UN-Waffeninspektoren Belege für eine unmittelbare Bedrohung durch Iraks vermutete Massenvernichtungswaffen vorgelegt hätten, brachte Chirac die Option eines französischen Vetos ins Spiel. Desgleichen tat Putin. Am 10.3.2003, Tag der offiziellen Bekanntgabe der Vetoabsichten, gaben Frankreich, Russland und Deutschland eine gemeinsame Erklärung ab. "Es gibt noch eine Alternative zum Krieg", hieß es hierin; die in der Resolution 1441 vorgegebenen Möglichkeiten für eine friedliche Entwaffnung des Irak seien noch nicht "voll und ganz ausgeschöpft" (Die Erklärung ist abgedruckt in: Blätter für deutsche und internationale Politik 3'03: 372). Am 14.3.2003 schlugen Frankreich und Deutschland vor, die Inspektionen zu verlängern

---

[118] Deutschland ist von der UN-Generalversammlung für 2003/2004 als nicht-ständiges Mitglied in den UN-Sicherheitsrat gewählt worden.

und aufzustocken. Damit allerdings machten sich beide für ein Inspektionsregime stark, zu dessen Zustandekommen sie wenig beigetragen hatten; denn schließlich war es vor allem der Aufbau der angelsächsischen Drohkulisse, der die Rückkehr der UN-Waffeninspektoren in den Irak ermöglicht hatte. Im März 2003 jedoch plädierten beide Staaten wie auch Unmovic-Chef Hans Blix für eine Verlängerung und Intensivierung der Waffeninspektionen – dies entsprach übrigens auch der Position der EU, wie sie die europäischen Staats- und Regierungschefs am 17.2.2003 fest gehalten hatten (Schlußfolgerungen des Rats vom 17.2.2003[119]). Doch die Kriegsbefürworter setzten sich über den Widerstand der Mehrheit im UN-Sicherheitsrat hinweg und griffen am 20.3.2003 den Irak ohne UN-Mandat an. Je länger die Debatten und Untersuchungen in den USA und Großbritannien über Geheimdienstdossiers, Täuschungsmanöver und Aufbauschaktionen andauern, desto deutlicher wird, dass ein legitimer Kriegsgrund nicht vorlag (Müller-Brandeck-Bocquet 2004a).

Der außerordentlich enge irakpolitische Schulterschluß zwischen Deutschland und Frankreich hat auch den Turbulenzen der Nachkriegszeit standgehalten. Dabei haben die schweren Belastungen, die beide Staaten in ihrem Verhältnis zu den USA zu verzeichnen hatten, sie eher noch enger zusammengeschweißt. Denn die USA haben höchst unwirsch auf die deutsche und französische Gefolgschaftsverweigerung reagiert, wobei der amerikanische Unmut Frankreich ungleich härter traf als Deutschland, dessen generelle Kriegsskepsis jenseits des Atlantiks eh bekannt ist. Bushs Sicherheitsberaterin Condoleeza Rice wird der Ausspruch zugeschrieben: Russland vergibt man, Deutschland ignoriert man, Frankreich aber bestraft man[120]. Die USA hatten ursprünglich wohl auf das klassische französische Verhalten in internationalen Krisen gesetzt: Nach den üblichen Wider- und Einsprüchen werde Frankreich sich wie auch in der Vergangenheit den amerikanischen Positionen letztlich anpassen bzw. unterordnen; weil Frankreich diesmal aber seinen Widerstand nicht aufgab – und es konnte sich dies auf Grund des deutschen (und russischen) Beistands leisten – war die Verbitterung groß. Amerika müsse sich damit abfinden, dass Frankreich sein Feind geworden sei, hieß es daraufhin in der Presse (Thomas Friedmann in der New York Times, 18.9.2003).

---

119 http://www.auswaertiges-amt.de/www/de/ausgabe_archiv?archiv_id=4085
120 Das sog. french-bashing nahm Anfang 2003 mit der Umbenennung der french fries in freedom fries und dem Boykott französischer Weine in den USA teilweise absurde Züge an. Ernst zu nehmender ist aber das Ansinnen der USA, NATO- Entscheidungen in solche Gremien zu verlegen, in welchen Frankreich nicht vertreten ist, sowie die lauten Überlegungen Bushs, Frankreich aus dem Sicherheitsrat zu entfernen. Frankreich hat sich übrigens mehrmals offiziell über verleumderische US-Medienberichte beschwert (Le Monde, 17.5.2004).

Zwar haben sich die transatlantischen Beziehungen seit dem Ende der offiziellen Kriegshandlungen wieder entspannt, da man auf beiden Seiten des Atlantiks inzwischen um Schadensbegrenzung bemüht ist. Doch in der Sache sind Frankreich und Deutschland bei ihrer prinzipiellen Kritik an der amerikanischen Irakpolitik geblieben. So traten beide für eine möglichst zügige und weitreichende Souveränitätsübertragung von der Kriegskoalition auf den Irak ein und forderten für die UN eine substantielle Rolle im irakischen Befriedungs- und Wiederaufbauprozeß. Diese Positionen vertraten beide Staaten konsequent bei der Verabschiedung der ersten UN-Nachkriegsresolutionen zum Irak[121]. Auch verweigern sie – wie von den USA mehr oder weniger explizit gewünscht – die Entsendung eigener Truppen in den Irak; lediglich bei der Ausbildung irakischer Polizisten sagten sie Hilfe zu[122]. Doch selbst diese angebotenen Hilfeleistungen wurden von der Einsetzung einer legitimen und souveränen irakischen Regierung abhängig gemacht, wie die französische Verteidigungsministerin Michèle Alliot-Marie in einem Interview klarstellte (Der Spiegel, Nr. 2/2004, 2.2.2004). Deutschland erwägt außerdem die Entsendung eines Sanitätsflugzeuges. Äußerst zurückhaltend agierten beide Staaten erwartungsgemäß auf der Madrider Geberkonferenz für den Irak vom 23./24.10.2003.

Auch während der Verhandlungen zur konkreten Ausgestaltung der für den 30.6.2004 anberaumten Souveränitätsübergabe an irakische Instanzen sowie über die künftige Rolle der UN im Irak sind Frankreich und Deutschland ihrer US-kritischen Haltung treu geblieben. Dies zeigte sich bei den wochenlangen Verhandlungen über die vierte Resolution des UN-Sicherheitsrates zum Nachkriegs-Irak, die am 8.6.2004 als Resolution 1546 einstimmig verabschiedet werden konnte; die USA und Großbritannien hatten ihren ursprünglichen Entwurf mehrfach und substantiell überarbeiten müssen, bevor eine Einigung möglich war. Frankreich hatte – hierin von Deutschland und teilweise auch Russland und China unterstützt – konsequent auf einem möglichst weitreichenden und klar konturierten Souveränitätstransfer auf die irakische Übergangsregierung bestanden. Trotz aller atmosphärischer Verbesserungen im transatlantischen Verhältnis, die sich nicht zuletzt im Kontext der Feiern zum 60. Jahrestag der Landung der Alliierten in der Normandie ergeben haben, ist Frankreich – wie auch Deutschland –

---

121 Es handelt sich um die Resolutionen 1483, 1500 und 1511, vgl. dazu Müller-Brandeck-Bocquet 2004a
122 Um ihren Teil zur transatlantischen Entspannung zu leisten, boten Deutschland und Frankreich jedoch den Einsatz des Eurokorps in Afghanistan an, das dort die Führung der Isaf-Friedenstruppe übernehmen könnte (Süddeutsche Zeitung, 7./8.2.2004; Le Monde, 6.2.2004).

bei seinem Nein zur Entsendung eigener Truppen in den Irak geblieben. Mitte Mai 2004 hat der neue Außenminister Michel Barnier gar unmißverständlich klargestellt, dass Frankreich niemals, "ni maintenant ni plus tard" Soldaten in den Irak schicken werde (Le Monde, 21.5.2004). Während des G-8-Gipfels vom 10.6.2004 auf Sea-Island sowie auf der Instanbuler Nato-Tagung vom 26.6.2004 haben Chirac und Schröder sich erneut gegen ein Engagement der Allianz im Irak ausgesprochen. Dafür bestätigte man die Bereitschaft, bei der Ausbildung irakischer Sicherheitskräfte – ob innerhalb oder außerhalb der Grenzen des Irak steht noch nicht fest – zu helfen und das Afghanistan-Engagement zu vertiefen (Süddeutsche Zeitung, 28.6.2004).

5.4.2 Der deutsch-französische Gleichklang – Spaltpilz oder Katalysator für Europas Einigung?

Wenn weiter oben von der wechselseitigen Abhängigkeit und Verstärkung des Iirak- und des europapolitischen jüngsten deutsch-französischen Gleichklangs die Rede war, so ist nach seinen Auswirkungen auf den europäischen Integrationsprozess zu fragen. In der Tat lassen sich vielschichtige und vielversprechende, allerdings auch ambivalente Folgen dieses Gleichklangs beobachten.

5.4.2.1   Spaltpilz?

Der Irak-Konflikt hat die EU zunächst tief gespalten und zu einem vollständigen Versagen der GASP geführt. Dafür sind viele Schuldige auszumachen. Hauptschuld trägt die Verfaßtheit der Gemeinsamen Außen- und Sicherheitspolitik der EU, die es zuläßt, dass das integrierte Europa sich in einer zentralen Frage der internationalen Politik um eine gemeinsame Position drücken kann. Denn ab Frühsommer 02 war ja bekannt, dass die USA den Irak erneut ins Fadenkreuz genommen hatten. Die EU jedoch, d.h. weder ihre Staats- und Regierungschefs noch die Außenminister noch Solana oder die Kommission unternahmen ausreichende Anstrengungen, um eine gemeinsame Position zur Irak-Frage zu erzielen, die dann den Mitgliedstaaten als Leitlinie ihrer eigenen Politik hätte dienen und sie zu Solidarität und Loyalität verpflichten können. Daher lag auch kein regelrechter Bruch mit einer europäischen Beschlußlage vor, als Tony Blair als erster "aus der Einheitsfront der Indifferenz" (Müller 2003: 169) ausbrach und im April 2002 seine Bereitschaft, sich an einem Krieg gegen den Irak zu beteiligen, bekanntgab. Gerhard Schröder folgte im August 02 als zweiter mit seiner radikal gegensätzlichen Position. Als Frankreich sich ab Herbst 02 für ein straffes Abrüstungsregime für den Irak einsetzte, das alle Entscheidungsgewalt dem UN-Sicherheitsrat überantworten sollte, konnte es – obwohl hierin von Deutschland aufs Engste unterstützt – nicht mehr den Anspruch erheben, im Namen der EU zu sprechen. Die Resolution 1441 vom 8.11.02 wurde im Sicherheitsrat zwar einstimmig verabschiedet und damit von allen europäischen ständigen und nichtständigen Sicherheitsratsmitgliedern (Deutschland, Großbritannien, Frankreich und Spanien) mitgetragen, gleichwohl trug sie nicht das Siegel der EU.

Als Schröder und Chirac anlässlich der Feierlichkeiten zum 40. Jahrestag des Elysée-Vertrages ihre kriegsablehnende Position öffentlich wiederholten und der französische Staatspräsident diese Gelegenheit nutzte, um erstmals die Eventualität eines französischen Vetos zu einer zweiten, nun eindeutig kriegslegitimierenden UN-Resolution aufscheinen zu lassen, regte sich in manchen europäischen, insbesondere den mittel- und osteuropäischen Hauptstädten Widerstand. Manche unterstellten Chirac und Schröder, dass sie sich anmaßten, in Namen ganz Europas zu sprechen (Dembinski/Wagner 2003: 36). Mancherorts ging die Furcht um, die beiden Staatsmänner beabsichtigten, ein deutsch-französisches Direktorium schaffen und dem Rest Europas eine Politik aufzwingen zu wollen, die sich gegen die USA und mithin gegen ihre prioritären nationalen Interessen stellte (Hacke 2003: 10). Besonders im Falle der Nato-Neumitglieder Polen, Tschechien und Ungarn ist die außen- und sicherheitspolitische Affinität zu den USA extrem groß. Nachdem schon Clinton ihren Nato-Beitritt durchgesetzt hatte, tritt auch Bush engagiert für sie ein, was ihren Sicherheitsinteressen voll und ganz entspricht. Eine wie immer geartete kritisch-distanzierte Haltung zu Amerikas Wünschen steht außer Frage, zumal diese Staaten bei der Modernisierung ihrer Streitkräfte auf Nato-Niveau in großem Maße von den Vereinigten Staaten abhängig sind.

Um den Gefahren einer amerikakritischen deutsch-französischen Vereinnahmung Europas vorzubeugen, wurde am 30.1.2003 der berühmte Brief der Acht (abgedruckt in Blätter für deutsche und internationale Politik, 3'03: 373) verfaßt: Auf eine Initiative des Wall Street Journals hin, die als erster Spaniens Aznar willig aufgriff, unterzeichneten die EU-Mitgliedstaaten Großbritannien, Italien, Spanien, Portugal und Dänemark gemeinsam mit den Kandidatenstaaten Polen, Tschechien und Ungarn eine Solidaritätsadresse an die USA. Vom Inhalt her ist die Erklärung vergleichsweise unverfänglich, da sie vorrangig die Unterstützung der Unterzeichner für den Sicherheitsrat bekundete. Der wahre Skandal dabei war, dass Frankreich, Deutschland und andere EU-Kriegsgegner wie Belgien, Luxemburg und Österreich gar nicht um Unterzeichnung angefragt wurden. Michel Rocard, vormaliger Premierminister, interpretierte den Brief als eindeutigen Versuch, den Kollaps der GASP zu provozieren (Le Monde, 15.3.2003) – was ja gelang. Am 5.2.03 bekundeten dann auch die zehn Vilnius-Staaten – allesamt Nato-Kandidaten-

bzw. inzwischen Nato-Mitgliedstaaten – ihre Solidarität mit den USA, womit sich die europäische Spaltung weiter vertiefte. Diesen lamentablen Zustand Europas belegte US-Verteidigungsminister Rumsfeld mit einer Einteilung des Kontinents in ein weibisches "Old Europe", das sich um Frankreich und Deutschland scharte, und ein "New Europe", das unter Führung von Großbritannien, Spanien und Polen in tatkräftiger Solidarität zu den USA stand und trieb damit einen weiteren Keil zwischen die Europäer.

Als sich Chirac beim EU-Sondergipfel, der wegen der Irak-Krise am 17.2.2003 in Brüssel stattfand, zu äußerst kritischen Bemerkung zum Verhalten der Kandidatenstaaten hinreißen ließ, war das Tischtuch zwischen ihm und den EU-Neulingen zerschnitten. O-Ton Chirac: "Entrer dans l' Europe, cela suppose un minimum de considération pour les autres, un minimum de concertation. Ce qu'ils ont fait n'est convenable, pas très bien elevé. Ils ont manqué une occasion de se taire" (Europa beitreten zu wollen, setzt ein Minimum an Rücksichtnahme für die anderen, ein Minimum an Abstimmung voraus. Was sie getan haben, ist nicht hinnehmbar, nicht sehr gut erzogen. Sie haben eine Gelegenheit zum Schweigen verpaßt). Insbesondere in Polen wurde Chirac daraufhin Arroganz und mangelndes Engagement für die Osterweiterung vorgeworfen – man hatte sein Agieren anlässlich der Nizzaer Regierungskonferenz nicht vergessen –, so dass Christian Hacke zuzustimmen ist, der die Unterzeichnung des Briefs der Acht durch Polen als eindeutig "antifranzösische Spitze" bezeichnet (2003: 11).

Diese abgrundtiefe Spaltung Europas konnte auch nach Ende des Irak-Kriegs nicht überwunden werden, da sich Italien, Spanien und Polen nach Ende des Waffengangs mit eigenen Truppen am angelsächsischen Besatzungsregime beteiligten, Frankreich und Deutschland dies aber – wie bereits erwähnt – vehement ablehnten. Die Schockwellen der europäischen Krise erreichten zeitweilig gar die Arbeiten des seit Februar 2002 tagenden Verfassungskonvents der EU. So musste eine auf den 20.3.03 anberaumte Konventsdebatte über die ESVP kurzfristig abgesetzt werden; "Wir können nicht über die künftige Europäische Sicherheits- und Verteidigungspolitik beraten, solange das Irak-Problem nicht gelöst ist", meinte damals Konventspräsident Giscard d'Estaing (Süddeutsche Zeitung, 18.3.2003). Wenngleich die strittigen Punkte des Konventsvorschlags, d.h. die Struktur der Kommission, der Anwendungsbereich des qualifizierten Mehrheitsentscheids und vor allem das Prinzip der doppelten Mehrheit in keinerlei direktem Bezug zur Irak-Krise standen, so trugen deren Nachbeben doch zweifellos zu der angespannten Atmosphäre bei, in welcher die Regierungskonferenz von Rom am 4.10.2003 eröffnet wurde; somit hat diese Krise zweifelsohne einen gewissen Anteil am Scheitern des abschließenden Brüsseler Gipfels vom 12.12.2003 - 13.12.2003.

5.4.2.2 ... oder Katalysator?

Der deutsch-französische Gleichklang wirkte in der überaus angespannten Atmosphäre der Irak-Krise nicht nur als wahre Katharsis, die kurz vor der Osterweiterung allen Beteiligten den ungenügenden Stand der Gemeinsamen Außen- und Sicherheitspolitik schonungslos offen legte; er hat der EU auch neue Impulse insbesondere beim Auf- und Ausbau der noch jungen ESVP gebracht. Denn um der allzu offensichtlichen divide et impera-Strategie der USA etwas entgegenzusetzen, veranstalteten die von US-Verteidigungsminister D. Rumsfeld als "old Europe" geschmähten Staaten Frankreich und Deutschland gemeinsam mit Belgien und Luxemburg Ende April 2003 in Brüssel einen Minigipfel zur ESVP, der von manchen abfällig als Pralinengipfel bezeichnet wurde. Diese Diffamierung trägt den beachtlichen Folgewirkungen dieses Vierer-Treffens aber in keiner Weise Rechnung, das in der Tat einen beachtlichen Vorstoß für die ESVP auslösen konnte (die "Gemeinsame Erklärung Deutschlands, Frankreichs, Luxemburgs und Belgiens zur Europäischen Sicherheits- und Verteidigungspolitik" vom 29.April 2003 in Brüssel" ist abgedruckt in: IP, 9/2003: 85-88). Unter Rückgriff auf den gemeinsamen deutsch-französischen Vorschlag vom 22.11.2002 zur Gründung einer Verteidigungsunion erörterten die Vier Wege und Möglichkeiten, wie für die ESVP mittels verstärkter Zusammenarbeiten u.ä. die dringend erforderliche Dynamisierung zu erreichen wäre. Unter den vorwärtsgewandten Beschlüssen zum Aufbau verstärkter militärischer EU-Kapazitäten sorgte vor allem der Vorschlag für Aufsehen und Aufregung, im Brüsseler Vorort Tervuren ein von der Nato unabhängiges europäisches Hauptquartier für EU-Militäraktionen einzurichten. Obgleich sowohl Spanien – noch unter Aznar – als auch Großbritannien, hier ganz Sprachrohr der USA, diese Vorschläge umgehend als unannehmbar geißelten, machten sie ihren Weg in die Konventsvorschläge. Artikel 40.6 Teil I in Verbindung mit Art. 213 Teil III des Verfassungsentwurfs räumt "Mitgliedstaaten, die anspruchsvollere Kriterien in Bezug auf die militärischen Fähigkeiten erfüllen und die im Hinblick auf Missionen mit höchsten Anforderungen untereinander festere Verpflichtungen eingegangen sind", die Möglichkeit zu "strukturierter Zusammenarbeit" ein; der Verfassungsentwurf erlaubt "im Bereich der gegenseitigen Verteidigung" auch "engere Zusammenarbeiten", so die Bezeichnung für die Beistandsklausel. Zur "strukturierten Zusammenarbeit" soll ein Protokoll verfasst werden, das die teilnehmenden Mitgliedstaaten sowie präzisere Modalitäten der strukturierten Zusammenarbeit benennt. Damit haben sich im Konvent jene Kräfte durchgesetzt, die dem deutsch-französisch-belgisch-luxemburgischen Vorstoß zu Gunsten einer stärkeren und unabhängigeren ESVP Folge leisten.

Mit dem Scheitern des Brüsseler Gipfels vom 12./13.12.2003 wurden diese Innovationen jedoch bis zur Verabschiedung der Europäischen Verfassung auf Eis gelegt. Diese neuen ESVP-Instrumente wurden im Juni 2004 von den europäischen Staats- und Regierungschefs problemlos angenommen, denn ihr früherer Hauptopponent, Tony Blair, hat ihnen nach heftigem Widerstand Ende 2003 schlußendlich zugestimmt. Blair, wegen Großbritanniens großem Engagement im Irak-Krieg und am Nachkriegs-Besatzungsregime innenpolitisch angeschlagen und europapolitisch weitgehend isoliert, reagierte damit auf die glaubwürdige und deutliche Ankündigung aus Paris und Berlin, das ESVP-Projekt notfalls auch ohne ihn voranzutreiben. Denn Blair möchte keinesfalls aus der künftigen Gestaltung von GASP und ESVP ausgeschlossen werden. So stimmte Blair auf einem Dreiergipfel mit Chirac und Schröder am 20.9.2003 in Berlin in einer gemeinsamen Erklärung erstmals der Zielsetzung zu, dass "die EU über eine gemeinsame Fähigkeit zur Planung und Führung von Operationen ohne Rückgriff auf NATO-Mittel und -Fähigkeiten verfügen muss". Das hieß zwar nicht, dass Großbritannien das Tervuren-Projekt mittrug. Doch Blair, der bislang auch jegliche Flexibilisierung in der ESVP mit dem Argument abgelehnt hatte, dies schwäche die NATO, willigte in Berlin in die vom Verfassungsentwurf eröffnete Möglichkeit ein, strukturierte Zusammenarbeit in der ESVP zu schaffen; dies stärke die Glaubwürdigkeit der Union, heißt es in der gemeinsamen Erklärung.

In weiteren Absprachen des neuen Triumvirats der EU nahm auch das künftige europäische Hauptquartier Gestalt an. Wenn Blair sich in der Frage der seit dem April 03 höchst strittig debattierten Schaffung autonomer militärischer Planungskapazitäten der EU den "Alt-Europäern" auch beträchtlich angenähert hatte, so konnte er doch durchsetzen, dass den massiven Bedenken Washingtons besser Rechnung getragen wird. Das am 28.11.03 von Großbritannien, Frankreich und Deutschland vorgelegte sog. Non-Paper "European Defence: Nato/EU consultation, planning and operations" ist nach mehrwöchiger Geheimhaltung vom Europäischen Rat Brüssel im Dezember 2003 indossiert und damit offiziell gemacht worden. Statt der Einrichtung eines veritablen ESVP-Hauptquartiers, das ursprünglich unter dem Stichwort Tervuren angedacht war, sieht das Non-Paper zum einen die Einrichtung einer kleinen EU-Zelle beim Nato-Hauptquartier Shape, zum anderen die Aufstockung des Brüsseler Militärstabs um 40-50 Offiziere vor. Diese neuzuschaffende Einheit im Militärstab wird im Bedarfsfall autonome EU-Missionen dann planen, wenn weder die Nato als ganze involviert ist, noch auf Nato-Resourcen im Sinne des Berlin Plus-Abkommens zurückgegriffen wird und wenn die nationalen Hauptquartiere nicht zur Verfügung stehen (Müller-Brandeck-Bocquet 2004b). Somit werden die autonomen europäischen Planungskapazitäten vorrangig bei Missionen zum Zuge kommen, die militärische und zivile Aufgaben verknüpfen. Genau dies aber wird, so ist aus Brüssel zu hören, in Zukunft immer häufiger der Fall sein (Süddeutsche Zeitung, 13./14.12.2003). Diese Lösung, die das "Nato first-Prinzip" wahrt und mithin die eh schon angespannten transatlantischen Beziehungen nicht weiter belastet, kann unabhängig vom weiteren Schicksal des europäischen Verfassungsentwurfs sofort implementiert werden. Damit sei man in der ESVP einen wesentlichen Schritt vorwärts gekommen[123]. Dies gilt auch für den Bereich der Rüstungsindustrie; im Dezember 2003 wurde die Schaffung einer europäischen Rüstungsagentur beschlossen, die im Januar 2004 ihre Arbeiten aufnahm und deren Chef der Brite Nick Witney ist (Le Monde, 4./5.1.2004; 29.1.2004). Wie groß die Dynamik in der ESVP – nach den harten Auseinandersetzungen der letzten Monate – derzeit ist, zeigt sich an weiteren Plänen. So beschlossen Deutschland, Frankreich und Großbritannien im Februar 2004, gemeinsam mehrere jeweils 1500-Mann starke Kampfverbände in die EU einzubringen, die binnen 48 Stunden einsatzbereit sein sollen. Damit will der Dreierbund auch ohne Verfassung strukturierte sicherheits- und verteidigungspolitische Zusammenarbeiten verwirklichen. Die Kampfverbände sollen vor allem auf Anfrage der UN vorrangig wohl in Afrika eingesetzt werden (Süddeutsche Zeitung, 11.2.2004). Als die EU-Verteidigungsminister diesen Beschluß Mitte Mai 2004 bekräftigten und den Aufbau der "EU-Kampftruppen" bis 2007 zusagten, mussten sie jedoch eingestehen, dass dazu noch Ausrüstung wie Kampfhubschrauber, Transportflugzeuge oder moderne Kommunikationstechnik fehlen (Süddeutsche Zeitung, 18.5.2004).

Zusammenfassend läßt sich festhalten, dass der deutsch-französische Gleichklang in der Irak-Krise einerseits zwar zur Spaltung Europas beigetragen hat und entsprechend auch eine gewisse Verantwortung trägt am Scheitern des Brüsseler Gipfels Ende 2003; andererseits jedoch hat dieser Schulterschluss Deutschland und Frankreich wieder in ihre angestammte Motorenrolle hineinkatapultiert, mit beachtlichen Impulsgebungen sowohl für die konkrete Ausgestaltung des Konventsentwurfs als auch für das neue gemeinsame Projekt Europe Puissance. Das heißt, dass der Gleichklang in etlichen europäischen Hauptstädten und im Konvent eine dramatische, letztlich aber wohltuende Katharsis ausgelöst hat. Denn obwohl viel und zum Teil berechtigte Kritik an der mangelnden Fähigkeit beider Länder geübt wurde, die Partner von ihren Positionen zu überzeugen und in gemeinsame Initiativen einzubinden, bleibt doch im Endeffekt das Ergebnis, dass nahezu alle deutsch-französischen Vorschläge im Konvent akzeptiert und auch die ESVP-Planung vom Europäischen Rat von Brüssel im Dezember 2003 indossiert wurde. Damit überwiegen die positiven Ergebnisse.

---

123 So Oberstleutnant Bernd Becking, Führungsstab der Streitkräfte, in einem Gespräch mit der Verfasserin.

5.5 Frankreich und die europäische Verfassung: Kosten und Nutzen

Für Chirac ist die nun endlich verlässlich erzielte Einbeziehung Blairs in die deutsch-französischen Ambitionen zur GASP- und ESVP- Gestaltung ein wichtiger Erfolg, verleiht Großbritannien als erste Militärmacht Europas seinem Projekt eines Europe Puissance doch beträchtliches Gewicht (vgl. Kap. 4.3.2)[124]. Seit langem schon teilt Frankreich mit Großbritannien eine gewisse interventionistische Tradition, die beide Staaten immer wieder Planungen zu einer gemeinsamen Interventionsstreitmacht für Afrika hat schmieden lassen. Doch die deutlich divergierenden sicherheits- und verteidigungspolitischen Globalkonzepte beider Staaten – hier nationale bzw. europäische Autonomie, dort engste Anbindung an Nato und USA – haben solche Pläne in der Vergangenheit scheitern lassen. Frankreich alleine aber verfügt nicht über das Machtpotenzial, Großbritannien von seinen Vorstellungen eines autonomen, auch außen- und sicherheitspolitisch handlungsfähigen Europas zu überzeugen. Erst seit Deutschland sich ab 1999 dem Projekt Europe Puissance angeschlossen hat und somit den französischen Ambitionen und Plänen wichtige Unterstützung zukommen läßt, kann sich London dem nur noch zum Preis der Selbstisolation entziehen. Lange hatte Blair davon geträumt als der britische Premier in die Geschichte einzugehen, der Großbritannien in die Währungsunion führt; doch nachdem dieses Vorhaben inzwischen – nach dem schwedischen Nein zum Euro im Herbst 2003 allemal – "unthinkable" geworden ist (International Herald Tribune, 29.9.2003), bleibt Blair nurmehr das Feld der ESVP, wenn er den Gang der europäischen Integration weiterhin zentral mitgestalten will.

Für Chirac ist es folglich von ganz herausragender Bedeutung, Deutschland für das Projekt Europe Puissance gewonnen zu haben. Auch die im Irak-Schulterschluss erzielte Distanzierung Deutschlands von den Vereinigten Staaten, die deutsche Gefolgschaftsverweigerung sowie das von Fischer selbstbewußt beanspruchte Recht auf Kritik der westlichen Vormacht kann Chirac nur willkommen sein, denn mit der Unterstützung Deutschlands im Rücken läßt sich den Hegemonieansprüchen der USA besser begegnen. Und auch die Erweiterung der EU zum 1.5.2004 setzt enge deutsch-französische Zusammenarbeit voraus, wenn verhindert werden soll, dass das neue Europa allzusehr in Abhängigkeit von den USA gerät.

---

124 2003 hat Frankreich mit 48.254 Mrd. $ Militärausgaben Großbritannien mit 45.032 Mrd. $ überflügelt, während Deutschland mit 37.114 Mrd. $ einen deutlichen Abstand aufweist (Le Monde, 27./28.6.2004).

De facto war Chirac bereit, für das Erreichen dieser übergeordneten französischen Zielsetzung einen nicht unerheblichen Preis zu zahlen. Dieser Preis an Deutschland war in Form von beachtlichen Zugeständnissen in zentralen Fragen der EU-Architektur zu entrichten. Zwar konnte Chirac im Verfassungsgebungsprozess Deutschlands Einverständnis zur Bestallung eines EU-Präsidenten erreichen, der die Machtverhältnisse im institutionellen Dreieck der EU erheblich zugunsten des intergouvernementalen Prinzips verschieben wird. Doch ist seine im Gegenzug geleistete Kompromissbereitschaft überaus beachtenswert. So hat er der Berufung eines EU-Außenministers ebenso zugestimmt wie der breiten Einführung des qualifizierten Mehrheitsentscheids und der bedeutenden Aufwertung des EP. Damit ist er klar von jahrzehntelang verfochtenen französischen Positionen abgewichen.

Die spektakulärste Wende aber hat Chirac in der Frage der Machtverteilung im Rat vorgenommen. Die Verteidigung der deutsch-französischen Stimmparität im Rat war eine der herausragenden Konstanten französischer Europapolitik seit Anbeginn; das kompromisslose Festhalten an dieser Parität hatte Ende 2000 zu der inkonsistenten Stimmneuwägung im Vertrag von Nizza geführt und die "wohl tiefste Vertrauenskrise zwischen Deutschland und Frankreich seit 1974" (Stark 2001: 289) provoziert. Doch im Verlauf des Konventsprozesses ist Chiracs Frankreich zu einem Befürworter des Prinzips der doppelten Mehrheit geworden, die die deutsch-französische Parität nun definitiv aufhebt. Ohne die geringste Diskussion habe Chirac das in Nizza noch Undenkbare akzeptiert, klagt Arnaud Leparmentier, nämlich dass Deutschland um 40% mehr zähle als Frankreich und dass sich das deutsche Gewicht im Ministerrat verdopple, von 9% auf 18% der Stimmen (Le Monde, 27.11.2003). Das Misstrauen, das sich in Nizza noch gegen Deutschland wandte, richtet sich nun gegen die EU-Neumitglieder, meint Gunther Hellmann. Damit hat sich die "Pariser Fixierung auf die gewachsene deutsche Macht" (Hellmann 2002: 29) wesentlich abgeschwächt. Chirac, bekannt für seine "predilection for rapid policy and identity changes" (Ross: 1995: 26), begründet dies recht lapidar: "Der Kompromiss stütze sich auf Kriterien der Vergangenheit [...] Die Demokratie verlangt, dass der Bevölkerungszahl Rechnung getragen wird" (Le Monde, 14./15.12.2003). Schließlich ist dieser Tabubruch, dieser "revolutionäre" Positionswechsel der Zielsetzung geschuldet, auch in der EU-25 bzw. EU-27/28 die Union handlungsfähig zu erhalten. Außerdem wahrt er das relative Gewicht Frankreichs. Denn der mit inzwischen 60 Mio. Einwohnern zweitbevölkerungsreichste EU-Mitgliedstaat Frankreich stellt sich durch die doppelte Mehrheit deutlich besser als bei der Nizzaer Stimmwägung, da er sein Gewicht im Rat von 9% auf 13% der Stimmen erhöhen konnte.

Zu Recht verteidigt Ulrike Guérot Chirac gegen Vorwürfe, er habe den Brüsseler Gipfel vom 13.12.2003 platzen lassen, "um die Osterweiterung zu torpedieren und ‚Kerneuropa' durchzusetzen". Ihrer Auffassung nach war es "richtig, dass sich Frankreich und Deutschland klar auf die Grundlage des Verfassungsentwurfs gestellt haben, der eine doppelte Mehrheit von 50 Prozent der Staaten und 60 Prozent der Bevölkerung vorgesehen hat [...] (Es) sei in Erinnerung gerufen, dass sich Frankreich mit der Akzeptanz dieser Regelung klar auf die Seite der Integrationsbefürworter gestellt hat" (Guérot 2004: 72/73).

Dieser spektakuläre Positionswechsel in Sache deutsch-französische Parität im Rat bedeutet aber keineswegs, dass Frankreich vollständig ins Lager der Supranationalisten übergelaufen sei und nun auch seine traditionell kritische Haltung dem Europäischen Parlament gegenüber aufgeben werde. Vielmehr ist davon auszugehen, dass Frankreich angesichts der neuen Mandatsverteilung im EP, die ein gewisse deutsche Übermacht herstellt, seinen Widerstand gegen eine weitere Stärkung des Organs mit neuer Motivation aufrechterhalten wird – auch nach der im Juni 2004 konzedierten künftigen Reduktion der deutschen Mandate von 99 auf 96.

Einen ebenfalls spektakulären Positionswechsel hat Chirac im Sommer 2003 in der Gemeinsamen Agrarpolitik (GAP) vorgenommen. Dies kam äußerst überraschend, denn auch noch nach dem Finanzierungskompromiss vom Oktober 2002 (vgl. Kap.5.3.2) hatte er mehrfach die Reformpläne des Agrarkommissars Fischler als unannehmbar gegeißelt und französischen Widerstand angekündigt, so dass jedermann eine harte Konfrontation vor allem mit dem auf eine Agrarwende hinarbeitenden Deutschland erwartete. Nur wenige Tage vor der schlussendlich erfolgenden Einigung hatte Chirac außerdem mit einem theatralischen Donnerschlag eine Unterbrechung der Verhandlungen der Agrarminister durchgesetzt, die er "wie ungezogene Kinder nach Hause schickte" (Süddeutsche Zeitung, 21./22.6.2003). Am 26.6.2003 aber stimmte der Staatspräsident dann trotz der absehbaren Einbußen für die französischen Landwirte einer grundlegenden Neuausrichtung der GAP zu, die eine Entkoppelung der Direktzahlungen von der Produktion vornimmt, die Ausschüttung von Subventionen an die Einhaltung der europäischen Normen für Umwelt- und Naturschutz sowie Qualitätsvorschriften bindet und die Förderung des ländlichen Raums erlaubt. Folglich hat sich nun auch Frankreich, das sich über Jahrzehnte in der GAP besonders reformresistent gezeigt hatte, dem Druck der WTO gebeugt, die die subventionsbedingten Verzerrungen auf den Agrarweltmärkten seit langem geißelt. Schließlich drängten auch andere EU-Mitgliedstaaten, darunter Deutschland, darauf, die GAP nun endlich grundlegend zu reformieren, so dass Frankreich die Isolation drohte. Eine spezifisch Chirac'sche Motivation war darüber hinaus, dass er die – angesichts der jüngsten Erhöhungen der amerikanischen Agrarsubventionen mit einer beachtlichen Chuzpe auf dem EU-USA-Gipfel im Juni 2003 vorgetragenen – Anschuldigungen von US-Präsident Bush, die Europäer seien für den Hunger in Afrika verantwortlich, Lügen strafen wollte. Inzwischen hat Chirac wohl die Inkompatibilität seiner neuen afrika- und entwicklungshilfepolitischen Ambitionen mit der traditionellen, die Dritt-Welt-Staaten benachteiligenden GAP erkannt. So kündigte er auf dem Frankreich-Afrika-Gipfel vom Februar 2003 den Abbau der europäischen Agrarexporthilfen an (Le Monde, 27.6.2003). Die innenpolitisch seit dem Frühjahr 2004 wieder prekärer gewordene Lage veranlasste ihn dann allerdings zu einem weitgehenden Rückzieher, so dass Frankreichs Unterstützung für eine Dritt-Welt-gerechte Agrarreform derzeit erneut ungewiss ist (vgl. Kap. 6.1).

Wenn der Preis, den Chirac für die Relance der deutsch-französischen Beziehungen und den binationalen Schulterschluss in der Irak-Krise zu zahlen bereit war, auch hoch ist, so darf nicht vergessen werden, dass er nicht zuletzt deshalb entrichtet wurde, um den schleichenden Macht- und Statusverlust Frankreichs abzufedern und das relative Gewicht Frankreichs sowohl in der EU als auch weltweit zu wahren. Dies setzt – in der EU- 25 wohl mehr noch als in der EG-12 oder EU-15 – die enge Zusammenarbeit mit Deutschland voraus. Die Osterweiterung wird in Frankreich als Verlagerung der innereuropäischen Machtverhältnisse zugunsten Deutschlands perzipiert – was ja den lange aufrechterhaltenen französischen Widerstand gegen sie erklärt. Angesichts dieser Entwicklungen nun bot Frankreich "wie seit 1952 in allen Fällen einer sich vergrößernden Handlungsfreiheit der Bundesrepublik die verstärkte Kooperation an" (Czempiel 1993: 70). Frankreich – das bringt die Osterweiterung und die neuen Entscheidungsregeln und -verfahren mit sich – kann die weitere Entwicklung der Integrationsgemeinschaft nur dann noch wirksam mitgestalten, wenn es sich der Unterstützung Deutschlands gewiß ist. Und das hat seinen Preis.

6. Französische Europapolitik – quo vadis?

Im europäischen Verfassungsgebungsprozess konnte Frankreich, alles in allem betrachtet, eine überaus konstruktive Rolle spielen. Diese Rolle füllte es im engsten Schulterschluss mit Deutschland aus, was wiederum in erheblichem Maße der zeitgleich ablaufenden Irak-Krise geschuldet war. Doch trotz der französischen Kraftakte bei der europäischen Systemgestaltung fährt Paris in der tagtäglichen Europapolitik derzeit einen mitunter verwirrenden Schlingerkurs, der vor allem auf die innenpolitische Großwetterlage zurückzuführen ist.

6.1 Neue Unübersichtlichkeit in der französischen Europapolitik

Seit seiner Wiederwahl im Mai 2002 liegt Chirac und die Regierung Raffarin bei etlichen Themen mit Brüssel über Kreuz. Hier sind an erster Stelle die wiederholten Verletzungen des Stabilitätspakts zu nennen. Einen Höhepunkt fanden diese Auseinandersetzungen zwischen Paris und Brüssel im November 2003, als bekannt wurde, dass die französischen Haushaltsplanungen für 2005 zum dritten Mal in Folge die Marke für eine zulässige Neuverschuldung von drei Prozent reißen werden. Auf Druck einzelner Mitgliedstaaten, insbesondere Deutschlands, das ja ebenfalls den Stabilitätspakt verletzt, musste die Kommission auf die Verhängung von Sanktionen verzichten. Denn Paris und Berlin wiesen die Sparauflagen der Brüsseler obersten Behörde zurück und konnten mit Hilfe der Finanzminister-Kollegen die Abwendung der gegen sie angestrebten Strafverfahren erreichen; damit war der Stabilitätspakt außer Kraft gesetzt. Der Kommission, die daraufhin gegen beide Staaten Klage vor dem EuGH erhob, blieb nichts anderes übrig, als Frankreich einen einjährigen Aufschub einzuräumen. Dieser ist mit strengen Auflagen verbunden, die es Frankreich ermöglichen sollen, 2005 einen Haushaltsfehlbetrag von weniger als drei Prozent zu verwirklichen (Süddeutsche Zeitung, 22.10.2003). Doch nach Andeutungen des damaligen Finanzministers Mer wird Paris sich kaum an diese Auflagen halten. Auch der Aufschub der Sozialreformen, den Chirac nach der Niederlage seines politischen Lagers bei den Regionalwahlen im Frühjahr 2004 verkündete, trübt die Aussichten auf einen zügigen Abbau der französischen Haushaltsdefizite erneut ein.

Chirac strebt vielmehr eine temporäre Aussetzung der Defizitregeln an, um der aktuellen Wachstumskrise, die alle großen Volkswirtschaften der Euro-Zone trifft, zu begegnen; in diesem Sinne äußerte er sich erstmals in seiner Rede zum Nationalfeiertag 2003. Inzwischen hat er für dieses Ansinnen Unterstützung aus Deutschland und Italien erhalten. Für Berlin forderte SPD-Chef Müntefering im Mai 2004 ebenfalls eine Lockerung des Stabilitätspaktes. Finanzminister Eichel widersetzt sich diesem Ansinnen zwar, worüber das französische Finanzministerium unter seinem neuen Chef Nicolas Sarkozy deutlich verärgert reagiert (Le Monde, 3.6.2004). Doch verhinderten die Finanzminister der Euro-Zone in inzwischen gewohnter Einhelligkeit im Frühsommer 2004, dass Italien, das nun ebenfalls die drei Prozent-Marke überschreitet, eine Frühwarnung in Form eines sog. Blauen Briefes überstellt wird (Süddeutsche Zeitung, 12.5.2004).

Mag eine Reform des Stabilitätspaktes, der ja auch Wachstumspakt heißt, angesichts der anhaltenden europäischen Wachstumsschwäche aus konjunkturpolitischen Gründen sinnvoll sein – inzwischen arbeitet selbst die Kommission an seiner Flexibilisierung –, so sind doch die Signale, die insbesondere die beiden zentralen EU-Mitgliedstaaten aussenden, hoch problematisch. Denn zum einen entsteht der Eindruck, dass die großen EU-Mitgliedstaaten durchaus in der Lage sind, die Kontroll- und Überwachungszuständigkeiten der Kommission aushebeln zu können, was bei den kleinen Mitgliedstaaten viel böses Blut erzeugt. Zum anderen aber kann es fatale Folgen haben, wenn den EU-Neumitgliedern, die alle ihren baldigen Beitritt zur WWU anstreben, suggeriert wird, dass Gemeinschaftsrecht nicht unbedingt eingehalten werden muss. Diesem Eindruck wirkt allerdings das Urteil des EuGH vom 13.7.2004 entgegen, das die Aussetzung des Stabilitätspakts vom November 2003 als rechtswidrig erklärte. Der Ecofin-Rat habe damals Gemeinschaftsrecht gebrochen, als er auf Drängen der beiden Defizit-Sünder entgegen den Vorlagen der Kommission die drohenden Strafverfahren gegen Frankreich und Deutschland einfach gestoppt und damit die Regeln des Stabilitätspakts außer Kraft gesetzt habe. Beide Staaten wurden damals von dem Vorwurf der Verletzung des Pakts freigesprochen. Diesen Regelbruch nun stigmatisierte der EuGH, allerdings gestand er dem Ministerrat das Recht zu, gegen die Vorschläge der Kommission zu entscheiden. Damit hat es den Handlungsspielraum der Finanzminister als "Herren des Defizitsverfahrens" (Süddeutsche Zeitung, 14.7.2004) anerkannt, was die betroffenen Herren mit Genugtuung registrierten. Nach dem Urteil des höchsten EG-Gerichts wird eine Überarbeitung des Stabilitätspaktes im Sinne einer Flexibilisierung umso wahrscheinlicher. Die Kommission kündigte nach dem Urteil an, sich künftig stärker auf den Abbau der hohen Gesamtschulden der Euro-Zone-Staaten zu konzentrieren, anstatt – wie bisher – auf die jährliche Neuverschuldung.

Die harten Auseinandersetzungen in Frankreich um den Etat 2005 zeigen jedoch auch gewisse Widersprüchlichkeiten zwischen dem Stabilitätspakt und anderweitigen Prioritäten der EU auf. So setzt Chirac, großer Verfechter des Europe Puissance, sich vehement dafür ein, dass das Budget des Verteidigungsministeriums von den Kürzungen ausgenommen wird, die Wirtschafts- und Finanzminister Sarkozy verordnete. Dies sei mit den Ausbauplänen für die ESVP nicht vereinbar, so Chirac; diese Argumentation verwendet auch Verteidigungsministerin Michèle Alliot-Marie in ihrem Kampf gegen Sparauflagen für ihr Ressort (Le Monde, 28.5.2004).

Ein weiterer Beleg für den schwankenden Kurs der aktuellen französischen Europapolitik ist in der Gemeinsamen Agrarpolitik zu finden. Hier muss eventuell mit einem Rückzieher Chiracs von seiner Zusage vom Februar 2003 gerechnet werden, die europäischen Agrarexporthilfen nicht zuletzt zugunsten der Dritten Welt abbauen zu wollen. Denn als EU-Handelskommissar Pascal Lamy im Mai 2004 den Mitgliedstaaten der WTO einen völligen Abbau der umstrittenen Agrarexporthilfen ankündigte, protestierte Paris umgehend gegen die "unilateralen Zugeständnisse" Brüssels (Süddeutsche Zeitung, Le Monde, 12.5.2004). Auf eine explizite Aufforderung des französischen Bauernverbandes FNSEA hin, der Staatspräsident möge zum Lamy-Vorschlag doch Stellung beziehen, ergriff Chirac das Wort und plädierte für ein "donnant-donnant" in der Agrarpolitik. Damit möchte er wohl vor allem die USA unter Druck setzen und sicherstellen, dass europäische Zugeständnisse an die Entwicklungsländer bzw. an die WTO durch ähnlich großzügige Vorschläge seitens Washingtons ergänzt werden. Sollte dies wirklich geschehen, wie der US-Handelsbeauftragte Robert Zoellick dies jüngst in Paris durchscheinen ließ (Le Monde, 15.5.2004), so wird Chirac endgültig Farbe bekennen müssen

Auch in der Wettbewerbs- und Industriepolitik beugt sich Chirac nur widerstrebend und scheibchenweise den Vorgaben aus Brüssel. Bei der umstrittenen Übernahme von Aventis durch Sanofi und der nationalen Verteidigungsstrategie für Alstom riskiert Staatspräsident Chirac, dem inzwischen ein "pompidolisme chiraquisé"[125] vorgeworfen wird, nicht nur Ärger mit Brüssel, sondern auch mit Berlin. Denn Deutschland sieht bei beiden industriepolitischen Vorgängen die eigenen Interessen bedroht und scheint erneut gegen den immer latent vorhandenen französischen Trend zum Protektionismus zu mobilisieren. Kanzler Schröder habe Sarkozys Vorgehen gar als "extrem nationalistisch" gegeißelt, berichtet die Financial Times Deutschland vom 8.6.2004.

Nicht zuletzt deshalb sind derzeit erstmals seit dem irakbedingten, spektakulären Schulterschluss von 2002/2003 wieder leichte Spannungen in den deutsch-französischen Beziehungen zu beobachten. "Niemand weiß genau seit wann oder warum. Aber die Tatsache ist da: Das deutsch-französische Paar, letztes Jahr, als man den 40. Geburtstag des Elysée-Vertrags feierte, noch so hoch gelobt, macht eine Phase der Belastungen durch" (Henri Bresson, Le Monde, 13.5.2004). Als Erklärung gibt Bresson die massiven Schwierigkeiten an, auf die beide Staatsspitzen bei ihren jeweiligen Sozialreformen stoßen; da bleibe wenig Zeit und Energie für den Partner. Aber auch die Haltung des neuen starken Mannes der UMP, Sarkozy, zur deutsch-französischen Zusammenarbeit macht die Dinge nicht leichter. Denn Sarkozy versucht sich derzeit europapolitisch dadurch zu profilieren, dass er wiederholt Kritik am deutsch-französischen "Motor der Integration" äußert und dessen Leistungsfähigkeit in Zweifel zieht (Le Monde, 25.6.2004); er findet sie "ringard" (überholt, altmodisch). Stattdessen tritt Sarkozy für eine verstärkte Hinwendung Frankreichs zu Spanien und Großbritannien, bisweilen

---

125 In Anspielung auf die äußerst interventionistische Industriepolitik von Staatspräsident Georges Pomidou zwischen 1969 und 1974, Le Monde, 14.5.2004

auch zu Italien und Polen ein und plädiert für eine offene Koordination unter den großen Mitgliedstaaten. Diese Methode möchte er auch innerhalb der Eurogruppe im Ecofin-Rat angewendet wissen – hier allerdings ohne das Vereinigte Königreich –, um eine effiziente "gouvernance économique" zu erreichen; er geht ihm nicht zuletzt darum, die Eurogruppe zu der Entscheidungsinstanz auszubauen, die über den Beitritt weiterer Mitgliedstaaten zum Euro-Raum befinden wird (Le Monde, 2. 6.2004). Mögen Überlegungen zur Erweiterung der Führungsriege in der neuen EU-25 auch notwendig sein, so werden in Frankreich Sarkozys "Sticheleien" gegen Chirac als Kampfansage des ehrgeizigen Politkers an den Staatspräsidenten perzipiert (Süddeutsche Zeitung, 24.6.2004).

Derzeit könnte der Eindruck entstehen, dass der neue starke Mann der französischen Rechten nicht nur Frankreichs Staatsspitze auf Trab hält, sondern auch einen Schatten auf die bilaterale Zusammenarbeit wirft. Berlin aber argumentiert, dass die Verägerung über Sarkozy nicht die deutsch-französischen Beziehungen belaste, da auch Chirac über Sarkozys Vorgehen nicht glücklich sei (Süddeutsche Zeitung, 8.6.2004). Das Verhältnis zum Staatspräsidenten scheint ungetrübt zu sein, wie die spektakuläre Geste vom Oktober 2003 belegt, als Schröder sich auf dem EU-Sondergipfel vorübergehend von Chirac vertreten ließ. Auch die Feierlichkeiten zum 60. Jahrestag der Landung der Alliierten in der Normandie, an denen mit Kanzler Schröder erstmals ein deutscher Regierungschef teilnahm, bestätigen diese Sicht. Mit außergewöhnlicher Herzlichkeit empfing Chirac den Kanzler mit den Worten: "An diesem Tag des Gedenkens und der Hoffnung begrüßen die Französinnen und Franzosen Sie mehr denn je als Freund. Sie empfangen Sie als Bruder" (Le Monde, 8.6.2004) und widmete der Begegnung mit seinem deutschen Gast besondere Aufmerksamkeit. Auch das sehr einvernehmliche Agieren beider Länder bei der Erarbeitung und Verabschiedung der Resolution 1546 des UN-Sicherheitsrats zur Irak-Nachkriegsordnung legt es nahe, von punktuellen Verstimmungen über einzelne Regierungsmitglieder nicht auf eine erneute Eintrübung im deutsch-französischen Verhältnis zu schließen. Dieses scheint sehr gefestigt.

6.2 Innenpolitischer Schattenwurf

Ein Gutteil der neuen Unübersichtlichkeiten in der französischen Europapolitik ist zweifelsohne der neuen innenpolitischen Lage geschuldet. Denn de facto ist spätestens seit der Niederlage des Regierungslagers bei den Regionalwahlen im Frühjahr 2004 innerhalb der Präsidentenpartei UMP der Kampf um Chiracs Nachfolge entbrannt[126].

Das schwache Abschneiden der UMP bei den Europawahlen vom 13.6.2004, der beachtliche Erfolg der UDF und der Triumph der PS (vgl. Tabelle 14) haben den Druck auf den Staatspräsidenten und seinen Premierminister weiter erhöht. Zwar reagierte Chirac auf diese Wahlergebnisse kaum – lediglich seine Zustimmung zu Sarkozys Kandidatur auf dem UMP-Vorsitz muss als Zugeständnis an die neue innere Lage gewertet werden. Es ist aber fraglich, ob diese Reaktion auf Dauer der wachsenden Unzufriedenheit der Franzosen genügend Rechnung trägt, die sich nach dem Wahlgang vom 13.6.2004 zu 51% für die Auswechslung des Premierministers aussprachen (Le Monde, 15.6.2004).

Die innenpolitischen Machtverschiebungen werfen dabei einen besonders dunklen Schatten auf Frankreichs künftige Europapolitik und schüren Zweifel an deren Verläßlichkeit und Gradlinigkeit. Anlaß zur Sorge bereiten hier an erster Stelle die Machtansprüche der jüngeren Generation hochrangiger UMP-Politiker. So hat UMP-Chef Alain Juppé im April 2004 dem Präsidenten im Namen seiner Partei die Gefolgschaft in Sache EU-Beitritt der Türkei aufgekündigt. "Die UMP wünscht nicht, dass Ende des Jahres Beitrittsverhandlungen mit der Türkei aufgenommen werde", heißt es nun (Le Figaro, 8.4.2004). Damit ist Chirac, der sich seit längerem dezidiert für eine Aufnahme der Türkei einsetzt, schwer dupiert und zugleich hat Juppé mit diesem Akt des Ungehorsams seinem Präsidenten gegenüber deutlich gemacht, dass er noch nicht alle Hoffnungen auf eine weitere politische Karriere hat fahren lassen. Denn mit seiner ablehnenden Positionesbeziehung zur Türkei machte Juppé sich zum Sprachrohr der Parteimehrheit, der auch Sarkozy und der neue Außenminister Michel Barnier angehören.

Auch Nicolas Sarkozy, der derzeit aussichtsreichste Anwärter der Neo-Gaullisten auf die Nachfolge Chiracs, forciert die Emanzipation der UMP vom Staatspräsidenten. So verabschiedete die Führungsspitze der UMP im Mai 2004 auf sein massives Petitum hin eine Entschließung, die ein Referendum über die europäische Verfassung fordert. Mit dieser Linie wendeten sich Sarkozy und Teile der UMP frontal gegen Chirac, der in dieser Frage monatelang hin und her lavierte. Nach diesem Affront verlautete zunächst aus dem Elysée-Palast, dass "die Stunde der Entscheidung noch nicht gekommen sei".

---

126 Bei den Regionalwahlen vom 21. und 28.3.2004 konnte die PS und ihre Verbündeten mit 50,37% einen überwältigenden Wahlsieg und das beste Wahlergebnis seit 1981 einfahren, während das präsidentielle Lager auf magere 37% reduziert wurde. FN und MNR kamen auf rund 13% der Stimmen, womit sich erneut erwiesen hat, dass die Rechtsextremen sich über die Spaltung und den Generationenwechsel in der Parteiführung hinweg als dauerhaftes Phänomen in Frankreich etabliert haben.

Und Premierminister Raffarin erinnerte daran, dass die Entscheidung, ob die EU-Verfassung über den parlamentarischen oder den plebiszitären Weg ratifiziert werden, allein dem Präsidenten zusteht (Le Monde, 11.5.2004). Nach der Abstrafung durch die Wähler, die Chirac und Premier Raffarin bei der Europawahl 2004 hinnehmen mussten, spielte Chirac erst erneut auf Zeit. Der Staatspräsident, der zu Beginn des Konventsprozesses noch wie selbstverständlich von einem Referendum über die Europäische Verfassung ausgegangen war, kündigte nun an, dass die Frage: Referendum – ja oder nein erst nach einem "délai minimum d'un an" (frühestens in einem Jahr) entschieden werden könnte (Le Monde, 22.6.2004). Doch in seiner traditionellen Ansprache zum Nationalfeiertag 2004 gab Chirac schließlich dem Druck nach und kündigte für die zweite Jahreshälfte 2005 eine Volksbefragung über die Europäische Verfassung an.

Tabelle 14: Europawahlen in Frankreich 2004

Wahlberechtigte	Wähler	Gültige Stimmen	Wahlenthaltung
41.510.298	17.765.961	17.169.034	57,20%
	Erhaltene Stimmen	%	Anzahl der Sitze
PS	4.960.067	28,89	31
PCF	900.592	5,25	2
VERTS	1.271.040	7,40	6
UMP	2.856.046	16,63	17
UDF	2.049.808	11,94	11
MPF	1.145.469	6,67	3
RPF	291.227	1,70	0
Extreme Linke	571.514	3,33	0
Davon LO-LCR	440.051	2,56	0
Extreme Rechte	1.738.412	10,13	7
Davon FN	1.684.792	9,81	7

Erfolgreic he Listen :
PS   Parti Socialiste
PCF   Parti Communiste Français
Les Verts Ökologen
UMP   Union pour un Mouvement Populaire
UDF   Union pour la Démocratie Française
MPF   Mouvement pour la France (de Villiers)
RPF   Rassemblement pour la France (Pasqua)
FN   Front National
Quelle: Eigene Zusammenstellung aus Le Monde, 15.06.2004

Die Forderung nach einem Referendum, das laut der BVA-Umfrage vom Oktober 2003 74% der Franzosen befürworten[127] – eine CSA-Umfrage vom April 2004 ermittelte nurmehr 57% an Referendumsbefürwortern (Le Monde, 28.4.2204) –, stellt den Staatspräsidenten vor ein Dilemma. Einerseits zwar kann sich Chirac auf eine breite Unterstützung der Bevölkerung für eine EU-Verfassung verlassen, wie die BVA-Umfrage vom Oktober 2003 belegt; gegen die Verabschiedung einer europäischen Verfassung sprachen sich nur 21% aus. Insgesamt aber beförderte die Umfrage eine ausgesprochen positive Einstellung der Franzosen Europa gegenüber zu Tage. So gaben 61% der Befragten an, dass die EU "eine Quelle der Hoffnung" für sie sei, 29% sahen eher Anlass zur Beunruhigung. Weiterhin erklärten sich 71% zugunsten einer europäischen Armee (1999 waren es nur 65% gewesen) und 56% befürworteten gar die Direktwahl eines EU-Präsidenten.

Die Umfrage legt aber auch offen, dass es in Frankreich auch heute noch eine ausgesprochen deutliche "fracture européenne" gibt, die ja schon beim Maastricht-Referendum zu Tage getreten war. Während 82% der Führungskräfte und liberalen Berufe und 72% der Befragten mit Abitur die europäische Integration positiv bewerten, überwiegen bei 50% der Arbeiter, 47% der Landwirte und 45% der Arbeitslosen die Ängste. Damit gilt wie schon zu Maastrichter Zeiten, dass die sog. Modernisierungsverlierer dem Aufbau Europas skeptisch bzw. ablehnend gegenüberstehen.

Der im Dezember 2003 veröffentlichte Eurobarometer kommt zu anderen, verhalteneren Ergebnissen. Eine Unterstützung für die Europäische Verfassung kann er nur bei 60% der Franzosen feststellen gegenüber 8%, die dies ablehnen. Und bei der Frage der Osterweiterung gibt er 34% Befürworter und 55% Gegner an – zum Vergleich Deutschland: Hier lehnen 42% die Erweiterung ab, 38% befürworten sie. Am deutlichsten divergieren die Eurobarometer-Ergebnisse von jenen der BVA-Umfrage bei der allgemeinen Einschätzung der EU: Während BVA 61% derer ermittelt, die mit der europäischen Einigung Hoffnungen verbindet, findet Eurobarometer nur 44% der Franzosen, die auf die – zugegebenermassen unterschiedliche – Frage, ob die EU-Mitgliedschaft Frankreichs eine gute Sache sei, mit "Ja" antworten; das sind 6% weniger als beim letzten Eurobarometer. 17% meinen, die EU-Mitgliddschaft sei eine schlechte Sache, 36% optieren für "weder noch" – auch hier Deutschland zum Vergleich: 46% der Deutschen, das sind 13%

---

127 Übrigens wünschen sich 61% der Befragten auch ein Referendum über die Osterweiterung. Bei der Frage der Akzeptanz der Osterweiterung wird die bekannte Skepsis der Franzosen erneut bestätigt: 50% geben an, dass die nächste EU-Erweiterung „für Frankreich eine schlechte Sache" sei. In der UMP sind es gar 62% und mithin noch mehr als unter den FN-Anhängern, die zu 61% dieser Meinung sind.

weniger als bei der letzten Umfrage, antworten mit "gute Sache", 10% mit "schlechte Sache", 34% mit "weder noch".

Wie immer die unterschiedlichen Ergebnisse zwischen französischen und europaweiten Umfragen auch zu erklären sein mögen: Die derzeit überwiegend positiven Einstellungen der Franzosen zu Europa darf als gesichert gelten und wurden in einer dritten Umfrage der TNS Sofres für die"Fondation Robert Schuman" im Mai 2004 erneut bestätigt. Hier gaben 67% der Befragten an, eine "positive Einstellung zu Europa" zu haben und 71% bekannten sich zu dem "Gefühl einer gemeinsamen europäischen Kultur, die es verdient, verteidigt zu werden". In dieser Umfrage wird auch deutlich, welche Kompetenzverteilung zwischen der EU und den einzelnen Mitgliedstaaten die Befragten sich wünschen (vgl. Schaubild).

Angesichts dieser Umfragergebnisse – so könnte man meinen – kann Chirac beruhigt dem Referendum zur Annahme der europäischen Verfassung entgegensehen, kommt er damit doch zugleich auch dem Petitum nicht nur seiner Partei UMP, sondern der Mehrheit der Franzosen nach. Aber das Referendum birgt auch ein großes Risiko. Denn ein weiteres Ergebnis der BVA-Umfrage bringt den Staatspräsidenten in die Bedrouille. Wenn laut dieser Umfrage auch 74% aller Befragten sich für ein Referendum über die EU-Verfassung aussprechen, so ist doch deren konkrete politische Zuordnung das Problem. Denn die Forderung nach einem Plebiszit ist bei Gegnern der Verfassung mit 77% verbreiteter als bei ihren Befürwortern (72%), ebenso wie bei den Verfechtern eines Europas der Nationen (78%) gegenüber jenen eines föderalen Europas (72%), schließlich bei der Rechtsextremen (84%) als bei den Anhängern der Linken (75%) (LeMonde,08.10.2003).

So bringt Chiracs Referendumsbeschluss vom 14.7.2004 ihn in die Gefahr, vom Schicksal Mitterrands eingeholt zu werden, der 1992 trotz anfänglich bester Umfragewerte schließlich nur 51% der Wähler für die Annahme des Maastricht-Vertrags gewinnen konnte. Auch weiß der Präsident, dass seit 1962 noch jedes Referendum zu einer Enttäuschung für den Amtsinhaber wurde. Dies erklärt sein langes Zögern, hätte der parlamentarische Ratifikationsweg die Risiken doch sehr klein gehalten. Bei der Abstimmung über die EU-Erweiterung am 26.11.2003 jedenfalls hatte Chirac sich auf das Parlament verlassen können. Nachdem Teile der PS wochenlang für eine Enthaltung geworben hatten und dafür von Parteichef Hollande herb kritisiert worden waren, stimmte die Nationalversammlung mit 505 Stimmen gegen 3 Ablehnungen und 19 Enthaltungen (darunter 15 aus der PS) dem EU-Beitritt der 10 Kandidatenstaaten zu. Doch nun sind die Würfel zugunsten eines Referendums gefallen. Sowohl bei den Regional-, als auch bei den Europawahlen 2004 haben die Franzosen ihren Staatspräsidenten und seine Regierung bitter abgestraft. Sollten sie auch das Referendum des kommenden Jahres zu solch einem "vote sanction" instrumentalisieren, dann wäre dies eine europapolitische Katastrophe, deren Ausmaße man sich derzeit noch gar nicht auszumalen wagt.

Schaubild
Fragestellung: Auf welcher Ebene müßten Ihrer Meinung nach Maßnahmen getroffen werden, um die entsprechenden Probleme am effizientesten zu lösen?

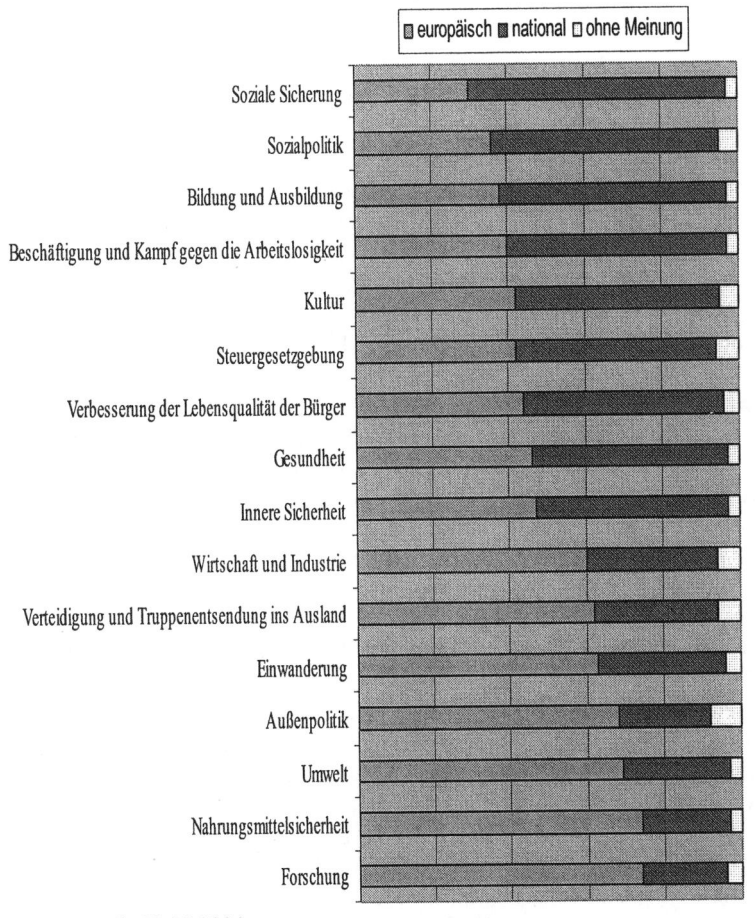

■ europäisch ■ national ☐ ohne Meinung

- Soziale Sicherung
- Sozialpolitik
- Bildung und Ausbildung
- Beschäftigung und Kampf gegen die Arbeitslosigkeit
- Kultur
- Steuergesetzgebung
- Verbesserung der Lebensqualität der Bürger
- Gesundheit
- Innere Sicherheit
- Wirtschaft und Industrie
- Verteidigung und Truppenentsendung ins Ausland
- Einwanderung
- Außenpolitik
- Umwelt
- Nahrungsmittelsicherheit
- Forschung

Quelle: Le Monde 22.05.2004

Insgesamt stellt sich die Frage, was der mutmaßliche nächste Präsidentschaftskandidat der UMP, Nicolas Sarkozy, mit seinem letztlich erfolgreichen Referendumsmanöver eigentlich beabsichtigte. Wollte er mit der forcierten Distanzierung der UMP von Chirac lediglich dessen "fin de règne" einläuten oder setzt er, der für seine harte Gangart als Innenminister bekannte bekennende Neo-Gaullist, gar auf eine Ablehnung der europäischen Verfassung? Muss Europa sich auf eine integrationspolitische Kehrtwende in Paris einstellen? Derartige Befürchtungen werden durch Sarkozys Ankündigung von Ende September 2004 weiter geschürt, die ein zweites Referendum über den EU-Beitritt der Türkei anvisiert (Le Monde, 28.9.2004).

Unwägbarkeiten, wie sie der künftigen französischen Europapolitik aus dem präsidentiellen Umfeld heraus entstehen, lassen sich übrigens auch im sozialistischen Lager beobachten. Das beginnt bereits bei der Personalfrage, denn derzeit herrscht völlige Unklarheit, wer der nächste Präsidentschaftskandidat der PS sein könnte. In Frage kämen sowohl der frühere Premierminister Laurent Fabius als auch Ex-Finanzminister Dominique Strauss-Kahn, aber auch die ehemaligen Minister Martine Aubry sowie Jacques Lang sind denkbare Kandidaten, und PS-Chef François Hollande erhebt schon seit dem Wahldebakel von 2002 Anspruch auf seine Präsidentschaftskandidatur. Im Rahmen des Europawahlkampfes 2004 ist selbst der letzte Kohabitationspremier Lionel Jospin wieder aus dem selbstgewählten inneren Exil zurückgekehrt, so dass auch mit ihm zu rechnen ist – jedenfalls ist der Ausgang des Rennens um die nächste sozialistische Präsidentschaftskandidatur derzeit vollkommen offen (Le Monde, 30/31.5.2004). Aber auch inhaltlich ist der europapolitischen Kurs der PS zur Zeit schlingernd. Dies zeigte sich exemplarisch an einer parteiinternen Debatte zum Konventsentwurf für die Europäische Verfassung. Parallel zur Regierungskonferenz von Rom war die PS in eine vertiefte Befassung mit dieser Vorlage eingestiegen, wobei sich drei Strömungen beobachten ließen: Zum einen die Gruppe derer, die – angeführt von den früheren Ministern Dominique Strauss-Kahn und Pierre Moscovici – für ein Ja plädierten; zum zweiten eine kleinere Gruppe, die – angeführt von dem selbsternannten PS-Erneuerer Arnaud Montebourg und dem Alt-Linken Henri Emmanuelli – den Entwurf ablehnen wollten; und schließlich eine große Gruppe derer – darunter Laurent Fabius und Michel Rocard –, die durchaus europafreundlich gesinnt sind, aber weitergehende Entscheidungen einforderten (Le Monde, 24.10.2003). Bei einem Gespräch mit dem Staatspräsidenten hatte Sozialisten-Chef Hollande dann auch die Forderungen seiner Partei erneut vorgetragen; die PS erwartete – wieder bzw. immer noch – Fortschritte bei der Koordination der Wirtschaftspolitiken, bei der Sozialpolitik, den Standortverlagerungen und der Steuerharmonisierung (Le Monde,

31.10.2003). Diese Forderungen erhob die PS dann auch in ihrem Europawahlkampf.

Nach der Annahme des Verfassungsentwurfs durch den Europäischen Rat vom 18.6.2004 trat Laurent Fabius mit der Ankündigung vor die Presse, er sei geneigt, nein zu diesem Dokument zu sagen. Dem schlossen sich Teile der PS-Führung mit dem Argument an, dass der Verfassungsvertrag insbesondere im sozialen Bereich den Erwartungen nicht gerecht würde (Le Monde, 23.6.2004). Die Grünen merkten daraufhin sarkastisch an, dass Fabius sich wohl kaum zu solchen vorrangig der eigenen Profilierung dienenden Äußerungen hätte hinreißen lassen, wenn er bereits zum Präsidentschaftskandidat der PS gekürt worden wäre (Le Monde, 25.6.2004).

Da die vom Superwahljahr 2002 traumatisierte PS jünst wieder innenpolitischen Auftrieb verspürt, möchten Teile der Partei Chirac eine weitere, empfindliche Niederlage in der Hoffnung zufügen, damit Pluspunkte für die Wahlen 2007 zu sammeln. Für diese parteipolitisch hochrangige Zielsetzung nimmt die PS es allem Anschein nach sogar in Kauf, dass die innenpolitisch motivierte Instrumentalisierung des Referendums über die Verfassung der europäischen Einigung Schaden zufügt, dass Europa die Zeche für den "franco-françaisen" Machtkampf zahlen muss. Jedenfalls macht sich in der PS seit Chiracs Ankündigung vom 14.7.2004 eine deutliche Stimmung gegen das "nochmals Chirac wählen" breit – selbstredend eine Anspielung auf den zweiten Durchgang der Präsidentschaftswahlen 2002. Dies äußerte der potentielle sozialistische Präsidentschaftskandidat Laurent Fabius und Jospins ehemaliger Europaminister Pierre Moscovici meinte dazu: " Mit Chirac ‚Ja' zu stimmen ist nicht weniger erfreulich als mit manchen ‚Nein' zu sagen, deren Namen ich nicht einmal nennen will" (Le Monde, 16.7.2004). Im September 2004 legte sich Fabius dann endgültig auf ein Nein zur EU-Verfassung fest und riskiert damit bei der für Jahresende 2004 angesetzten parteiinternen Abstimmung die Spaltung der Partei (FAZ, 21.9.2004). All dies veranschaulicht exemplarisch, wie weit sich die heutige PS von den Leitlinien und Idealen der Ära Mitterrand entfernt hat.

6.3   Welche Rolle für Frankreich in der EU-25 ?

Auch in der nach der jüngsten Erweiterung so zentralen Frage, wie man sich die Politikgestaltung in einer EU-25 bzw. 27/28 vorstellt, sendet Paris derzeit eher diffuse Signale aus. So wurden in letzter Zeit verschiedene Optionen ventiliert, die ein Voranschreiten des europäischen Integrationsprozesses in der erweiterten Union garantieren sollen. Immer geht es dabei selbstredend zentral um die Rolle, die Frankreich in der neuen, großen Union spielen kann.

6.3.1 Eine deutsch-französische Union?

Noch im Vorfeld des Brüsseler Gipfels vom Dezember 2003 war von einer "deutsch-französischen Union" die Rede, in welcher einige Politikfelder wie insbesondere die Außen-, Sicherheits- und Verteidigungspolitik nebst Geheimdiensten sowie die Wirtschafts- und Sozialpolitik regelrecht zusammengelegt werden könnten. Auch war davon die Rede, den ständigen französischen Sicherheitsratssitz mit Deutschland zu teilen. Diese Ideen, die in ähnlicher Form bereits 2001 von sozialistischen Führungskreisen lanciert worden waren, sprach Außenminister de Villepin in einer Fernsehsendung am 4.11.2003 aus. Allem Anschein nach wollte de Villepin, der bei diesem Vorstoß mit Sicherheit die Unterstützung Chiracs hatte, mit zehn Jahren Verspätung jenen Ball auffangen, der Frankreich 1994 von Schäuble und Lamers zugespielt worden war, den man damals anzunehmen aber versäumt hatte. Im Dezember 2003 machten sich vor allem die EU-Kommissare Lamy und Verheugen zu Fürsprechern der Initiative. Doch nach nur wenigen Tagen wurde offensichtlich, dass Berlin kein Interesse an einer vertieften Diskussion dieser Vorschläge hatte. Außenminister Fischer machte Deutschlands absolute Priorität deutlich, nämlich die Verabschiedung der Verfassung. Deshalb wollte man jegliches Signal vermeiden, das im Vorfeld des entscheidenden Brüsseler Gipfeltreffens von alten und neuen Partnerstaaten als Drohung aufgefasst werden könnte; denn in der Tat hatte die Unionsidee in anderen europäischen Hauptstädten umgehend für Irritationen gesorgt. Daraufhin distanzierte sich auch das Elysée von dem Vorstoß und dementierte, dass es zwischen Paris und Berlin einschlägige Diskussionen gäbe (Le Monde, 21.11.2004). Folglich platzte dieser Versuchsballon sehr schnell, der französischerseits wohl doch vorrangig als Disziplinierungsmaßnahme widerspenstiger Mitglied- bzw. Kandidatenstaaten konzipiert worden war.

Nach dem Scheitern des Brüsseler Gipfels am 12./13.12.2003 brachte Chirac erneut sein bereits mehrfach vorgetragenes Konzept der Pioniersgruppen ein: Frankreich werden die Integration "mit denen, die wollen" vorantreiben, wobei er Frankreich und Deutschland selbstredend im Herzen der Pioniersgruppen sieht (Le Monde, 16.12.2003; 10.1.2004). So hatte die frühere Europaministerin Noëlle Lenoir auf einer Konferenz der Bertelsmann-Stiftung vom 9./10.1.2004 im Auftrag des Staatspräsidenten die französischen Vorstellungen erläutert: Man strebe, wo immer möglich, Entscheidungen zu 25 an; ansonsten aber müsse man im Rahmen von Pioniersgruppen vorwärts schreiten – wobei der Akzent auf dem Plural liegt. Eine EU 25 sei zu komplex, so die Ministerin, um nach einer einzigen Methode funktionieren zu können [128]. Doch auch hier wiegelt Berlin derzeit ab. Die Deutschen wollen sich nicht gar zu sehr von Frankreich umarmen lassen, zumal Washington Berlin vor einer allzu engen Allianz mit Paris warnt (FAZ, 20.1.2004). Außerdem hat sich Außenminister Fischer inzwischen von dem Konzept eines Kerneuropas, bzw. eines Europas der verschiedenen Geschwindigkeiten mit besonders integrationsfreundlichen Avantgarden distanziert. Hatte er selbst noch in seiner Humboldt-Rede vom Mai 2000 diese Konzepte ins Zentrum seiner Finalitätsüberlegungen gestellt, so steht er all dem nun sehr kritisch gegenüber. "Das Konzept einer europäischen Avantgarde [...] kann unter Umständen zeitweise nützlich sein. Aber nur innerhalb des fest gefügten Rahmens einer europäischen Verfassung", so Fischer in einem Interview mit der Berliner Zeitung Ende Februar 2004. Auf die Frage, ob die Idee von Kerneuropa passé sei, antwortete er mit einem schlichten "Ja". Wegen der seit dem 11.9.2001 veränderten weltpolitischen Lage, so Fischer, wären "klein-europäische Vorstellungen" den neuen Herausforderungen nicht mehr angemessen, so dass heute nur mehr eine EU mit "strategischer Dimension" – was auch den Beitritt der Türkei voraussetze – Einfluss auf das Weltgeschehen nehmen könnte (Berliner Zeitung, 28.2.2004). Berlin, so scheint es, gibt sich derzeit entweder Illusionen über den politischen Zusammenhalt der EU-25 bzw. 27/28 hin oder es taktiert bis zur Ratifikation der Europäischen Verfassung, die sich in manchen EU-Mitgliedstaaten – alten wie neuen – als äußerst problematisch erweisen dürfte.

Während die aktuelle deutsche Position integrationistische Avantgarden bzw. ein Europa der verschiedenen Geschwindigkeiten nur in Krisensituationen und bei Blockaden der EU-25 als Ausweg in Betracht zieht, ansonsten aber ganz auf die Einheit der in der Verfassung institutionell neu aufgestellten großen Europäischen Union sieht, plädiert Paris für ein mehrschichtiges und flexibleres Vorgehen. Daraus könnten sich künftig konzeptionelle Differenzen zwischen Paris und Berlin ergeben.

6.3.2   ... oder ein Direktorium zu Dritt?

Diffus sind die derzeit von Paris ausgesendeten Signale auch insofern, als die Avancen an Deutschland in einem gewissen Widerspruch zu anderen übergeordneten europapolitischen Zielsetzungen stehen. Angesprochen ist hier selbstredend erneut das Projekt Europe Puissance. "Es wird kein Europa ohne ein Europa der Verteidigung geben" gefiel sich Außenminister de Villepin oft

---

[128] Abrufbar unter:http://www.france.diplomatie.fr/actu/article.gb.asp?ART=39763

zu wiederholen, um dann fortzufahren: "Es wird kein Europa der Verteidigung ohne Großbritannien geben".

Damit ist in der Tat ein Dilemma angesprochen, das sich allerdings nicht nur für Frankreich stellt (Müller-Brandeck-Bocquet 2004a). Trotz aller Entwicklungen, die die britischen Positionen in der jüngsten Vergangenheit im Bereich der ESVP in Richtung Europa genommen haben, bleibt die Tatsache bestehen, dass eine stärkere Einbindung Großbritanniens in die Zukunftsgestaltung der EU den Verfechtern eines Europe Puissance Zugeständnisse bezüglich der instutionellen Weiterentwicklung und der außen- und sicherheitspolitischen Autonomie der EU abverlangt und noch abverlangen wird (vgl. Kap. 5.4.2.2). Paris aber wird im Zweifelsfall dem Vorantreiben von GASP und ESVP unter intergouvernementalen Vorzeichen mit Großbritannien den Vorrang vor einer supranational angelegten Vertiefung der Integration ohne Großbritannien geben. Auch hier könnten sich neue Differenzen zwischen Paris und Berlin auftun.

Hinzu kommt, dass das angestammte europäische Führungsduo, der deutsch-französische Motor der Integration, in einer EU 25 bzw. 27/28 wohl kaum mehr über die Fähigkeit verfügen wird, die anderen Mitgliedstaaten auf den Weg zu weiteren Einigungsschritten mitzunehmen. Menetekel dieser neuen Konstellation war das Scheitern des Brüsseler Gipfels vom Dezember 2003. Sicher, hier kann man anführen, dass auch die abgrundtiefe Spaltung in der Irak-Frage und ungenügende Vermittlungsleistungen des deutsch-französischen Tandems zum Misserfolg beigetragen haben. Gleichwohl bleibt die Tatsache bestehen, dass in einer demographisch, geographisch, wirtschaftlich und außenpolitisch äußerst heterogenen EU-25 bzw. 27/28 deutsch-französische Leadership nicht mehr wie bisher funktionieren kann. Nach dem Scheitern des Brüsseler Gipfels vom Dezember 2003 hat sich dies erneut Ende Juni 2004 bei der Suche nach einem neuen EU-Kommissionspräsidenten erwiesen. Die Zurückweisung des Wunschkandidaten Berlins und Paris', Guy Verhofstadt, hat deutlich die Grenzen der künftigen Führungsrolle des "deutsch-französischen Motors der Integration" aufgezeigt.

Nicht zuletzt deshalb bildet sich derzeit eine neue Führungsstruktur in der EU heraus, die auf ein Triumvirat zwischen Frankreich, Deutschland und Großbritannien hinausläuft. Die bisher fünf Dreier-Gipfel, die Blair, Chirac und Schröder seit 2001 abhielten und bei welchen zentrale Weichenstellungen insbesondere für die ESVP beschlossen wurden, sprechen eine deutliche Sprache. Die deutsch-französische Achse soll ein Dreieck werden, titelte die Presse (Süddeutsche Zeitung, 12.2.2004). Frankreich, so scheint es, sucht sich in diesem neuen Triumvirat eine besonders einflussreiche Position dadurch zu sichern, dass es ganz im de Gaulle'schen Sinne durch weitreichende

Avancen an Deutschland dessen uneingeschränkte Solidarität gewinnen will, um dann in der Auseinandersetzung mit Großbritannien das derart vergrößerte Gewicht in die Waagschale werfen zu können. Ob dies gelingen kann, muss offen bleiben – zumal der neue starke Mann der UMP, Sarkozy, noch weitere Mächte in die Führungsriege aufnehmen will, was die Sache zwangsläufig weiter verkompliziert.

Obgleich die anderen EU-Staaten – angefangen vom Gründungsmitglied Italien über die Mittelmächte Spanien und Polen bis zu den kleinen Alt- und Neumitgliedern – mit Protesten auf das sich abzeichnende neue Führungstrio reagierten, dürfte diese Lösung vielen akzeptabler erscheinen als das traditionelle deutsch-französische Führungsduo. Allerdings begibt man sich mit der Triumviratsstrategie zumindest vorübergehend in die Geißelhaft der Briten. Denn seit der Entscheidung Tony Blairs vom 21.4.2004, die Europäische Verfassung dem britischen Volk 2006 in einem Referendum zur Annahme vorzulegen, räumte man dem U.K. nicht nur eine übermäßige Einflussnahme auf die politisch-inhaltliche Gestaltung der Verfassung ein, sondern muss mit einem Scheitern des Plebiszits und damit des Verfassungsprojekts insgesamt rechnen.

Nun hat Chiracs Referendumsbeschluss vom 14.7.2004 die Lage noch komplizierter werden lassen. Es ist zu hoffen – und Frankreichs europäische Tradition gibt dazu Anlass – dass das Referendum 2005 positiv ausgeht. Sollten die Briten dann 2006 tatsächlich – wie derzeit allenthalben erwartet – mit Nein stimmen, so wird man sich in allen europäischen Hauptstädten, insbesondere aber in Paris und Berlin erneut Gedanken machen müssen, wie es mit der Einigung Europas weitergehen kann. Ein denkbarer Ausweg wäre eine substantielle Vertiefung der Integration mit einem weitreichenden Ausbau der supranationalen Strukturelemente, wenn nötig im Rahmen eines Kerneuropas. Ist es denkbar, dass sich Frankreich dann zu einem Quantensprung bereit finden könnte, der letztlich die Auflösung des "Widerspruchs zwischen einem exzessiven Ehrgeiz für ein Europa, das man nicht nur stark, sondern auch unabhängig sehen möchte, und einer exzessiven Zurückhaltung, wenn es darum geht, Souveränitäten zu teilen" (Toulemon 1999: 584) bringen würde?

Frankreich – das hat vorliegende Untersuchung gezeigt – ist in all den Jahrzehnten des Aufbaus der europäischen Integrationsgemeinschaft immer nur dann zu weitreichenden Integrationsschritten mit Souveränitätsverzichten bereit gewesen, wenn zentrale nationale Interessen auf dem Spiel standen. Eine solche Situation war zuletzt 1990 gegeben, als Mitterrand das wiedervereinigte Deutschland verläßlich in die EU einbinden und die Währungsunion um jeden Preis verwirklichen wollte. Im Gegenzug war er zu beachtlichen Souveränitätsverzichten bereit und überwand punktuell Frankreichs traditionelle exzessive Zögerlichkeit bei der Vergemeinschaftung von Souveränitäten. Stellt das Projekt Europe Puissance, das Vorhaben also, ein international in allen Politikbereichen handlungsfähiges, die Weltordnung mitgestaltendes Europa zu schaffen, eine solch prioritäre, übergeordnete französische Zielsetzung dar, sind die nationalen Interessen von diesem Projekt in einem derartigen Ausmaß betroffen, dass man in Paris erneut bereit wäre, den Rubikon zu überschreiten und substantiellen Souveränitätstransfers zuzustimmen ? Es wäre die Ironie der Geschichte bzw. die Logik der Politik, wenn ausgerechnet Jacques Chirac, der Neo-Gaullist und Europa-Pragmatiker, Frankreich zu solch einem mutigen Schritt hin zur Vollendung der europäischen Integration führen würde. Damit aber könnte sich der Kreis schließen: Frankreich, Initiator und Promotor des europäischen Integrationsprozesses, würde nach über 50 Jahren häufiger Zögerlichkeiten und bremsender Einflussnahme einen wichtigen, einen zentralen Beitrag zur Finalität dieses Prozesses, zur Vollendung der Einigung Europas leisten.

Literatur

Monographien

Allaire, Marie-Bénédicte/ Goulliaud, Philippe: L'incroyable Septennat. Jacques Chirac à l'Elysée 1995-2002, Paris 2002

Aron, Raymond: Mémoires. Cinquante ans de réflexion politique, Paris 1983

Attali, Jacques: Verbatim III (Chronique des années 1988-1991), Paris 1995

Avril, Pierre: La Ve République. Histoire politique et constitutionnelle, 2. durchgesehene Auflage Paris 1994

Becker, Johannes M. (Hrsg.): Das französische Experiment. Linksregierung in Frankreich 1981-1985, Berlin, Bonn 1985

Benamou, Georges-Marc: Le dernier Mitterrand, Paris 1997

Berstein, Serge/ Rémond, René/ Sirinelli, Jean-François: Les années Giscard. Institutions et pratiques politiques 1974-1981, Paris 2003

Bierling, Stefan: Die Außenpolitik der Bundesrepublik Deutschland. Normen, Akteure, Entscheidungen, Opladen 1999

Chevallier, Jean-Jacques/ Carcassonne, Guy/ Duhamel, Olivier: La Ve République 1958-2002. Histoires des institutions et des régimes politiques de la France, Paris 2002

Coudurier, Hubert: Le Monde selon Chirac, Paris 1998

Czempiel, Ernst-Otto: Weltpolitik im Umbruch, München 1993

Deubner, Christian: Deutsche Europapolitik: Von Maastricht nach Kerneuropa ? Baden-Baden 1995

Du Roy, Albert: Domaine réservé. Les coulisses de la diplomatie française, Paris 2000

Duhamel, Alain : Une ambition française, Paris 1998

Duverger, Maurice: Le Bréviaire de la Cohabitation, Paris 1986

Duverger, Maurice: Le système politique français, Paris 1996

Favier, Pierre/ Martin-Roland, Michel: La décennie Mitterrand, Band 2: Les épreuves, Paris: Seuil 1988

Grabitz, Eberhard: Abgestufte Integration. Eine Alternative zum herkömmlichen Integrationskonzept ? Kehl am Rhein 1984

Grosser, Alfred: Frankreich und seine Außenpolitik 1944 bis heute, München-Wien 1989

Guérin-Sendelbach, Valérie: Ein Tandem für Europa? Die deutsch-französische Zusammenarbeit der achtziger Jahre, Bonn 1993

Guérin-Sendelbach, Valérie: Frankreich und das vereinigte Deutschland. Interessen und Perzeptionen im Spannungsfeld, Opladen 1999

Guyomarch, Alain/ Machin, Howard/ Ritchie, Ella: France in the European Union, New York 1998

Hacke, Christian: Zur Weltmacht verdammt. Die amerikanische Außenpolitik von Kennedy bis Clinton, Berlin 1997

Haftendorn, Helga : Deutsche Außenpolitik zwischen Selbstbeschränkung und Selbstbehauptung, Stuttgart-München 2001

Hüser, Dietmar: Doppelte Deutschlandpolitik. Dynamik aus der Defensive – Planen, Entscheiden und Umsetzen in gesellschaftlichen und wirtschaftlichen, innen- und außenpolitischen Krisenzeiten; 1944-1950, Berlin 1996.

Joffrin, Laurent: La Regréssion française, Paris 1992

Karama, Miriam: Struktur und Wandel der Legitimationsideen deutscher Europapolitik, München 2001

Kessler, Marie-Christine: La Politique étrangère de la France. Acteurs et processus, Paris 1999

Kimmel, Adolf: Die Nationalversammlung in der V. französischen Republik, Köln u.a. 1983

Kimmel, Adolf/ Jardin, Pierre (Hrsg.): Die deutsch-französischen Beziehungen seit 1963. Eine Dokumentation, Opladen 2002

Kohl, Helmut: Ich wollte Deutschlands Einheit, Berlin 1996

Küsters, H.-J./ Hofmann, D.: Dokumente zur Deutschlandpolitik. Deutsche Einheit, 1990

La Documentation française: Documents d'études: Droit constitutionel et institutions politiques, N° 1.04, 1992, 1996 und 2003

La Documentation française: Documents d'études: Le Président de la Cinquième République, N° 1.06, 1995, 2004

Lind, Christoph: Die deutsch-französischen Gipfeltreffen der Ära Kohl-Mitterrand 1982-94: Medienspektakel oder Führungsinstrument? Baden-Baden 1998

Maull, Hanns et al (Hrsg.): Deutschland im Abseits? Rot-grüne Außenpolitik 1998-2003, Baden-Baden 2003

Maurer, Andreas: Parlamentarische Demokratie in Europa, Baden-Baden 2002

Mitterrand, François: Le coup d'Etat permanent, Paris 1984

Müller, Harald: Amerika schlägt zurück. Die Weltordnung nach dem 11. September, Frankfurt 2003

Müller-Brandeck-Bocquet, Gisela: Die institutionelle Dimension der Umweltpolitik. Eine vergleichende Untersuchung zu Frankreich, Deutschland und der Europäischen Union, Baden-Baden 1996

Müller-Brandeck-Bocquet, Gisela /Moreau, Patrick: Frankreich – eine politische Landeskunde, 2. aktualisierte Auflage Opladen 2000

Müller-Brandeck-Bocquet, Gisela (Hrsg.): Europäische Außenpolitik. GASP- und ESVP-Konzeptionen ausgewählter Mitgliedstaaten, Baden-Baden 2002

Müller-Brandeck-Bocquet, Gisela et al.: Deutsche Europapolitik von Konrad Adenauer bis Gerhard Schröder, Opladen 2002

Nay, Catherine: Le Noir et le Rouge ou l'histoire d'une ambition, Paris 1984

Petitfils, Christain: La Démocratie giscardienne, Paris 1981

Pfetsch, Frank R.: Die Europäische Union. Eine Einführung, München 1997

Schabert, Tilo: Wie Weltgeschichte gemacht wird. Frankreich und die deutsche Einheit, Stuttgart 2002

Schild, Joachim: Französische Positionen in der ersten Phase des EU-Konvents. Raum für deutsch-französische Gemeinsamkeiten ? SWP-Studie, Berlin August 2002 (zitiert als 2002b)

Schmidt, Helmut: Weggefährten. Erinnerungen und Reflexionen, Berlin 1996

Schöllgen, Gregor: Die Außenpolitik der Bundesrepublik Deutschland. Von den Anfängen bis zur Gegenwart, München 1999

Schöllgen, Gregor: Der Auftritt: Deutschlands Rückkehr auf der Weltbühne, München 2004

Schrameck, Olivier: Matignon. Rive Gauche 1997-2001, Paris 2001

Schubert, Klaus/ Müller-Brandeck-Bocquet, Gisela (Hrsg.) Die Europäische Union als Akteur der Weltpolitik, Opladen 2000

Tömmel, Ingeborg: Das politische System der EU, München 2003

Védrine, Hubert: Les cartes de la France à l'heure de la mondialisation, Paris 2000

Védrine, Hubert: Face à l'hyperpuissance. Textes et discours 1995-2003, Paris 2003

Vogel, Wolfram: Frankreichs Europapolitik nach der Wahl, Aktuelle Frankreich-Analysen Nr. 18/August 2002

Weidenfeld, Werner/ Janning, Josef: Das neue Europa - Strategien differenzierter Integration. Vorlage zum International Bertelsmann-Forum, Petersberg 19./20.1.1996

Weisenfeld, Ernst: Charles de Gaulle. Der Magier im Elysée, München 1990

Weisenfeld, Ernst: Geschichte Frankreichs seit 1945. Von de Gaulle bis zur Gegenwart, München 1997

Wielgoß, Tanja: PS und SPD im europäischen Integrationsprozeß. Vergleich der Europapositionen und Analyse der Interaktionsstrukturen der französischen und deutschen Sozialdemokraten 1989 bis 2001, Baden-Baden 2002

Woyke, Wichard: Frankreichs Aussenpolitik von de Gaulle bis Mitterrand, Opladen 1987

Woyke, Wichard: Deutsch-französische Beziehungen seit der Wiedervereinigung. Das Tandem fasst wieder Tritt, Opladen 2000

Aufsätze in Sammelbänden

Axt, Heinz-Jürgen: Frankreich in der Europäischen Union, in: Christadler, Marieluise/ Utterwedde, Henrik (Hrsg.): Länderbericht Frankreich, Bonn 1999, S. 465-483

Boyer, Yves : France and the European Security and Defence Policy : A Leadership Role among Equals, in : Ehrhardt, Hans-Georg (Hrsg) : Die Europäische Sicherheits- und Verteidigungspolitik. Positionen, Perzeptionen, Probleme, Perspektiven, Baden-Baden 2002, S. 49-57

Burmester, Kai: Atlantische Annäherung – Frankreichs Politik gegenüber der NATO und den USA, in: Maull, Hanns W./ Meimeth, Michael/ Neßhöver, Christoph (Hrsg.): Die verhinderte Großmacht. Frankreichs Sicherheitspolitik nach dem Ende des Ost-West-Konflikts, Opladen 1997, S. 92-112

Clarke, Michael/ Cohen, Samy: Le processus de décision en politique extérieure. L'equivoque française, in: de la Serre, Françoise/ Leruez, J./ Wallace, Helen: Les politiques étrangères de la France et de la Grande-Bretagne depuis 1945, Paris 1990, S. 261-272

De la Serre, Françoise/ Lequesne, Christian: Frankreich, in: Weidenfeld, Werner/ Wessels, Wolfgang (Hrsg.): Jahrbuch der Europäischen Integration 1990/91, Bonn 1991, S. 315-322

De la Serre, Françoise/ Lequesne, Christian: Frankreich, in: Weidenfeld, Werner/ Wessels, Wolfgang (Hrsg.): Jahrbuch der Europäischen Integration 1991/92, Bonn 1992, S. 327-334

De la Serre, Françoise/ Lequesne, Christian: Frankreich, in: Weidenfeld, Werner/ Wessels, Wolfgang (Hrsg.): Jahrbuch der Europäischen Integration 1992/93, Bonn 1993, S. 314-322

De la Serre, Françoise/ Lequesne, Christian: Frankreich, in: Weidenfeld, Werner/ Wessels, Wolfgang (Hrsg.): Jahrbuch der Europäischen Integration 1993/94, Bonn 1994, S. 319-326

De la Serre, Françoise/ Lequesne, Christian: Frankreich, in: Weidenfeld, Werner/ Wessels, Wolfgang (Hrsg.): Jahrbuch der Europäischen Integration 1996/97, Bonn 1997, S. 313-320

De la Serre, Françoise/ Lequesne, Christian: Frankreich, in: Weidenfeld, Werner/ Wessels, Wolfgang (Hrsg.): Jahrbuch der Europäischen Integration 1997/98, Bonn 1998, S. 331-338

De la Serre, Françoise: L'Europe communautaire entre Mondialisme et l'Entente franco –allemande, in: Cohen, Samy/ Smouts, Marie-Claude (Eds.): La Politique extérieure de Valéry Giscard d'Estaing, Paris 1985, S. 88-108

Goulard, Sylvie: Frankreich und Europa: Die Kluft zwischen Politik und Gesellschaft, in: Meimeth, Michael/ Schild Joachim (Hrsg.): Die Zukunft von Nationalstaaten in der europäischen Integration, Opladen 2002, S. 173-195

Guérot, Ulrike: Deutschland, Frankreich und die Währungsunion – über Diskussionen und Metadiskussionen, in: Frankreich Jahrbuch 1997, Opladen 1997, S. 223-240

Guérot, Ulrike: Die französische Perzeption der deutschen Europapolitik im Bereich der Wirtschafts- und Währungsunion, in: Weidenfeld, Werner (Hrsg.): Deutsche Europapolitik: Optionen wirksamer Interessensvertretung, Bonn 1998, S. 129-142

Jünemann, Annette: Auswärtige Politikgestaltung im EU-Mehrebenensystem, in: Schubert, Klaus/ Müller-Brandeck-Bocquet, Gisela (Hrsg.) Die Europäische Union als Akteur der Weltpolitik, Opladen 2000, S. 65-80

Keßler, Ulrike: Deutsche Europapolitik unter Helmut Kohl: Europäische Integration als "kategorischer Imperativ"? in: Müller-Brandeck-Bocquet, Gisela et al.: Deutsche Europapolitik von Konrad Adenauer bis Gerhard Schröder, Opladen 2002, S.115-166

Kimmel, Adolf: Die institutionellen und verfassungsrechtlichen Rahmenbedinungen der französischen Sicherheitspolitik, in: Maull, Hanns W./ Meimeth, Michael/ Neßhöver, Christoph (Hrsg.): Die verhinderte Großmacht. Frankreichs Sicherheitspolitik nach dem Ende des Ost-West-Konflikts, Opladen 1997, S. 20-36

Kirchner, Emil: British perspectives on EFSP and ESDP, in: Müller-Brandeck-Bocquet, Gisela (Hrsg.), 2002: Europäische Außenpolitik. GASP- und ESVP-Konzeptionen ausgewählter Mitgliedstaaten, Baden-Baden 2002, S. 41-56

Kohler-Koch, Beate: Bundeskanzler Kohl - Baumeister Europas? In: Göttrik Wewer (Hrsg.).: Bilanz der Ära Kohl, Opladen 1998, S. 283-311

Kolboom, Ingo: Europa denken: Frankreich in Europa, in: Ingo Kolboom/ Weisenfeld, Ernst (Hrsg.): Frankreich in Europa. Ein deutsch-französischer Rundblick, Bonn 1993, S. 19-50

Krauß, Stefan: Europäische Verfassungsdebatte zwischen Deutschland und Frankreich, in: Rill, Bernd (Hrsg.): Deutschland und Frankreich: Gemeinsame Zukunftsfragen, München 2000, S. 45-60

Lequesne, Christian: Frankreich, in: Weidenfeld, Werner/ Wessels, Wolfgang (Hrsg.): Jahrbücher der Europäischen Integration 1989/1990, Bonn 1990, S. 321-327

Leuchtweis, Nicole: Deutsche Europapolitik zwischen Aufbruchstimmung und Weltwirtschaftskrise: Willy Brandt und Helmut Schmidt, in: Müller-Brandeck-Bocquet, Gisela et al.: Deutsche Europapolitik von Konrad Adenauer bis Gerhard Schröder, Opladen 2002, S. 63-115

Link, Werner: Die Rolle des Nationalstaats im zukünftigen Europa, in: Meimeth, Michael/ Schild Joachim (Hrsg.): Die Zukunft von Nationalstaaten in der europäischen Integration, Opladen 2002, S. 311-332

Maurer, Andreas/ Grunert, Thomas: Der Wandel in der Europapolitik der Mitgliedstaaten, in: Jopp, Mathias/Maurer, Andreas/Schneider, Heinrich (Hrsg.): Europapolitische Grundverständnisse im Wandel, Bonn 1998, S. 213-300

Meimeth, Michael: Frankreichs gewandeltes Verhältnis zur NATO – Alter Wein in neuen Schläuchen? In: Frankreich-Jahrbuch 1998, Opladen 1998, S. 171-190

Meimeth, Michael/ Neßhöver, Christoph: Die gesamteuropäische Dimension französischer Sicherheitspolitik: Mitterrands Konföderationsprojekt und Balladurs Stabilitätspakt, in: Maull, Hanns W./ Meimeth, Michael/ Neßhöver, Christoph (Hrsg.): Die verhinderte Großmacht. Frankreichs Sicherheitspolitik nach dem Ende des Ost-West-Konflikts, Opladen 1997, S. 149-171

Meimeth, Michael: Sicherheitspolitik zwischen Nation und Europa. Deutsche und französische Perspektiven, in: Meimeth, Michael/ Schild, Joachim (Hrsg.): Die Zukunft von Nationalstaaten in der europäischen Integration, Opladen 2002, S. 231-246

Ménudier, Henri: Frankreich, in: Weidenfeld, Werner/ Wessels, Wolfgang (Hrsg.): Jahrbuch der Europäischen Integration 1984, Bonn 1985, S. 349-356

Ménudier, Henri: Frankreich, in: Weidenfeld, Werner/ Wessels, Wolfgang (Hrsg.): Jahrbuch der Europäischen Integration 1985, Bonn 1986, S. 346-352

Ménudier, Henri: Frankreich, in: Weidenfeld, Werner/ Wessels, Wolfgang (Hrsg.): Jahrbuch der Europäischen Integration 1986/87, Bonn 1987, S. 353-361

Metz, Wolfgang: Kommentierte Chronologie zur Regierungskonferenz 1996/1997, in: Weidenfeld, Werner (Hrsg.): Amsterdam in der Analyse, Gütersloh 1998, S.219-272

Müller-Brandeck-Bocquet, Gisela: Die Vertiefung der europäischen Integration: Der Nizza-Prozess, in: Weinacht, Paul-Ludwig: Wohin treibt die Europäische Union? Baden-Baden 2001, S. 53-69

Müller-Brandeck-Bocquet, Gisela: Das neue Entscheidungssystem in der Gemeinsamen Außen- und Sicherheitspolitik der Europäischen Union, in: diess. (Hrsg.): Europäische Außenpolitik. GASP- und ESVP-Konzeptionen ausgewählter Mitgliedstaaten, Baden-Baden 2002, S. 9-27

Müller-Brandeck-Bocquet, Gisela: Deutsche Leadership in der Europäischen Union? Die Europapolitik der rot-grünen Bundesregierung 1998-2002, in: diess. et al: Deutsche Europapolitik von Konrad Adenauer bis Gerhard Schröder, Opladen 2002, S. 167-220

Müller-Brandeck-Bocquet, Gisela: Die Europapolitik des vereinten Deutschlands, in: Woyke, Wichard (Hrsg.): Neue deutsche Außenpolitik, Bonn 2003, S. 47-7

Müller-Brandeck-Bocquet, Gisela: Großbritannien im Irak-Konflikt – Schoßhund oder Juniorpartner der USA ? in: Staack, Michael, Voigt, Rüdiger (Hrsg.): Im Schatten des Goliath. Europa nach dem Irakkrieg, erscheint 2004 (zitiert als 2004a)

Müller-Brandeck-Bocquet, Gisela: Deutsch-französische Irakpolitik – Katalysator für die europäische Außen-, Sicherheits- und Verteidigungspolitik? in: Meier-Walser, Reinhard (Hrsg.) Gemeinsam sicher? Vision und Realität europäischer Sicherheitspolitik, München 2004, S. 157-173 (zitiert als 2004b)

Nadoll Jörg: Die EU und die Konfliktbearbeitung in Ex-Jugoslawien, in: Schubert, Klaus/ Müller-Brandeck-Bocquet, Gisela (Hrsg.): Die Europäische Union als Akteur der Weltpolitik, Opladen 2000, S. 81-101

Picht, Robert: Frankreich 1990/91: Rolle und Rang in einer veränderten Welt, in: Frankreich Jahrbuch 1991, Opladen 1991, S. 9-31

Regelsberger, Elfriede: Deutschland und die GASP - ein Mix aus Vision und Pragmatismus, in: Müller-Brandeck-Bocquet, Gisela (Hrsg.): Europäische Außenpolitik. GASP- und ESVP-Konzeptionen ausgewählter EU-Mitgliedstaaten, Baden-Baden 2002, S. 28-40

Rémond, René: Die verweigerte Integration: Nationalstaatliche Autonomie als Prinzip der französischen Geschichte, in: Picht, Robert (Hrsg.): Das Bündnis im Bündnis. Deutsch-französische Beziehungen im internationalen Spannungsfeld, Berlin 1982, S. 21-39

Schmuck, Otto: Verlauf und Ergebnisse der Regierungskonferenz im Licht integrationspolitischer Langzeittrends, in: Jopp, Mattias/ Maurer, Andreas/ Schmuck, Otto (Hrsg.): Die Europäische Union nach Amsterdam. Analysen und Stellungnahmen zum neuen EU-Vertrag, Bonn 1998, S. 17-39

Schukraft, Corina: Die Anfänge der deutschen Europapolitik in den 50er und 60er Jahren, in: Müller-Brandeck.-Bocquet, Gisela et al.: Deutsche Europapolitik von Konrad Adenauer bis Gerhard Schröder, Opladen 2002, S. 9-62

Steppacher, Burkhard: Der Rat der Europäischen Union, in: Weidenfeld, Werner/Wessels, Wolfgang (Hrsg.): Jahrbuch der Europäischen Integration, Berlin 2001, S. 67-74

Szukala, Andrea: Frankreich, in: Hrbek, Rudolf (Hrsg.): Die Reform der Europäischen Union, Baden-Baden 1997, S. 77-88

Weisenfeld, Ernst: Frankreich und Mitteleuropa. Der Plan für einen europäischen Stabilitätspakt, in: Kolboom, Ingo/ Weisenfeld, Ernst: Frankreich in Europa. Ein deutsch-französischer Rundblick, Bonn 1993, S. 167-179

Wessels, Wolfgang: Die Europäische Union, in: Weidenfeld, Werner/ Wessels, Wolfgang: Europa von A – Z, Bonn 1992, S. 173-177

Wolffsohn, Michael: Der außenpolitische Weg zur deutschen Einheit. Das Ausland und die vollendeten Tatsachen, in: Jesse, Eckhard/ Mitter, Arnim (Hrsg.): Die Gestaltung der deutschen Einheit, Bonn 1992, S. 142-162

Ziebura, Gilbert: Frankreich am Beginn des 21. Jahrunderts. Zwischen Europäisierung, Globalisierung und nationaler Selbstbehauptung. Eine Problemskizze, in: ders.: Frankreich: Geschichte, Gesellschaft, Politik. Ausgewählte Aufsätze, Hrsg. Von Adolf Kimmel, Opladen 2003, S. 297-324

Aufsätze in Zeitschriften

Andréani, Gilles: La France et l'OTAN après la guerre froide, in: Politique étrangère 1/1998, S. 77-92

Bourlanges, Jean-Louis : L'Union Européenne au lendemain d'Amsterdam : Une évaluation politique, in: Pouvoir 84/1998, S. 133-161

Bozo, Frédéric: La Politique étrangère de la France, Introduction, in: Politique étrangère 60/1995/96, S. 847-848

Bozo, Frédéric : La France et Alliance : les limites du rapprochement, in : Politique étrangère 60/1995/96, S. 865-877

Brok, Elmar: Die deutsch-französische Zusammenarbeit im Licht der Ergebnisse des Europäischen Verfassungskonvents, in: Dokumente 5/2003, S. 17-20

Cohen-Tanugi, Laurent: La Politique européenne de la France à l'heure des choix, in: Politique étrangère 60/1995/96, S. 857-864

Dembinski, Matthias/ Wagner, Wolfgang: Europäische Kollateralschäden, in: APuZ B 31-32/2003, S. 31-38

Fromont-Meurice, Henri: Une politique étrangère pour quoi faire?, in: Politique étrangère, 2/2000, S. 319-332

Giering, Claus: Vertiefung durch Differenzierung - Flexibilisierungskonzepte in der aktuellen Reformdebatte, in: Integration 2/1997, S. 72-83

Göler, Daniel/ Marhold, Hartmut: Die Konventsmethode, in: Integration 4/2003, S. 317-330

Goulard, Sylvie: La France "pratiquante non croyante"? Les vrais enjeux d'une présidence modeste, in: Politique étrangère 2/2000, S. 343-357

Guérot, Ulrike: Von Maastricht bis Nizza. Zur aktuellen deutsch-französischen Europa-Diskussion, in: Dokumente 4/2000, S. 280-286

Guérot, Ulrike: Eine Verfassung für Europa, in: Internationale Politik 2/2001, S. 28-36

Guérot, Ulrike: Nizza- ein unnötiges Psycho-Drama, in: Dokumente 1/2001, S. 13-22

Guérot, Ulrike: Die Bedeutung der deutsch-französischen Kooperation für den europäischen Integrationsprozess, in: APuZ B 3-4/2003, S. 14-20

Guérot, Ulrike: (Ver)fassungslose EU, in: Internationale Politik 1/2004, S. 72-74

Hacke, Christian: Deutschland, Europa und der Irakkonflikt, in: APuZ B 24-25/2003, S. 8-16

Hänsch,Klaus: Maximum des Erreichbaren – Minimum des Notwendigen, in: Integration 2/2001, S. 94-101

Hellman, Gunther: Deutschland in Europa – eine symbiotische Beziehung, in: APuZ B48/2002, S. 24-31

Jopp, Mathias/ Matl, Saskia: Perspektiven der deutsch-französischen Konventsvorschläge für die institutionelle Architektur der Europäischen Union, in: Integration 2/2003, S. 99-110

Koopmann, Martin: Leadership oder Krisenmanagment? Kommentar zu den deutsch-französischen Initiativen, in: Dokumente 2/2003, S. 19-34

Kreile, Michael: Zur nationalen Gebundenheit europapolitischer Visionen: Das Schröder-Papier und die Jospin-Rede, in: Integration 3/2001, S. 250-257

Lequesne, Christian: Die europäische Politik von Jacques Chirac: Auf dem Weg zu einer notwendigen Klärung? In: APuZ B 30/1995, S. 28-33

Meimeth, Michael: Deutsche und französische Perspektiven einer Gemeinsamen Europäischen Sicherheits- und Verteidigungspolitik, in: APuZ B 3-4/2003, S. 21-30

Moisi, Dominque: De Mitterand à Chirac, in: Politique étrangère 60/1995/96, S. 849-855

Monar, Jörg: Die Kommission nach dem Vertrag von Nizza: ein gestärkter Präsident und ein geschwächtes Organ? In: Integration 2/2001, S. 114-123

Moreau Defarges, Philippe: "J'ai fait un rêve..." François Mitterrand artisan de l'Union européenne, in: Politique étrangère 2/1985, S. 351-373

Moreau Defarges, Philippe: La France, province de l'union européenne ?, in : Politique étrangère 12/1996, S. 37-49

Moreau Defarges, Philippe: Après Nice: vers un gouvernement fédéral ?, in : Politique étrangère 2/2001, S. 277-288

Müller-Brandeck-Bocquet, Gisela: Ist die V.Republik reformbedürftig? In: Europa-Archiv 14/1992, S. 403-412

Müller-Brandeck-Bocquet, Gisela: Die Europapolitik Frankreichs in der Ära Mitterrand, in: Aussenpolitik, Heft 4/1995, S. 349-357

Müller-Brandeck-Bocquet, Gisela: Reform der Europäischen Union. Deutsch-französische Initiativen, in: Dokumente 6/1996, S. 456-461

Müller-Brandeck-Bocquet, Gisela: Der Amsterdamer Vertrag zur Reform der Europäischen Union: Ergebnisse, Fortschritte, Defizite, in: APuZ B 47/1997, S. 21-29

Müller-Brandeck-Bocquet, Gisela: Frankreichs neue Linksregierung und Europa, in: Politische Studien, Heft 357/1998, S. 33-43

Müller-Brandeck-Bocquet, Gisela: Baustelle Europäische Union. Reformaufträge an die Regierungskonferenz 2000 und weitere Umbaumaßnahmen, in: Politische Studien Heft 366/ 2000, S. 59-71

Müller-Brandeck-Bocquet, Gisela: Europäische Perspektiven nach Nizza, in: Blätter für deutsche und internationale Politik, 2/2001, S. 197-205

Müller-Brandeck-Bocquet, Gisela: Frankreichs Europapolitik unter Chirac und Jospin. Abkehr von einer konstruktiven Rolle in und für Europa? in: Integration 3/2001, S. 258-273

Müller-Brandeck-Bocquet, Gisela: Frankreich vor den Wahlen, in: Politische Studien, Heft 380/2001, S. 79-89

Müller-Brandeck-Bocquet, Gisela: The new CFSP and ESDP Decision-Making System of the European Union, in: European Foreign Affairs Review 3/2002, S. 257-282

Müller-Brandeck-Bocquet, Gisela: Zum Stand der europäischen Reformdebatten, in: Die politische Meinung Nr. 396/2002, S. 73-80 (zitiert als 2002b)

Ritzenhofen, Medard: Die doppelte Herausforderung. Deutschland, Frankreich und der Irak-Krieg der USA, in: Dokumente 2/2003, S. 5-10

Ross, George: Chirac's first steps and the 1995 French Presidency of the European Union, in: French Politics & Society 3/1995, S. 21-42

Schild, Joachim: Frankreich: Nach der Wahl heißt vor der Wahl, in: Blätter für deutsche und internationale Politik 6/2002, S. 707-711 (zitiert als 2002a)

Schubert, Klaus: Die Debatte über den ‚déclin'. Krisenstimmung oder Mobilisierungsvorwand? In: Dokumente 2/1988, S. 104-115

Schubert, Klaus: Im Zeichen des Euro-Gaullismus. Ein neuer Pragmatismus in der französischen Europapolitik? In: ZParl 4/1989, S. 545-560

Stark, Hans: France-Allemagne: Quel après-Nice? in: Politique étrangère 2/2001, S.289-299

Steinhilber, Jochen: Französischer Weg – adieu?, in: Blätter für deutsche und internationale Politik 6/2002, S. 711-715

Toulemon, Robert: La Construction de l'Europe (1979-1999), in: Politique étrangère 3/1999, S. 573-585

Von Oppeln, Sabine: Deutsch-französische Zusammenarbeit in Europa – das Ende einer privilegierten Beziehung ? in : Dokumente 2/2003, S. 11-18

Wessels, Wolfgang: Der Konvent: Modelle für eine innovative Integrationsmethode, in: Integration 2/2002, S. 83-98

Presseberichterstattung

Neu im Programm Politikwissenschaft

Beate Hoecker, Gesine Fuchs (Hrsg.)
Handbuch Politische Partizipation von Frauen in Europa
Band II: Die Beitrittsstaaten
2004. 310 S. Br. EUR 32,90
ISBN 3-8100-3568-8

Beate Kohler-Koch, Thomas Conzelmann, Michèle Knodt
Europäische Integration – Europäisches Regieren
2004. 348 S. (Grundwissen Politik)
Geb. EUR 26,90
ISBN 3-8100-3543-2

Sigrid Leitner, Ilona Ostner, Margit Schratzenstaller (Hrsg.)
Wohlfahrtsstaat und Geschlechterverhältnis im Umbruch
Was kommt nach dem Ernährermodell?
2004. 394 S. mit 11 Abb. und 39 Tab.
Br. EUR 34,90
ISBN 3-8100-3934-9

Kai-Uwe Schnapp
Ministerialbürokratien in westlichen Demokratien
Eine vergleichende Analyse
2004. 375 S. Br. EUR 26,90
ISBN 3-8100-3800-8

Nikolaus Werz, Reinhard Nuthmann (Hrsg.)
Abwanderung und Migration in Mecklenburg und Vorpommern
2004. ca. 296 S. Br. EUR 32,90
ISBN 3-531-14287-9

Wichard Woyke
Deutsch-französische Beziehungen seit der Wiedervereinigung
Das Tandem fasst wieder Tritt
2000. 277 S. Br. EUR 24,90
ISBN 3-8100-2530-5

Annette Zimmer, Eckhard Priller
Gemeinnützige Organisationen im gesellschaftlichen Wandel
Ergebnisse der Dritte-Sektor-Forschung
2004. 237 S. mit 38 Abb. und 33 Tab.
Br. EUR 22,90
ISBN 3-8100-3849-0

Annette Zimmer, Eckhard Priller (Eds.)
Future of Civil Society
Making Central European Nonprofit-Organizations Work
2004. 736 pp. Softc. EUR 49,90
ISBN 3-8100-4088-6

Erhältlich im Buchhandel oder beim Verlag.
Änderungen vorbehalten. Stand: Juli 2004.

www.vs-verlag.de

VS VERLAG FÜR SOZIALWISSENSCHAFTEN

Abraham-Lincoln-Straße 46
65189 Wiesbaden
Tel. 0611.7878-722
Fax 0611.7878-400